Ein Jahr in Tante Irmis Küche

von

Irmgard Aicher

Herausgegeben von

Dr. Manfred Nermuth

FASSBAENDER · WIEN

Verlag Fassbaender, A-1150 Wien
Druck: E. Becvar

ISBN 3-900538-20-4

Typeset in TeX by Petra Müller.

Vorwort

Die Verfasserin dieses Buches, meine Tante Irmi, galt in unserer Familie immer schon als ganz hervorragende Köchin. Sie wohnt in einem kleinen Haus mit Garten in der Nähe Wiens und begann im Jahre 1986, auf mein Zureden hin, ihre Rezepte aufzuschreiben. Dabei ging sie so vor: sie kochte jeweils ein Menü, wog die Zutaten (die sie selbst teilweise "nach Gefühl" nimmt) genau ab, notierte sich das Ergebnis, und setzte sich gleich nach dem Essen an ihre alte Schreibmaschine, um die Rezepte der Speisen aufzuschreiben, die sie gerade gekocht hatte. Auf diese Weise entstand, im Verlauf von etwas mehr als einem Jahr, ein Menüvorschlag für jeden der 366 Tage (1986 war ein Schaltjahr) mit insgesamt ungefähr tausend Rezepten.

Das Besondere daran ist, daß die Speisen im Menü eines Tages (Suppe, Hauptspeise, Nachspeise) nicht nur aufeinander abgestimmt sind, sondern auch mit Bedacht entsprechend der Jahreszeit ausgewählt, je nachdem, *"was im Garten frisch und auf dem Markte billig ist"*, wie Tante Irmi es ausdrückte. Wer nach Tante Irmi's Kochbuch kocht, kocht daher nicht nur abwechsungsreich und schmackhaft, sondern auch der Natur gemäß und, übers Jahr gerechnet, im Durchschnitt billiger.

Die meisten Gerichte sind einfach und benötigen keine teuren Zutaten; aber an Sonntagen und hohen Feiertagen gibt es auch aufwendigere Menüs (dafür am Montag manchmal Resteverwertung). Die Datumsangaben (z.B. 22. April, Ostersonntag) beziehen sich auf das Entstehungsjahr, aber das sollte der Verwendung des Buches in anderen Jahren nicht im Wege stehen.

"Tante Irmi's" Küche" ist im wesentlichen Wiener Küche, bereichert um eine Reihe internationaler Gerichte. Besser als jede Aufzählung zeigt ein Blick in das Verzeichnis der Rezepte den Reichtum und die Vielfalt der in diesem Buch dargebotenen Küche.

Weil Tante Irmi ihre ganze Kochkunst nicht in 366 Menüs unterbringen konnte, verfaßte sie noch zwei Anhänge: einen über Weihnachtsbäckerei mit vielen Rezepten (eines köstlicher als das andere, wie der Herausgeber aus eigener Erfahrung weiß), und einen zweiten über Konservierung von Obst und Gemüse, in dem selbst hergestellter Hagebuttenwein, Powidl, usw. vorkommen.

Einige Hinweise zum Gebrauch dieses Buches. Seinem besonderen Aufbau entsprechend hat es zwei Inhaltsverzeichnisse: Das *Verzeichnis aller 366 Menüs* (S. 1–15) zeigt übersichtlich die Rezepte der einzelnen Monate, sodaß man sich leicht einen Überblick verschaffen kann, was in der laufenden Saison gerade frisch und billig ist. Die Frage: "Was koche ich heute?" beantwortet am besten ein Blick in dieses Verzeichnis.

Das *Verzeichnis der Rezepte nach Sachgebieten* (S. 17–26) enthält alle Rezepte nach der Art der Speisen geordnet (Suppen, Fleisch, Gemüse usw., meist noch in Untergruppen aufgeteilt, wie süße Strudel, pikante Strudel, etc.). Wenn man schon weiß, was man kochen will, aber nicht weiß, an welchem Tag es Tante Irmi kocht, schlägt am besten hier nach, – oder auch in dem alphabetischen Register am Ende des Buches. Einige Ausdrücke, die außerhalb Österreichs nicht oder wenig gebräuchlich sind, werden in einem kleinen Glossar (S. 243) erklärt.

Es wird sich vielleicht mancher wundern, wie ich[1] dazu komme, ein Kochbuch herauszugeben. Das ist leicht erklärt. Vor etlichen Jahren sagte ich – leichtfertigerweise – zu meiner Tante: "Wenn du ein Kochbuch schreibst, bringe ich es heraus!" Und daraufhin schrieb sie wirklich eines, und ich mußte mein Wort halten. Das wäre freilich nicht möglich gewesen ohne die Hilfe einer ganzen Reihe von Personen, die mich bei diesem – für mich – etwas ungewöhnlichen Unternehmen unterstützt haben. Mein größter Dank gilt Frau Petra Müller für das Tippen des Manuskripts; und auch allen anderen Helfern möchte ich an dieser Stelle meinen herzlichen Dank aussprechen.

"EIN JAHR IN TANTE IRMIS KÜCHE" enthält die in Jahrzehnten gesammelte Erfahrung einer hervorragenden Köchin. Ich freue mich, diesen Schatz der Öffentlichkeit übergeben zu können, und wünsche allen Köchinnen und Köchen viel Freude damit und "Guten Appetit!"

Wien, im Dezember 1990 Manfred Nermuth

[1]Der Herausgeber ist Ordentlicher Universitätsprofessor für Volkswirtschaftslehre und Finanzwissenschaft an der Universität Wien

Inhalt

JÄNNER

1. Jänner, Neujahr:
Zwiebelsuppe
Schweinsgeschnetzeltes mit Spätzle und Salat
Pfirsichkompott

2. Jänner, Montag:
Schweinssuppe mit Eingetropftem
Wurstknödel mit Sauerkraut
Bratäpfel

3. Jänner, Dienstag:
Rindsuppe mit Grießnockerl
Rindsrouladen, Kartoffelpüree, rote Rüben
Besoffene Kapuziner

4. Jänner, Mittwoch:
Lauchsuppe
Faschierter Rahmbraten mit Kartoffelsalat
Erdbeeren, tiefgekühlt mit Joghurt

5. Jänner, Donnerstag:
Geflügelsuppe
Brathuhn mit Reis und Pummerlsalat
Linzerschnitten

6. Jänner, Feiertag:
Hasenpastete
Gebratener Hase mit Semmelknödeln und Preiselbeeren
Brösel-Nußpudding mit Schokoladensauce

7. Jänner, Samstag:
Gemüsesuppe
Schweinskotelette mit Champignon, Butterkartoffeln, Chinakohlsalat
Apfelmus

8. Jänner, Sonntag:
Leberknödelsuppe
Wienerschnitzel mit gemischtem Salat
Mohntorte

9. Jänner, Montag:
Wurzelfleisch
Topfenknödel mit Zwetschkenröster

10. Jänner, Dienstag:
Geröstete Haferflockensuppe
Gefüllte Paprika mit Paradeissauce und gerösteten Kartoffeln
Rumobst mit Schlagobers

11. Jänner, Mittwoch:
Selchsuppe mit Rollgerstel
Selchfleisch mit Erbsenpüree
Polsterzipf

12. Jänner, Donnerstag:
Rindsuppe mit Biskuitschöberl
Zwiebelrostbraten mit Fisolen und Butterkartoffeln
Obstsalat

13. Jänner, Freitag:
Paradeissuppe mit gerösteten Semmelschnitten
Gebackener Fisch mit Mayonnaise-Salat
Nußpalatschinken

14. Jänner, Samstag:
Fridattensuppe
Käsepudding mit Selchfleisch und grünem Salat
Nußroulade

15. Jänner, Sonntag:
Einmachsuppe mit Bröselknöderl
Kalbsrouladen mit Reis
Kaffeecremetorte

16. Jänner, Montag:
Lungenstrudelsuppe
Spinat mit Schüsserl, Spiegelei und Bratkartoffeln
Holler mit Joghurt

17. Jänner, Dienstag:
Chinesisches Huhn mit Spaghetti
Kirschenkompott

18. Jänner, Mittwoch:
Rindsuppe mit Leberreis
Gefüllte Schweinskotelettes mit Curry-Reis
Apfelschlange

19. Jänner, Donnerstag:
Krautfleisch
Topfenstrudel

20. Jänner, Freitag:
Geröstete Grießsuppe
Gebratener Fisch, Kabeljaufilet
Ribiselschnitten

21. Jänner, Samstag:
Gebundene Kalbsknochensuppe mit Markknöderl
Gefüllte Kalbsbrust mit grünem Salat
Mohr im Hemd

22. Jänner, Sonntag:
Hirnsuppe
Lungenbraten mit Nudeln und Preißelbeeren
Dobostorte

23. Jänner, Montag:
Klare Gemüsesuppe
Schwammerlsauce mit Semmelknödel
Pofesen

24. Jänner, Dienstag:
Panadelsuppe
Pariserschnitzel mit gemischtem Salat
Orangenkaltschale

25. Jänner, Mittwoch:
Karfiolsuppe
Gebackene Schinkenfleckerl, rote Rüben
Vanillepudding mit Himbeersaft

26. Jänner, Donnerstag:
Rindsuppe mit Nudeln
Gekochtes Rindfleisch mit Kohl und gegrillten Kartoffeln
Biskuitroulade

27. Jänner, Freitag:
Rahmsuppe
Serbischer Karpfen mit Kartoffelsalat
Eclair

28. Jänner, Samstag:
Klare Suppe mit Butternockerln
Fleischlaberl mit weißem Bohnensalat
Gemischtes Kompott

29. Jänner, Sonntag:
Wildsuppe mit Brandteigkrapferl
Gefüllter Fasan mit Ananasscheiben und Essigzwetschken
Nuß-Schokoladentorte

30. Jänner, Montag:
Klare Suppe vom Züngerl mit Leberpflanzerl
Eingemachtes Züngerl mit Reis
Schokoschnitten

31. Jänner, Dienstag:
Reissuppe
Geröstete Leber mit Kartoffeln und Apfelchutney
Gebratene Bananen

FEBRUAR

1. Februar, Mittwoch:
Serbische Bohnensuppe
Krautfleckerl
Weincreme

2. Februar, Donnerstag:
Backerbsensuppe
Gedünstetes Beiried mit Kohlsprossen und Kartoffeln
Erdbeerschaum

3. Februar, Freitag:
Fischsuppe
Fischlaberl mit Kartoffel-Löwenzahnsalat
Fruchtspieße

4. Februar, Samstag:
Karottensuppe
Schinkenomelette mit grünem Salat
Cremekrapferl

5. Februar, Sonntag:
Champignonsuppe
Schweinsbraten mit Kartoffelknödel und Rotkraut
Kastanienreis mit Schlagobers

6. Februar, Montag:
Käsekrustelsuppe
Bauernschmaus
Bananen-Topfenjoghurt

7. Februar, Dienstag:
Tirolerknödelsuppe
Rindsgulasch mit Nockerl
Kalter Milchreis mit Schokoladensauce

8. Februar, Mittwoch:
Hasenjunges mit Semmelknödel
Äpfel im Schlafrock

9. Februar, Donnerstag:
Braune Zwiebelsuppe
Eingebrannte Kartoffeln mit Würstel
Palatschinken

10. Februar, Freitag:
Kartoffelsuppe mit Tomaten
Gekochter Fisch mit Kartoffeln
Orangensalat

11. Februar, Samstag:
Pasta asciutta
Marillenkompott

12. Februar, Sonntag:
Einmachsuppe mit Reis
Kalbsmedaillon mit Champignons und Butterkartoffeln
Schwarzwälder Kirschtorte

13. Februar, Montag:
Selleriecremesuppe
Beuschel mit Knödel
Mandarinenschnitten

14. Februar, Dienstag:
Rindsuppe mit Buchstaben
Gekochtes Rindfleisch mit Lauchgemüse
Schokoroulade

15. Februar, Mittwoch:
Erbsenpüreesuppe mit Semmelschnitten
Gebackener Leberkäse mit Kartoffelsalat
Apfelspalten

16. Februar, Donnerstag:
Klare Hühnersuppe
Mexikanisches Huhn mit Curry-Reis
Stachelbeerschnitten

17. Februar, Freitag:
Kartoffelsuppe
Apfelstrudel

18. Februar, Samstag:
Knoblauchsuppe
Gegrillte Stelze mit Krautsalat
Glasierte Kompottbirnen

19. Februar, Sonntag:
Rindsuppe mit Milzschnitten
Rostbraten mit gebackenen Zwiebelringen
Sachertorte

20. Februar, Montag:
Kümmelsuppe
Gefülltes Kraut mit Salzkartoffeln
Schneeballen

21. Februar, Dienstag:
Klare Suppe mit Eierstich
Gebackenes Bries mit grünem Salat
Anisbiskuit mit Rumobst

22. Februar, Mittwoch:
Reibgerstlsuppe
Pusztaschnitzel
Fruchtsalat

23. Februar, Donnerstag:
Braune Zwiebelsuppe
Cordon bleu
Mousse au chocolat

24. Februar, Freitag:
Fischgulasch mit Kartoffeln
Reisauflauf

25. Februar, Samstag:
Brennesselsuppe
Lasagne
Weichselkompott

26. Februar, Sonntag:
Geflügelsuppe, legiert
Gebratene Ente mit Rotkraut und Kartoffelknödel
Esterhazytorte

27. Februar, Montag:
Erbsensuppe mit Wurst
Gebackener Emmentaler mit Roten Rüben
Ischlertörtchen

28. Februar, Dienstag:
Selchsuppe mit Rollgerstel
Selchfleisch mit Sauerkraut und Serviettenknödel
Bananensalat

29. Februar, Mittwoch:
Krautsuppe
Reisfleisch mit grünem Salat
Gebackene Mäuse

MÄRZ

1. März, Dienstag:
Tomatensuppe
Kaninchenragout im Reisring
Grießhocker

2. März, Freitag:
Fischfilet mit Krensauce
Grießstrudel mit Zwetschkenröster

3. März, Samstag:
Goldbröckerlsuppe
Champignonomelette mit Salat
Topfenschnitten

4. März, Faschingssonntag:
Kalbshaxensuppe
Spieße mit Pommes frites
Malakofftorte

5. März, Montag:
Kartoffelgulasch
Strauben

6. März, Faschingsdienstag:
Eingemachtes Kalbfleisch mit Hörnchen
Krapfen

7. März, Aschermittwoch:
Heringssalat mit Joghurtmayonnaise

8. März, Donnerstag:
Minestrone
Lendbraten mit Kartoffelschmarren
Birnenkompott

9. März, Freitag:
Linsensuppe
Kipfelkoch mit Apfelkompott

10. März, Samstag:
Ochsenschwanzsuppe
Königsbergerklopse
Haselnußschnitten

11. März, Sonntag:
Fondue mit 6 Saucen
Punschtorte

12. März, Montag:
Krautsuppe
Schinkenfleckerl mit Vogerlsalat
Semmelpudding mit Schokoladensauce

13. März, Dienstag:
Panadelsuppe
Gebackener Karfiol mit kalter Schnittlauchsauce
Topfentascherl

14. März, Mittwoch:
Weiße Bohnensuppe
Gedünstetes Rindsherz mit Reis
Schlagcreme mit Biskotten

15. März, Donnerstag:
Brotsuppe
Rindschnitzel natur, Kartoffeln
Apfelnockerl

16. März, Freitag:
Frühlingskräutersuppe
Dukatenwuchteln mit Vanillesauce

17. März, Samstag:
Spargelcremesuppe
Gebackene Kartoffelwürstchen mit Salat
Ananasschnitten

18. März, Sonntag:
Legierte Hühnersuppe
Gefülltes Huhn
Mandel-Schokoladentorte

19. März, Montag:
Gorgonzolasuppe
Bratwurst mit Kartoffeln
Egerländer Obstkuchen

20. März, Dienstag:
Irish Stew
Erdäpfelkrapferl

21. März, Mittwoch:
Klare Grießsuppe
Linsen mit Knödeln und Knackwurst
Schokoladenkuchen

22. März, Donnerstag:
Haferschleimsuppe
Schweinsbrüstel mit gekochtem Kraut und Kartoffeln
Zitronensoufflé

23. März, Freitag:
Fischbeuschelsuppe
Gebratene Scholle mit Gemüsemayonnaise
Rahmdalken

24. März, Samstag:
Leberpüree-Spuppe
Sauerbraten
Topfenpalatschinken

25. März, Sonntag:
Markscheibensuppe
Nierenbraten mit Reis und Salat
Linzertorte

26. März, Montag:
Schwammerlsuppe
Augsburger mit Kartoffelschmarren, Senfgurken
Grießauflauf

27. März, Dienstag:
Risi-Pisi-Suppe
Schweinsgulasch mit Nockerl
Schneenockerl in Schokoladensauce

28. März, Mittwoch:
Spinatomelette
Milchrahmstrudel

29. März, Donnerstag:
Verfeinerte Einmachsuppe
Rahmfleisch mit Nudeln
Gemischtes Kompott

30. März, Freitag:
Kohlsprossen mit Brösel
Erdäpfelnudeln mit Mohn

31. März, Samstag:
Sarma
Schokoladenkoch mit Vanillesauce

APRIL

1. April, Sonntag:
Nürnbergerschnitzel mit Risipisi und Salat
Topfentorte

2. April, Montag:
Karfiol mit Brösel
Powideltascherl

3. April, Dienstag:
Spinatauflauf
Kaffee-Pudding

4. April, Mittwoch:
Schweinsripperl pikant mit Kartoffeln
Preiselbeerdessert

5. April, Donnerstag:
Kartoffelroulade
Topfen-Joghurtcreme

6. April, Freitag:
Fisch-Kartoffelsterz
Biskuitnockerl (Salzburgernockerl)

7. April, Samstag:
Bruckfleisch
Fruchtomelette

8. April, Sonntag:
Huhn in Rotwein
Schokoladencremetorte

9. April, Montag:
Kaiserfleisch mit Sauerkraut und Kräuterknödel
Apfelcharlotte

10. April, Dienstag:
Schwäbische Brotsuppe
Hammelragout mit gebackenen Kartoffeln
Bayrische Kücherl

11. April, Mittwoch:
Mailändersuppe
Kartoffelauflauf mit grünem Salat
Rumobst mit Schlagobers

12. April, Donnerstag:
Bohnenpüree-Suppe
Spezialgulasch
Bienenstich

13. April, Freitag:
Einbrennsuppe
Germknödel

14. April, Samstag:
Kohlsuppe
Gebackener Kalbskopf mit kalter Schnittlauchsauce
Punschschnitten

15. April, Sonntag:
Bouillon mit Ei
Berner Rostbraten
Indianerkrapfen

16. April, Montag:
Kartoffelsuppe mit Schwammerl
Grießauflauf mit Himbeersaft

17. April, Dienstag:
Lauchsuppe, püriert
Faschierte Laberl gedünstet mit Reis, grüner Salat
Crepes mit Orangencreme

18. April, Mittwoch:
Gulaschsuppe
Blattspinat auf Toast mit Spiegelei
Nußkoch

19. April, Donnerstag:
Klare Grießsuppe
Gefüllte Schweinsbrust mit Salat
Ribiseltascherl

20. April, Freitag:
Mühlviertler Selchsuppe
Gekochte Kartoffeln mit Kräutertopfen
Liwanzen

21. April, Samstag:
Käsekrapferlsuppe
Burgunderschinken mit Perlzwiebel und Kartoffelpüree
Ringlottenkompott

22. April, Ostersonntag:
Vorspeis: Griechischer Salat
Gefüllte Lammkeule mit gebackenen Kartoffeln und jungen Fisolen
Nußbiskuittorte mit Kaffeecreme

23. April, Ostermontag:
Legierte Kaninchensuppe
Kaninchen mit Speck und Champignons, Reis, Salat
Sophientorte

24. April, Dienstag:
Bratwurstsuppe
Überbackener Lauch
Rhabarberweinkaltschale

25. April, Mittwoch:
Ochsenschleppsuppe
Eiernockerl mit Vogerlsalat
Schokosoufflé

26. April, Donnerstag:
Currysuppe
Gebackene Schweinskotelettes, Krautsalat
Bananenkuchen

27. April, Freitag:
Sagosuppe
Fischstäbchen mit Kartoffelsalat
Kaiserschmarren

28. April, Samstag:
Einmachsuppe mit Spargel und Champignons
Kartoffelpuffer
Birnenhelene

29. April, Sonntag:
Muschelsuppe
Kalbsnaturschnitzel mit Reis und grünem Salat
Schaumrollen

30. April, Montag:
Minestrone
Gebratene Schweinsniere mit Kartoffelschmarren
Böhmische Dalken

Mai

1. Mai, Dienstag:
Gebackene Champignons mit Sauce Tartare
Topfentorte

2. Mai, Mittwoch:
Kartoffelstrudel mit Grammelfülle, grüner Salat
Rhabarberkompott

3. Mai, Donnerstag:
Blattspinatauflauf
Brandteigkrapferl

4. Mai, Freitag:
Spaghetti mit Parmesan und Paradeissauce
Topfen-Vanilleschichtpudding

5. Mai, Samstag:
Gebackene Leber mit Kartoffel-Selleriemayonnaise
Schokokuchen

6. Mai, Sonntag:
Surbraten mit 1/2 – 1/2 Kartoffelknödeln und warmem Krautsalat
Rhabarberkuchen mit Streuseln

7. Mai, Montag:
Pikante Fleischknödel mit Mischgemüse
Ananasschnitten

8. Mai, Dienstag:
Gegrillte Käsekrainer mit Pommes frites
Nußkipferl aus kaltem Germteig

9. Mai, Mittwoch:
Nudelauflauf mit grünem Salat
Karamelpudding

10. Mai, Donnerstag:
Hammelpilaff
Madeiraschnitten

11. Mai, Freitag:
Karpfen in Kräutersauce mit gekochten Kartoffeln
Cremeschnitten

12. Mai, Samstag:
Rostbraten auf Jägerart mit Hörnchen
Bischofbrot

13. Mai, Sonntag:
Kalbsbraten mit heurigen Petersilkartoffeln und Salat
Pischingertorte

14. Mai, Montag:
Gefüllte Kohlrabi, Petersilkartoffeln
Reispudding

15. Mai, Dienstag:
Topfenhaluska
Rehrücken mit Schlag

16. Mai, Mittwoch:
Pizza
Ananasscheiben mit Rumobst, Schlag

17. Mai, Donnerstag:
Hammelnüßchen mit Reis
Schüsselcreme

18. Mai, Freitag:
Seezungenfilet mit Salzkartoffeln
Baisers mit Schlagobers

19. Mai, Samstag:
Dillsauce mit Setzeiern und Kartoffeln
Blätterteigrollen mit Schokoladencreme

20. Mai, Sonntag:
Kitz gebacken mit gemischtem Salat
Marytorte

21. Mai, Montag:
Gebackene Leberknödel, Kochsalat mit Erbsen
Schokoladewürfel

22. Mai, Dienstag:
Fleischschmarren mit grünem Salat
Kirschenkuchen

23. Mai, Mittwoch:
Selchzunge mit Kartoffelpüree und Gurkerl
Mandelmilch

24. Mai, Donnerstag:
Frühlingssalat als Vorspeise
Erdbeerknödel

25. Mai, Freitag:
Gebratene Forelle mit Kräuterfülle, Gurkensalat
Kalter Reis mit Erdbeersauce

26. Mai, Samstag:
Gefüllte Cannelloni mit Spinat
Eisomelette

27. Mai, Sonntag:
Kalbsleber nach Jägerart mit Reis
Starnitzel mit Schlagobers und Erdbeeren

28. Mai, Montag:
Gemüseschnitzel, grüner Salat
Gebrannte Biskuitomelette

29. Mai, Dienstag:
Curryfleisch mit Reis
Obstschüsserl

30. Mai, Mittwoch:
Kohlrabi würfelig
Gegrillter Leberkäse, heurige Butterkartoffeln
Ribele mit beliebigem Kompott

31. Mai, Donnerstag (Feiertag):
Backhendl mit gemischtem Salat
Erdbeer-Schoko-Torte

JUNI

1. Juni, Freitag:
Bouillabaisse
Rhabarbertaschen

2. Juni, Samstag:
Spinatstrudel mit Remouladensauce
Reis Trautmannsdorf

3. Juni, Sonntag:
Gebackenes Hirn mit Rahmgurken
Makronentorte

4. Juni, Montag:
Gekochtes Schweinsbrüstel mit Grießknödel
Vanille-Kaffee-Eis selbstgemacht

5. Juni, Dienstag:
Hühnerrisotto mit grünem Salat
Schokoladepalatschinken

6. Juni, Mittwoch:
Krenfleisch mit Salzkartoffeln
Biskuitroulade mit Erdbeeren

7. Juni, Donnerstag:
Gegrillte Schweinskotelettes mit Erbsen und Karotten
Topfentorte

8. Juni, Freitag:
Fischnockerl in Tomatensauce, Butterkartoffeln
Mürber Erdbeerschaumkuchen

9. Juni, Samstag:
Wurstgeschnetzeltes mit Hörnchen
Spanischer Vanillekuchen

10. Juni, Pfingstsonntag:
Entrecote mit jungem Gemüse und Butterkartoffeln
Kirschtorte

11. Juni, Pfingstmontag:
Gebackene Spargelspitzen mit Mayonnaisesalat
Früchtecremetorte

12. Juni, Dienstag:
Gekochtes Schweinszüngerl mit frischem Kraut und Kartoffeln
Schokoauflauf

13. Juni, Mittwoch:
Leberragout im Reisring
Vanillesoufflé

14. Juni, Donnerstag:
Nudelpfanne mit Wurst
Stachelbeerkompott

Freitag, 15. Juni:
Finnische Fischpfanne, grüner Salat
Erdbeerkardinale

16. Juni, Samstag:
Gebackene Kalbshaxen, Kartoffelsalat
Pfirsich Melba

17. Juni, Sonntag:
Gefüllte Putenschnitzel mit Spargel-Hollandaise
Traunkirchner Torte

18. Juni, Montag:
Gefüllte Zwiebeln
Grießschmarren mit Kompott

19. Juni, Dienstag:
Kohlrabigemüse mit heißer Knackwurst und Kartoffeln
Jägerkuchen

20. Juni, Mittwoch:
Paella
Erdbeertopfen

21. Juni, Donnerstag:
Schwalbennester mit Kartoffelpüree
Schwarz-Weiß-Weichseltorte

22. Juni, Freitag:
Gemüseplatte, Petersilkartoffeln
Topfen-Früchtetorte

23. Juni, Samstag:
Mexikanischer Feuertopf
Gebackene Hollerblüten

24. Juni, Sonntag:
Lungenbraten in Blätterteig, Cumberland-Sauce
Himbeerkuchen

Montag, 25. Juni:
Fleischstrudel mit grünem Salat
Schwarzer Kirschkuchen

26. Juni, Dienstag:
Kalbsgulasch mit Nockerl
Eis mit Früchten

27. Juni, Mittwoch:
Rindsrouladen pikant
Apfelgelee

28. Juni, Donnerstag:
Falsche Jägerschnitzel, Salat
Ribiselschaum

29. Juni, Freitag:
Forelle blau mit Petersilkartoffeln und Gurkensalat
Kirschenstrudel

30. Juni, Samstag:
Gedünstetes Beiried mit Kochsalat und Erbsen
Gedeckter Apfelkuchen

Juli

1. Juli, Sonntag:
Kaninchen gebacken, gemischter Salat
Fürst Pückler-Torte

2. Juli, Montag:
Butterfisolen mit Dillkartoffeln
Stachelbeerkuchen

3. Juli, Dienstag:
Gemüsesuppe
Semmelschmarren mit Kompott

4. Juli, Mittwoch:
Gebackene Herrenpilze mit grünem Salat
Heidelbeerkompott

5. Juli, Donnerstag:
Schwäbisches Fleisch mit Reis
Pfirsich in Weingelee

6. Juli, Freitag:
Lauchstrudel in Blätterteig
Eiskaffee

7. Juli, Samstag:
Paprikahuhn mit Nudeln
Heidelbeerfleck

8. Juli, Sonntag:
Schweinslungenbraten "Colbert", Kartoffeln
Kaffee-Nußtorte

9. Juli, Montag:
Hirn mit Ei, grüner Salat
Ribisel-Kokoskuchen

10. Juli, Dienstag:
Senfbraten mit Reis
Pfirsich im Schlafrock

11. Juli, Mittwoch:
Sauerampfersuppe, geröstete Semmelschnitten
Heidelbeernockerl

12. Juli, Donnerstag:
Ravioli
Lockere Kaffee-Gincreme

13. Juli, Freitag:
Gefüllte Zucchini mit Kartoffelpüree
Weichselfleisch mit Joghurt

14. Juli, Samstag:
Rindfleischeintopf mit Fisolen
Schwarze Himbeerschnitten mit Gelee

15. Juli, Sonntag:
Kalbsschnitzel mit Mandelpanier, Salat
Schoko-Haselnußtorte

16. Juli, Montag:
Kohlrabi-Kartoffelauflauf
Marillen-Plunderteigecken

17. Juli, Dienstag:
Karfiol mit Brösel und Butter
Haselnußrücken

18. Juli, Mittwoch:
Gebackene Pariser mit Gurkensalat
Germpalatschinken

19. Juli, Donnerstag:
Glasierte Leber mit Äpfeln
Heidelbeertörtchen

20. Juli, Freitag:
Zander gebraten mit Petersilkartoffeln
Weichselstrudel

21. Juli, Samstag:
Pilzpastete
Melone eisgekühlt

22. Juli, Sonntag:
Kalbsnierenroller mit Reis
Marillenkuchen

23. Juli, Montag:
Gefüllter Krautkopf
Ribisel in Tropfteig

24. Juli, Dienstag:
Schweinscurry mit Reis und Salat
Gefüllter Brandteigkranz

25. Juli, Mittwoch:
Ungarische Krautsuppe
Marillenknödel aus Kartoffelteig

26. Juli, Donnerstag:
Gemischter Fleischtopf
Eisroulade, fertig gekauft

27. Juli, Freitag:
Broccoli mit Brösel und Butter
Apfel-Semmelauflauf

28. Juli, Samstag:
Bienenstock
Kaffeeschnitten

29. Juli, Sonntag:
Whiskysteak mit Bratkartoffeln
Heidelbeertorte

30. Juli, Montag:
Herrnpilze gedünstet, mit kleinen Semmelknödeln
Kirschauflauf

31. Juli, Dienstag:
Bauernomelette mit Salat
Topfencreme mit Obst

AUGUST

1. August, Mittwoch:
Truthahntopf
Apfeltorte

2. August, Donnerstag:
Warme Schinkenkipferl
Russische Schnitten

3. August, Freitag:
Bries in Kräutersauce mit Reis
Englischer Teekuchen

4. August, Samstag:
Schweinefleischpastete
Ringlottenkompott

5. August, Sonntag:
Überbackene Kalbsschnitzel mit gemischtem Salat
Schokoladentorte

6. August, Montag:
Leberspieße mit Reis
Mandelpudding mit Schokosauce

7. August, Dienstag:
Ochsenschlepp mit Fisolengemüse und Kartoffeln
Flambierte Birnen

8. August, Mittwoch:
Schwammerlgulasch mit Sterz
Londonerschnitten

9. August, Donnerstag:
Milz-Leberknödel mit frischem Kraut
Marillenjam, gebrannte Mandeln, Vanilleeis

10. August, Freitag:
Fischauflauf, Petersilkartoffeln
Linzeraugen

11. August, Samstag:
Semmelknödel mit Fisolensalat und Extrawurst
Kürbiskompott

12. August, Sonntag:
Putenschnitzel natur, Reis und Salat
Schoko-Pfirsichkuchen

13. August, Montag:
Pikanter Pfefferbraten mit Hörnchen
Schokocremespeise

14. August, Dienstag:
Nierenragout im Reisring
Topfenpudding

15. August, Mittwoch:
Faschierte Pastete
Biskottenigel

16. August, Donnerstag:
Gefüllte Hühnerkeulen
Gedünstete Pfirsiche mit Weincreme

17. August, Freitag:
Eierschwammerl gedünstet, mit Ei und grünem Salat
Ringlottenknödel aus Brandteig

18. August, Samstag:
Gefüllte Auberginen
Marillenfleck

19. August, Sonntag:
Kalbs-Croquettes, Reis und Salat
Zitronentorte

20. August, Montag:
Pilzschnitzel mit Salat
Eierstich mit Schokosauce

21. August, Dienstag:
Szegedinergulasch
Topfen-Birnenbecher

22. August, Mittwoch:
Schweinsherz gefüllt mit Kartoffelpüree
Nuß-Makronenschnitten

23. August, Donnerstag:
Jägerreis mit Salat
Hollerkompott mit Birnen

24. August, Freitag:
Kräuteromelette
Ausgedünstete Milchnudeln

25. August, Samstag:
Suppenhuhn mit Nudeln
Marillentörtchen

26. August, Sonntag:
Kalbskotelettes mit Reis und Salat
Panamatorte

27. August, Montag:
Gefüllte Tomaten
Schokoparfait

28. August, Dienstag:
Gefüllter Schweinsbraten, Semmelknödel, Salat
Wiener Schnitten

29. August, Mittwoch:
Gebackene Leber mit gemischtem Salat
Flaumkuchen

30. August, Donnerstag:
Gurkenragout mit Hammelfleisch, Kartoffeln
Birnen in Rotwein

31. August, Freitag:
Fischeintopf
Biskottenbombe mit Früchten

SEPTEMBER

1. September, Samstag:
Geschmortes Schweinefleisch, gekochte Kartoffeln
Feldherrnkrapfen

2. September, Sonntag:
Pilzrostbraten mit Serviettenknödel
Blumentorte

3. September:
Wursttopf
Nußrollen

4. September, Dienstag:
Champignonauflauf mit Salat
Tag- und Nachtschnitten

5. September, Mittwoch:
Erdäpfelgulasch
Schokoladenstrudel

6. September, Donnerstag:
Brokkoli mit Schinken
Mandelstollen mit Creme

7. September, Freitag:
Verlorene Eier in Kräuterbechamel
Weintraubenstrudel

8. September, Samstag:
Truthahnbrust mit Spinatfülle
Starnitzel mit Schokopudding

9. September, Sonntag:
Bauern-Schweinskotelette
Süße Spiegeleier

10. September, Montag:
Letscho mit Reis
Topfenreisauflauf

11. September, Dienstag:
Hühnerleber mit Reis
Schokoladencreme mit Bananen

12. September, Mittwoch:
Kalbsbries mit Champignons
Rahmkipferl

13. September, Donnerstag:
Zwiebelfleisch, Kartoffelpüree
Brüsseler Schnitten

14. September, Freitag:
Zucchiniauflauf
Nußnudeln

15. September, Samstag:
Haschee-Palatschinken
Quittenkompott

16. September, Sonntag:
Gerollter Kalbsbraten mit Blattspinat und Petersilkartoffeln
Veldener Kuchen

17. September, Montag:
Zungenragout mit Reis
Topfencreme mit Traubem

18. September, Dienstag:
Milzfladen mit Apfelscheiben und Butterfisolen
Zwetschkenkuchen

19. September, Mittwoch:
Gebratene Schweinsripperl mit Kartoffelpüree
Durstige Nonne

20. September, Donnerstag:
Speckroulade mit gedünsteten Tomaten und kleinen Kartoffeln
Züricher Schnitten

21. September, Freitag:
Kohlsprossen mit Butter
Germapfelstrudel

22. September, Samstag:
Junger Mais mit Butter
Schokoladenomelette

23. September, Sonntag:
Jungschweinebraten mit mitgebratenen Kartoffeln
Nußtorte mit Parisercreme

24. September, Montag:
Hühnerragout mit Curryreis
Birnen mit Marzipan

25. September, Dienstag:
Cevapcici mit Senf und Brot
Pfirsich-Cup

26. September, Mittwoch:
Grammelknödel mit Krautsalat
Weincremetorte

27. September, Donnerstag:
Hühnerbrüste mit Mandeln, Ananasscheiben und Essigzwetschken auf Reis
Nudeln in der Milch

28. September, Freitag:
Käse-Kutteln, Salzkartoffeln
Leichter Schokoladenpudding

29. September, Samstag:
Leberspieße mit Bananen, Kartoffelpüree
Topfenküchlein

30. September, Sonntag:
Englisches Roastbeef
Schokotorte mit Kastanien

OKTOBER

1. Oktober, Montag:
Fleischeintopf mit Gemüse
Kapuzinerstrudel

2. Oktober, Dienstag:
Wildschweingulasch mit Semmelknödel
Einfache Biskuitomelette

3. Oktober, Mittwoch:
Krautstrudel
Schokoladencreme mit Kastanienreis

4. Oktober, Donnerstag:
Gekochte Selchzunge mit Erbsenpüree
Englischer Teekuchen

5. Oktober, Freitag:
Serbische Bohnensuppe
Zwetschkenknödel

6. Oktober, Samstag:
Schweinsrüssel mit Kürbiskraut
Marzipan-Zweifachkuchen

7. Oktober, Sonntag:
Rehrücken gespickt mit Nudeln und Preiselbeeren
Haselnußtorte

8. Oktober, Montag:
Gemischte Pastete mit Apfelchutney
Topfenschnitten

9. Oktober, Dienstag:
Gänseklein mit Bröselknödeln
Gefüllte Bissen

10. Oktober, Mittwoch:
Gerollte Schweinsschulter auf Paradeissauerkraut
Orangenschnitten

11. Oktober, Donnerstag:
Bohnenfleischtopf mit Würstel
Schokoladenkokoskrapfen

12. Oktober, Freitag:
Broccoli im Backteig mit grünem Salat
Zwetschkenfleck

13. Oktober, Samstag:
Wildpastete
Topfentaschen aus Blätterteig

14. Oktober, Sonntag:
Nierenbraten gefüllt, Reis und Salat
Kastanienreis mit Schlagobers

15. Oktober, Montag:
Speckeier mit gedünsteten Endivien
Nußschrauben

16. Oktober, Dienstag:
Zigeunerschnitzel mit Reis
Kastanienschnitten

17. Oktober, Mittwoch:
Zwiebelkotelettes mit Kartoffeln
Haselnußschnitten

18. Oktober, Donnerstag:
Schinkensoufflé
Geschältes Zwetschkenkompott

19. Oktober, Freitag:
Ungarische Krautsuppe
Brombeerschnitten

20. Oktober, Samstag:
Schweinslungenbraten in Blätterteig mit Salat
Honigschnitten

21. Oktober, Sonntag:
Hirschlendchen in Champignonsauce mit Teigwaren
Grillagetorte

22. Oktober, Montag:
Tiroler Gröstel mit Salat
Kaffeeoberskrapfen

23. Oktober, Dienstag:
Piroggen
Topfenrolle mit Früchten

24. Oktober, Mittwoch:
Gansleber mit Äpfeln
Kastanienschnitten

25. Oktober, Donnerstag:
Steirisches Schöpsernes
Semmel-Bananen-Auflauf

26. Oktober, Freitag:
Fasan in Sauerkraut
Punschkrapferl

27. Oktober, Samstag:
Gefüllter gebackener Leberkäse mit Kartoffelsalat
Petits fours

28. Oktober, Sonntag:
Wildente in Rahmsauce mit Serviettenknödel
Studententorte

29. Oktober, Montag:
Wursthörnchen mit Rotem Rüben-Salat
Orangencreme

30. Oktober, Dienstag:
Hirschgulasch mit Kartoffelknödel
Grießnudeln mit Kompott

31. Oktober, Mittwoch:
Blutwurst mit Kartoffeln und Essiggurkerl
Apfel im Käfig

November

1. November, Donnerstag:
Hirschschlögel gebeizt mit Kartoffelbällchen
Skupanki

2. November, Freitag:
Klachlsuppe
Apfelknödel

3. November, Samstag:
Putenschnitzel mit Reis und Salat
Wiener Tascherl

4. November, Sonntag:
Rebhühner gefüllt mit Linsen
Ungebackene Kastanientorte

5. November, Montag:
Semmelknödel mit Apfelkren
Brabanterschnitten

6. November, Dienstag:
Tiroler Netzlaberl, Kartoffelsalat
Zimtschnecken

7. November, Mittwoch:
Rehragout mit Spätzle und Preiselbeeren
Nougat-Obersschnitten

8. November, Donnerstag:
Katzengschrei mit Kartoffelschmarren
Knittelfeldertorte

9. November, Freitag:
Milchrahmsuppe
Powidelknödel mit Mohn

10. November, Samstag:
Wildpastete
Zigeunerstückchen

11. November, Sonntag:
Gänsebraten mit verschiedenen Salaten
Trüffelbombe

12. November, Montag:
Schweinsherz-Nudeln mit Salat
Wiener Waffeln

13. November, Dienstag:
Wildschweinbraten mit Rotkraut und Serviettenknödel
Bananen mit Schokoladencreme

14. November, Mittwoch:
Käsespätzle mit Salat
Blättertorte

15. November, Donnerstag:
Leberwurst mit gerösteten Kartoffeln
Orangentorte

16. November, Freitag:
Hecht mit Petersilkartoffeln
Kakaotorte

17. November, Samstag:
Salzburgerbraten mit gemischtem Salat
Feigenschnitten

18. November, Sonntag:
Hirschrücken mit Orangen, Kroketten (tiefgefroren)
Othellotorte

19. November, Montag:
Zwiebelauflauf
Mohnkuchen

20. November, Dienstag:
Gefüllter Schweinebauch gekocht, Salzkartoffeln
Grießpudding

21. November, Dienstag:
Pikantes Wurstragout mit Nudeln
Schoko-Orangencreme

22. November, Donnerstag:
Gemischter Fleischtopf
Maultaschen

23. November, Freitag:
Bohnenstrudel
Weintraubenschnitten

24. November, Samstag:
Putenflügel mit Reis und Pilzen
Schwarzer Pfirsichkuchen

25. November, Sonntag:
Schweinsrouladen in Currysauce mit Reis
Burgundertorte

26. November, Montag:
Paprikafleischlaberl mit Kartoffelsalat
Teeschnitten

27. November, Dienstag:
Gefüllte Stelze mit Krautsalat
Streuselkuchen aus Germteig

28. November, Mittwoch:
Fleischnockerl mit Kohl
Dörrobstschnitten

29. November, Donnerstag:
Schinken-Paprikarollen mit Kartoffelpüree
Nougatpudding

30. November, Freitag:
Schinkenreis mit Salat
Teufelspillen

Dezember

1. Dezember, Samstag:
Rahmschnitzel mit Makkaroni
Mozartschnitten

2. Dezember, Sonntag:
Rehschlögel in Rotwein mit Semmelknödeln
Ischlertorte

3. Dezember, Montag:
Burenwurst mit Krautrüben
Zwetschkenbeignets

4. Dezember, Dienstag:
Gedünstete Leber in Zwiebel und Paprika mit Reis
Gebackene Schokoladensemmeln

5. Dezember, Mittwoch:
Kasnudeln
Kletzenbrot

6. Dezember, Donnerstag:
Kronfleisch mit Kren und Brot
Buttermandelbögen

7. Dezember, Freitag:
Gebackene Sellerie mit Mayonnaise-Salat
Topfengolatschen

8. Dezember, Samstag:
Gedünstetes Kaiserfleisch mit Semmelknödeln
Zitronenwaffeln

9. Dezember, Sonntag:
Kalbsnierenroller mit Reis
Schokoladen-Biskottenspeise

10. Dezember, Montag:
Knoblauchsuppe
Süße Topfennudeln

11. Dezember, Dienstag:
Ungarisches Kalbspörkölt
Zitronen-Haselnußkuchen

12. Dezember, Mittwoch:
Champignon-Spiegeleier mit Rotem Rübensalat
Orangenroulade

13. Dezember, Donnerstag:
Gedünstete frische Rindszunge mit Püree
Mandelkuchen

14. Dezember, Freitag:
Kartoffelpüree-Suppe mit Zupfnockerln
Rahm-Semmelstrudel mit Kanarimilch

15. Dezember, Samstag:
Verlorene Eier in Käsesauce auf Spinat
Zitronensulz

16. Dezember, Sonntag:
Spanferkel mit Kraut- und Kartoffelsalat
Fridolintorte

17. Dezember, Montag:
Majoranfleisch mit Kartoffeln
Streuselschnitten

18. Dezember, Dienstag:
Schichtkraut mit Salzkartoffeln
Schokoladenschnitten mit gebrannten Mandeln

19. Dezember, Mittwoch:
Schinkenauflauf mit Salat
Wäschermädel

20. Dezember, Donnerstag:
Kohl in der Form
Sandtorte

21. Dezember, Freitag:
Fisch in der Form mit Butterkartoffeln
Zitronenschnitten

22. Dezember, Samstag:
Porreefleisch mit Kartoffeln
Bananentortelettes

23. Dezember, Sonntag:
Rindslungenbraten in Rahm mit Nudeln
Mandeltorte

24. Dezember, Heiliger Abend:
Mittags: Eingebrannte Erdäpfel
Abends:
Fischbeuschelsuppe mit gerösteten Semmelschnitten
Gebackener Karpfen mit Sellerie- und Mayonnaisesalat
Weihnachtsbäckerei: Siehe Anhang

25. Dezember, Erster Weihnachtsfeiertag:
Eingemachte Geflügelsuppe
Truthahn mit Kastanien gefüllt, Rotkraut, Kartoffelsalat
Nuß-Mandeltorte

26. Dezember, Zweiter Weihnachtsfeiertag:
Jakobsmuscheln überbacken mit Stangenweißbrot
Schokoladencremeschnitten

27. Dezember, Donnerstag:
Serbisches Reisfleisch mit Endiviensalat
Apfelkompott

28. Dezember, Freitag:
Bohnengulasch
Schokoladenpalatschinken

29. Dezember, Samstag:
Geselchte Stelze mit Sauerkraut
Biskuitfrüchtecreme

30. Dezember, Sonntag:
Gebackene Lungenbratenschnitzel mit Essiggemüse
Ananaskranz

31. Dezember, Silvester:
Mittags: Würstel mit Senf und Brot.
Abends: Kaltes Bufett

Verzeichnis der Rezepte

Suppen

Eintöpfe

Fischsuppen

Käsegerichte, Kaltes Buffet

Eierspeisen

Fleischgerichte

Rind

Kalb

Schwein

Lamm, Hammel, Kitz

Innereien

Faschiertes

Verschiedene und kleine Gerichte

Blattspinat auf Toast mit Spiegelei: *18.Apr.*
Eiernockerl: *25.Apr.*
Eingebrannte Erdäpfel: *9.Feb.*
Fondue: *11.März.*
Gebackene Kartoffelwürstchen: *17.März.*
Gefüllte Cannelloni: *26.Mai*
Gemischter Fleischtopf: *26.Juli, 22.Nov.*
Grammelknödel: *26.Sept.*
Krautfleckerl: *1.Feb.*
Kronfleisch: *6.Dez.*
Lasagne: *25.Feb.*
Linsen mit Knödeln: *21.März.*
Paella: *20.Juni*
Pasta asciutta: *11.Feb.*
Piroggen: *23.Okt.*
Pizza: *16.Mai*
Ravioli: *12.Juli*
Reisfleisch: *29.Feb.*
Schinkenfleckerl: *12.März.*
Schinkenkipferl: *2.Aug.*
Schinkensoufflé *18.Okt.*
Spaghetti: *17.Jän., 4.Mai*
Spätzle: *1.Jän.*
Spezialgulasch: *12.Apr.*
Spieße: *4.März.*
Tiroler Gröstel: *22.Okt.*
Topfenhaluska: *15.Mai*
Wurstknödel: *2.Jän.*

Aufläufe

Süße Aufläufe
Apfel-Semmelauflauf: *27.Juli*
Grießauflauf: *26.März, 16.Apr.*
Kipfelkoch: *9.März.*
Kirschauflauf: *30.Juli*
Milchnudeln, ausgedünstet: *24.Aug.*
Reisauflauf: *24.Feb.*
Schokoladenauflauf: *12.Juni*
Semmel-Bananen-Auflauf: *25.Okt.*
Topfenreisauflauf: *10.Sept.*

Pikante Aufläufe
Bienenstock: *28.Juli*
Blattspinatauflauf: *3.Mai*
Champignonauflauf: *4.Sept.*
Fischauflauf: *10.Aug.*
Gebackene Schinkenfleckerl: *25.Jän.*
Jägerreis: *23.Aug.*
Kartoffelauflauf: *11.Apr.*
Kohl in der Form: *20.Dez.*
Kohlrabi-Kartoffelauflauf: *16.Juli*
Nudelauflauf: *9.Mai*
Nudelpfanne: *14.Juni*
Schichtkraut: *18.Dez.*
Schinken-Paprikarollen: *29.Nov.*
Schinkenauflauf: *19.Dez.*
Schinkenreis: *30.Nov.*
Spinatauflauf: *3.Apr.*
Zucchiniauflauf: *14.Sept.*
Zwiebelauflauf: *19.Nov.*

Warme Mehlspeisen

Apfel im Käfig: *31.Okt.*
Äpfel im Schlafrock: *8.Feb.*
Apfelcharlotte: *9.Apr.*
Apfelknödel: *2.Nov.*
Apfelnockerl: *15.März.*
Apfelspalten: *15.Feb.*
Biskuitnockerl: *6.Apr.*
Böhmische Dalken: *30.Apr.*
Crepes mit Orangencreme: *17.Apr.*
Dukatenwuchteln: *16.März.*
Durstige Nonne: *19.Sept.*
Eisomelette: *26.Mai*
Erdäpfelkrapferl: *20.März.*
Erdäpfelnudeln mit Mohn: *30.März.*
Erdbeerknödel: *24.Mai*
Gebackene Hollerblüten: *23.Juni*
Gebackene Mäuse: *29.Feb.*
Gebackene Schokoladensemmeln: *4.Dez.*
Germknödel: *13.Apr.*
Germpalatschinken: *18.Juli*
Grießnudeln mit Kompott: *30.Okt.*
Grießschmarren: *18.Juni*
Heidelbeernockerl: *11.Juli*
Kaiserschmarren: *27.Apr.*
Liwanzen: *20.Apr.*
Marillenknödel aus Kartoffelteig: *25.Juli*
Maultaschen: *22.Nov.*
Nußnudeln: *14.Sept.*
Nußpalatschinken: *13.Jän.*
Nudeln in der Milch: *27.Sept.*
Palatschinken: *9.Feb.*
Pofesen: *23.Jän.*
Powidelknödel mit Mohn: *9.Nov.*
Powideltascherl: *2.Apr.*
Rahmdalken: *23.März.*
Ribele: *30.Mai*
Ribisel in Tropfteig: *23.Juli*
Ringlottenknödel: *17.Aug.*
Salzburger Nockerl:*6.April*
Schneeballen: *20.Feb.*
Schneenockerl: *27.März.*
Schokoladenomelette: *22.Sept.*
Schokoladepalatschinken: *5.Juni, 28.Dez.*

STRUDEL

Süße Strudel

Pikante Strudel

DESSERTS

Kleines Backwerk

Früchte

Pudding u.ä.

Crèmes

Soufflés

Eis

Torten und Kuchen

Torten

Kuchen

WEIHNACHTSBÄCKEREI (*Anhang A*)

Anis-Hohlhippen
Branntweinkranzerl
Brasilianer
Butterbrote
Butterkekse aus Irland
Einfache Kekse
Florentiner
Grazer Zwieback
Haselnußkugerl
Hausfreunderl
Husarenkrapferl
Käsekekse
Klosterkipferl
Lebkuchen zum Ausstechen
Lebkuchen zum Schneiden
Linzerbäckerei
Londonerschnitten
Makronensterne
Mandelwürfel
Mohrenkugerl
Mozartkrapferl
Nußbusserl
Nußecken
Pariserstangerl
Pignolikipferl
Schoko-Flakes
Schokoladenwurst
Schwarze Busserl
Vanillekipferl
Weichselkugerl
Windbäckerei
Zimtkarten

KONSERVIERUNG (*Anhang B*)

Säfte
Apfelsaft zum sofortigen Gebrauch
Himbeersaft
Rhabarbersaft
Ribiselsaft

Weine
Hagebuttenwein
Ribiselwein

Liköre
Bierlikör
Eierkognak
Heidelbeerlikör
Himbeerlikör
Hollerlikör
Kaffee-Likör
Kümmel-Likör
Nußlikör
Orangenlikör
Schwarzer Johannisbeerlikör
Weichsellikör

Obstkonservierung (Einkochen)
Ananaserdbeeren
Ananaserdbeeren für Knödel
Ananaserdbeermark
Birnenkompott
Essigzwetschken
Holler mit Zwetschken
Kirschenfleisch
Kirschenkompott
Marillen
Orangenmarmelade
Powidl
Quittengelee
Ribisel
Ribisel eingefroren für Obstsalat und Kuchen
Ribisel wie Preiselbeeren
Ringlotten-Kompott
Stachelbeeren
Stachelbeergelee
Weichselkompott in Rum
Zwetschken
Zwetschkenröster

Gemüsekonservierung
Erbsen
Erbsen mit Kochsalat
Fisolen, ganz
Fisolen, geschnitten, für Salat und Gemüse
Gemüsesuppe
Gurken sauer
Karotten-Baby
Letscho
Paradeismark
Rote Rüben
Sellerie für Salat
Spinat
Suppengrün

1. Jänner, Neujahr:

ZWIEBELSUPPE
SCHWEINSGESCHNETZELTES MIT SPÄTZLE UND SALAT
PFIRSICHKOMPOTT

Zwiebelsuppe:
10 dkg Butter
2 El. Mehl
2 mittelgroße Zwiebeln
1 l Suppe (Rindessa)
Salz, Pfeffer

Zwiebel in feine Scheiben schneiden. In der Butter goldgelb anrösten, mit dem Mehl stauben, etwas weiterrösten, dann mit der Suppe aufgießen, salzen und pfeffern und eine halbe Stunde kochen lassen.

Beilage:
Salzstangerl in 1/2 cm dicke Scheiben schneiden, einseitig mit Butter bestreichen und mit Parmesan dick bestreuen und im Rohr überbacken.

Schweinsgeschnetzeltes:
70 dkg Schweinsschulter
10 dkg Margarine
3 El. Sauerrahm
2 El. Mehl
40 dkg Tomatenmark (natur, nicht aus der Dose)
Salz, Pfeffer

Das Schweinefleisch in kleine Stücke schneiden, salzen, pfeffern und in der Margarine anbraten, dann mit dem Mehl stauben, noch etwas anrösten und mit 1/4l Wasser und dem Tomatenmark aufgießen. Zugedeckt weich dünsten, vom Feuer nehmen und mit dem Rahm binden.

Spätzle:
25 dkg Mehl
3/8 l Wasser
Salz

Teig gut abschlagen, durch grobes Sieb in leichtes Salzwasser einkochen, nach 10 Minuten abseihen, mit kaltem Wasser überspülen und dann leicht in Butter schwenken.

Endiviensalat:
Den Salat kleinnudelig schneiden und eine Stunde wässern, dann abtropfen lassen, salzen, mit Öl und etwas gewässertem Essig abmischen. Nach Geschmack kann auch etwas Zucker beigegeben werden.

2. Jänner, Montag:

SCHWEINSSUPPE MIT EINGETROPFTEM
WURSTKNÖDEL MIT SAUERKRAUT
BRATÄPFEL

Schweinssuppe:
1 Schweinsschwanzerl
1/2 kg Schweinsknochen
Suppengrün

Eingetropftes:
1 Ei
2 Kaffeelöffel Mehl
Salz

Alles in gut 1 l Wasser zusetzen, salzen und weichkochen. Suppe abseihen, Zutaten für das Eingetropfte gut mit einer Gabel verschlagen und in die kochende Suppe einrinnen lassen, kurz aufkochen und mit Schnittlauch servieren.

Wurstknödel:
75 dkg runde = mehlige Kartoffeln
1 Dotter, 1 Ei
4 El. Mehl
1 El. Grieß
5 dkg zerlassene Margarine
kleingeschnittene Wurst
Salz

Alles zu einem geschmeidigen Teig verarbeiten, eine 7 cm dicke Rolle formen, 1,5 cm starke Stücke abschneiden, in der Hand etwas flachdrücken, mit kleingeschnittener Wurst füllen, Knödel formen und in Salzwasser kochen.

Sauerkraut:
50 dkg Sauerkraut mit soviel Wasser zustellen, daß das Kraut gerade bedeckt ist. Eine kleingehackte Zwiebel, ein Lorbeerblatt, drei bis vier Wacholderbeeren und eine Speckschwarte beigeben, weichkochen. Jetzt eine mittelgroße Kartoffel hineinreiben.

Bratäpfel:
Vier große Äpfel ungeschält vom Kerngehäuse befreien und noch etwas aushöhlen. Mit Rosinen, gehackten Nüssen, Zimt und Zucker füllen, dann in eine feuerfeste Schüssel stellen und diese bis zu 1/3 der Äpfel mit Zuckerwasser füllen. Ca. eine Stunde bei 200° braten.

3. Jänner, Dienstag:

RINDSUPPE MIT GRIESSNOCKERL
RINDSROULADEN, KARTOFFELPÜREE, ROTE RÜBEN
BESOFFENE KAPUZINER

Rindsuppe:
1 kg Rindsknochen in 1,5 l kochendes Salzwasser geben und mit Suppengrün (Petersilwurzel, Karotten, Sellerieknolle und Lauch) weichkochen, abseihen.

Grießnockerl:
1 Ei
1 eischwer Margarine
2 eischwer Grieß
Margarine gut abtreiben, Ei dazugeben, dann Grieß einrühren, salzen, eine halbe Stunde ziehen lassen, dann mit dem Löffel kleine Nockerl abstechen und in die kochende Suppe legen. Fünf Minuten stark kochen lassen, dann zugedeckt noch eine halbe Stunde ziehen lassen.

Rindsrouladen:
Vier Rindsschnitzel leicht klopfen, falls noch Fett am Rand ist, wegschneiden (kann in der Suppe mitgekocht werden), salzen, pfeffern, auf einer Seite leicht mit Senf und Ketchup bestreichen und mit kleinwürfelig geschnittenen Kartoffeln und Essiggurkerl füllen. Einrollen und mit Zahnstochern zusammenhalten. Zwei bis drei mittelgroße Zwiebeln anrösten, Rouladen an beiden Seiten anbraten, dann mit wenig Wasser bedecken und weichdünsten.

Kartoffelpüree:
Sechs bis acht große Kartoffeln schälen, in große Würfel schneiden und in Salzwasser weichkochen (nicht im Schnellkochtopf, Kartoffeln verändern unter Druck sehr den Geschmack!), dann den Großteil des Wassers abgießen, den Rest pürieren, Milch zugeben nach Wunsch, einmal aufkochen. Achtung, brennt leicht an! Vom Feuer nehmen und einen Eßlöffel Butter darin zergehen lassen.

Besoffene Kapuziner:
15 dkg Staubzucker
10 dkg Semmelbrösel
4 Eier
1 Rippe Schokolade
Zucker mit Dotter gut abrühren, erweichte Schokolade und Semmelbrösel dazugeben, zuletzt Schnee unterziehen. Auf einem Blech 1 – 2 cm dick aufstreichen, bei 180° – 200° ca. 20 Minuten backen. Portionsgerechte Stücke schneiden, kurz vor dem Anrichten mit Wein gut übergießen.

4. Jänner, Mittwoch:

LAUCHSUPPE
FASCHIERTER RAHMBRATEN MIT KARTOFFELSALAT
ERDBEEREN, TIEFGEKÜHLT MIT JOGHURT

Lauchsuppe:
50 dkg Lauch
20 dkg Kartoffeln
1 El. Butter
Lauch fein, Kartoffeln würfelig schneiden und in leicht gesalzenem Wasser weichkochen, pürieren, vom Feuer nehmen und einen Eßlöffel Butter darin zergehen lassen.

Faschierter Rahmbraten:
70 dkg Faschiertes
3 Eier
2 Semmeln
3 El. Mehl
3 El. Sauerrahm
Gewürze: Salz, Pfeffer, Majoran, Thymian, Knoblauch, Zwiebel. (Achtung, wenn Gartengewürze verwendet werden, sie sind viel stärker!)
Semmeln einweichen, dann gut ausdrücken und alles zu einem Fleischteig verarbeiten. Einen Striezel formen, von beiden Seiten in einer Pfanne anbraten, mit wenig Wasser oder Suppe aufgießen und im Rohr ca. 50 Minuten braten. Fleisch herausnehmen, in den Saft einen Kaffeelöffel Kapern (feingehackt) und eine kleingeschnittene Essiggurke geben, eventuell eine Messerspitze Senf, gut aufkochen, dann vom Feuer nehmen und mit 3 Eßlöffeln Sauerrahm andicken.

Kartoffelsalat:
1 kg speckige Kartoffeln kochen, schälen und blättrig schneiden. Etwas überkühlen lassen, aber noch warm mit Öl und 1/8l Rindsuppe übergießen. Essig nach Geschmack mit Wasser verdünnen, darübergeben, salzen, pfeffern und vorsichtig, damit die Kartoffeln nicht brechen, alles gut durchmischen.

Erdbeeren mit Joghurt:
50 dkg Erdbeeren - tiefgefroren - mit einem Becher Joghurt und Zucker nach Geschmack gut verrühren. (Es kann auch Süßstoff genommen werden.)

5. Jänner, Donnerstag:

GEFLÜGELSUPPE
BRATHUHN MIT REIS UND PUMMERLSALAT
LINZERSCHNITTEN

Geflügelsuppe:
Die Innereien von einem Huhn, den Kragen und die Flügerl mit Wurzelwerk in einem Liter Salzwasser ca. eine Stunde kochen. Suppe abseihen, Fleisch kleinschneiden und wieder hineingeben. 10 dkg feine Suppennudeln in Salzwasser weichkochen, abseihen, mit kaltem Wasser abspülen, kurz vor dem Anrichten in die Suppe geben und noch einmal kurz aufkochen.

Brathuhn:
Ein ca. 1500 dkg schweres Huhn gut auswaschen, innen und außen leicht einsalzen und im eigenen Fett im Rohr braten. Es ist zweckmäßig, wenn man das ausgenommene Fett vorher extra kleinschneidet und ausläßt. Huhn wenden und öfter begießen.

Gedünsteter Reis:
Zwei Tassen Reis, dazu Wasser nach Packungsangabe, Salz, eine kleine Zwiebel und eine Gewürznelke mit einem Eßlöffel Margarine weichdünsten, kleines Feuer!

Pummerlsalat:
Einen mittelgroßen Salat in feine Streifen schneiden, gut waschen, abtropfen. Eine Marinade aus einem Teelöffel Senf, einem Eßlöffel Öl, Salz, Pfeffer und gewässertem Essig, nach Geschmack eventuell etwas zuckern, machen, gut durchrühren und Salat hineinmischen.

Linzerschnitten:
14 dkg Mehl
14 dkg Margarine
14 dkg Zucker
14 dkg mit der Schale geriebene Mandeln
3 Dotter
1 Rippe Schokolade
etwas Gewürznelken, Zimt und Zitronenschale
Am Brett einen feinen Teig kneten, 2/3 davon ausrollen, etwa 2 cm dick auf ein bemehltes Backblech legen, aus dem letzten Drittel dünne Würstel rollen und als Gitter auf den Teig legen. Nun bei 180° ca. 40 Minuten backen und erst jetzt in die leeren Felder Ribiselmarmelade geben.

6. Jänner, Feiertag:

HASENPASTETE
GEBRATENER HASE MIT SEMMELKNÖDELN UND PREISSELBEEREN
BRÖSEL-NUSSPUDDING MIT SCHOKOLADENSAUCE

Hasenpastete:
Ein Paket tiefgekühlten Blätterteig auftauen, mit einem runden Ausstecher von ca. 7 cm Durchmesser vier Scheiben ausstechen, dann vier Ringe von derselben Größe, übrigbleibende Mittelscheibe wird der Deckel. Große Scheibe am Rand mit Ei bestreichen, den Ring darauflegen und gemeinsam backen, Deckel extra.

Fülle:
1 Hasenjunges
25 dkg Kalbfleisch
15 dkg Selchspeck
1 Semmel
3 Eier
Die Leber vom Hasenjungen schaben, das lockere Fleisch von den Rippen lösen und mit dem Kalbfleisch und dem Selchspeck sowie der eingeweichten und fest ausgedrückten Semmel sehr fein faschieren. Drei Eier dazugeben und Wildgewürz nach Geschmack, Salz und schwarzen Pfeffer. Alles gut durchmischen, in einer gut gefetteten und gebröselten Form ca. eine

Stunde im Rohr bei 200° backen. (Dies alles kann am Tag vorher gemacht werden.) Vor dem Servieren die Förmchen mit der Pastete füllen, Deckel aufsetzen und nochmals zum Erhitzen 15 Minuten ins Rohr. Beim Anrichten eine Orangenscheibe mit Preißelbeeren darauf dazulegen.

Hasenlauf und Rücken:
Das Fleisch von der feinen Haut befreien, salzen, pfeffern und etwas Wildgewürz darangeben. 15 dkg Selchspeck kleinschneiden und anbraten, Hasen auf allen Seiten gut anbraten. Einen Eßlöffel Butter dazugeben, etwas mit Wasser aufgießen und gut zwei Stunden bei 250° im Rohr zugedeckt braten. Öfter wenden und begießen.

Semmelknödel:
Sechs getrocknete Semmelwürfel mit drei Eßlöffeln heißem Schmalz übergießen, salzen, nun zwei Eier mit 3/8l Milch versprudeln und ebenfalls darübergeben, eine Stunde stehenlassen. Jetzt sechs Eßlöffel Mehl dazugeben, gut vermengen und Knödel formen. Dazu in die Hand etwas Grieß nehmen, äußere Schicht hält so besser. In viel gesalzenem Wasser langsam ca. 25 Minuten kochen; die Knödel müssen schwimmen.

Brösel-Nußpudding:
6 dkg Margarine mit
6 dkg Zucker und
3 Eidottern gut abrühren, dann
10 dkg mit Rum befeuchtete Brösel und den Schnee von 6 Eiklar dazugeben. Diese Masse in eine gut gefettete und gebröselte Form geben und im Wasserbad eine Stunde kochen.

Schokoladensauce:
3/8l Milch mit 10 dkg Schokolade aufkochen, Zucker nach Geschmack beigeben und mit zwei gut versprudelten Eidottern kurz aufkochen.

7. Jänner, Samstag:

GEMÜSESUPPE
SCHWEINSKOTELETTE MIT
CHAMPIGNON, BUTTERKARTOFFELN,
CHINAKOHLSALAT
APFELMUS

Gemüsesuppe:
Blanchierte, schon gemeinsam eingefrorene Gemüse: Erbsen, Karotten, Fisolen, Karfiol und eine kleinwürfelig geschnittene Kartoffel in einem Liter leicht gesalzenem Wasser weichkochen, dann eine helle Einmach von 1 Eßlöffel Butter und 2 Eßlöffeln Mehl machen, mit der Suppe aufgießen und nochmals gut durchkochen. Zum Schluß feingehackte Petersilie darübergeben, je feiner gehackt, desto stärker das Aroma.

Schweinskotelettes mit Champignons:
4 Schweinskotelettes
15 dkg Champignons
1 El. Margarine
Kotelettes salzen und pfeffern, dann in 1 Eßlöffel Margarine beiderseits anbraten, die feinblättrig geschnittenen Champignons dazugeben und 5 Minuten ohne Wasser dünsten - Champignons geben genug Wasser ab. Dann erst knapp mit Wasser bedecken und weichdünsten.

Butterkartoffeln:
75 dkg Kartoffeln mit der Schale kochen (wenn möglich, kleine nehmen, sonst muß man sie nachher auseinanderschneiden), schälen und in Butter allseits leicht anbraten, salzen.

Chinakohlsalat:
Einen nicht zu großen Chinakohl, möglichst grün, feinnudelig schneiden und eine halbe Stunde wässern, er wird so knuspriger. Dann das Wasser abgießen, salzen, etwas Öl und abgeschmeckten Essig darübergeben, alles gut durchmischen.

Apfelmus:
1 kg säuerliche Äpfel – wenn nicht vorhanden, muß man etwas Zitrone dazugeben – gut waschen, vom Kerngehäuse befreien und mit der Schale in Stücke schneiden. Knapp mit Wasser bedecken, 2 – 3 Eßlöffel Zucker und eine kleine Zimtrinde dazugeben, weichdünsten, passieren. Wenn ausgekühlt, eventuell mit zwei Eßlöffeln Joghurt verfeinern.

8. Jänner, Sonntag:

LEBERKNÖDELSUPPE
WIENERSCHNITZEL MIT GEMISCHTEM SALAT
MOHNTORTE

Leberknödelsuppe:
20 dkg Rindsleber
10 dkg Milz (gibt die gute Farbe)
1 Ei
1 Semmel
1 El. Margarine
2 El. Semmelbrösel
Leber und Milz schaben, das Ei mit der Margarine gut abtreiben, salzen, pfeffern, eine Messerspitze Majoran, die eingeweichte und gut ausgedrückte Semmel und die Semmelbrösel untermischen. Alles eine halbe Stunde ziehen lassen, dann ein Probeknöderl in kochendes Salzwasser geben; wenn zu weich, dann noch Bröserl untermischen. Nun die übrige Masse in kleinen Knöderln in eine klare Rindsuppe einkochen.

Wienerschnitzel:
Vier Kalbsschnitzel, ca. 12 – 15 dkg schwer, leicht von außen nach innen klopfen, salzen und beiderseits in Mehl wälzen. Zwei Eier mit einem Eßlöffel Milch gut versprudeln, Schnitzel darin tauchen, dann in Semmelbröseln wenden, leicht anklopfen. Viel Öl oder Schmalz (wird besser, aber schwerer) auf ca. 170° erhitzen, Schnitzel hineinlegen und 3 Minuten auf jeder Seite backen. Herausnehmen, auf Fließpapier abtropfen lassen. Mit Zitronenscheiben servieren.

Gemischter Salat:
Weiße Bohnen, Fisolen, Krautsalat, Rote Rüben, Kartoffel, Karotten, grüner Salat, Sellerie, Paprika

Mohntorte:
16 dkg Margarine
16 dkg Zucker
16 dkg Schokolade
16 dkg geriebener Mohn
5 Eier
Margarine mit der erweichten Schokolade, dem Zukker, den Dottern abtreiben, Mohn dazugeben und den Schnee von fünf Eiklar vorsichtig unterziehen. Bei ca. 200° 50 Minuten backen. Ausgekühlt durchschneiden und mit Himbeermarmelade füllen, anzuckern, eventuell in Muster.

9. Jänner, Montag:

WURZELFLEISCH
TOPFENKNÖDEL MIT ZWETSCHKENRÖSTER

Wurzelfleisch:
75 dkg Bauchfleisch, nicht zu fett
50 dkg Wurzelwerk
50 dkg Kartoffeln
Fleisch und Kartoffeln in große Würfel schneiden, Wurzelwerk fein reißen, salzen, alles mit Wasser bedecken und weichkochen; es soll nicht zu viel Flüssigkeit bleiben, deshalb zuletzt den Deckel vom Topf nehmen.

Topfenknödel:
25 dkg feinen Topfen mit
2 El. Grieß und
2 El. Brösel sowie
1 Ei
Gut vermengen, 30 Minuten ziehen lassen, dann kleine Knödel formen und in leicht gesalzenem Wasser ca. 15 Minuten langsam kochen, mehr ziehen lassen. Mit Butter geröstete Semmelbrösel und braune Butter darübergeben.
Zwetschkenröster siehe "Einkochen".

10. Jänner, Dienstag:

GERÖSTETE HAFERFLOCKENSUPPE
GEFÜLLTE PAPRIKA MIT PARADEISSAUCE UND GERÖSTETEN KARTOFFELN
RUMOBST MIT SCHLAGOBERS

Geröstete Haferflockensuppe:
4 El. Haferflocken
2 El. Margarine
Haferflocken nicht zu braun anrösten, Salz und Pfeffer dazu, mit einem Liter Wasser aufgießen und ca. 20 Minuten kochen lassen.

Gefüllte Paprika:
4 Paprika
50 dkg Faschiertes
4 El. gekochter Reis
1 Ei
Faschiertes salzen, pfeffern und mit etwas Knoblauch würzen. Ei und Reis daruntermischen und die Paprika damit füllen. Beim Aushöhlen der Paprika darauf achten, daß keine Samen darinbleiben, sonst zu scharf. Den Deckel mit Zahnstocher befestigen, in etwas Margarine allseits anbraten, dann mit wenig Wasser und der fertigen Paradeissauce übergießen und langsam, ca. 45 Minuten, weich dünsten.

Paradeissauce:
60 dkg tiefgefrorenes Paradeismark in einer hellen Einbrenn verkochen, Salz, Zucker und etwas Essig dazugeben.

Rumobst:
siehe "Einkochen".

11. Jänner, Mittwoch:

SELCHSUPPE MIT ROLLGERSTEL
SELCHFLEISCH MIT ERBSENPÜREE
POLSTERZIPF

Selchsuppe und Selchfleisch:
1 kg Geselchtes (Teilsames) gut waschen, mit reichlich Wasser bedeckt zustellen, 5 Minuten aufkochen, Wasser abgießen, sonst wird die Suppe zu scharf, und nochmals zustellen, weichkochen. Wenn ein Schnellkochtopf verwendet wird, auch genügend Wasser nehmen, ist immer stärker im Geschmack - Rollgerstel in die Suppe einkochen. Selchfleisch aus der Suppe herausnehmen, aufschneiden und mit etwas Suppe anrichten.

Erbsenpüree:
30 dkg grüne Spalterbsen über Nacht in reichlich Wasser einweichen, am nächsten Tag weichkochen, dazu das Einweichwasser verwenden. Erbsen passieren, mit einer leichten Einbrenn aus 10 dkg würfelig geschnittenem Selchspeck und 2 Eßlöffeln Mehl binden und jetzt erst salzen. Geröstete Zwiebel darübergeben.

Polsterzipf:
25 dkg Mehl
25 dkg Topfen
25 dkg Margarine
Alles zu einem geschmeidigen Teig verarbeiten, 1/2cm dick ausrollen, in Vierecke schneiden, mit Marmelade füllen, zu Dreiecken zusammenschlagen, Ränder fest andrücken und bei 200° ca. 20 Minuten backen. Anzuckern.

12. Jänner, Donnerstag:

RINDSUPPE MIT BISKUITSCHÖBERLN
ZWIEBELROSTBRATEN MIT FISOLEN UND BUTTERKARTOFFELN
OBSTSALAT

Biskuitschöberl:
30 dkg Mehl
2 Eier
Zwei Eiklar zu festem Schnee schlagen, Mehl darüberstreuen, mit Salz, Pfeffer und feingehackter grüner Petersilie würzen, die zwei gut versprudelten Dotter leicht unterziehen. In einer kleinen, gut befetteten und gestaubten Pfanne bei 250° ca. 15 Minuten backen. Ausgekühlt in Schnittchen schneiden und mit Suppe servieren.

Zwiebelrostbraten:
Vier Rostbraten (pro Stück 15 – 20 dkg) salzen, pfeffern und auf beiden Seiten bemehlen, in heißer Margarine anbraten, Fleisch herausnehmen. In dem Fett eine große feingeschnittene Zwiebel anrösten ; wenn zu wenig Fett, noch etwas Margarine beigeben, Fleisch hineinlegen und mit wenig Wasser aufgießen, weichdünsten.

Fisolen:
60 dkg tiefgefrorene Fisolen (grüne Bohnen) in leicht gesalzenem Wasser ca. 15 Minuten kochen, abseihen und in Butter schwenken.

Butterkartoffeln:
1 kg kleine, speckige Kartoffeln kochen, schälen und in Butter rundum anbraten, salzen.

Obstsalat:
2 Orangen
2 Bananen
4 Scheiben Ananas aus der Dose
1 Apfel
1 Becher rote Ribisel (tiefgefroren)
1 Becher entkernte Weichseln (tiefgefroren)
1 Becher Joghurt
Alles kleinschneiden, nach Geschmack zuckern (es kann auch Süßstoff verwendet werden), entweder etwas Rum dazugeben oder, wenn vorhanden, Rumobst. Beim Servieren kann pro Portion ein Teelöffel Joghurt untergemischt werden, schmeckt voller.

13. Jänner, Freitag:

PARADEISSUPPE MIT GERÖSTETEN SEMMELSCHNITTEN
GEBACKENER FISCH MIT MAYONNAISE-SALAT
NUSSPALATSCHINKEN

Paradeissuppe:
30 dkg Paradeismark in 1 Liter leicht gesalzenem Wasser aufkochen, aus 1 Eßlöffel Margarine und 2 Eßlöffeln Mehl eine helle Einbrenn machen, mit der Suppe aufgießen, etwas Essig und Zucker nach Geschmack dazugeben, nochmals gut durchkochen.

Semmelschnitten:
Eine Semmel in Scheiben und dann noch der Länge nach in Streifen schneiden, in Margarine rundum goldbraun rösten und kurz vor dem Servieren auf die Suppe geben, wird sonst weich.

Gebackener Fisch:
Vier Seefischfilets (pro Stück ca. 15 dkg) wie Wienerschnitzel panieren (wenn tiefgefroren, nur halb auftauen, wenn frisch, vorher eine halbe Stunde in Milch legen), backen.

Mayonnaise-Salat:
Kartoffeln wie zu normalem Salat in Scheiben schneiden, eine feingehackte Zwiebel darübergeben, dann erst die Mayonnaise:
2 Dotter
1 ganzes Ei
1/4 l Öl
2 El. Joghurt
1 Tl. Senf
Zitronensaft, Salz
Ei und Dotter gut verquirlen, Öl nach und nach dazugeben, ständig rühren, dann Joghurt, Salz, Senf und Zitronensaft beigeben. Alles mit den Kartoffeln gut vermischen, nicht zu lange stehen lassen, wird sonst pappig.

Nußpalatschinken:
3/8 l Milch
2 Eier
15 dkg Mehl
Alles gut vermischen, in einer Stielpfanne Margarine erhitzen. Teig dünn eingießen, beiderseits hellbraun anbraten. Falls nicht alle Palatschinken gebraucht werden, kann man sie feinnudelig zu Fridatten schneiden und einfrieren.

Fülle:
20 dkg geriebene Walnüsse
1/8 l Milch
4 Eßlöffel Zucker, etwas Zimt und wenig Gewürznelken aufkochen, ausgekühlt auf Palatschinken streichen und einrollen. Mit Schokoladensauce siehe 6. Jänner.

14. Jänner, Samstag:

FRIDATTENSUPPE
KÄSEPUDDING MIT SELCHFLEISCH UND GRÜNEM SALAT
NUSSROULADE

Fridattensuppe:
Klare Rindsuppe oder Würfelsuppe, Fridatten (siehe Palatschinken 13. Jänner). Schnittlauch entweder gleich in den Palatschinkenteig geben oder auf die Suppe streuen.

Käsepudding:
12 dkg Margarine
15 dkg Mehl
8 dkg Parmesan
6 Eier
1/4 l Sauerrahm
Margarine mit sechs Dottern fein abtreiben, fein geriebenen Parmesan, Sauerrahm, Salz und Mehl dazugeben, zuletzt den Schnee von sechs Eiklar leicht untermischen. Die Masse in eine gut gefettete und gestaubte Form geben und im Wasserbad eine Stunde kochen. Pudding stürzen und einen Kranz von gekochtem, feingehackten Selchfleisch darumlegen. Dazu jeden beliebigen grünen Salat. Achtung, ist sehr sättigend.

Nußroulade:
4 Eier
10 dkg Zucker
12 dkg geriebene Nüsse
Dotter mit Zucker abrühren, Schnee von vier Eiklar und Nüsse vorsichtig unterziehen und auf einem gut befetteten, bemehlten Pergamentpapier langsam backen. Gleich vom Papier rollen, erkalten lassen und mit Schlagobers füllen.

15. Jänner, Sonntag:

EINMACHSUPPE MIT BRÖSELKNÖDERLN
KALBSROULADEN MIT REIS
KAFFEECREMETORTE

Einmachsuppe:
1 kg Kalbsknochen mit Wurzelwerk kochen, abseihen, mit einer hellen Einmach - ein Eßlöffel Butter, zwei Eßlöffel Mehl - binden.

Bröselknöderl:
1 Semmel
2 El. Margarine
4 El. Brösel
2 Eier
Margarine mit Eiern abtreiben, gut ausgedrückte Semmel und Brösel dazugeben, mit Salz und Muskat würzen, eine halbe Stunde rasten lassen, dann kleine Knöderl in Suppe einkochen.

Kalbsrouladen:
Je ein Stück Kalbsschnitzel leicht klopfen, salzen, mit einer Scheibe Selchspeck und einigen geschnittenen Champignons belegen. Einrollen, binden oder mit Rouladenklemme zusammenhalten, in Butter anbraten, mit wenig Wasser weichdünsten. Das Fleisch herausnehmen und den Saft mit 2 Eßlöffeln Sauerrahm binden.

Kaffeecremetorte:
6 Eier
18 dkg Zucker
9 dkg geriebene Nüsse
8 dkg Mehl
1 Messerspitze Backpulver
Eier mit Zucker gut schaumig rühren, Nüsse und das mit dem Backpulver vermengte Mehl dazugeben. 45 Minuten bei 200° backen.

Kaffeecreme:
Zwei Eiklar mit 14 dkg *Kristallzucker* über Dunst schlagen, bis die Masse dick ist. Auskühlen lassen.
20 dkg Butter schaumig rühren und sehr vorsichtig - tropfenweise - starken schwarzen Bohnenkaffee nach Geschmack beigeben, dann die Zucker-Schneemasse einmengen. Torte nach dem Erkalten durchschneiden, mit der halben Crememenge füllen, den Rest statt einer Glasur über die Torte ziehen und mit geriebenen Nüssen bestreuen.

16. Jänner, Montag:

LUNGENSTRUDELSUPPE
SPINAT MIT SCHÜSSERL, SPIEGELEI UND BRATKARTOFFELN
HOLLER MIT JOGHURT

Lungenstrudel:
25 dkg glattes Mehl mit 1/8 l lauwarmem Wasser auf dem Brett zu einem sehr geschmeidigen Teig kneten. Dann unter einem warmen Reindl eine Stunde rasten lassen. Auf einem bemehlten Tuch den Teig etwas ausrollen und dann über den beiden Handrücken den Teig von der Mitte her fein ausziehen.

Fülle:
25 dkg Lunge und Herz (Schwein)
15 dkg gekochtes Rindfleisch mit
1 Zwiebel fein faschieren, dann
alles in etwas Öl gut durchrösten, Salz, Pfeffer und etwas Majoran beigeben.
Masse dünn auf den Strudelteig streichen, den Strudel mit Hilfe des Tuches einrollen. Man kann diesen Strudel nun kochen oder backen, jeweils nach dem Erkalten in dünne Scheiben schneiden und der Suppe beigeben.

Spinat:
Von 1 Eßlöffel Margarine und 2 Eßlöffeln Mehl eine Einbrenn machen, mit Milch aufgießen, dann 60 dkg aufgetauten, feinpassierten Spinat hineingeben und vorsichtig durchkochen. Zwei Zehen Knoblauch zerdrücken, Pfeffer und Salz untermischen und bei öfterem Umrühren noch 10 Minuten weiterkochen.

Schüsserl mit Spiegelei:
Vier Scheiben Pariser (wenn noch zu haben, mit Naturhaut) in Margarine anbraten (wenn Haut daran, bilden sich Schüsserl). In jedes Schüsserl kommt nun ein Spiegelei.

Bratkartoffeln:
Gekochte und erkaltete Kartoffeln werden in Scheiben geschnitten und in Schmalz von allen Seiten knusprig braun gebraten.

Holler:
Siehe "Einkochen", nach Geschmack mit Joghurt verfeinern.

17. Jänner, Dienstag:

CHINESISCHES HUHN MIT SPAGHETTI
KIRSCHENKOMPOTT

Chinesisches Huhn:
1 Junghuhn, ca. 1,30 kg schwer
30 dkg junge Erbsen (tiefgekühlt)
1 mittelgroßes Glas marinierte Krabben
2 El. Maizena
4 El. Sauerrahm
Huhn normal braten, wenn weich, die Haut abziehen und in mundgerechte Stücke schneiden. Maizena und Sauerrahm glatt verrühren, in den mit etwas Wasser verdünnten Bratensaft einrühren, Erbsen und Krabben (mit dem Saft) beigeben und gut durchkochen, Fleisch hineingeben und noch mitkochen lassen.

Spaghetti:
Pro Person rechnet man ungefähr 12 dkg Spaghetti. In reichlich kochendes Wasser geben und ca. zwanzig Minuten kochen lassen. Für alle Teigwaren gilt das Verhältnis Wasser : Teigwaren 8 : 1.
Spaghetti abseihen und noch heiß in die Sauce geben. Ist sehr sättigend.

Kirschenkompott:
Siehe "Einkochen".

18. Jänner, Mittwoch:

Rindsuppe mit Leberreis
Gefüllte Schweinskotelettes mit Curry-Reis
Apfelschlange

Leberreis:
15 dkg geschabte Rindsleber
2 El. Öl
1 Ei
1 Semmel
1 El. Semmelbrösel
Alles gut vermischen, mit Salz, Pfeffer und Majoran würzen und durch ein großes Lochsieb in die leicht wallende klare Rindsuppe einrinnen lassen. Fünf Minuten langsam kochen lassen.

Gefüllte Schweinskotelettes:
4 Schweinskotelettes
10 dkg Dörrpflaumen
10 dkg Selchspeck
Schweinskotelettes seitlich bis zum Knochen einschneiden, salzen, pfeffern und mit Speck- und Pflaumenstücken füllen, mit Zahnstochern verschließen. Beiderseits anbraten und mit wenig Wasser weichdünsten.

Reis:
wie auf der Packung vorgeschrieben dünsten, nur statt Zwiebeln Curry verwenden.

Apfelschlange:
14 dkg Mehl
10 dkg Margarine
1 Dotter
etwas Salz
2 El. Wasser
Alles rasch und kühl zu einem glatten Teig verkneten, ausrollen, mit geraspelten Äpfeln, Rosinen, Zucker und etwas Zimt füllen und den Teig von beiden Seiten etwas übereinanderschlagen. Bei 200° ca. 30 Minuten backen.

19. Jänner, Donnerstag:

Krautfleisch
Topfenstrudel

Krautfleisch:
50 dkg Schweinsschulter
75 dkg Sauerkraut
1 Zwiebel
1 gr. Kartoffel
2 El. Öl
Zwiebel feinschneiden und im Öl anrösten, die in große Würfel geschnittene Schweinsschulter mit Kümmel, Knoblauch und Salz würzen, hineingeben und gut anrösten, halbweich dünsten. Dann das Sauerkraut beifügen, mit wenig Wasser fertiggaren; wenn zu dünn, eine rohe Kartoffel fein hineinreiben.

Topfenstrudel:
Strudelteig: Siehe 16. Jänner
Fülle:
75 dkg Topfen
10 dkg Margarine
10 dkg Zucker
5 dkg Rosinen
3 Eier
Zitronenschale, Vanillezucker
Margarine mit Zucker und Dotter gut abtreiben, dann Topfen, Schnee von drei Eiklar und übrige Zutaten hineingeben. Teig mit zerlassener Margarine bestreichen, beim Einrollen zwischen jedes Teigblatt auch Margarine streichen. Ca. 30 Minuten bei 200° backen.

20. Jänner, Freitag:

Geröstete Griesssuppe
Gebratenes Kabeljaufilet
Ribiselschnitten

Geröstete Grießsuppe:
4 Eßlöffel Grieß in 1 Eßlöffel Margarine anrösten, pfeffern, mit 1 Liter Wasser aufgießen und 20 Minuten langsam kochen. Vor dem Servieren nicht zu lange stehen lassen, wird sonst zu dick.

Gebratener Fisch:
Vier Kabeljaufilets salzen, mit Zitronensaft beträufeln, beiderseits in Mehl wenden, dann in heiße Butter legen und knusprig braun braten; einmal wenden. Dauer 10 – 15 Minuten.

Gemüsemayonnaise:
50 dkg Mischgemüse (Erbsen, Karotten, Fisolen, Karfiol) kernweich kochen, ausgekühlt mit Mayonnaise (13. Jänner) gut vermengen.

Ribiselschnitten:
24 dkg Mehl
16 dkg Margarine
10 dkg Zucker
2 Dotter
Zitronenschale
Teig gut verkneten, 2 – 3 cm dick ausrollen, in schmale Kuchenform geben und bei 200° ca. 30 Minuten backen. Ausgekühlt mit Ribiselmarmelade besstreichen, tiefgefrorene Ribisel darüber (vorher nicht auftauen) und mit rotem Tortengelee nach Anweisung übergießen. Wenn erstarrt, in Schnitten schneiden.

21. Jänner, Samstag:

GEBUNDENE KALBSKNOCHENSUPPE MIT MARKKNÖDERL
GEFÜLLTE KALBSBRUST MIT GRÜNEM SALAT
MOHR IM HEMD

Gebundene Kalbsknochensuppe:
50 dkg Kalbsknochen und alles, was von der Kalbsbrust abfällt, mit Wurzelwerk in 1 Liter Wasser kochen, eine helle Einmach von 1 Eßlöffel Butter und 2 Eßlöffeln Mehl mit dem Absud aufgießen.

Markknöderl:
15 dkg Ochsenmark (Knochen in der oberen Suppe mitkochen)
2 Eier
1 Dotter
2 El Semmelbrösel
Alles gut schaumig rühren, salzen, pfeffern, zu kleinen Knöderln formen und in die Suppe einkochen.

Gefüllte Kalbsbrust:
1,5 kg Kalbsbrust
4 Semmeln
2 Eier
1 Dotter
1 El Margarine
10 dkg Champignons
Margarine mit Dotter und Ei gut abtreiben, die in Milch eingeweichten und gut ausgedrückten Semmeln dazugeben. Salz, Pfeffer und etwas Muskat mit den Champignons daruntermischen. Kalbsbrust vom Fleischhauer untergreifen lassen, füllen und zubinden. Die Kalbsbrust nun zuerst mit der Oberseite in heiße Margarine legen, anbraten, dann wenden und fertigbraten, öfters begießen. Dauer ca. zwei Stunden.

Mohr im Hemd:
7 dkg Margarine
7 dkg Zucker
1 Rippe Schokolade
4 Eier
12 dkg feingeriebene Haselnüsse
Margarine, Zucker, Dotter gut abtreiben, erweichte Schokolade mitrühren, dann Haselnüsse und Schnee von vier Eiklar daruntermischen.
In gefetteter, gebröselter Puddingform eine Stunde im Wasserbad kochen.

Schokoladensauce:
12 dkg Zucker
1/2l Milch
1 Ei
2 Dotter
20 dkg Kochschokolade
Ei, Dotter und die halbe Menge Milch gut verrühren. Die übrige Milch mit dem restlichen Zucker aufkochen und unter ständigem Rühren in die Dottermilch mischen. Schokolade darin zergehen lassen und nur kurz erhitzen. Warm über den gekochten Pudding geben. Schlagobers darüber.

22. Jänner, Sonntag:

HIRNSUPPE
LUNGENBRATEN MIT NUDELN UND PREISSELBEEREN
DOBOSTORTE

Hirnsuppe:
Ein Kalbshirn in siedendem Essigwasser blanchieren, fein zerdrücken. Eine kleingeschnittene Zwiebel in 1 Eßlöffel Butter fein anrösten, Hirn hineingeben, salzen, pfeffern. Kurz weiterrösten, mit 1 Liter Wasser aufgießen und 10 Minuten weiterkochen.

Lungenbraten:
1 kg Rindslungenbraten salzen und pfeffern, in 10 dkg feingeschnittenem Selchspeck anbraten, dann 1 Eßlöffel Butter dazugeben (darf nicht braun werden) und den Braten wenden. Erst mit wenig Wasser aufgießen, dann nach Bedarf noch zugeben. Nach ca. zwei Stunden Braten herausnehmen, 3 Eßlöffel Sauerrahm mit 1 Eßlöffel Mehl glattrühren und in den Saft einrühren. Fleisch in Scheiben geschnitten wieder hineingeben. Mit breiten Nudeln (Teigwaren 17. Jänner) und Preißelbeeren servieren.

Dobostorte:
6 Eier
18 dkg Zucker
15 dkg Mehl
Die ganzen Eier mit dem Zucker schaumig rühren, Mehl unterziehen und auf einem Blech vier gleichgroße Tortenblätter backen.

Creme:
20 dkg Butter
20 dkg Zucker
20 dkg erweichte Kochschokolade
1 Ei
Alles schaumig rühren und mit der Creme die Tortenblätter füllen; oberstes Blatt erst glasieren.

Glasur:
15 dkg Kristallzucker in einer Omelettenpfanne bräunen, über das Tortenblatt gießen, jetzt - am besten, wenn der Guß noch warm ist - mit einem scharfen, in kaltes Wasser getauchten Messer die gewünschte Tortenstückgröße einschneiden.

23. Jänner, Montag:

KLARE GEMÜSESUPPE
SCHWAMMERLSAUCE MIT SEMMELKNÖDEL
POFESEN

Klare Gemüsesuppe:
40 dkg Mischgemüse feinschneiden, in leicht gesalzenem Wasser weichkochen, dann 10 dkg Sternchen (Teigwaren) einkochen.

Schwammerlsauce:
25 dkg Champignons feinblättrig schneiden und in etwas Margarine andünsten. 1 Eßlöffel am Vortag eingeweichte, getrocknete und zerkleinerte Herrenpilze mit dem Sud zu den Champignons gießen und 10 Minuten weiterdünsten. Mit einer hellen Einbrenn (1 Eßlöffel Butter und 2 Eßlöffel Mehl) zu einer Sauce verkochen, vom Feuer wegnehmen und mit 2 Eßlöffeln Rahm verfeinern.
Semmelknödel: Siehe 6. Jän.

Pofesen:
Vier Semmeln so durchschneiden, daß man acht große Scheiben bekommt. Diese kurz in Milch legen, abtropfen lassen, mit Powidl zusammenkleben, in versprudeltem Ei wenden und beiderseits in wenig Margarine braten. Mit Zucker und Zimt bestreuen.

24. Jänner, Dienstag:

PANADELSUPPE
PARISERSCHNITZEL MIT GEMISCHTEM SALAT
ORANGENKALTSCHALE

Panadelsuppe:
3 – 4 Schneidsemmeln in dünne Scheiben schneiden und im Rohr goldgelb anrösten. Dann in einen Topf geben, mit klarer Suppe (Würfel) aufgießen, mit Salz, Pfeffer, etwas Muskat würzen und gut versprudeln, 10 Minuten kochen lassen, 1 Ei verschlagen und mit einer Gabel in die Suppe geben. Alles nochmals gut durchrühren, soll Fäden ziehen.

Pariserschnitzel:
Vier Kalbsschnitzel, pro Stück ca. 15 dkg, von außen nach innen klopfen, leicht salzen und in Mehl wälzen. Dann 2 ganze Eier in einem Teller gut versprudeln, Schnitzel durchziehen und in mittelheißem Fett beiderseits goldbraun braten, herausnehmen, auf Fließpapier abtropfen lassen und mit Zitronenscheiben servieren.
Gemischer Salat: Siehe 8. Jän.

Orangenkaltschale:
25 dkg Zucker
8 Orangen
1/2l Weißwein
6 Blatt Gelatine
Den Zucker mit 1/4l Waser aufkochen. Die Orangen hauchdünn abschälen, das Weiße darauflassen, im Zuckerwasser 3 – 4 Stunden ziehenlassen. Nun die Orangen vom Weißen befreien, in dünne Scheiben schneiden, in eine Schüssel legen und übergießen mit: Saft von vier Orangen mit 1/2l Weißwein und der Zuckerlösung aufkochen, nach Angabe mit 6 Blatt Gelatine vermengen.

25. Jänner, Mittwoch:

KARFIOLSUPPE
GEBACKENE SCHINKENFLECKERL, ROTE RÜBEN
VANILLEPUDDING MIT HIMBEERSAFT

Karfiolsuppe:
Einen kleineren Karfiol in leichtem Salzwasser
kernweich kochen, in kleine Röschen zerteilen. Eine helle Einmach (1 Eßlöffel Butter und 2 Eßlöffel Mehl) mit dem Sud aufgießen, Karfiol hineingeben und nochmals gut durchkochen.

Gebackene Schinkenfleckerl:
50 dkg Fleckerl
5 dkg Margarine
15 dkg Schinken (saftiger mit Geselchtem - Gekochtem)
3 Eier
1/4l Sauerrahm
Fleckerl in Salzwasser kochen, abseihen. Margarine mit den Eiern abtreiben, Schinken und Sauerrahm dazugeben, alles gut vermengen und nun in eine gut gefettete feuerfeste Form geben. Im Rohr 45 Minuten backen, zuletzt mit geriebenem Käse bestreuen und noch kurz überbacken.

Rote Rüben:
Siehe "Einkochen".

Vanillepudding mit Himbeersaft:
Vanillepudding laut Packung bereiten, wenn erkaltet, stürzen und mit Himbeersaft übergießen.

26. Jänner, Donnerstag:

RINDSUPPE MIT NUDELN
GEKOCHTES RINDFLEISCH MIT KOHL UND GEGRILLTEN KARTOFFELN
BISKUITROULADE

Rindsuppe:
Nudeln für Rindsuppe in Salzwasser weichkochen, kalt abspülen und erst kurz vor dem Servieren in Rindsuppe nochmals aufkochen.

Gekochtes Rindfleisch:
1 kg Rindfleisch (mageres: Tafelspitz, Schultersterzel; saftigeres: Beinfleisch, Kruspelspitz, Hüferschwanzel) in kochendes Wasser geben, viel Suppengrün dazu (wird dieses vorher angeröstet, verstärkt es den Geschmack) ca. drei Stunden langsam kochen lassen. Beim Anrichten Fleisch in Scheiben schneiden und mit etwas Suppe übergießen.

Gekochter Kohl (Wirsing):
1 kg Kohl, (möglichst grün) vierteln, vom Strunk befreien, gut waschen und in gesalzenem Wasser weichkochen. Mit dem Rührgerät fein versprudeln, eine helle Einbrenn (1 Eßlöffel Schmalz und zwei Eßlöffel Mehl) damit aufgießen. Wenn zu dünn, mit einer rohen, feingeriebenen Kartoffel andicken. Knoblauch, Salz und Pfeffer dazugeben.

Gegrillte Kartoffelscheiben:
Fünf große Kartoffeln in starke Scheiben schneiden, salzen, mit Öl bepinseln, etwas Kümmel daraufgeben und im Plattengrill oder Backrohr fertiggaren.

Biskuitroulade:
6 Eier
11 dkg Zucker
9 dkg Mehl
Dotter mit Zucker schaumig rühren, Mehl und den Schnee von 6 Eiklar unterziehen, auf ein gut gefettetes und bemehltes Blech fingerdick aufstreichen, ca. 15 Minuten bei 200° hellbraun backen, noch warm einrollen. Wenn ausgekühlt, wieder aufmachen und mit Marmelade füllen, endgültig einrollen und anzuckern.

27. Jänner, Freitag:

RAHMSUPPE
SERBISCHER KARPFEN MIT KARTOFFELSALAT
ECLAIR

Rahmsuppe:
3/4l Wasser
1/2l Sauerrahm
2 El Mehl
1/2kg Kartoffeln
Wasser mit Salz und Kümmel aufkochen, den Sauerrahm mit dem Mehl gut verrühren und einkochen, gut aufwallen lassen. Mit den kleingeschnittenen Salzkartoffeln servieren.

Serbischer Karpfen:
Vier Portionsstücke Karpfen gut waschen und putzen, salzen, in einer Mischung von Mehl und Paprika wenden. In erhitztem Öl beiderseits braten, dauert ca. 15 Minuten. Nicht zu dunkel werden lassen, sonst schmeckt der Paprika bitter.

Knoblauchbutter:
Vier Zehen Knoblauch fein zerdrücken (Knoblauchpresse) mit 7 dkg Butter gut vermengen.

Kartoffelsalat:
1 kg längliche, speckige Kartoffeln kochen, halb überkühlt in Scheiben schneiden, noch warm mit Öl und 1/8l warmer Suppe übergießen. Dann Essig mit etwas Wasser vermengen, eine feingehackte Zwiebel, Salz und Pfeffer untermischen.

Eclair:
1/2l Milch
1/2kg Mehl
2 El Margarine
2 ganze Eier
Milch leicht salzen, aufkochen, Margarine darin zerlassen. Unter ständigem Rühren das Mehl einfließen lassen, rasch vermengen, bis sich der Teig vom Löffel löst. Auskühlen lassen und nach und nach die zwei Eier einmischen.
Mit dem Spritzsack (große Öffnung) Brandteig länglich auf ein gefettetes, bemehltes Blech spritzen, 15 Minuten bei 200° backen. Erkaltet durchschneiden und mit Schlagobers füllen, anzuckern.

28. Jänner, Samstag:

KLARE SUPPE MIT BUTTERNOCKERLN
FLEISCHLABERL MIT WEISSEM BOHNENSALAT
GEMISCHTES KOMPOTT

Butternockerl:
2 El Margarine
4 El Mehl
1 Ei
Salz

Erweichte Margarine mit dem Ei gut abtreiben, salzen. Mehl unterrühren, eine halbe Stunde stehen lassen. Dann mit einem Löffel Nockerl in kochendes Wasser einlegen, 5 Minuten schwach kochen lassen, dann vom Feuer nehmen und noch 15 Minuten zugedeckt ziehen lassen. Vorsichtig herausnehmen, am besten gleich in Suppenschalen geben und mit heißer Suppe übergießen, Schnittlauch daraufgeben.

Fleischlaberl:
60 dkg Faschiertes
2 Semmeln
2 Eier
4 El Mehl

Alles mit Knoblauch, einer kleinen feingeschnittenen Zwiebel, Pfeffer, Salz, Majoran, Thymian und wenig Estragon würzen, in einer Schüssel zu einem feinen Fleischteig verkneten. Kleine Laberl formen und in heißem Öl beiderseits herausbacken.

Bohnensalat:
40 dkg große weiße Bohnen, am Tag vorher eingeweicht, mit diesem Wasser dann weichkochen (gibt man etwas Natron zu, geht es schneller). Halb überkühlt mit einer Marinade aus Öl, verdünntem Essig, etwas Estragonsenf und Salz gut vermischen.

Gemischtes Kompott:
Siehe "Eingekochtes".

29. Jänner, Sonntag:

WILDSUPPE MIT BRANDTEIGKRAPFERL
GEFÜLLTER FASAN MIT ANANASSCHEIBEN UND ESSIGZWETSCHKEN
NUSS-SCHOKOLADENTORTE

Wildsuppe:
1 kg Wildknochen in viel Wurzelwerk mit 2 El Margarine anrösten, mit 1 l Wasser aufgießen, dazu 5 Wacholderbeeren, 5 Pfefferkörner, 1 Lorbeerblatt und Salz geben. Zwei Stunden langsam kochen lassen, muß öfters abgeschäumt werden; kann daher nicht im Schnellkochtopf gekocht werden.

Brandteigkrapferl:
Von einem Teil des Teiges für Eclairs (27. Jänner) kleine Krapferl spritzen und backen, können ruhig zwei Tage liegen.

Gefüllter Fasan:
Bei einem schön geputzten und gewaschenen Fasan die Haut etwas vom Fleisch heben und klare Speckscheiben darunterschieben. Der Fasan soll ganz von Speck eingehüllt sein. Nun innen salzen (außen durch den Selchspeck schon genügend gesalzen) und füllen.

Fülle:
10 dkg Selchspeck kleinschneiden und mit 10 dkg feingeschnittenen Champignons, dem Herz und der Leber des Fasans gut durchrösten. Dies alles mit zwei eingeweichten, gut ausgedrückten Semmeln und zwei Eiern, Salz, Pfeffer und etwas Wildgewürz gut vermengen und den Fasan füllen, verschließen und im Römertopf ca. zwei Stunden braten, einmal wenden. Beim Anrichten den Fasan in vier Teile schneiden, dazu eine Ananasscheibe aus der Dose legen und darauf eine Essigzwetschke (s. "Einkochen").

Nuß-Schokoladentorte:
15 dkg Schokolade
14 dkg Margarine
14 dkg Zucker
17 dkg geriebene Nüsse
7 dkg Brösel
5 Eier
Erweichte Schokolade mit Margarine, Zucker und Dotter flaumig rühren, Nüsse, die mit Rum befeuchteten Brösel und den Schnee dazugeben. In einer gut gefetteten, gebröselten Tortenform ca. eine Stunde bei 220° backen.
Glasur: 15 dkg Schokolade in 2 Eßlöffeln Milch erweichen, mit 12 dkg Butter noch warm gut verrühren. Die Glasur wird nicht ganz hart, ist aber sehr gut.

30. Jänner, Montag:

KLARE SUPPE VOM ZÜNGERL MIT LEBERPFLANZERL
EINGEMACHTES ZÜNGERL MIT REIS
SCHOKOSCHNITTEN

Leberpflanzerl:
15 dkg geschabte Rindsleber
2 Eier
2 El Margarine
2 El Brösel
Margarine mit Eiern gut abtreiben, die in etwas Milch eingeweichten Brösel und die Leber dazugeben, mit Salz, Pfeffer und Majoran würzen, eventuell kann man auch etwas Knoblauch dazugeben. Alles gut mischen und ca. 1 cm dick auf ein gefettetes, gebröseltes Blech streichen. 20 Minuten bei 220° backen. Ausgekühlt in kleine Würfel oder Streifen schneiden. Läßt sich sehr gut einfrieren.

Züngerl:
Drei frische Schweinszüngerl mit viel Wurzelwerk weichkochen, herausnehmen und noch warm die Haut abziehen, dann auskühlen lassen. Jetzt erst in Scheiben schneiden und in eine helle Einbrenn - 1 Eßlöffel Margarine, 2 Eßlöffel Mehl - legen, mit einem Teil der Suppe aufgießen und mit Petersilie würzen.

Schokoladeschnitten:
12 dkg Margarine
12 dkg Zucker
12 dkg Mehl
5 dkg erweichte Schokolade
2 Eier
Margarine mit Zucker gut abtreiben, Schokolade dazu und noch etwas weiterrühren, dann den Schnee von zwei Eiklar und das Mehl unterrühren. Auf befettetem und gestaubtem Blech ca. 1 cm dick aufstreichen, 20 Minuten bei 200° backen. Ausgekühlt in Streifen schneiden und mit Marmelade zusammensetzen, anzuckern.

31. Jänner, Dienstag:

REISSUPPE
GERÖSTETE LEBER MIT KARTOFFELN UND APFELCHUTNEY
GEBRATENE BANANEN

Reissuppe:
Eine helle Einbrenn von 1 Eßlöffel Margarine und 2 Eßlöffeln Mehl machen, mit 1 Liter Wasser aufgießen, Suppenwürfel, etwas Salz und 1/2 Tasse Reis dazugeben und etwa eine halbe Stunde kochen (man kann auch gut übriggebliebenen Reis verwenden, dann braucht man nicht so lange zu kochen). Zuletzt ein Ei versprudeln und mit feingehackter Petersilie der Suppe beigeben, nochmals kurz aufkochen.

Geröstete Leber:
40 dkg Schweinsleber feinblättrig schneiden. In 2 Eßlöffeln Öl eine Zwiebel anrösten, Leber dazugeben, kurz mit Majoran weiterrösten, mit 1 Eßlöffel Mehl stauben, dann mit wenig Wasser aufgießen und erst jetzt salzen.
75 dkg kleine Kartoffeln kochen, schälen und in der Leber noch kurz mit erhitzen.
Apfelchutney: Siehe "Einkochen".

Gebratene Bananen:
2 Bananen der Länge nach in vier Stücke schneiden, in 1 Eßlöffel Butter beiderseits anbraten. Dann kurz etwas Kristallzucker und feingehackte Nüsse mitrösten, auf Teller legen und noch warm erweichte Schokolade, mit einem Stück Butter vermengt, beigeben.

1. Februar, Mittwoch:

Serbische Bohnensuppe
Krautfleckerl
Weincreme

Serbische Bohnensuppe:

10 dkg Hamburgerspeck
1 große Zwiebel
50 dkg weiße Bohnen aus der Dose
2 El Sauerrahm

Zwiebel in dem kleinwürfelig geschnittenen Speck anrösten, salzen, paprizieren, pfeffern. Die Bohnen hineingeben und mit 3/4 Liter Wasser aufgießen. Will man die Suppe scharf haben, empfiehlt es sich, eine getrocknete, von den Kernen befreite, zerriebene Pfefferoni mitzukochen. Zuletzt 2 Eßlöffel Rahm unterrühren, nicht mehr kochen.

Krautfleckerl:

50 dkg Fleckerl kochen. 1 kg Weißkraut grob, ungefähr wie Fleckerl, schneiden, 1 gehäuften Kaffeelöffel Zucker in 1 Eßlöffel Margarine anbräunen, Kraut hineingeben, salzen, pfeffern, häufig wenden, bis das Wasser aus dem Kraut entzogen ist. Dann erst mit wenig Wasser aufgießen und fertigdünsten. Das Kraut muß fast ganz trocken sein. Wenn nötig, noch mit Pfeffer abschmecken.

Weinchaudeau:

4 Dotter
4 El Zucker
1/4l säuerlichen Wein

Wein mit Zucker aufkochen und auskühlen lassen, dann Dotter (wenn klein, müssen 5 genommen werden) gut versprudeln. In den Wein geben und im Wasserbad schaumig schlagen.

2. Februar, Donnerstag:

Backerbsensuppe
Gedünstetes Beiried mit
Kohlsprossen und Kartoffeln
Erdbeerschaum

Rindsuppe:

Wie gewohnt aus den Knochen und Abschnitzeln kochen, Backerbsen fertig kaufen.

Gedünstetes Beiried:

1 kg Beiried salzen und pfeffern, dann mit 3 großen, bereits angerösteten Zwiebeln beiderseits andünsten, mit wenig Wasser aufgießen (Zwiebel zieht ohnedies viel Wasser) und weichdünsten. Fleisch herausnehmen, Zwiebel mit 1 Eßlöffel Mehl stauben und weiterrösten, dann passieren und das Fleisch in Scheiben geschnitten wieder hineingeben.

75 dkg kleine Kartoffeln kochen und schälen, im Zwiebelsaft gleich mitanrichten.

50 dkg Kohlsprossen gut putzen und waschen, in leichtem Salzwasser ca. 20 Minuten kochen. Dann abseihen, in Butter schwenken und servieren.

Erdbeerschaum:

Die gestrig vom Weinchaudeau übriggebliebenen Eiklar zu festem Schnee schlagen, dann mit Erdbeermarmelade (ein kleines Glas) weiterschlagen. Wenn zu süß, etwas Zitronensaft beigeben.

3. Februar, Freitag:

FISCHSUPPE
FISCHLABERL MIT
KARTOFFEL-LÖWENZAHNSALAT
FRUCHTSPIESSE

Fischsuppe:
1,50 kg gemischten Fisch (Seezunge, Karpfen, Weißfisch) gut waschen und putzen, in 1 Liter Wasser und 1/4 Liter Weißwein zum Kochen bringen, dann mit Pfefferkörnern, 1 Lorbeerblatt, 1 kleinen Zwiebel, 2 zerdrückten Knoblauchzehen und 1/4 Zitrone mit Schale 15 Minuten auf ganz kleinem Feuer leise wallen lassen. Fisch herausnehmen, entgräten, 1/3 davon ganz klein schneiden und für die Suppe verwenden. 1 Eßlöffel Grieß in 1 Eßlöffel Margarine anrösten, mit dem Fischsud aufgießen, gut durchkochen und den kleingeschnittenen Fisch hineingeben. Das Kochwasser muß natürlich gesalzen werden.

Fischlaberl:
2/3 des gekochten Fisches
1 Dotter
1 ganzes Ei
1 Semmel, in Milch eingeweicht und gut ausgedrückt
Alles gut vermengen, wenn nötig, noch etwas pfeffern und salzen, kleine Laberl formen. In Brösel wälzen und in wenig Margarine langsam beiderseits braten.

Kartoffelsalat mit Löwenzahn:
Kartoffelsalat wie am 27. Jänner richten und jungen, selbst auf der Wiese gepflückten, gut gewaschenen Löwenzahn beigeben.

Fruchtspieße:
Eineinhalb Tassen Mehl
2 Eier
etwas Milch und Wein
1 El Zucker
1 Prise Salz
Alles zu einem dickflüssigen Teig verrühren. Auf einen großen, starken Zahnstocher abwechselnd kleine Stücke von Apfel, Banane, Orange, Ananas und Birne stecken, in den Wein tunken und in heißem Öl schwimmend herausbacken.

4. Februar, Samstag:

KAROTTENSUPPE
SCHINKENOMELETTE MIT GRÜNEM
SALAT
CREMEKRAPFERL

Karottensuppe:
50 dkg geputzte, geschnittene Karotten in wenig gesalzenem Wasser weichdünsten, dann passieren und mit einer hellen Buttereinmach (1 Eßlöffel Butter, 2 Eßlöffel Mehl) binden, mit Wasser zur gewünschten Menge verdünnen, eventuell eine Spur Zucker dazugeben, nochmals fest durchkochen.

Schinkenomelette:
Pro Omelette:
2 Eier
1 Kl Milch
1 Spritzer Sodawasser
1 Kl Mehl
Salz
5 dkg Schinken (gekochtes Geselchtes saftiger)
Alles gut versprudeln, in einer Pfanne mit 1 Eßlöffel Margarine beiderseits goldgelb backen. Mit dem kleingeschnittenen Schinken füllen und einmal zusammenschlagen. Sofort servieren, fällt leicht zusammen.
Grüner Salat nach Belieben.

Cremekrapferl:
Brandteig wie für Eclair am 27. Jänner bereiten, mittelgroße Krapferl aufs Blech spritzen und backen. Nach dem Erkalten durchschneiden und mit folgender Creme füllen:

Creme: Gekochte Vanillecreme
12 dkg Zucker
6 dkg Stärkemehl oder Cremepulver
1/2 l Milch
1 Vanillin
3 Dotter
Dotter, Stärkemehl, 4 dkg Zucker, 1/4 Liter kalte Milch glatt verrühren. Die übrige Milch mit dem restlichen Zucker zum Kochen bringen, dann die Dotter-Crememilch einrühren und auf schwacher Flamme 2 – 3 Minuten kochen. Ständig umrühren, brennt leicht an! Erkalten lassen und Krapferl damit füllen.

5. Februar, Sonntag:

CHAMPIGNONSUPPE
SCHWEINSBRATEN MIT
KARTOFFELKNÖDEL UND ROTKRAUT
KASTANIENREIS MIT SCHLAGOBERS

Champignonsuppe:
25 dkg Champignons feinblättrig schneiden, 1 kleine Zwiebel hacken und in 1 Eßlöffel Butter anrösten. Mit 1 Eßlöffel Mehl stauben, mit Wasser aufgießen, salzen, pfeffern und gut durchkochen. Mit etwas Zitronensaft abschmecken.

Schweinsbraten:
1 kg Schweinsschulter mit Schwarte mit Knoblauch, Kümmel und Salz gut einreiben. Schwarte in kleine Vierecke einschneiden und mit dieser Seite nun in die Pfanne mit etwas Wasser legen. Zugedeckt ca. eine Stunde braten lassen, dann wenden und nochmals unter öfterem Begießen eine Stunde braten, die letzte Viertelstunde ohne Deckel, damit die Schwarte knusprig wird.

Kartoffelknödel:
60 dkg halbgargekochte Kartoffeln
25 dkg Mehl
2 Eier
Kartoffeln fein reiben, salzen und mit Ei und Mehl zu einem glatten Teig verarbeiten. Knödel formen - ca. acht Stück - in Salzwasser kochen. Die Knödel müssen schwimmen - falls sie am Boden anliegen, vorsichtig mit dem Kochlöffel lösen.

Rotkraut:
1 kg Rotkraut feinnudelig schneiden. 1 Eßlöffel Zucker in 1 Eßlöffel Margarine leicht bräunen, dann Kraut hineinlegen. Unter öfterem Wenden das Kraut so lange dünsten, bis das Wasser entzogen ist. Dann mit Rotwein - das Kraut soll bedeckt sein - aufgießen und fertigdünsten. Dauert ca. 90 Minuten.

Kastanienreis mit Schlagobers:
Man kauft am besten den fertigen, tiefgefrorenen Kastanienreis, da Selbermachen sehr viel Arbeit ist und auch nicht viel billiger kommt. Mit Schlagobers servieren.

6. Februar, Montag:

KÄSEKRUSTELSUPPE
BAUERNSCHMAUS
BANANEN-TOPFENJOGHURT

Käsekrustelsuppe:
1 Ei mit Reibkäse oder Parmesan gut versprudeln, bis eine streichfähige Masse entsteht. Diese nun salzen, auf dünne Weißbrotscheiben streichen und im Rohr überbacken. Überkühlt in kleine Würfel schneiden und in klarer Suppe servieren.

Bauernschmaus:
50 dkg mildes Sauerkraut
1 kleine Zwiebel
1 El Schmalz
pro Portion je
1 Scheibe Schweinsbraten
1 Scheibe Kümmelbraten
1 Frankfurterwürstel
Zwiebel schneiden, im Fett leicht anrösten. Das Sauerkraut hineinlegen, mit etwas Kümmel und wenig Wasser weichdünsten. Schweinsbratenrest vom Vortag im eigenen Saft wärmen, Kümmelbraten fertig kaufen, erhitzen und das Würstel an beiden Seiten viermal einschneiden und grillen; die Enden stehen auf. Auf Kraut serviert anrichten.

Bananen-Topfenjoghurt:
3 große Bananen, 4 Eßlöffel Speisetopfen (kann ruhig Magertopfen sein), 1 Becher Joghurt, Zucker und Zitronensaft (nach Geschmack) gut durchmixen und servieren.

7. Februar, Dienstag:

TIROLERKNÖDELSUPPE
RINDSGULASCH MIT NOCKERL
KALTER MILCHREIS MIT SCHOKOLADENSAUCE

Tirolerknödelsuppe:

10 dkg trockene Semmelbröckerl
10 dkg durchwachsenen Selchspeck
1 Ei
3 El Mehl
3/16 l Milch
Petersilie, Salz

Speck kleinwürfelig schneiden, auslassen, heiß über die Semmelbröckerl geben. Das Ei mit der Milch versprudeln, Salz und feingehackte Petersilie beigeben, über die Semmelbröckerl gießen. 3 Eßlöffel Mehl hineinmengen, gut durchrühren. Mit nassen Händen kleine Knöderl formen und gleich in eine klare Suppe einkochen, werden ca. zwölf Stück.

Rindsgulasch:

50 dkg Rindfleisch - Wadschinken
50 dkg Zwiebel
1 El Margarine

Zwiebel feinschneiden, in der Margarine gut anrösten. Würfelig geschnittenes Fleisch hineingeben, salzen, paprizieren und mit wenig Wasser bedeckt weichdünsten. Die Zwiebel soll so verkocht sein, daß man nicht passieren muß. Mit einer roh geriebenen Kartoffel andicken. Mit Essiggurkerl servieren.

Nockerl (Wasserspatzen): Siehe 1. Jän.

Milchreis mit Schokoladensauce:

1 Tasse Reis über Nacht in 4 Tassen Wasser einweichen. Am nächsten Tag 10 Tassen Milch und 3 Eßlöffel Zucker zugeben, langsam weichdünsten. Achtung, brennt leicht an, öfters umrühren! Reis in mit kaltem Wasser ausgespülte Tassen geben, erkaltet stürzen.

4 Rippen Schokolade erweichen, mit 1 Eßlöffel Zucker, 2 Eßlöffeln Milch und 1 Eßlöffel Butter kurz aufkochen und warm über den erkalteten Reis geben.

8. Februar, Mittwoch:

HASENJUNGES MIT SEMMELKNÖDEL
ÄPFEL IM SCHLAFROCK

Hasenjunges:

1,5 kg Hasenjunges (beim Kauf darauf achten, daß Blut dabei ist, wird zum Binden der Sauce benötigt). Das Fleisch mit viel Wurzelwerk und 1/2 Paket nicht gemahlenem Wildgewürz kochen, bis man es von den Knochen lösen kann, dauert ungefähr eineinhalb Stunden. Abseihen, Wurzelwerk passieren. Eine Einbrenn von 1 Eßlöffel Fett und 2 Eßlöffeln Mehl machen, 1/8l Rotwein und 1/8l Blut mit dem Sud vermengen und aufgießen. Passiertes Wurzelwerk und zerteiltes Fleisch hineingeben und noch kurz aufkochen, vom Feuer nehmen und 3 Eßlöffel Sauerrahm einrühren.

Semmelknödel: Siehe 6. Jän.

Äpfel im Schlafrock:

4 kleine Äpfel
5 dkg Rosinen
2 El Biskottenbrösel

Blätterteig: 25 dkg Butter mit 5 dkg Mehl zu einem Butterziegel verarbeiten.

Vorteig: 20 dkg Mehl
1/8l Wasser
1 Ei
1 Prise Salz und etwas Rum

Diesen Vorteig bereitet man nun auf einem Brett halbfertig, macht dann in der Mitte eine Mulde, in die man den inzwischen gut gekühlten Butterziegel legt. Nun alles zu einem glatten Teig verarbeiten und mindestens eine Stunde unter einem feuchten Tuch rasten lassen.

Dann ausrollen, Vierecke schneiden, die in der Zwischenzeit geschälten, vom Kerngehäuse befreiten und leicht überdünsteten Äpfel legen, statt des Kerngehäuses füllt man die Rosinen ein. Die 4 Enden des Teiges über den Äpfeln zusammenschlagen, etwas drehen, damit sie beim Backen nicht aufgehen. Soll der Teig besonders fein werden, läßt man ihn öfter rasten und knetet ihn immer wieder durch.

9. Februar, Donnerstag:

Braune Zwiebelsuppe
Eingebrannte Kartoffeln mit Würstel
Palatschinken

Braune Zwiebelsuppe:
1 große Zwiebel feinschneiden. In 1 Eßlöffel Butter 1 Kaffeelöffel Zucker bräunen, Zwiebel hineingeben, mit 1 Eßlöffel Mehl stauben, mit Wasser (Suppe) aufgießen und eine halbe Stunde langsam durchkochen. Die Zwiebel soll möglichst verkocht sein.

Eingebrannte Erdäpfel:
1 kg Kartoffeln mit der Schale kochen, schälen und auskühlen lassen.
In der Zwischenzeit einen Sud aus 1/2l Wasser, Pfefferkörnern, 1 Lorbeerblatt und 1 kleinen Zwiebel machen. Eine Einbrenn von 1 Eßlöffel Schmalz und 3 Eßlöffeln Mehl machen, diese mit dem erkalteten Sud aufgießen und die nicht zu feinblättrig geschnittenen Kartoffeln hineingeben. Mit Senf, kleingeschnittenen Essiggurkerl, Majoran und Kapern würzen. Pro Person 1 Paar Frankfurter dazugeben.

Palatschinken:
1/4l Milch
1/8l Mehl
2 Eier
Alles zu einem Teig versprudeln. In eine Pfanne mit heißer Margarine portionsweise einrinnen lassen, anbraten, wenden, herausnehmen und mit Marmelade füllen. Einrollen und zuckern.

10. Februar, Freitag:

Kartoffelsuppe mit Tomaten
Gekochter Fisch mit Kartoffeln
Orangensalat

Kartoffelsuppe mit Tomaten:
1/2 kg Kartoffeln schälen und in Würfel schneiden, in leichtem Salzwasser weichkochen. 3 Eßlöffel Tomatenmark dazugeben, pürieren, vor dem Anrichten 1 Eßlöffel Butter in der Suppe zergehen lassen.

Gekochter Fisch:
70 dkg Kabeljaufilet in große Stücke schneiden, mit kleingeschnittenem Suppengemüse und 1/2 kg geschälten, würfelig geschnittenen Kartoffeln kochen. Beim Zusetzen nicht zuviel Wasser nehmen, wenn alles weich ist, soll das Gericht nicht zu suppig sein.

Orangensalat:
4 Orangen
1/4l Wasser
20 dkg Zucker
1 Stamperl Orangenlikör
Orangen schälen, von der weißen Haut befreien und in dünne Scheiben schneiden, Kerne entfernen. Mit dem Orangenlikör beizen und dann den Läuterzucker darübergeben. (Läuterzucker: Zucker in kaltem Wasser auflösen, dann bei starker Flamme kurz aufkochen und über den Salat geben.)

11. Februar, Samstag:

PASTA ASCIUTTA
MARILLENKOMPOTT

Pasta asciutta:
50 dkg Faschiertes
50 dkg Spaghetti
40 dkg Tomatenmark
Parmesan zum Bestreuen
2 Zwiebeln
Spaghetti wie 17. Jänner kochen.

Fleischsauce:
Die Zwiebel in 1 Eßlöffel Margarine anrösten, das Fleisch hineingeben, mit Salz, Pfeffer, Majoran, Thymian und Knoblauch würzen, weiterrösten und erst, wenn es rundum angebraten ist, das Tomatenmark dazugeben. Mit etwas Essig und Zucker abschmecken und gut durchkochen. Sauce über die Spaghetti geben und Parmesan darüberstreuen.

Marillenkompott:
Siehe "Einkochen".

12. Februar, Sonntag:

EINMACHSUPPE MIT REIS
KALBSMEDAILLON MIT CHAMPIGNONS UND BUTTERKARTOFFELN
SCHWARZWÄLDER KIRSCHTORTE

Einmachsuppe mit Reis:
1 kg Kalbsknochen
1/2 Tasse Reis
1 El Butter
2 El Mehl
Salz, Petersilie
1 kg Kalbsknochen mit Suppengrün kochen, abseihen und die Einmach von 1 Eßlöffel Butter und 2 Eßlöffeln Mehl damit aufgießen. Die Suppe wird natürlich schon beim Kochen gesalzen. Der Reis wird extra gedünstet und dann in die Suppe gegeben.

Kalbsmedaillon mit Champignons:
4 kleine, aber stärkere Kalbsschnitzel
25 dkg Champignons
2 Eßlöffel Butter
etwas Mehl
Die Schnitzel salzen und pfeffern, auf einer Seite bemehlen und mit dieser in die erwärmte Butter legen, beiderseits anbraten. Dann die blättrig geschnittenen Champignons dazugeben, etwas dünsten und dann erst mit wenig Wasser aufgießen und weichdünsten. Mit einer Zitronenscheibe servieren.

Schwarzwälder Kirschtorte:
5 Eier
14 dkg Zucker
14 dkg Mandeln
3 Rippen erweichte Schokolade
1 El Brösel
2 El Weichsellikör
Eier mit Zucker schaumig rühren, erweichte Schokolade dazugeben und noch weiterrühren, dann erst die braun geriebenen Mandeln und die mit etwas Likör befeuchteten Brösel dazugeben. Langsam backen.
Wenn erkaltet, auseinanderschneiden, mit Weichselmarmelade dünn bestreichen und mit folgender Creme füllen: 3 Eiklar mit 20 dkg Staubzucker schaumig rühren, extra 20 dkg Butter mit 2 Rippen erweichter Schokolade sehr gut abtreiben. Nun die Schaum-Zuckermasse löffelweise dazugeben, ebenso den restlichen Likör.
Die Torte außen mit Schlagobers, entkernten Kompottweichseln und Schokospänen verzieren.

13. Februar, Montag:

Selleriecremesuppe
Beuschel mit Knödel
Mandarinenschnitten

Selleriecremesuppe:
50 dkg Sellerieknollen waschen, schälen und in kleine Stücke schneiden, salzen, pfeffern und in 1 Liter Wasser weichkochen. Dann pürieren und mit 3 Eßlöffeln Sauerrahm binden.

Beuschel mit Knödel:
1/2 kg Schweinsbeuschel
1/2 Herz
1 Schweinszunge
Dieses Fleisch mit Wurzelwerk, 1 Lorbeerblatt und Pfefferkörnern am Tag vorher kochen. Man kann dann alles besser kleinnudelig schneiden. Nun macht man von 1 Eßlöffel Margarine und 2 Eßlöffeln Mehl eine Einbrenn, gießt mit dem Fleischsud auf und gibt das geschnittene Fleisch hinein, mit Essig abschmecken.
Semmelknödel siehe 6. Jän.

Mandarinenschnitten:
4 Eier
12 dkg Zucker
6 dkg Nüsse
5 dkg Mehl
1/2 Kl Backpulver
Eier mit dem Zucker schaumig rühren, Nüsse, Mehl und Backpulver gut vermengen und unterziehen. In einem Pfandl, das gut befettet sein muß, 2 cm dick aufstreichen und backen. Stürzen, auskühlen, mit säuerlicher Marmelade (am besten Stachelbeere) bestreichen, mit Mandarinenscheiben belegen und mit Tortengelee nach Angabe überziehen.

14. Februar, Dienstag:

Rindsuppe mit Buchstaben
Gekochtes Rindfleisch mit Lauchgemüse
Schokoroulade

Rindsuppe:
wie üblich kochen und als Einlage Teigwarenbuchstaben nehmen.

Rindfleisch, gekocht:
1 kg Beiried oder Schultersterzel in kochendes, gesalzenes Wasser geben, mit viel Suppengrün 3 – 4 Stunden langsam kochen lassen. Herausnehmen, in Scheiben schneiden und vor dem Servieren mit 1 Löffel heißer Suppe übergießen.

Lauchgemüse:
1 kg Lauch
4 mittelgroße Kartoffeln
Einbrenn
Lauch gut waschen und in dünne Ringe schneiden, Kartoffeln würfelig schneiden, zusammen in leicht gesalzenem Wasser weichkochen. Wenn man den Geschmack nicht zu stark haben will, dann gießt man das erste Kochwasser ab und stellt nochmals zu. Nun aus 1 Eßlöffel Margarine und 2 Eßlöffeln Mehl eine Einbrenn machen, mit dem Gemüse aufgießen. Mit Muskat würzen.

Schokoladenroulade:
4 Eier
12 dkg Zucker
5 El Wasser
8 dkg Mehl
4 dkg Kakao
1 Kl Backpulver, Salz
Dotter mit Zucker schaumig rühren, Mehl mit Kakao und dem Backpulver versieben und dazugeben, zuletzt den steif geschlagenen Schnee unterziehen.
Die Masse auf gut gefettetes Pergamentpapier streichen und langsam backen. Noch warm vom Papier rollen, warten bis ausgekühlt und dann mit Schlagobers füllen.

15. Februar, Mittwoch:

ERBSENPÜREESUPPE MIT SEMMELSCHNITTEN
GEBACKENER LEBERKÄSE MIT KARTOFFELSALAT
APFELSPALTEN

Erbsenpüreesuppe:
25 dkg grüne Spalterbsen am Tag vorher einweichen, mit demselben Wasser weichkochen (wenn man eine Messerspitze Natron beigibt, beschleunigt dies den Kochvorgang). Pürieren und jetzt erst salzen und pfeffern. Mit einer leichten Einbrenn aus 1 Eßlöffel Schmalz und 2 Eßlöffeln Mehl binden.
1 Semmel in schmale Schnitten schneiden und diese in genügend Margarine rundum anrösten.

Gebackener Leberkäse:
4 Stück 1 – 2 cm dicke Scheiben Leberkäse wie Wienerschnitzel (siehe 8. Jän.) panieren und in reichlich Öl oder Pflanzenfett herausbacken.
Kartoffelsalat wie 4. Jän.

Apfelspalten:
2 Eier
12 dkg Mehl
1/4l Milch
Alles gut versprudeln. Äpfel schälen, in Scheiben schneiden, vom Kerngehäuse befreien, in den Teig tauchen und in reichlich heißem Fett, am besten Ceres, herausbacken. Gut anzuckern.

16.Februar,Donnerstag:

KLARE HÜHNERSUPPE
MEXIKANISCHES HUHN MIT CURRY-REIS
STACHELBEERSCHNITTEN

Klare Hühnersuppe:
Hals, Flügerl und Innereien in leicht gesalzenem Wasser mit Suppengrün weichkochen, abseihen. Das Fleisch ohne Haut in kleine Stücke schneiden und als Beilage geben.

Mexikanisches Huhn:
Das Huhn vierteln, salzen, pfeffern, paprizieren, in 2 Eßlöffeln Margarine anrösten. 1 Eßlöffel Perlzwiebel, 2 zerdrückte Knoblauchzehen und 1 Teelöffel Chili beigeben. Mit 20 dkg Tomatenmark und Wasser das Huhn gut bedeckt dünsten. Fleisch herausnehmen, von den Knochen lösen, in kleinere Stücke schneiden. 1 Eßlöffel Kartoffelmehl oder Maizena in etwas kaltem Wasser gut verrühren und die Sauce damit andicken. Fleisch wieder hineingeben.

Reis:
2 Tassen Reis je nach Sorte, am besten nach Packungsangabe, mit Wasser vermischen, 1 Teelöffel Curry und Salz beigeben und weichdünsten.

Stachelbeerschnitten:
30 dkg Mehl
20 dkg Margarine
5 dkg Zucker
3 Dotter
Alles zu einem glatten Teig verkneten. Den Teig 1,5 cm dick ausrollen, auf ein Blech legen, öfters mit der Gabel einstechen und bei 180° ca. 25 Minuten backen. Stachelbeergelee, bestehend aus verdünnter Stachelbeermarmelade, vermischt mit weißem Tortengelee, darübergeben. Mindestens einen Tag vorher bereiten.

17. Februar, Freitag:

KARTOFFELSUPPE
APFELSTRUDEL

Kartoffelsuppe:
4 – 5 mittelgroße Kartoffeln schälen und in kleine Würfel schneiden, in leicht gesalzenem, mit Majoran gewürztem Wasser weichkochen. Von 1 Eßlöffel Schmalz und 2 Eßlöffel Mehl eine Einbrenn machen, mit der Suppe aufgießen und gut durchkochen. Von den Strudelteigabfällen kleine Nockerl in die Suppe einzupfen und noch ca. 5 Minuten kochen lassen.

Apfelstrudel:
25 dkg glattes Mehl
1/8l Wasser, Salz
1 – 1,5kg säuerliche Äpfel
25 dkg Semmelbrösel
10 dkg Staubzucker
5 dkg Rosinen
etwas Zimt
2 El Margarine
Aus dem glatten Mehl, Salz und lauwarmem Wasser einen Teig bereiten und sehr gut abarbeiten, dann eine Stunde rasten lassen, dabei mit einem warmen Reindl abdecken.
Äpfel schälen, in dünne Spalten schneiden, wenn zuwenig sauer, mit Zitrone beträufeln, die Brösel in der Margarine anrösten. Zucker, Zimt und Rosinen vermischen.
Den Teig nun auf einem bemehlten Tuch ausrollen, dann mit den beiden Handrücken dünn ausziehen, mit Margarine bestreichen. Brösel, Äpfel, Zimt-und Zuckermischung darübergeben und einrollen. Bei jedem Umschlag Teig mit zerlassener Butter bestreichen. Ca. 25 Minuten bei 200° backen.

18. Februar, Samstag:

KNOBLAUCHSUPPE
GEGRILLTE STELZE MIT KRAUTSALAT
GLASIERTE KOMPOTTBIRNEN

Knoblauchsuppe:
1 kl. Zwiebel
5 Knoblauchzehen
2 El Mehl
1 El Schmalz
1 Zwiebel kleinschneiden, die zerdrückten Knoblauchzehen hineingeben und im Schmalz anrösten. Dann mit dem Mehl stauben und noch etwas anrösten. Mit 1 Liter Wasser aufgießen, salzen und gut durchkochen.

Gegrillte Stelze:
Eine Hintere Stelze mit Salz, Knoblauch und Kümmel einreiben und im Griller ca. eineinhalb – zwei Stunden grillen.

Krautsalat kalt:
1 kg Weißkraut feinnudelig schneiden, salzen, etwas Kümmel beigeben und mit den Händen 10 Minuten sehr gut durcharbeiten, dann zugedeckt eine Stunde stehenlassen. Jetzt gut ausdrücken und mit Öl und gewässertem Essig abschmecken.

Glasierte Kompottbirnen:
4 große halbe Kompottbirnen in Läuterzucker:
10 dkg Zucker in 1/8l Wasser aufkochen, dann abtropfen und mit karamelisierten Mandelsplittern garnieren.
Karamel: In 1 Eßlöffel Butter 2 Eßlöffel Kristallzucker geben, erwärmen und solange rühren, bis hellbraun, dann die Mandelsplitter hineingeben.

19. Februar, Sonntag:

RINDSUPPE MIT MILZSCHNITTEN
ROSTBRATEN MIT GEBACKENEN ZWIEBELRINGEN
SACHERTORTE

Milzschnitten:

20 dkg Milz
3 Semmeln
1 Ei
1 El Butter

Butter mit Ei schaumig rühren, Milz schaben, mit Majoran, Salz und Pfeffer würzen, zwischen zwei dünne Semmelschnitten dick einstreichen und beiderseits goldbraun backen.

Rostbraten:

4 Stück Rostbraten, pro Stück ca. 20 dkg, salzen, pfeffern, bemehlen und beiderseits in Margarine knusprig anbraten. Fleisch herausnehmen, im Fett zwei feinblättrig geschnittene Zwiebeln anrösten, Fleisch wieder hineingeben und mit wenig Wasser aufgießen. Ca. eineinhalb Stunden gardünsten.

2 große Zwiebeln so schneiden, daß große Ringe entstehen. Diese in Palatschinkenteig (siehe 9. Feb.) tauchen und in heißem Fett herausbacken. Mit Salzgurken, die man der Länge nach fächrig einschneidet, servieren.

Sachertorte:

14 dkg Zucker
14 dkg Margarine
14 dkg Schokolade
14 dkg Mehl
5 Eier

Margarine, erweichte Schokolade, Zucker und Dotter gut abrühren, dann Mehl und Sschnee von 5 Eiklar beigeben. In gefetteter, gestaubter Tortenform bei mittlerer Hitze (ca. 200°) backen. Es empfiehlt sich, die ersten 5 Minuten das Rohr einen Spalt offen zu lassen, Schokoladenmassen machen gerne in der Mitte einen Buckel. Wenn ausgekühlt, die Torte stürzen, mit feiner Marillenmarmelade bestreichen, auch den Rand, und mit folgender Glasur überziehen:

12 dkg Schokolade mit 2 Eßlöffeln Wasser auf kleiner Flamme erweichen, 12 dkg Staubzucker (vorher sieben, damit keine Bröckerl entstehen), dazugeben und unter ständigem Rühren solange kochen, bis die Masse leicht Faden zieht.

20. Februar, Montag:

KÜMMELSUPPE
GEFÜLLTES KRAUT MIT SALZKARTOFFELN
SCHNEEBALLEN

Kümmelsuppe:

2 Eßlöffel Mehl in 1 Eßlöffel Schmalz anbräunen, Kümmel und Salz beigeben, mit 1 Liter Wasser aufgießen und gut durchkochen.

Gefülltes Kraut:

Von einem großen Kraut die schönen äußeren Blätter vorsichtig ablösen (brechen leicht) und in Salzwasser leicht überbrühen. Herausnehmen, jedes einzelne Blatt in einen Suppenschöpfer legen und mit Faschiertem füllen. Kraut über dem Fleisch schließen und mit dieser Seite nun in heißes Fett legen. Wenn angebräunt, mit wenig Wasser aufgießen und weichdünsten.

Salzkartoffeln:

1 kg große Kartoffeln waschen und schälen, in mittelgroße Stücke schneiden und in Salzwasser, dem man etwas Kümmel beigibt, nicht zu weich kochen, zerfallen leicht.

Schneeballen:

15 dkg Mehl
5 dkg Margarine
1 Ei
2 Eidotter
1/16l Wein
Salz

Alles zu einem glatten Teig verarbeiten, 1 Stunde rasten lassen. Dann auf einem bemehlten Brett 1 cm dick ausrollen, in 8 – 10 cm große Quadrate schneiden. In diese dann 6 fingerbreite Streifen radeln, aber so, daß der Rand des Teigflecks nicht durchtrennt wird. Mit dem Kochlöffelstiel durch Anheben jedes zweiten Teigstreifens die Ballen in viel heißes Fett legen.

21. Februar, Dienstag:

KLARE SUPPE MIT EIERSTICH
GEBACKENES BRIES MIT GRÜNEM SALAT
ANISBISKUIT MIT RUMOBST

Eierstich:
2 Eier
1/16l Milch
Salz, Fett
Eier, Milch und Salz leicht versprudeln, in eine kleine feuerfeste Form füllen und im Wasserbad ca. 10 Minuten bis zum Stocken kochen. Dann stürzen und in kleine Würfel schneiden.

Gebackenes Bries:
50 dkg Kalbsbries
6 dkg Butter
20 dkg Champignons
1/8l Knochensuppe
etwas Mehl und Salz
Das Bries gut waschen, es darf kein Blut mehr austreten. Dann in kaltem Wasser zustellen und einmal aufkochen, abseihen und nochmals mit kaltem Wasser zustellen und 20 Minuten kochen lassen. In kaltes Salzwasser legen, auskühlen lassen. Die Haut abziehen und innenliegende Röhre entfernen. Dieses so vorbereitete Bries in dickere Scheiben schneiden, beiderseits in Mehl wenden und in Butter kurz braten. Auf vorgewärmte Fleischplatte geben, die feinblättrig geschnittenen Champignons in den Saft geben, etwas stauben und anrösten, mit wenig Wasser aufgießen und kurz durchkochen. Zusammen anrichten.
Beliebigen grünen Salat dazugeben.

Anisbiskuit:
6 Eier
6 El Zucker
6 El Mehl
1 P. Vanillezucker
1 Kl Anis
Schnee steifschlagen, nach und nach den Zucker dazugeben, weiterschlagen, bis ganz fest. Dann Mehl darüberstreuen und die verquirlten Dotter untermischen. In einem gut gefetteten, gestaubten Pfanderl bei 210° ca. 30 Minuten backen. Stürzen und ausgekühlt in Portionsstreifen schneiden. Mit Rumobst servieren.

22. Februar, Mittwoch:

REIBGERSTLSUPPE
PUSZTASCHNITZEL
FRUCHTSALAT

Reibgerstl:
6 El Mehl
1 Ei
Salz
Alles zu einem festen Teig verarbeiten, etwas trocknen lassen und dann auf einem groben Reibeisen in die Suppe reiben.
Suppe: Gemüsesud - verschiedene kleingeschnittene Suppengemüse in 1 Liter Wasser mit einem Suppenwürfel kochen, abseihen.

Pusztaschnitzel:
4 Schweinsschopfbratenschnitzel
40 dkg Letscho, Chili
Die Schnitzel beiderseits mit Salz und Knoblauch würzen, bemehlen und in Margarine beiderseits anbraten, dann mit wenig Wasser aufgießen und halbweich dünsten. Dann Letscho und 1 Kaffeelöffel Chili dazugeben und fertigdünsten. Letscho siehe "Einkochen".
Kartoffeln dazugeben.

Fruchtsalat:
1 Banane
1 Apfel
1 Orange
entkernte Schnapsweichseln
tiefgekühlte Ribisel und Zwetschken
2 Scheiben Ananas aus der Dose
Alles in kleine Stücke schneiden, mit 3 Eßlöffeln Zucker, etwas Rum und Ananassaft gut vermischen und 2 – 3 Stunden stehen lassen. Kann mit etwas Joghurt verfeinert werden.

23. Februar, Donnerstag:

Braune Zwiebelsuppe
Cordon bleu
Mousse au chocolat

Braune Zwiebelsuppe:

In 1 Eßlöffel Butter 1 Eßlöffel Zucker braun anlaufen lassen, 1 große, sehr feingeschnittene Zwiebel hineingeben und mit Mehl stauben. Wenn alles gut hellbraun, mit Wasser aufgießen und 30 Minuten langsam kochen lassen.

Cordon bleu:

4 Kalbsschnitzel, etwas dicker
8 dünne Scheiben Schinken
4 Scheiben Emmentaler
Pfeffer, Salz

Kalbsschnitzel mit einem scharfen, spitzen Messer so einschneiden, daß eine Tasche entsteht. Leicht klopfen. Zwischen 2 Scheiben Schinken 1 Scheibe Emmentaler legen und die Schnitzel damit füllen. Wie Wienerschnitzel panieren und herausbacken (siehe 8. Jän.).
Mayonnaise-Salat siehe 13. Jän.

Mousse au chocolat:

4 Eier
5 dkg Zucker
18 dkg Zartbitterschokolade
13 dkg Butter
1 El Cognac
3 El kalter Bohnenkaffee
1/4l Schlagobers

Zucker und Dotter mit dem Cognac im Wasserbad schaumig rühren, dann in kaltes Wasser stellen und weiterrühren. Inzwischen auch im Wasserbad die Schokolade schmelzen, den Kaffee beigeben, gut vermischen. Wenn ausgekühlt, die zerlassene Butter vorsichtig unterrühren. Schnee und Schlagobers getrennt, mit je 1 Päckchen Vanillezucker, fest schlagen, dann zuerst das Schlagobers und dann den Schnee leicht einmischen.

24. Februar, Freitag:

Fischgulasch mit Kartoffeln
Reisauflauf

Fischgulasch:

1 kg verschiedene Fische
3 El Butter
1 große Zwiebel
1/4 Zitrone
1/4l Sauerrahm
Tomatenmark, Paprika, Salz

Fische putzen und in mundgerechte Stücke schneiden, salzen, in Mehl tauchen und in der Butter goldbraun anbraten. Zwiebel auch in Butter anrösten, mit Paprika stauben (nicht mehr weiterrösten, sonst bitter) und alles zusammen mit wenig Wasser aufgießen. Etwas Tomatenmark und Zitronensaft beigeben und weichdünsten. Zuletzt den Sauerrahm mit etwas Mehl glattrühren, einlaufen lassen und noch kurz durchkochen.
Kartoffeln dazu.

Reisauflauf:

2 Tassen Reis
6 – 8 Tassen Milch
3 Eier
4 El Zucker
Zitronenschale, Vanillin
2 El Margarine
5 dkg Rosinen

Den Reis mit Zucker und sechs Tassen Milch weichdünsten, eventuell muß man die restlichen 2 Tassen Milch noch nachgeben (Achtung, brennt leicht an!). Auskühlen lassen.
Abtrieb von Margarine und Dotter machen, Reis hineingeben und Schnee unterziehen. Rosinen, Vanillin und Zitrone untermischen. Alles in eine feuerfeste, gut gefettete Form geben und im Rohr ca. eine Stunde bei 180° backen.

25. Februar, Samstag:

BRENNESSELSUPPE
LASAGNE
WEICHSELKOMPOTT

Brennesselsuppe:
2 Eßlöffel Mehl mit 1 Eßlöffel Mehl anschwitzen, 3 Eßlöffel feingehackte Brennessel hineingeben. Mit 1 Liter Wasser aufgießen, salzen, pfeffern, eine halbe Stunde langsam kochen lassen, vom Feuer nehmen und mit 2 Eßlöffeln Rahm binden.

Lasagne:
Teigblätter am besten fertig kaufen. Eine feuerfeste Form mit Butter ausstreichen, eine Schicht Lasagne auf den Boden legen, darüber eine Schicht Fleischsauce, darauf Bechamelsauce, dann wieder Lasagne usw. Die letzte Schicht soll aus Bechamelsauce bestehen. Parmesan darüberstreuen und im Rohr bei 200° 30 Minuten überbacken.

Fleischfülle:
50 dkg Faschiertes
5 dkg Selchspeck
1 Zwiebel
1 El Tomatenmark
1 El Weißwein
Salz, Pfeffer und Muskat
Speck kleinschneiden, Zwiebel darin anrösten, gewürztes Fleisch mit Tomatenmark und Weißwein zugeben und eine Stunde langsam durchkochen (falls zuwenig Flüssigkeit, mit Wasser auffüllen).

Bechamelsauce:
4 dkg Butter
4 dkg Mehl
1/2l Milch
4 El Crème fraiche
Mehl in Butter hell anschwitzen, die Milch und die Crème fraiche abwechselnd zugeben, salzen, pfeffern und kurz aufkochen.

Weichselkompott:
siehe "Einkochen".

26. Februar, Sonntag:

GEFLÜGELSUPPE, LEGIERT
GEBRATENE ENTE MIT ROTKRAUT UND KARTOFFELKNÖDEL
ESTERHAZYTORTE

Legierte Geflügelsuppe:
Hals, Flügerl und Innereien der Ente mit Suppengrün kochen, abseihen, aus 1 Eßlöffel Entenfett (bleibt beim Braten der Ente) und 1 Eßlöffel Mehl eine helle Einbrenn machen, mit dem Sud aufgießen und wenig Suppennudeln einkochen. Kleingeschnittenes Suppenfleisch dazugeben.

Ente:
Am Tag vorher innen und außen mit Salz und Majoran einreiben. Am nächsten Tag in eine Bratpfanne etwas Wasser geben, die Ente, gefüllt mit 1 – 2 säuerlichen Äpfeln, hineinlegen, zugedeckt eine Stunde braten, dann Fett abgießen. Die Ente umdrehen, mit wenig Wasser aufgießen und weiterbraten, öfters begießen. Zum Schluß den Deckel abnehmen und beiderseits knusprig bräunen. Dazu den Saft abgießen und die Ente mit etwas Bier bestreichen.

Rotkraut:
1 kg Rotkraut feinnudelig schneiden, in einer Kasserole 1 Eßlöffel Zucker in 1 Eßlöffel Margarine bräunen. Das Kraut hineingeben, 1/4l Rotwein und soviel Wasser dazugeben, daß das Kraut bedeckt ist, zugeben, salzen und zugedeckt dünsten lassen. Zum Schluß den Deckel abnehmen, damit die Flüssigkeit verdampft.

Kartoffelknödel:
40 dkg gekochte Kartoffeln
15 dkg Kartoffelmehl
2 El Grieß
1 Ei, Salz
Erkaltete Kartoffeln fein reißen, alles andere dazugeben und gut durcharbeiten. Knödel in viel gesalzenes Wasser einkochen, ungefähr (hängt von der Größe der Knödel ab) 20 Minuten kochen.

Esterhazytorte (gute Eiklarverwertung):

8 Eiklar
15 dkg Staubzucker
15 dkg feingeriebene Haselnüsse
10 dkg glattes Mehl
2 dkg feingehacktes Zitronat
1 Messerspitze Zimt
1 El Weinbrand

Eiklar zu starkem Schnee schlagen, Zucker nach und nach unterschlagen. Mehl, Haselnüsse, Zimt und Zitronat untermischen. Von dieser Masse auf gefettetem Blech 4 Böden backen und auskühlen lassen.

Creme:

1/4l Milch
2 Dotter
20 dkg Butter
10 dkg Staubzucker
25 g Puderzucker

Milch, Puddingpulver und Dotter noch kalt miteinander verrühren und unter ständigem Rühren aufkochen, dann kaltstellen. Staubzucker und Butter schaumig rühren, Creme untermischen, glatt verrühren und mit Weinbrand abschmecken.

Tortenblätter mit der Creme zusammensetzen, etwas Rum mit passierter Marillenmarmelade dünn auf den obersten Boden streichen, eine halbe Stunde trocknen lassen, dann glasieren.

Glasur: Rum-Fondant:

50 dkg Zucker
3/16l Wasser
1 El Essig

Zucker mit Wasser gut verrühren und zum Kochen bringen. Dann Kochlöffel herausnehmen und die Lösung zugedeckt so lange kochen, bis sie Blasen bildet. Damit keine Kristalle entstehen, gibt man beim Kochen den Essig dazu. Halb ausgekühlt mit Rum abschmecken und die Torte glasieren.

27. Februar, Montag:

ERBSENSUPPE MIT WURST
GEBACKENER EMMENTALER MIT ROTEN RÜBEN
ISCHLERTÖRTCHEN

Erbsensuppe:

1 Tasse grüne Spalterbsen am Tag vorher einweichen. Jetzt mit dem gleichen Wasser weichkochen, pürieren. 5 dkg Selchspeck und 10 dkg Extrawurst kleinwürfelig schneiden, anrösten, mit 1 Eßlöffel Mehl stauben und mit der Suppe aufgießen.

Gebackener Emmentaler:

4 ca. 0,5 cm dicke Emmentalerscheiben wie Wienerschnitzel (siehe 8. Jän.) panieren und herausbacken.
Rote Rüben siehe "Einkochen".

Ischler Törtchen:

25 dkg Mehl
25 dkg Margarine
14 dkg Zucker
17 dkg Nüsse
1 Messerspitze Zimt

Teig am Brett gut abarbeiten, 3 mm dick ausrollen, runde Scheiben ausstechen und backen. Wenn ausgekühlt, mit Marmelade zusammensetzen und mit Schokoladenglasur überziehen.

Glasur:

In 2 Eßlöffeln Wasser 10 dkg Schokolade erweichen, dann 10 dkg Staubzucker hineingeben und unter ständigem Rühren gut verkochen.

28. Februar, Dienstag:

SELCHSUPPE MIT ROLLGERSTEL
SELCHFLEISCH MIT SAUERKRAUT UND SERVIETTENKNÖDEL
BANANENSALAT

Selchsuppe:
Wenn man die Suppe nicht zu scharf haben will, dann läßt man das Fleisch 10 Minuten kochen, schüttet das Wasser weg und setzt nochmals zu. Rollgerstel bekommt man fertig, kann gleich in die Suppe eingekocht werden.

Selchfleisch:
1 kg Teilsames, je nach Wunsch mehr oder weniger fett, in klarem Wasser kochen, bis es weich ist. In Scheiben geschnitten anrichten.

Sauerkraut:
1 kg Sauerkraut mit wenig Wasser und einer angerösteten Zwiebel weichkochen, zum Binden eine rohe Kartoffel hineinreiben. Sollte das Sauerkraut zu scharf sein, muß man es vor dem Kochen gut durchwaschen.

Serviettenknödel:
5 Semmeln
2 Eier
10 dkg Margarine
2 El Mehl
1/4l Milch
Salz
Milch, Eier und Salz versprudeln und über die würfelig geschnittenen Semmeln geben, etwas stehenlassen. Dann die zerlassene Margarine und das Mehl dazugeben, gut vermengen und die Masse in eine mit Butter bestrichene Serviette geben, zubinden und in schwach gesalzenem Wasser ca. 45 Minuten kochen lassen.

Bananensalat:
3 Bananen in nicht zu dünne Scheiben schneiden, mit Zitrone beträufeln, 1 Becher Joghurt mit 1 – 2 Eßlöffel Zucker und etwas Maraschino vermischen und darübergeben.

29. Februar, Mittwoch:

KRAUTSUPPE
REISFLEISCH MIT GRÜNEM SALAT
GEBACKENE MÄUSE

Krautsuppe:
25 dkg Sauerkraut
10 dkg geräucherter Speck
1 mittelgroße Zwiebel
1 Kartoffel
1/8l Rahm
1 Tl Paprika
Speck feinwürfelig schneiden, Zwiebel darin anrösten, Sauerkraut hineingeben, mit 3/4l Wasser aufgießen, Paprika zugeben und weichkochen. Kartoffel fein reiben und mit versprudeltem Rahm hineingeben.

Reisfleisch:
Wie 19. Jän., nur statt Kraut Reis nehmen. Mit Parmesan bestreuen.

Gebackene Mäuse:
30 dkg Mehl
2 Eier
4 El Zucker
4 El Margarine
1/4l Milch
etwas Rum und Zitronenschale, Vanillezucker
2 dkg Germ
Germ in 1/8l lauwarmer Milch eine Viertelstunde gehenlassen. Wenn man etwas Zucker dazugibt, geht es schneller. Dann alles gut vermischen, die Margarine zerlassen, sie darf aber nicht zu heiß sein. Den Teig abschlagen, bis er sich von der Schüssel löst, dann mit einem Tuch bedeckt auf die doppelte Menge gehenlassen. Jetzt mit einem großen Löffel Teig in heißes Fett legen und unter einmaligem Wenden herausbacken.

1. März, Donnerstag:

TOMATENSUPPE
KANINCHENRAGOUT IM REISRING
GRIESSHOCKER

Tomatensuppe:
40 dkg tiefgefrorenes Tomatenmark in 1 Liter Wasser aufkochen, salzen und pfeffern. Eine helle Einbrenn aus 1 Eßlöffel Butter und 2 Eßlöffeln Mehl machen und mit der Suppe aufgießen. Mit wenig Zucker und Essig abschmecken.

Kaninchenragout:
70 dkg Kaninchenfleisch
15 dkg Champignons
5 dkg Selchspeck
1 El Butter
3 El Sauerrahm
Rotwein
Das Kaninchenfleisch in Würfel schneiden, in eine Schüssel legen und mit Rotwein bedeckt 2 Stunden ziehen lassen.
Den Speck kleinwürfelig schneiden und anbraten, die Butter zugeben, nicht braun werden lassen. Das abgetropfte, gesalzene, gepfefferte Fleisch etwas bemehlen und in das Fett geben, gut anrösten und mit dem Wein und wenn nötig, noch etwas Wasser, zugedeckt weichdünsten. Wenn es halbweich ist, die feinblättrig geschnittenen Champignons dazugeben und fertiggaren. Zum Schluß den Sauerrahm beigeben.

Reisring:
Reis normal dünsten, in eine befettete Kranzkuchenform fest hineindrücken, zudecken und 10 Minuten bei 200° ins Rohr geben, dann stürzen und das Ragout in der Mitte einfüllen.

Grießhocker:
1/2l Milch
10 dkg Grieß
3 dkg Butter
3 dkg Zucker
1 Prise Salz
Milch mit Zucker, Butter und Salz aufkochen und den Grieß langsam einrühren, auf kleiner Flamme ca. 10 Minuten kochen. Halb ausgekühlt in 4 kalt ausgeschwenkte Tassen geben. Wenn erkaltet, stürzen und mit Himbeersaft übergießen.

2. März, Freitag:

FISCHFILET MIT KRENSAUCE
GRIESSSTRUDEL MIT
ZWETSCHKENRÖSTER

Fischfilet:
60 dkg Seelachsfilet
2 El Zitronensaft
2 El frischen Kren
2 El Schlagobers
Salz, etwas Zucker
1 El Butter
Die Butter in einer Pfanne zergehen lassen, mit 1/4l Wasser aufgießen. Den Fisch schwach gesalzen und mit Zitrone beträufelt hineingeben, gut 20 Minuten ziehen lassen. Schlagobers mit dem feingerissenen Kren gut vermischen und darübergeben, sehr heiß servieren. Beliebige Kartoffeln dazu reichen.

Grießstrudel:
Strudelteig wie am 17. Februar (Apfelstrudel) bereiten.

Fülle:
20 dkg Grieß
10 dkg Margarine
5 Eier
1/4l Sauerrahm
Margarine mit Dotter gut abtreiben, den Grieß und den Sauerrahm dazugeben und zuletzt den festgeschlagenen Schnee. Eine Stunde ziehen lassen.
Den ausgezogenen Strudelteig mit zerlassener Butter bepinseln, die Fülle fingerdick aufstreiche, Teig einrollen. Mit dem Kochlöffelstiel Portionen abdrücken, letztlich mit dem Messer durchschneiden und in leicht gesalzenem Wasser 15 – 20 Minuten kochen. Herausnehmen und mit brauner Butter übergossen servieren.
Zwetschkenröster siehe "Einkochen".

3. März, Samstag:

GOLDBRÖCKERLSUPPE
CHAMPIGNONOMELETTE MIT SALAT
TOPFENSCHNITTEN

Klare Suppe mit Goldbröckerl-Einlage:

1 Semmel
1 Ei
etwas Milch, Salz, Fett

Semmel in kleine Würferl schneiden. Milch mit Salz und Ei versprudeln, die Würferl gut eintauchen und in heißem Fett herausbacken.

Champignonomelette:

Omelettenteig: Siehe 4. Februar. Die Fülle besteht aus 25 dkg feingeschnittenen, gedünsteten Champignons, die man mit Petersilie abschmeckt.

Topfenschnitten:

Einen Mürbteig bereiten:
30 dkg Mehl
20 dkg Margarine
10 dkg Butter
2 Dotter
Zitronenschale, Vanille

Teig am Brett gut abarbeiten und eine Stunde rasten lassen.

Fülle:

25 dkg Topfen
10 dkg Zucker
10 dkg Rosinen
5 dkg zerlassene Butter
Zitronenschale, Vanillin
etwas Milch (wenn Topfen zu trocken)
1 Ei

Ei mit Zucker gut abtreiben, alles andere dazugeben. Die Fülle soll gut streichfähig, aber nicht zu dünn sein.

2/3 vom Teig ca. 2 – 3 cm dick ausrollen und vorbacken; dazu mit der Gabel den Teig öfters einstechen. Die Fülle daraufgeben, aus dem übrigen Teig Streifen schneiden und ein Gitter auf die Fülle legen. Wenn die Fülle mit dem Gitter auf dem Teigboden liegt, noch ca. 15 Minuten hellbraun backen.

4. März, Faschingssonntag:

KALBSHAXENSUPPE
SPIESSE MIT POMMES FRITES
MALAKOFFTORTE

Kalbshaxensuppe:

1 Kalbshaxen in 1 Liter Wasser mit Suppengrün, Lorbeerblatt, Pfeffer- und Wacholderkörnern, Salz und etwas Essig weichkochen. Haxen herausnehmen, Fleisch vom Knochen lösen, kleinschneiden und in die abgeseihte Suppe wieder hineingeben. Kleingeschnittene Salzkartoffeln mitservieren.

Spieße:

25 dkg Rindslungenbraten
25 dkg Schweinslungenbraten
25 dkg weiche Rinds- oder Schweinsleber
15 dkg Selchspeck
2 Paar Frankfurter
1 Paprika

Alles in kleine Stücke schneiden und abwechselnd auf 4 Spieße aufreihen. Wenig salzen, pfeffern und mit Öl bestreichen, nun im vorgeheizten Rohr oder Plattengrill bei starker Hitze 10 - 15 Minuten grillen.

Pommes frites:

4 große, mehlige Kartoffeln in 1/2 cm starke Stäbchen schneiden, in reichlich heißem Öl hellbraun backen. Öfter wenden.

Malakofftorte (am Tag vorher bereiten):

Biskotten kurz in schwarzen Kaffee tauchen, Boden und Rand einer Tortenform damit belegen, dann weiß gestiftelte Mandeln darüberstreuen und Kaffeecreme daraufgeben. Diesen Vorgang wiederholen, bis die Tortenform voll ist. Letzte Schicht Biskotten. Die Masse etwas beschweren und kühlstellen. Am nächsten Tag stürzen und mit Schlagobers verzieren.

Kaffeecreme:

2 Eier
14 dkg Kristallzucker
20 dkg Butter
ca. 1/16 l schwarzen Kaffee

Eiklar mit Zucker über Dunst schlagen und auskühlen lassen. Dotter mit Butter gut abtreiben und tropfenweise sehr starken schwarzen Kaffee nach Geschmack zugeben. Alles vermischen; und zwar gibt man löffelweise die Zucker- in die Buttermischung.

5. März, Montag:

KARTOFFELGULASCH
STRAUBEN

Kartoffelgulasch:

1 kg große Kartoffeln
2 Zwiebeln
1 El Margarine
Debreziner

Feingeschnittene Zwiebel in Margarine anrösten, kleinwürfelig geschnittene Kartoffeln zugeben, mit Salz, Majoran und Paprika (besser aus der Tube, weil die Farbe besser ist) würzen, mit soviel Wasser aufgießen, daß alles gut bedeckt ist und weichdünsten.
Nach Wunsch Debreziner zugeben.

Strauben:

15 dkg Mehl
6 dkg Zucker
5 Eiklar
1/8l Weißwein
1 Prise Salz

Mehl, die Hälfte des Zuckers, Salz und Weißwein mit der Schneerute glatt vermengen. Eiklar mit Zucker schlagen und unter den Teig geben, es soll ein lockerer Tropfteig entstehen. Dann in einer Pfanne soviel Öl erhitzen, daß der Boden ca. 1 cm bedeckt ist. Jetzt mit einer Teigspritze (große Öffnung) schlangenartige Gebilde ins Fett spritzen und hellbraun backen. Mit Backschaufel herausnehmen, gut gezuckert noch heiß servieren.

6. März, Faschingsdienstag:

EINGEMACHTES KALBFLEISCH MIT HÖRNCHEN
KRAPFEN

Eingemachtes Kalbfleisch:

70 dkg Kalbfleisch in mittelgroße Stücke schneiden, salzen und in 1 Eßlöffel Butter anbraten. Mit wenig Wasser bedeckt weichdünsten. 1 Eßlöffel Mehl mit wenig Wasser glatt verrühren, vorsichtig einrühren, damit keine Klumpen entstehen, mit feingehackter Petersilie bestreuen.

Krapfen:

60 dkg Mehl
10 dkg Zucker
12 dkg Margarine
4 dkg Germ
3/8l Milch
3 El Rum

Von 4 dkg Germ, 5 dkg Zucker, 1/8l Milch und etwas Mehl ein Dampfl machen und gehen lassen. Inzwischen 6 Dotter mit 5 dkg Zucker über Dunst schlagen. Margarine in restlicher Milch langsam zergehen lassen, ins Mehl einrühren, Rum und Dampfl dazugeben und jetzt erst die geschlagene Dottermasse unterziehen. Nun den Teig gut abschlagen, dann gehenlassen; diesen Vorgang wiederholen. Auf einem gut bemehlten Brett den Teig dann ca. 2 cm dick ausrollen und Scheiben in gewünschter Größe, meistens 7 cm, ausstechen. Diese nun zugedeckt mit einem Tuch wieder gehen lassen und dann mit der Oberseite zuerst in heißes Fett legen (Fett auf Stufe 2 erhitzen, Krapfen werden sonst zu schnell braun). Beim Einlegen zudecken, nach dem Wenden offen lassen. Auf Fließpapier abtropfen lassen und wenn ausgekühlt, mit einer Teigspritze (ganz kleine Öffnung) passierte Marillenmarmelade einspritzen. Anzuckern.

7.März, Aschermittwoch:

HERINGSSALAT MIT
JOGHURTMAYONNAISE

Heringssalat:
1 kg speckige, große Kartoffeln
3 mittelgroße, säuerliche Äpfel
2 große Bismarckheringe

Joghurtmayonnaise:
2 Dotter
1 Becher Joghurt
Knoblauch, Pfeffer, Salz
Kartoffeln nicht zu weich kochen, ausgekühlt in kleine Würferl schneiden. Äpfel schälen und ebenso schneiden. Die Heringe putzen, entgräten und auch kleinschneiden.
Zur Mayonnaise die Dotter gut verrühren und löffelweise Joghurt dazugeben, mit Knoblauch, Salz und Pfeffer abschmecken. Alles gut vermischen und vor dem Servieren etwas durchziehen lassen.

8. März, Donnerstag:

MINESTRONE
LENDBRATEN MIT
KARTOFFELSCHMARREN
BIRNENKOMPOTT

Minestrone:
50 dkg verschiedene Gemüse (Karotten, Sellerie, Kohl, rote Rüben, Petersilie)
1 Schale Reis
5 dkg Schinkenspeck
2 El Fett
1 Zwiebel
Zwiebel kleingeschnitten im Fett anrösten, dann das zerkleinerte Gemüse dazugeben und weiterrösten. Mit wenig Wasser ca. 15 Minuten dünsten, jetzt den Reis hineingeben, salzen, pfeffern, nochmals Wasser beigeben, damit der Reis weichdünsten kann. Den Speck anbraten und zugeben, mit soviel Wasser aufgießen, daß die Suppe nach gutem Durchkochen noch dickflüssig bleibt. Mit Parmesan bestreut anrichten.

Lendbraten:
1 große Rindsniere gut waschen, Fett herausschneiden und feinblättrig schneiden. Inzwischen eine große Zwiebel kleingeschnitten in 1 Eßlöffel Margarine hellbraun rösten, Fleisch hineingeben, durchmischen, mit Majoran würzen und mit wenig Wasser weichdünsten. Dann mit einem "Teigerl" (= 2 Kaffeelöffel Mehl mit wenig Wasser glatt verrührt) andicken, jetzt erst salzen und mit etwas Essig abschmecken.

Kartoffelschmarren:
1 mittelgroße Zwiebel in 1 Eßlöffel Schweineschmalz anrösten, 5 große gekochte, ausgekühlte Kartoffeln hineinschneiden, salzen, mit einer Gabel zerdrücken und anbraten lassen. Mehrmals wenden, bis rundum knusprig.

Birnenkompott:
siehe "Einkochen".

9. März, Freitag:

LINSENSUPPE
KIPFELKOCH MIT APFELKOMPOTT

Linsensuppe:
10 dkg Linsen am Tag vorher einweichen und am nächsten Tag im gleichen Wasser weichkochen. Wenn vorhanden, kann man eine Speckschwarte mitkochen, nun passieren.
5 dkg Selchspeck kleinwürfelig schneiden, anrösten, mit 2 Eßlöffeln Mehl stauben, gut durchrühren und mit der passierten Suppe aufgießen. Jetzt erst salzen und mit etwas Essig abschmecken.

Kipfelkoch:
5 Kipferl oder sonstiges Mürbgebäck
3 Eier
10 dkg Margarine
5 dkg Rosinen
Zitronenschale, etwas Milch und Vanillin
10 dkg Zucker
Die Kipferl in Scheiben schneiden und mit Milch bedeckt eine Stunde stehenlassen. Nun den Abtrieb von Margarine, Zucker und Dotter machen, Schnee schlagen, unterziehen, ausgedrückte Kipferl, Zitrone, Rosinen und Vanillin dazugeben. Gut durchmischen und in eine gebutterte feuerfeste Form geben. Eine Stunde bei 200° backen.

Apfelkompott:
3 große Äpfel schälen, vom Kerngehäuse befreien und in 8/8 schneiden. 3/4 Liter Wasser mit 3 Eßlöffel Zucker und dem Saft einer halben Zitrone zum Kochen bringen. Apfelscheiben hineingeben und kernweich dünsten, die Äpfel sollen nicht ganz zerfallen.

10. März, Samstag:

OCHSENSCHWANZSUPPE
KÖNIGSBERGERKLOPSE
HASELNUSSSCHNITTEN
(EIKLARVERWERTUNG)

Ochsenschwanzsuppe:
3/4kg Ochsenschwanz
5 El Mehl
1 El Öl
1 Zwiebel
1, 5 l Wasser
Lorbeer, Thymian, Salz, Pfeffer, Petersilie
Den Ochsenschwanz vom Fleischhauer in kleinere Stücke schneiden lassen, diese in Mehl wälzen und dann in heißem Öl anbraten. Wenn rundum angebräunt, herausnehmen. Die gehackte Zwiebel ins Öl geben, ebenso das restliche Mehl, und durchrösten. Nach und nach mit dem Wasser aufgießen, Lorbeer, Thymian, Pfeffer, Petersilie und das Fleisch hineingeben, weichkochen. Suppe abseihen, Fleisch vom Knochen lösen und kleingeschnitten wieder in die Suppe geben.

Königsbergerklopse:
Für die Klopse:
50 dkg Faschiertes
2 Semmeln
2 Eier
2 El Mehl
Salz, Pfeffer, Knoblauch, Majoran
Alles zu einem geschmeidigen Fleischteig verarbeiten, Hände bemehlen und kleine Knöderl formen, ca. 16 Stück.
Sauce:
Aus 1 Eßlöffel Margarine und 2 Eßlöffeln Mehl eine Einbrenn machen, mit Wasser aufgießen. 1 Teelöffel gehackte Kapern, 1/2 Teelöffel Senf, 1 Lorbeerblatt und Salz hineingeben, gut durchkochen. Dann die Knöderl einkochen und 15 Minuten langsam ziehen lassen. Knöderl herausnehmen, Sauce passieren und mit 3 Eßlöffel Sauerrahm binden; dann wieder über die Knöderl geben und anrichten.

Haselnußschnitten:
4 Eiklar, Schnee
8 dkg Zucker
10 dkg geröstete Haselnüsse
6 dkg geriebene Schokolade
Schnee schlagen, bevor ganz fest, den Zucker beigeben und fertigschlagen. Dann die Haselnüsse und die Schokolade untermischen und in kleiner Form bei 180° ca. 25 Minuten backen. Erkaltet in Schnitten schneiden und anzuckern.

11. März, Sonntag:

FONDUE MIT 6 SAUCEN
PUNSCHTORTE

Fondue:
15 dkg Kalbsschnitzel
15 dkg Rindslungenbraten
15 dkg Schweinslungenbraten
15 dkg Schweinsleber
Alles in mundgerechte Stücke schneiden und eine Stunde in Öl legen. Dann pfeffern und salzen; nun kann man entweder Suppe oder Öl in einem Fonduetopf erhitzen und das Fleisch mit Spießen bei Tisch garen.

Saucen:
Grundmayonnaise:
2 Dotter
1 ganzes Ei
knapp 1/4 l Öl
3 El Joghurt
Salz, Pfeffer, Zitronensaft
Im Mixer bereiten, Öl langsam zugeben.

Kaviarsauce:
3 Eßlöffel Mayonnaise mit 1 Eßlöffel Kaviar vermengen, eventuell noch mit Zitrone abschmecken.

Schnittlauchsauce:
Ebenso bereiten, nur statt Kaviar Schnittlauch zugeben.

Sardellensauce:
3 Eßlöffel Mayonnaise und 1 hartgekochtes, feinpassiertes Ei mit 1 Teelöffel Sardellenpaste gut vermengen, mit gehackter Petersilie abschmecken.

Knoblauchsauce:
2 Dotter mit 5 Eßlöffeln Joghurt gut abrühren, dann mit 4 zerdrückten Knoblauchzehen, Salz und Pfeffer vermengen.

Kren-Oberssauce:
1/2 Tasse Kren
1/2 Tasse Apfel
Beides fein reißen und mit 1/8Liter geschlagenem Obers, einer Prise Zucker, Salz und Pfeffer gut vermengen.

Ketchupsauce:
1/2 Tasse Hotketchup und 1/2 Becher Joghurt gut mischen, salzen und 1 Eßlöffel sehr klein geschnittenen grünen Paprika daruntergeben.
Weißbrot, nach Wunsch getoastet, dazugeben.

Punschtorte:
Biskuitmasse:
15 dkg Mehl
12 dkg Zucker
6 Eier
Zitronenschale, Vanillin
Die ganzen Eier mit dem Zucker, Zitrone und Vanillin über Dunst schlagen. Wenn die Masse dicklich ist, vom Feuer nehmen und kalt fertigschlagen, dann löffelweise das Mehl unterziehen. In gut gefetteter und bemehlter Tortenform ca. 30 Minuten bei 200° backen.
Die Torte, wenn erkaltet, zweimal durchschneiden, das Mittelstück mit Biskottenbrösel und Rum-Läuterzucker gut vermischen, dann die Schnittflächen der Torte mit Marillenmarmelade bestreichen, die Fülle hineingeben, die Torte beschweren und 2 – 3 Stunden stehen lassen.
Läuterzucker: 10 dkg Zucker mit 1/8 Liter Wasser kalt auflösen, dann einmal stark aufkochen, vom Feuer nehmen und nach Geschmack mit Rum vermischen. Falls man den Zucker zu stark aufkocht, können sich Kristalle bilden, dann muß man etwas Essig beigeben.

Fondant:
50 dkg Zucker
3/16 l Wasser
1 El Essig
Zucker auf kleinerer Flamme im Wasser gut lösen, dann zugedeckt bei stärkerer Flamme weiterkochen. Nach 5 Minuten Essig beigeben, wieder zudecken und weiterkochen, bis sich kleine Blasen bilden. Jetzt die Masse vom Feuer nehmen, in kaltes Wasser stellen und mit einem Mehlspeispinsel leicht mit Wasser bepinseln, damit sich keine Kruste bildet. Auskühlen lassen, bis lauwarm, dann mit dem Kochlöffel gut durchrühren, bis die Masse milchig ist und fest wird. Sofort in ein gut verschließbares Gefäß geben. Kann kühlgestellt sehr lange aufgehoben werden.
Die Torte vor dem Überziehen dünn mit Marillenmarmelade bestreichen, etwas antrocknen lassen.

12. März, Montag:

KRAUTSUPPE
SCHINKENFLECKERL MIT VOGERLSALAT
SEMMELPUDDING MIT SCHOKOLADENSAUCE

Krautsuppe:
1 mittelgroße Zwiebel
25 dkg Sauerkraut
10 dkg geräucherter Speck
1/8 l Rahm
1 mehlige Kartoffel
1 Kl Edelsüßpaprika
Speck feinwürfelig schneiden, Zwiebel darin leicht anrösten, Sauerkraut, Paprika und 1 Liter Wasser beigeben. Das Ganze weichkochen, mit geriebener Kartoffel binden und mit dem gut versprudelten Rahm abschmecken, eventuell salzen (aber vorsichtig, Sauerkraut kann scharf genug sein).

Schinkenfleckerl:
1/2 kg Fleckerl
50 – 60 dkg Selchripperl
Selchripperl weichkochen, vom Knochen lösen und fein schneiden. Man kann auch Schinken nehmen, aber der ist meistens trockener. Fleckerl in Salzwasser weichkochen, abspülen, in Margarine schwenken und Fleisch hineinmengen.

Vogerl- oder Feldsalat:
Gut putzen und waschen, wie grünen Salat bereiten.

Semmelpudding:
2 1/2 altbackene Semmeln
7 dkg Butter
7 dkg Zucker
3 Eier
Rosinen, Zitronat
Milch zum Einweichen
Semmeln entrinden, in feine Scheiben schneiden und einweichen. Dotter mit Zucker und Butter gut abtreiben, dann die ausgedrückten Semmeln, Rosinen, Zitronat und den Schnee dazugeben. In einer gut ausgebutterten, mit Kristallzucker ausgestreuten Form eine Stunde im Wasserbad kochen. Die Form darf nur 3/4 gefüllt sein, weil der Pudding gut aufgeht.
Schokoladensauce: Siehe 6. Jänner.

13. März, Dienstag:

PANADELSUPPE
GEBACKENER KARFIOL MIT KALTER SCHNITTLAUCHSAUCE
TOPFENTASCHERL

Panadelsuppe:
3 Schneidsemmeln
2 El Butter
1 Ei
Salz, Pfeffer, Petersilie
Semmeln in der Butter goldgelb anrösten, mit 1 Liter kochendem Wasser oder Suppe aufgießen und gut verkochen lassen. Würzen, versprudeln, 1 Ei mit einer Gabel darunterziehen, es sollen sich Fäden bilden.

Gebackener Karfiol:
Einen großen Karfiol kernweich kochen, in kleine Röschen teilen. Sobald er erkaltet ist, in Palatschinkenteig (9. Februar) tauchen und in heißem Öl herausbacken. Abtropfen lassen, mit grünem Salat servieren.

Schnittlauchsauce:
s. 14. April

Topfentascherl:
Kartoffelteig:
40 dkg kalte, gekochte Kartoffeln
15 dkg Mehl
2 Eier
Salz
Kartoffeln fein reiben, mit Mehl, Salz und den Eiern gut verarbeiten. Wenn der Teig zu weich ist (hängt von der Größe der Eier ab), noch etwas Mehl beigeben.
Den Teig ausrollen (ca. 1/2 cm dick), Scheiben ausstechen, füllen, die Ränder mit verdünntem Ei bestreichen und zu halbkreisförmigen Tascherl zusammenschlagen, Ränder andrücken.
Fülle:
15 dkg Topfen
5 dkg Butter
8 dkg Zucker
1 Ei
Zitronenschale, Vanillin
Butter, Zucker, Dotter abtreiben, Topfen, Zitrone, Vanillin und Schnee daruntermischen.

14. März, Mittwoch:

Weisse Bohnensuppe
Gedünstetes Rindsherz mit Reis
Schlagcreme mit Biskotten

Weiße Bohnensuppe:
25 dkg weiße Bohnen
2 mittelgroße, würfelig geschnittene Kartoffeln
1 kleine Stange Lauch
2 El Rahm
Bohnen am Tag vorher einweichen, dann mit Kartoffeln, Lauch und Salz in 1 Liter Wasser weichkochen, passieren und mit Rahm und Muskat abschmecken.

Gedünstetes Rindsherz:
3/4 kg Rindsherz in 2 cm dicke Scheiben einschneiden, salzen, pfeffern und in jeden Einschnitt eine Scheibe Selchspeck legen. Zusammenbinden, anbraten, mit wenig Wasser weichdünsten. (Das dauert ziemlich lange, besser im Schnellkochtopf.)

Schlagcreme mit Biskotten:
Grundmasse:
20 dkg Butter
10 dkg Kokosfett
1/2 l Milch
Vanillemasse:
10 dkg Zucker
2 P Vanillin
3 dkg Cremepulver
1/4 l Milch
Zucker und Cremepulver in kalter Milch glatt verrühren, dann zum Kochen bringen, bis die Creme dick ist. 2 Vanillin gut mitrühren.

15. März, Donnerstag:

Brotsuppe
Rindschnitzel natur, Kartoffeln
Apfelnockerl

Brotsuppe:
25 dkg Schwarzbrot
1 mittlere Zwiebel
1 El Schmalz
Schnittlauch
Das Schwarzbrot in dünne Scheiben schneiden und im Schmalz mit der Zwiebel anrösten. Mit 1 Liter Wasser aufgießen, gut durchkochen, versprudeln und mit Schnittlauch servieren.

Rindschnitzel natur:
4 Rindschnitzel leicht klopfen, salzen, auf einer Seite leicht mit Senf bestreichen, beiderseits bemehlen und in Butter rasch anbraten. 4 Kartoffeln in große Würfel schneiden, dazugeben, leicht anrösten und mit wenig Wasser aufgießen und weichdünsten. Essiggurkerl dazu.

Apfelnockerl:
50 dkg geschälte, kleingeschnittene Äpfel in Butter kernweich dünsten. Nach Geschmack zuckern, darauf achten, daß der Zucker nicht braun wird.
Nockerl:
25 dkg Mehl
3/16 l Milch
Salz
Alles gut abschlagen und durch ein grobes Sieb in leichtes Salzwasser einkochen. Nach ca. 10 Minuten abseihen, mit kaltem Wasser abspülen und in die Apfelmasse geben. Warm servieren.

16. März, Freitag:

FRÜHLINGSKRÄUTERSUPPE
DUKATENWUCHTELN MIT VANILLESAUCE

Frühlingskräutersuppe:
2 Eßlöffel Mehl in 1 Eßlöffel Butter hell anrösten, mit 1 Liter Wasser aufgießen und eine Handvoll kleingehackte Frühlingskräuter (Löwenzahn, Veilchenblätter, Brennessel, Minze und Schafgarbe) dazugeben, salzen, pfeffern, gut aufkochen und dann 10 Minuten ziehen lassen. Mit 2 Eßlöffeln Sauerrahm und Petersilie abschmecken.

Dukatenwuchteln:
50 dkg Mehl
4 g Germ oder entsprechende Trockengerm
5 El Zucker
5 El Margarine
3 Eier
1/4 und 1/8 l Milch
Germ in 1/8 Liter Milch geben, der man 2 Eßlöffel Zucker beigibt, etwas mit Mehl bestauben und gehen lassen.
Mehl in eine vorgewärmte Schüssel geben, die in 1/4 Liter Milch zerlassene Margarine und die 3 Eier zugeben. Nun das Dampfl (Germ) untermischen und gut abschlagen. Der Teig soll nicht zu weich sein. Wenn er auf die doppelte Menge aufgegangen ist, nochmals abschlagen und gehen lassen. Nun den Teig ca. 1 cm dick ausrollen und in 5 mal 5 große Vierecke schneiden. Diese mit Powidl (siehe "Einkochen") füllen und den Teig gut zusammendrücken. In einer Backpfanne viel Margarine zergehen lassen, die Wuchteln so einlegen, daß alle Seiten fett sind. Bei mittlerer Hitze 45 Minuten backen, stürzen. Die Wuchteln fallen auseinander, wenn sie genügend gefettet waren. Anzuckern und mit Vanillesauce nach Packung reichen.

17. März, Samstag:

SPARGELCREMESUPPE
GEBACKENE KARTOFFELWÜRSTCHEN
MIT SALAT
ANANASSCHNITTEN

Spargelcremesuppe:
25 dkg Suppenspargel
2 El Butter
3 El Mehl
2 Eidotter
1/16 l Schlagobers
Aus Butter und Mehl eine helle Einbrenn machen, den Spargel gut putzen und in kleine Stücke schneiden, in leichtem Salzwasser weichkochen. Die Einbrenn mit einem Teil des Spargelwassers aufgießen. 2 Eßlöffel Spargel aus dem Wasser nehme und den Rest pürieren, nun alles zusammenmischen, leicht pfeffern und mit den im Schlagobers verquirlten Dottern andicken.

Gebackene Kartoffelwürstchen:
Kartoffelteig wie am 13. März bereiten, 20 dkg kleingeschnittenes Geselchtes oder kräftige Wurst daruntermischen, gut durchkneten. Ca. 10 cm lange und 2 cm dicke Würstchen formen. Diese nun in heißem Öl schwimmend herausbacken, abtropfen lassen und mit Salat servieren.

Ananasschnitten:
Biskuitmasse wie am 11. März bereiten. In einer Pfanne ca. 2 cm dick aufstreichen und backen. Ananasstückchen auflegen und aus dem Saft mit Päckchen ein Gelee bereiten und darübergießen. Nach dem Erkalten in Schnitten schneiden.

18. März, Sonntag:

LEGIERTE HÜHNERSUPPE
GEFÜLLTES HUHN
MANDEL-SCHOKOLADENTORTE

Legierte Hühnersuppe:

Innereien, Hals und Flügerl vom Huhn mit Suppengrün kochen, Wasser leicht gesalzen. Wenn man die Suppe weniger fett haben will, dann nimmt man die Haut, hauptsächlich vom Hals, weg. Nun abseihen, 1/16 Liter Obers mit 1 Dotter versprudeln und die Suppe damit andicken. Hühnerfleisch kleingeschnitten hineingeben.

Gefülltes Huhn:

Huhn innen und außen salzen und füllen:
Fülle:
2 Semmeln
2 El Margarine
1 Ei, 1 Dotter
10 dkg Champignon
Semmelbrösel nach Bedarf
Semmeln einweichen. Inzwischen Margarine mit Ei und Dotter gut verrühren, Champignons feinblättrig schneiden und zugeben, ebenso die ausgedrückten Semmeln. Salzen, pfeffern, gut durcharbeiten und mit Semmelbrösel festigen. Das Huhn füllen, schließen und normal im Rohr braten.
Braucht als Beilage nur Salat, da die Fülle ausgiebig ist.

Mandel-Schokoladentorte:

24 dkg Margarine
24 dkg Zucker
24 dkg erweichte Schokolade
24 dkg Mandeln
12 dkg Mehl
6 Eier
Margarine, Schokolade, Zucker und Dotter gut abtreiben, Mandeln, Mehl und den Schnee daruntergeben, mit etwas Muskat würzen.
Überguß:
14 dkg Schokolade
14 dkg Zucker
14 dkg Butter
2 Dotter
6 El Milch
Vanillin
Die Schokolade mit Milch zergehen lassen, Vanillin, Zucker und Dotter darin aufkochen, zum Schluß die Butter darin nurmehr zergehen lassen; wird nicht ganz fest, ist aber sehr gut.

19. März, Montag:

GORGONZOLASUPPE
BRATWURST MIT KARTOFFELN
EGERLÄNDER OBSTKUCHEN

Gorgonzolasuppe:

1 El Butter
2 El Mehl
10 dkg Gorgonzola
1/4 l Milch
Von Butter und Mehl eine helle Einbrenn machen, mit der kalten Milch aufgießen, den Gorgonzola darin mit der Gabel zerdrücken, dann mit 3/4 Liter Wasser auffüllen, salzen und pfeffern. Gut durchkochen und langsam 15 Minuten kochen lassen.

Bratwurst mit Kartoffeln und Gurkerl:

4 Bratwürste in eine Pfanne mit wenig Wasser einlegen. Wenn das Wasser verdampft ist, Würstel wenden, ein wenig anbraten und wieder wenig Wasser dazugeben.
3/4 kg Kartoffeln nicht ganz weich kochen, in größere Würfel schneiden, den Bratwürstel beigeben und beides fertiggaren. Gurkerl dazugeben.

Egerländer Obstkuchen:

Rührteig:
15 dkg Margarine
15 dkg Zucker
20 dkg Mehl
1/2 Backpulver
3 Eier
3 El Rum
Zucker, Margarine und Dotter abtreiben, Mehl, mit dem Backpulver vermischt, Rahm und Schnee beigeben. Teig in eine befettete, bemehlte Pfanne einrinnen lassen. Darauf die Topfenmasse.

Topfenmasse:
15 dkg Zucker
6 dkg Butter
25 dkg Topfen
2 Eier
Zucker, Butter und Dotter rühren, Topfen und Schnee beigeben und auf die Rührmasse geben.
Belag mit jedem beliebigen Dunstobst.
Streußel:
Mehl mit Butter abbröseln, Zucker zugeben, weiter verbröseln und über den Kuchen geben.
Alles zusammen bei ca. 180° eine Stunde backen.

20. März, Dienstag:

IRISH STEW
ERDÄPFELKRAPFERL

Irish Stew:
1 kg Hammelfleisch (Hals, Brust, Schulter)
1 Zwiebel
1 Karotte
1/4 Sellerieknolle
5 speckige Kartoffeln
1 Kohlkopf
Zwiebel, Karotte und Sellerie feinnudelig schneiden, mit dem handtellergroß geschnittenen Fleisch vermischt in einen Topf legen, pfeffern und salzen. Den Kohlkopf achteln, mit Knoblauch würzen und salzen und die in große Scheiben geschnittenen Kartoffeln auf das Fleisch legen. 3/4 mit Wasser auffüllen und bei kleiner Flamme zwei Stunden kochen.

Erdäpfelkrapferl:
Kartoffelteig (siehe 13. März) 1/2 cm dick ausrollen, Scheiben von ca. 6 cm Durchmesser ausstechen und beiderseits in heißem Pflanzenfett herausbacken. Abtropfen lassen und immer zwei Stück mit beliebiger Marmelade zusammengeben, anzuckern.

21. März, Mittwoch:

KLARE GRIESSSUPPE
LINSEN MIT KNÖDELN UND
KNACKWURST
SCHOKOLADENKUCHEN

Klare Grießsuppe:
In 1 Liter klare Suppe (Würfel) etwa 5 dkg feinen Grieß einrinnen lassen, salzen und pfeffern. Unter ständigem Rühren ca. 10 Minuten kochen lassen. Mit Schnittlauch servieren. Nicht zu lange stehen lassen, wird sonst zu dick.

Linsen mit Knödeln:
1/2 kg Tellerlinsen am Tag vorher einweichen, mit demselben Wasser kernweich kochen.
10 dkg Selchspeck kleinwürfelig schneiden, anbraten, mit 2 Eßlöffeln Mehl stauben und etwas rösten, dann mit einem Teil des Linsenwassers aufgießen, Linsen beigeben und mit Salz und Essig abschmecken.
Semmelknödel wie 6. Jänner.
Knackwurst, Menge nach Belieben, kochen.

Schokoladenkuchen:
15 dkg Zucker
15 dkg Margarine
15 dkg erweichte Schokolade
15 dkg Mehl
3 Eier
1 Kl Backpulver
3 El Milch
5 dkg Rosinen
Zucker, Margarine und erweichte Schokolade mit den ganzen Eiern gut abtreiben, dann die Milch und das mit dem Mehl vermischte Backpulver beigeben. Rosinen auch mit etwas Mehl vermischen (dann setzen sie sich beim Backen nicht ab) und unterziehen.
Kann mit Marmelade gefüllt werden oder nur angezuckert.

22. März, Donnerstag:

HAFERSCHLEIMSUPPE
SCHWEINSBRÜSTEL MIT GEKOCHTEM KRAUT UND KARTOFFELN
ZITRONENSOUFFLÉ

Haferschleimsuppe:
10 dkg Haferflocken in Brüstlsuppe einkochen, ganz weich verkochen, salzen, pfeffern, pürieren und mit Schnittlauch anrichten.

Schweinsbrüstel:
1 kg Schweinsbrüstel in leicht gesalzenem Wasser halbweich kochen, dann 4 große, in Würfel geschnittene Kartoffeln beigeben, fertig kochen. Das Fleisch in Scheiben geschnitten servieren.

Weißkraut:
Ein mittleres Kraut feinnudelig schneiden, in Wasser mit Salz und Kümmel weichkochen. Eine Einbrenn von 1 Eßlöffel Schmalz und 2 Eßlöffeln Mehl machen, mit wenig Krautwasser aufgießen. Kraut dazugeben, gut durchkochen und mit einem Spritzer Essig abschmecken.

Zitronensoufflé:
10 dkg Zucker
8 dkg Mehl
4 dkg Butter
1/4 l Milch
4 Eier
Vanillin, Saft und Schale 1 Zitrone

Milch, Butter und halbe Zuckermenge aufkochen, mittels Schneebesen Mehl einrühren und solange bearbeiten, bis sich die Masse vom Geschirr löst. In die noch heiße Masse die Dotter einrühren und erst nach vollständigem Erkalten den Schnee unterziehen. Vanillin und Zitrone unterziehen. In den Schnee wird die zweite Zuckerhälfte eingeschlagen.

Die Masse in eine mit Butter und Kristallzucker ausgestaubte Auflaufschale dreiviertelhoch einfüllen und bei mittlerer Hitze (mehr Oberhitze) und nicht ganz geschlossenem Rohr ca. 15 Minuten backen. Das Soufflé soll nicht ganz durchgebacken sein, sondern innen noch etwas cremig bleiben.

23. März, Freitag:

FISCHBEUSCHELSUPPE
GEBRATENE SCHOLLE MIT GEMÜSEMAYONNAISE
RAHMDALKEN

Fischbeuschelsuppe:
1 Karpfenbeuschel
25 dkg Karpfenkopf
1 Karpfenrogner
3 El Butter
1 El Grieß
Suppengrünes, 1 Lorbeerblatt, 1 kleine Zwiebel

Beuschel, Kopf und Rogner in 1 Liter Wasser mit Salz, Pfeffer, 1 Stückchen Zitrone mit Schale und 1 Lorbeerblatt weichkochen. Abseihen, Fisch entgräten und in kleine Stückchen schneiden. Zwiebel und Grieß in der Butter anrösten, mit dem Sud aufgießen, Fischstückchen beigeben und mit Essig abschmecken.

Gebratene Scholle:
Schollenfilet
salzen, mit Zitrone beträufeln, beiderseits bemehlen und in Butter braten.

Gemüsemayonnaise:
25 dkg Erbsen
25 dkg Karotten
2 mittelgroße Kartoffeln

Karotten und Kartoffeln kleinwürfelig schneiden und mit den Erbsen in leichtem Salzwasser kernweich kochen. Auskühlen lassen und mit Mayonnaise (s. 11. März) gut vermischen.

Rahmdalken:
10 dkg Mehl
2 Eier
1/8 l Sauerrahm
1 Prise Salz

Mehl, Rahm, Dotter und Salz mit dem Schneebesen gut verrühren, den steif geschlagenen Schnee daruntergeben. In einer Dalken- oder Spiegeleipfanne Butter erhitzen, nicht braun werden lassen. Mulden mit Rahmteig füllen. Wenn die Dalken unten Farbe haben, wenden und fertigbacken. Immer zwei Stück mit Marillenmarmelade zusammensetzen und mit Zucker bestreut servieren.

24. März, Samstag:

LEBERPÜREE-SPUPPE
SAUERBRATEN
TOPFENPALATSCHINKEN

Leberpüreesuppe:
15 dkg geschabte Rindsleber und etwas Milz (damit die Farbe schöner ist) in den Mixer geben, Salz, Pfeffer, Majoran, 1 Eßlöffel Mehl und 1 kleine Zwiebel dazunehmen und gut durchmixen. Dann mit 1/2 Liter Wasser aufgießen und nochmals mixen, in einen Topf geben, nach Wunsch mit Wasser verdünnen und gut durchkochen. Geröstete Semmelbröckerl dazu.

Sauerbraten:
1 kg Rindfleisch (Beiried)
10 dkg Margarine
50 dkg Wurzelwerk
Zwiebel, Majoran, Pfeffer, Lorbeerblatt, Essig
Fleisch salzen und beiderseits leicht mit Senf einstreichen, im Fett anbraten, dann herausnehmen und im gleichen Fett das kleingeschnittene Wurzelgemüse anrösten. Fleisch wieder hineingeben, mit Wasser bedecken. 2 Eßlöffel Essig, 1 Lorbeerblatt und Majoran beifügen, weichdünsten. Das Fleisch herausnehmen, Saft mit 1 Eßlöffel Mehl stauben, aufkochen, passieren und über das in Scheiben geschnittene Fleisch geben. Nudeln dazu reichen.

Topfenpalatschinken:
Palatschinkenteig:
1/4 l Milch
2 Eier
12 dkg Mehl
Palatschinken etwas dicker herausbacken.
Fülle: 30 dkg Topfen
3 Dotter
3 El Zucker
1 El zerlassene Butter
1/8 l Rahm 5 dkg Rosinen, Vanillin, Zitronenschale
Dotter und Zucker miteinander abtreiben, alles andere beifügen, gut durchmischen, Palatschinken damit füllen. In eine gebutterte, feuerfeste Form legen und mit Dottermilch (2 Dotter mit 1/4 l Milch versprudelt) übergießen. Solange im Rohr backen, bis die Dottermilch ganz gestockt und leicht braun ist.

25. März, Sonntag:

MARKSCHEIBENSUPPE
NIERENBRATEN MIT REIS UND SALAT
LINZERTORTE

Markscheibensuppe:
Das rohe Rindermark enthäuten und in Scheiben schneiden, diese in die kochende Suppe einlegen und kurz ziehen lassen.

Nierenbraten:
1 kg Kalbsnierenbraten (es soll möglichst eine Niere dabeisein) salzen, pfeffern und in Butter rundum anbraten. Dann mit Wasser aufgießen und im Rohr erst in einer gedeckten Pfanne, dann offen braten. Öfters begießen.

Linzertorte:
15 dkg Mehl
15 dkg Butter
15 dkg Zucker
4 Dotter
12 dkg mit der Schale geriebene Mandeln
Zitronenschale, Zimt, Neugewürz
Mehl, Butter und Zucker abbröseln, Dotter, Mandeln und Gewürze dazugeben, einen geschmeidigen Teig kneten. 2/3 davon in eine Tortenform legen, und zwar so, daß ein kleiner Rand entsteht. Nun aus dem restlichen Teig dünne Würstel rollen und als Gitter auf die Torte legen.
Die Torte soll mindestens 1 – 2 Tage vor dem Genuß bereitet werden. Vor dem Essen wird in die durch das Gitter entstandenen Vierecke Ribiselmarmelade gegeben.

26. März, Montag:

SCHWAMMERLSUPPE
AUGSBURGER MIT
KARTOFFELSCHMARREN,
SENFGURKEN
GRIESSAUFLAUF

Schwammerlsuppe:
1 Eßlöffel getrocknete Herrenpilze zerreiben und zwei Stunden in Wasser einweichen. 15 dkg Champignons feinblättrig schneiden, in 1 Eßlöffel Butter anlaufen lassen, mit 1 Eßlöffel Mehl stauben, etwas anbräunen und mit dem Schwammerlsud aufgießen. Salzen, gewünschte Wassermenge beigeben und gut durchkochen. Vom Feuer nehmen und mit 2 Eßlöffeln Rahm verfeinern.

Augsburger:
Vier Augsburger der Länge nach durchschneiden, die runde Seite kreuzweise leicht einschneiden, in Mehl tauchen und beiderseits in wenig Margarine kurz braten.
Kartoffelschmarren s. 8. März.
Senfgurken: Siehe "Einkochen".

Grießauflauf:
1/4 und 1/8 l Milch
10 dkg Grieß
5 dkg Zucker
5 dkg Rosinen
3 Eier
Zitronenschale, Vanillin
5 dkg Butter
Milch, Butter und etwas Salz zum Kochen bringen und unter ständigem Rühren den Grieß einlaufen lassen, auf kleiner Flamme weiterkochen, rühren, bis dick, dann erkalten lassen. Dotter mit Zucker schaumig rühren, mit der Grießmasse vermengen und den festgeschlagenen Schnee unterziehen. In eine feuerfeste, gebutterte, gebröselte Form 3/4 hoch einfüllen, bei mittlerer Hitze anbacken. Dann eine halbe Stunde bei 150° mehr ausdünsten lassen, zuletzt etwas Oberhitze geben, damit der Auflauf etwas Farbe bekommt. Himbeersaft dazugeben.

27. März, Dienstag:

RISI-PISI-SUPPE
SCHWEINSGULASCH MIT NOCKERL
SCHNEENOCKERL IN
SCHOKOLADENSAUCE

Risi-Pisi-Suppe:
Vom Sonntag übriggebliebenen Reis in Suppe (Würfel) aufkochen, junge grüne Erbsen dazugeben, salzen, gut durchkochen. Vom Feuer nehmen, 1 Teelöffel Butter hineingeben und mit Parmesan bestreut servieren.

Schweinsgulasch mit Nockerl:
60 dkg Schweinsschulter würfelig schneiden, salzen und mit Knoblauch und Majoran einreiben.
3 große Zwiebeln (sollen im Gewicht ungefähr dem Fleisch entsprechen) kleinschneiden und gut anrösten. Das Fleisch hineingeben, gut durchrösten und knapp vor dem Aufgießen erst den Paprika dazugeben, wird sonst bitter. Will man das Gulasch scharf haben, gibt man etwas Chili dazu. Das Fleisch weichdünsten, dann das Gulasch mit einem Teigerl (= 1 Eßlöffel Mehl mit wenig Wasser glatt verrührt) andicken.
Nockerl siehe 1. Jänner.

Schneenockerl:
15 dkg Zucker
4 Eiklar
1 l Milch
Die Eiklar halbfest schlagen, dann mit dem Zucker fertig schlagen, bis der Schnee schnittfest ist.
Milch zum Kochen bringen, die Flamme ganz klein stellen und nun mit einem großen Löffel Nockerl in die Milch einlegen, 2 Minuten ziehen lassen, dann wenden und nochmals ganz langsam köcheln lassen. Vorsichtig herausnehmen, auf einen Teller legen und mit der Schokoladensauce übergießen.

Schokoladensauce:
2 Dotter mit 10 dkg Zucker schaumig rühren, mit der restlichen Kochmilch aufgießen und auf kleiner Flamme dicklich schlagen, soll nicht kochen.

28. März, Mittwoch:

SPINATOMELETTE
MILCHRAHMSTRUDEL

Spinatomelette:
Omelette wie am 4. Februar.
Fülle:
1/2 kg Blattspinat in Butter weichdünsten und damit füllen.

Milchrahmstrudel:
Strudelteig wie am 17. Februar.
Fülle:
6 Semmeln
15 dkg Butter
15 dkg Zucker
6 Eier
1/8 l Milch
1/4 l Sauerrahm
2 dkg Semmelbrösel, Vanillin, Zitronenschale
Butter weichmachen und mit der halben Zuckermenge abrühren, Dotter nach und nach zugeben. Dann die in der Milch aufgeweichten Semmeln, den Sauerrahm, Rosinen und Semmelbrösel dazugeben. Eiklar mit dem restlichen Zucker steifschlagen und leicht unterziehen. Den ausgezogenen Strudelteig damit bestreichen, einrollen, in eine Pfanne legen und mit der halben Eiermilch begießen.
Eiermilch:
15 dkg Zucker
2 ganze Eier
1 l Milch
Alles fest versprudeln, bei mittlerer Hitze backen und nach der halben Backzeit - ca. 20 Minuten - die restliche Eiermilch darübergießen und fertigbacken.

29. März, Donnerstag:

VERFEINERTE EINMACHSUPPE
RAHMFLEISCH MIT NUDELN
GEMISCHTES KOMPOTT

Verfeinerte Einmachsuppe:
Von 1 Eßlöffel Butter und 1 Eßlöffel Mehl eine helle Einmach machen, mit Wasser aufgießen, salzen, Petersilie zugeben, etwas Tapioka einkochen und vor dem Servieren 1 Dotter mit 1/8 Liter Milch versprudeln und einrühren.

Rahmfleisch:
1 kg Rindslungenbraten salzen und pfeffern, in 5 dkg Selchspeck und 1 Eßlöffel Butter überall anbraten, 1 Kaffeelöffel zerhackte Kaperl dazugeben und mit wenig Wasser aufgießen. Beim Braten öfter wenden und begießen, wenn weich, Fleisch herausnehmen und den Saft mit 4 Eßlöffeln Rahm, den man mit 1 Eßlöffel Mehl gut verrührt hat, andicken. Das Fleisch in Scheiben geschnitten wieder hineingeben.
Gemischtes Kompott siehe "Einkochen".

30. März, Freitag:

KOHLSPROSSEN MIT BRÖSEL
ERDÄPFELNUDELN MIT MOHN

Kohlsprossen:
1 kg Kohlsprossen gut putzen und waschen, in wenig leichtem Salzwasser weichkochen. Abseihen, in Butter schwenken und in Butter angeröstete Semmelbrösel dazugeben.

Erdäpfelnudeln mit Mohn:
Erdäpfelteig siehe 13. März.
Teig zu ca. 2 cm starken Rollen formen, davon 1 cm starke Stücke schneiden. In der bemehlten Hand Nudeln wuzeln und in kochendes Salzwasser geben. Wenn die Nudeln alle nach oben gestiegen sind, abseihen und mit kaltem Wasser abspülen und in reichlich hellbrauner Butter schwenken. Mohn mit Zucker vermischt darübergeben. Man kann auch noch extra braune Butter dazureichen.

31. März, Samstag:

SARMA
SCHOKOLADENKOCH MIT VANILLESAUCE

Sarma:
50 dkg Faschiertes
1 Tasse Reis
2 Eier, 2 Dotter
1 Zwiebel
5 dkg Speck
1/8 l Rahm
Speck kleinschneiden und mit der Zwiebel rösten. Faschiertes gewürzt mit Salz, Pfeffer, Knoblauch, Bohnenkraut hineingeben, ebenso den Reis. Nun mit Wasser aufgießen und weichdünsten. Jetzt 2 Eier beigeben.
Ein mariniertes Krauthäuptl kaufen, in einer gefetteten Auflaufform nun abwechselnd Krautblätter und Fleisch schichten (den Abschluß soll ein Krautblatt bilden) und mit versprudeltem Dotter-Rahm übergießen. Im Rohr ca. eine halbe Stunde bei 250° überbacken.

Schokoladenkoch:
12 dkg Zucker
10 dkg geriebene Schokolade
4 dkg Semmelbrösel
4 dkg Mehl
6 Eier
Dotter mit der halben Zuckermenge schaumig rühren, Eiklar mit dem restlichen Zucker zu festem Schnee schlagen. Schnee in Dottermasse einrühren und dann löffelweise das Gemisch aus Brösel, Mehl und Schokolade beigeben. In gefetteter, gestaubter Pfanne ca. zweifingerdick aufstreichen und ca. 35 Minuten backen. Noch warm in der Pfanne in Portionen schneiden, auf Dessertteller anrichten und rundum Vanillecreme geben.

Vanillecreme:
10 dkg Zucker
1 Ei, 2 Dotter
3 dkg Maizena
1/2 l Milch
2 Vanillin
1/8 Liter Milch, Ei und Dotter versprudeln, Mehl und die Hälfte vom Zucker mischen und alles verrühren. Den restlichen Zucker und das Vanillin in 3/8 Liter Milch aufkochen, über das Gemisch schütten und gut durchschlagen.

1. April, Sonntag:

NÜRNBERGERSCHNITZEL MIT RISIPISI UND SALAT
TOPFENTORTE

Nürnbergerschnitzel:
4 Stück Schweinsschnitzel, pro Stück ca. 15 dkg, auf einer Seite wie Wienerschnitzel panieren, die andere Seite nur salzen und bemehlen. Nun in einer Pfanne genügend Öl zum Herausbacken erhitzen, Schnitzel mit der panierten Seite einlegen; inzwischen in einer zweiten Pfanne Butter erwärmen, und wenn das Schnitzel mit der Panier fertig ist, dieses mit der bemehlten Seite in der Butter braten. Wenn das Fleisch gar ist, herausnehmen und Rückstand etwas aufgießen, damit ein Natursaft entsteht.

Risipisi:
Drei Schalen Reis nach Angabe halbweich dünsten, dann 40 dkg tiefgefrorene Erbsen beigeben und fertigdünsten. Mit 1 Eßlöffel Butter verbessern.
Beliebigen grünen Salat dazugeben.

Topfentorte:
Boden aus Biskuit:
6 Eier
20 dkg Zucker
20 dkg Mehl
Zitronenschale
Die Eier mit Zucker gut abrühren, Mehl und Zitronenschale beigeben und in einer größeren Tortenform backen. Auskühlen lassen, von der Form lösen und dann wieder hineingeben und nun die Topfenfülle daraufgeben.
Topfenfülle:
25 dkg feinen Topfen
10 dkg Zucker
4 Dotter
1/2 l Schlagobers
Vanillin, Zitronenschale, 2 Tl gemahlene Gelatine
Zucker mit Dottern abtreiben. Vanillin, Zitronenschale und Obers halbfertig schlagen, dann die Gelatine zugeben und festschlagen. In die Dottermasse zuerst den Topfen geben und dann das Schlagobers unterziehen, nun auf den Tortenboden geben und erstarren lassen.

2. April, Montag:

KARFIOL MIT BRÖSEL
POWIDELTASCHERL

Karfiol mit Brösel:
Eine große Rose Karfiol von den grünen Blättern befreien, mit dem Kopf nach unten in leicht gesalzenes Wasser legen und kernweich kochen. Dann das Wasser abgießen und zugedeckt noch etwas stehenlassen. Inzwischen 10 dkg Semmelbrösel in Margarine hellbraun rösten, vor dem Anrichten über den Karfiol geben und mit brauner Butter übergießen.

Powideltascherl:
Wie Topfentascherl (13. März), nur mit Powidel füllen und mit Zucker und Mohn bestreuen, braune Butter darüber.

3. April, Dienstag:

SPINATAUFLAUF
KAFFEE-PUDDING

Spinatauflauf:
3/4 kg Blattspinat, kurz überbrüht
1/2 kg Kartoffeln, halbweich gekocht
3 Eier
1/4 l Rahm
Parmesan
In einer gefetteten Auflaufform schichtenweise den Blattspinat und die in Scheiben geschnittenen Kartoffeln geben, beides leicht pfeffern und salzen. Dann die Eier mit Rahm versprudeln und 2/3 davon über die Masse geben. Wenn bald fertig, ca. nach 45 Minuten, den restlichen Eierrahm mit 2 Eßlöffeln Parmesan versprudeln, darübergeben und fertigbacken.

Kaffeepudding:
3 Eier
5 dkg Mehl
3 dkg Butter
3 dkg Zucker
1/8 l Milch
Salz
Milch, Butter und Salz aufkochen, das gesiebte Mehl einkochen, so lange bearbeiten, bis sich die Masse vom Rand löst. Während dieses Vorgangs 1 kleine Tasse sehr starken Bohnenkaffee einrühren. Vom Feuer nehmen und sofort die Dotter nach und nach einrühren. Dann den Zucker mit dem Schnee schlagen und unterziehen. Puddingform mit Butter gut fetten und mit Staubzucker stauben, 3/4 hoch füllen und im Wasserbad ca. eine halbe Stunde kochen. Stürzen, noch warm mit Kaffeecreme übergießen und gleich stürzen.
Kaffeecreme:
12 dkg Zucker
1 Ei, 2 Dotter
3/8 l Milch
1/8 l schwarzer Kaffee
Kaffee, Ei, Dotter und die halbe Zuckermenge glatt verrühren, die Milch mit dem Zucker aufkochen. Die Kaffeemasse unter ständigem Rühren einschlagen, bis dicklich; soll nicht kochen. Die Creme im kalten Wasser etwas überkühlen und über den Pudding geben.

4. April, Mittwoch:

SCHWEINSRIPPERL PIKANT MIT KARTOFFELN
PREISELBEERDESSERT

Schweinsripperl:
1 kg Schweinsripperl (sollen möglichst dick sein) in einzelne Rippen schneiden, beiderseits anbraten, dann in den Römertopf geben und mit folgender Sauce übergießen:
1 1/2 Tassen Ketchup (wenn scharf gewünscht, dann "hot")
1/4 Tasse Soyasauce
1/4 Tasse Zitronensaft
2 mittlere Zwiebeln
3 – 4 Knoblauchzehen
1 Tl Tabasco
2 El Rohzucker
Nun alles zusammen ungefähr 90 Minuten im Rohr bei zugedecktem Topf fertiggaren. Gekochte, geschälte Kartoffeln dazugeben.

Preiselbeerschnitten:
30 dkg Mehl
20 dkg Margarine
10 dkg Staubzucker
12 dkg Haselnüsse
2 ganze Eier
Zimt, Gewürznelken, Zitronenschale
Mehl, Margarine, Zucker, Eier und 6 dkg feingeriebene Haselnüsse am Brett zu einem glatten Teig verarbeiten, dann gut messerrückendick ausrollen und den halben Teig in eine Pfanne legen, Rand etwas erhöhen. Dick Preiselbeermarmelade daraufstreichen, den zweiten Teigteil darübergeben, mit einer Gabel öfters einstechen, mit Ei bestreichen und mit den restlichen grobgehackten Haselnüssen bestreuen. Backzeit 20 – 30 Minuten bei 200°.

5. April, Donnerstag:

KARTOFFELROULADE
TOPFEN-JOGHURTCREME

Kartoffelroulade:
60 dkg kalte, gekochte Kartoffeln
20 dkg Mehl
3 Eier, Salz
Kartoffeln fein reiben, mit Mehl, Eiern und Salz zu einem glatten Teig verarbeiten, fingerdick ausrollen. Mit einer feingeschnittenen und gerösteten Zwiebel sowie 30 dkg gehacktem Selchfleisch belegen, einrollen und in einer Serviette gebunden in leichtem Salzwasser kochen. Mit gerösteten Bröseln bestreut servieren.

Topfen-Joghurtcreme:
2 Becher Joghurt
1/4 kg Topfen
2 El Zucker
2 Tl gemahlene Gelatine
Alles gut vermischen und in Schalen servieren. In diese gibt man auf dem Boden 1 Eßlöffel Fruchtjam nach Wahl.

6. April, Freitag:

FISCH-KARTOFFELSTERZ
BISKUITNOCKERL
(SALZBURGERNOCKERL)

Fisch-Kartoffelsterz:

60 dkg Kartoffeln
60 dkg Kabeljaufilet
1 große Zwiebel
Margarine zum Anrösten

Zwiebel fein schneiden, Kartoffeln roh und fein gerissen dazugeben. Wenn leicht angebräunt, mit ganz wenig Wasser aufgießen, braten, bis das Wasser weg ist, dann den sehr klein geschnittenen Fisch dazugeben. Auf starker Flamme bei ständigem Umrühren garen, soll knusprig sein.

Biskuitnockerl:

Biskuitmasse:
3 Eier
2 El Zucker
2 El Mehl
5 dkg Butter
Vanillin

Eier und Zucker schaumig rühren, zerlassene, überkühlte Butter und das Mehl dazugeben.

In einer feuerfesten Form nun 1/8 Liter Milch, 1 Vanillin und 1 Eßlöffel Butter zergehen lassen, Biskuitmasse vorsichtig daraufgeben, ins heiße Backrohr stellen und ungefähr 15 Minuten backen. Heiß servieren, Nockerl werden bei Tisch aus der Schüssel gestochen.

7. April, Samstag:

BRUCKFLEISCH
FRUCHTOMELETTE

Bruckfleisch:

1 kg Bruckfleisch (bekommt man beim Fleischhauer unter diesem Namen, es besteht aus Herz, Leber, Milz, Kronfleisch, Bries und Herzröhren (Lichtl)). Man schneidet alles in kleine Streifen, röstet etwas gehackte Zwiebel, löscht mit etwas Essig und gibt nun Herz, Lichtl und Kronfleisch hinein, würzt mit Salz, Pfeffer, Thymian, Majoran und 1 Lorbeerblatt, gießt mit etwas Wasser auf und läßt alles zugedeckt ca. eine Stunde dünsten. Erst jetzt gibt man das andere Fleisch bei und auch angeröstetes Wurzelwerk (3 Eßlöffel). Wenn nötig, noch etwas Wasser zugeben und fertigdünsten. Gegen Schluß gibt man etwas Rotwein dazu.

Fruchtomelette:

Pro Portion:
2 Eier
1 Kl Milch
1 Kl Mehl
1 Spritzer Sodawasser

Gut versprudeln, nun mischt man kleingeschnittenes, abgetropftes Kompottobst (sehr gut sind Schnapsweichseln) darunter und bäckt wie normales Omelette.

8. April, Sonntag:

HUHN IN ROTWEIN
SCHOKOLADENCREMETORTE

Huhn in Rotwein:

Huhn waschen und vierteln, salzen und pfeffern, in Butter rundum anbraten. Mit Rotwein aufgießen und weichdünsten, Huhn herausnehmen. In den Bratenrückstand Crème fraiche, mit 1 Dotter verrührt, eingießen, kurz aufkochen und über das Huhn geben. Man reicht Stangenweißbrot dazu.

Schokoladencremetorte:

15 dkg Schokolade
14 dkg Zucker, 1 Vanillin
14 dkg Margarine
17 dkg geriebene Nüsse
7 dkg Brösel
5 Eier
1 Schuß Rum
1/2 Backpulver

Erweichte Schokolade mit Margarine, Zucker und Dotter gut abrühren. Nüsse, Brösel und Backpulver gemischt daruntergeben, den Rum und den fest geschlagenen Schnee vorsichtig darunterziehen.

Creme:

14 dkg Kristallzucker mit 2 Eiklar über Dunst dicklich schlagen, auskühlen lassen. 10 dkg Kochschokolade erweichen, mit der Butter gut abtreiben und löffelweise die Zuckermasse beigeben. Torte mit einem Teil davon füllen, den Rest zum Überziehen verwenden. Außen mit geriebenen Nüssen bestreuen.

9. April, Montag:

KAISERFLEISCH MIT SAUERKRAUT UND KRÄUTERKNÖDEL
APFELCHARLOTTE

Kaiserfleisch:
3/4 kg Kaiserfleisch weichkochen (wenn stark geselcht, eventuell erstes Kochwasser abgießen und frisch zustellen). In Scheiben geschnitten mit etwas Suppe servieren.

Sauerkraut:
1/2 kg Sauerkraut mit wenig Wasser zusetzen (man kann etwas von der Selchsuppe dazu nehmen) und weichkochen.
Kräuterknödel werden wie Semmelknödel (6. Jänner) gemacht, man mischt nur von den im Garten schon vorhandenen Kräutern (Petersilie, Maggikraut, Schnittlauch) etwas zu.

Apfelcharlotte:
In einer Auflaufform werden Boden und Seiten mit Weißbrot belegt. Die Form muß vorher gut gebuttert werden, dann kommt folgende Fülle hinein:
Fülle:
1 kg Äpfel schälen, Kerngehäuse entfernen, schneiden und mit 15 dkg Zucker, 10 dkg Rosinen, Vanillin, etwas Zimt und Weißwein etwas überdünsten.
Die Form wird mit Weißbrot geschlossen. Im Rohr langsam backen, überkühlt stürzen und anzuckern.

10. April, Dienstag:

SCHWÄBISCHE BROTSUPPE
HAMMELRAGOUT MIT GEBACKENEN KARTOFFELN
BAYRISCHE KÜCHERL

Schwäbische Brotsuppe:
1 El Schweineschmalz
2 mittelgroße Kartoffeln
1 mittelgroße Zwiebel, 1 Kl Petersilie
2 Scheiben Brot
2 Scheiben Speck
1 l Würfelsuppe
In 1 Eßlöffel Schweineschmalz die kleingeschnittene Zwiebel und die würfelig geschnittene Kartoffel anrösten, die feingewiegte Petersilie und das auf dem Speck angeröstete Brot dazugeben, mit der Würfelsuppe aufgießen und so lange kochen, bis die Kartoffeln weich sind.

Hammelragout:
80 dkg Hammelfleisch, Brust oder Vorderes
1 El Margarine
2 El Mehl
3 El Tomatenmark
Knoblauch
Fleisch salzen und pfeffern, in der Margarine anrösten, mit dem Mehl stauben und noch etwas weiterrösten. Knoblauch nach Geschmack und Tomatenmark beigeben, mit so viel Wasser aufgießen, daß das Fleisch bedeckt ist, und weichdünsten.

Gebackene Kartoffeln:
1 kg speckige Kartoffeln
1 El Margarine
Kartoffeln schälen und in große Würfel schneiden, salzen. In der Margarine anbraten, dann im Rohr bei ca. 200° fertigbacken (dauert ca. eine halbe Stunde, je nach Würfelgröße).

Bayrische Kücherl:
50 dkg Mehl
10 dkg Margarine
5 dkg Zucker
4 dkg Germ
1/4 l Milch
1 Ei
2 Dotter
1 El Rum
Salz, Zitronenschale, Vanillezucker
Die Milch mit dem Zucker leicht erwärmen, dann Germ hineinbröseln und gehen lassen (= Dampfel). Das Mehl in einer Schüssel vorwärmen, salzen, das Dampfel hineingeben, Ei, Dotter, die zerlassene Margarine, Rum, Zitronenschale und Vanillezucker beifügen. Gut abschlagen und mit einem Tuch bedeckt an einem warmen Ort ca. eine Stunde gehen lassen. Dann den Teig, der fest und glatt sein soll, auf einem bemehlten Brett fingerdick ausrollen, runde Scheiben ausstechen (Durchmesser ca. 7 cm), nochmals gehen lassen. Dann mit dem Daumen in der Mitte eine Grube machen und mit dieser Seite in das Backfett (Öl, Ceres oder Schmalz) geben. Das Fett hat die richtige Hitze, wenn ein kalter Wassertropfen darin aufzischt. Die Küchlein müssen schwimmen, wenn auf einer Seite hellbraun, dann wenden und fer-

tigbacken. In die Grube nach dem Herausnehmen Marillenmarmelade geben, anzuckern und servieren. Können warm und kalt gegessen werden.

11. April, Mittwoch:

MAILÄNDERSUPPE
KARTOFFELAUFLAUF MIT GRÜNEM SALAT
RUMOBST MIT SCHLAGOBERS

Mailändersuppe:

4 El Weizengrieß
3 El geriebener Parmesan
1 Ei
Salz und 1 Suppenwürfel

Die Zutaten mit kaltem Wasser zu einer dickflüssigen Konsistenz vermengen, mit der Schneerute in 1 Liter kochende Würfelsuppe einrühren, ca. 7 Minuten kochen lassen und anrichten.

Kartoffelauflauf:

1 kg Kartoffeln
1/2 kg Faschiertes
1 Zwiebel
1 El Margarine
2 El Parmesan
1 Becher Sauerrahm
3 Eier
etwas Tomatenmark

Kartoffeln halbweich kochen, schälen und in stärkere Scheiben schneiden. Zwiebel anrösten, Faschiertes mit Salz, Pfeffer und Majoran würzen und etwas anrösten, dann mit ganz wenig Wasser und Tomatenmark nach Geschmack (meistens genügen 2 Eßlöffel) ca. 10 Minuten dünsten. Nun in einer gefetteten Auflaufform abwechselnd eine Schichte Kartoffeln und eine Schichte Faschiertes einlegen. Den Rahm mit den Eiern und dem Parmesan versprudeln, wenn zu dick, etwas Milch beifügen, immer die Kartoffelschichte damit übergießen. Den Abschluß bildet eine Kartoffelschichte. Dazu frischer grüner Salat.

Rumobst mit Schlagobers:

Rumobst: Siehe "Einkochen".

Mit Schlagobers verzieren, eventuell Biskotten dazugeben.

12. April, Donnerstag:

BOHNENPÜREE-SUPPE
SPEZIALGULASCH
BIENENSTICH

Bohnenpüree-Suppe:

25 dkg weiße, am Tag vorher eingeweichte Bohnen, weichkochen (Wasser nicht salzen, das würde die Kochzeit verlängern), dann passieren. Jetzt salzen und pfeffern und mit 1/8 Liter Obers verfeinern. Vor dem Servieren etwas auf Speck geröstete Zwiebel dazugeben.

Spezialgulasch:

60 dkg Rindfleisch, Wadschinken oder Hinteres
50 dkg Zwiebel
2 El Margarine
2 El Edelsüßpaprika
2 Paar Würstchen
4 Eier
4 Gurkerl

Die Zwiebel feinblättrig schneiden und im Fett hellgelb anrösten, dann das gesalzene, würfelig geschnittene Fleisch etwas mitrösten, jetzt den Paprika dazugeben und sofort mit Wasser aufgießen (wenn man den Paprika mitröstet, wird er bitter). Weichdünsten, dauert ca. 2 – 3 Stunden, wenn nicht im Schnellkochtopf gemacht. Nun nimmt man das Fleisch heraus, passiert den Saft (falls er zu dünn ist, kann man mit einer feingeriebenen Kartoffel andicken) und mischt wieder alles zusammen. Angerichtet wird das Spezialgulasch mit einem gegrillten Würstchen, Gurkerl, einem Spiegelei und Kartoffeln. Die Würstchen schneidet man vor dem Grillen der Länge nach bis zur Mitte zweimal ein, dann springen sie schön auf.

Bienenstich:

Ölkuchenteig als Boden:
14 dkg Mehl
12 dkg Zucker
5 dkg Öl
2 Eier
2 El Wasser
1/2 Backpulver
1 Vanillin, Zitronenschale

12 dkg Zucker mit den Eiern schaumig rühren und das Öl, vermischt mit dem

Wasser, langsam beigeben. Wenn die Masse dick ist, das mit Backpulver vermischte Mehl darunterziehen, auf einem gefetteten, gestaubten Blech kurz vorbacken und dann die Honigmasse aufstreichen.

Honigmasse:
10 dkg Butter
10 dkg Zucker
8 dkg geschälte, geriebene Mandeln
8 dkg Honig
1/8 l Milch
Alle Zutaten unter ständigem Rühren langsam zum Kochen bringen, bis die Masse hellbraun ist. Nach kurzem Überkühlen auf die vorgebackene Kuchenmasse streichen und fertigbacken. In Schnitten anrichten.

13. April, Freitag:

EINBRENNSUPPE
GERMKNÖDEL

Einbrennsuppe:
1 El Schmalz
3 El Mehl
1 Ei
1 Kl ganzer Kümmel
Salz
Das Mehl im Schmalz kräftig bräunen, mit 3/4 Liter kaltem Wasser aufgießen, salzen, Kümmel, feingehackt, dazugeben und 15 Minuten gut durchkochen. Kurz vor dem Servieren das versprudelte Ei einrühren.

Germknödel:
30 dkg Mehl
4 dkg Germ
5 dkg Margarine
2 Eier
1/8 l Milch
Salz, Zitronenschale, Mohn, Zucker, Powidel
Mehl auf ein Brett sieben, in der Mitte eine Mulde machen, da hinein die Germ bröseln, lauwarme Milch, Margarine, Salz und abgeriebene Zitronenschale dazugeben. Mit den Eiern dann zu einem glatten Teig verarbeiten, eine Kugel formen und zugedeckt ca. eine Stunde gehen lassen. Nun den Teig in 8 – 10 Stücke schneiden (je nach gewünschter Knödelgröße), etwas flachdrücken und in die Mitte 1 Kaffeelöffel Powidel geben, den Teig darüber zusammendrücken und Knödel formen. Diese werden nun mit der Nahtstelle nach unten in größeren Abständen aufs bemehlte Brett gelegt, mit einem Tuch bedeckt und so lange gehen lassen, bis sie um die Hälfte ihrer Größe gewachsen sind. Nun die Knödel in leicht gesalzenes, schwach kochendes Wasser so einlegen, daß die Oberseite zuerst ins Wasser kommt. Nicht ganz zudecken, 6 – 8 Minuten kochen lassen, dann umdrehen (es genügt meistens ein Stupfer mit dem Kochlöffel), nochmals gut 5 Minuten langsam kochen. Jetzt die Knödel mit einem Schaumlöffel herausnehmen, nicht abspülen, auf eine Platte legen, dicht mit einem Mohn-Zucker-Gemisch bestreuen und leicht gebräunte Butter darübergeben.

14. April, Samstag:

KOHLSUPPE
GEBACKENER KALBSKOPF MIT KALTER SCHNITTLAUCHSAUCE
PUNSCHSCHNITTEN

Kohlsuppe:
1 kleinerer Kohlkopf
1 Eidotter
10 dkg Reis
2 dlg Butter
2 El Milch
1 Suppenwürfel
Den Kohlkopf putzen, in Viertel schneiden und in leicht gesalzenem Wasser weichkochen, abseihen, passieren und zur Seite stellen. Den Kohlsud auf 1 Liter Flüssigkeit auffüllen, Suppenwürfel beigeben und den Reis darin weichkochen. Nun gibt man den Kohl wieder dazu, würzt mit etwas Pfeffer und Knoblauch und kocht alles gut durch. In einem Suppentopf rührt man Butter und Eidotter mit der Milch gut ab, gießt die heiße Suppe darüber und serviert.

Gebackener Kalbskopf:
1/2 Kalbskopf
Wurzelwerk
Den Kalbskopf gut waschen, überbrühen, mit kaltem, leicht gesalzenem Wasser und dem Wurzelwerk zustellen und weichko-

chen; das Fleisch muß leicht vom Knochen gehen. Das ausgelöste Fleisch in eine Porzellanschüssel geben, zudecken, beschweren und kaltstellen. Am nächsten Tag in Scheiben schneiden und wie Schnitzel bearbeiten.

Kalte Schnittlauchsauce:

2 Eidotter
1/8 l Öl
2 El Joghurt
Salz, Pfeffer
2 El Schnittlauch

Die Eidotter salzen, pfeffern, abrühren und tropfenweise das Öl dazugeben, so lange rühren, bis die Masse dick ist. Wenn die Eidotter groß sind, noch etwas Öl zugeben. Jetzt mit dem Kochlöffel Joghurt und feingeschnittenen Schnittlauch unterziehen. Soll vor dem Servieren etwas stehen.

Punschschnitten:

Biskuitmasse:
12 dkg Zucker
15 dkg Mehl
6 Eier
Zitronenschale, Vanillin

Eidotter mit dem Zucker rühren, bis dicklich, Vanillin und feingeriebene Zitronenschale wird gleich mitgerührt, dann den festgeschlagenen Schnee unterziehen und zuletzt das gesiebte Mehl. In einer gefetteten, gestaubten viereckigen Form backen, bei 200° ca. 25 – 30 Minuten. Den Kuchen stürzen und auskühlen lassen, dann zweimal durchschneiden, den mittleren Teil der Masse mit Biskotten und eventuellen anderen Kuchenresten gut mit Rum durchtränken, etwas Marillenmarmelade beigeben, damit die Masse geschmeidiger wird. Diese Masse wird nun auf den unteren Kuchenboden aufgestrichen, Kuchendeckel kommt darauf und wird mit einem Brett 2 – 3 Stunden beschwert.

Fondant:
50 dkg Zucker
3/16 l Wasser
1 El Essig

Zucker und Wasser in einem fettfreien Topf mit ganz sauberem Kochlöffel verrühren, bei schwacher Flamme unter ständigem Rühren auflösen, dann den Kochlöffel herausnehmen und die Masse zugedeckt weiterkochen lassen. Nach 5 Minuten den Essig beigeben, damit sich keine Kristalle bilden. Die Zuckerlösung zugedeckt und ohne umzurühren so lange weiterkochen, bis sich keine Blasen mehr bilden. Jetzt nimmt man den Topf vom Feuer, stellt ihn in kaltes Wasser, besprengt die Oberfläche gut mit Wasser, damit sich keine Kruste bildet und kühlt bis auf lauwarm ab. Dann den Topf herausnehmen und so lange mit dem Kochlöffel kräftig durcharbeiten, bis die Mase milchig-weiß ist. Nun in ein gut verschließbares Gefäß geben und 2 – 3 Stunden stehen lassen. Nun ist der Fondant streichfähig und kann mit Rum nach Geschmack und Himbeersaft zur Färbung versetzt werden. Damit wird nun der Kuchen überzogen und in beliebige Stücke geschnitten.

Fondant kann auf Vorrat gemacht werden, muß kühl und verschlossen aufbewahrt werden.

15. April, Sonntag:

Bouillon mit Ei
Berner Rostbraten
Indianerkrapfen

Bouillon mit Ei:

1 l klare Rindsuppe
4 Eidotter

Die Rindsuppe wird stark erhitzt in Portions-Suppenschalen gefüllt und vor dem Servieren je ein Eidotter hineingegeben, Dotter soll schön ganz bleiben.

Berner Rostbraten:

4 St. Rostbraten
10 dkg Schinken
10 dkg Emmentaler
2 mittlere gekochte Kartoffeln
1 hartgekochtes Ei
1 Eidotter
Sauerrahm

Rostbraten wird weichgekocht, gesalzen und gepfeffert. Alle anderen Zutaten kleinwürfelig schneiden und mit dem Dotter und Sauerrahm geschmeidig machen, salzen und mit etwas Muskat würzen. Nun werden dic Rostbraten damit gefüllt, paketartig zusammengelegt und gebunden. In etwas Margarine anbraten, mit Wasser aufgießen. 4 Eßlöffel Sauerrahm mit 1 Eßlöffel Mehl gut verrühren und eingießen. In dieser Rahmsauce wird der Rostbraten weichgedünstet. Beilage nicht notwendig.

Indianerkrapfen:
8 dkg Zucker
7 dkg Mehl
4 dkg Kartoffelmehl
5 Eier
Die Dotter mit der Hälfte Zucker schaumig rühren, den mit der zweiten Hälfte Zucker festgeschlagenen Schnee darunterheben und das mit dem Kartoffelmehl versiebte Mehl darunterziehen. Aus dieser Masse mit dem Spritzsack (glatte Tülle) große Kuppeln auf Backpapier dressieren, sollen ungefähr 20 Stück werden. Die Kuppeln leicht mit Mehl bestäuben, man verhindert dadurch das Reißen des Teiges, und bei mäßiger Hitze ca. 20 Minuten backen.
Die gebackenen Kuppeln auskühlen lassen, vom Papier nehmen, leicht aushöhlen und mit Schlagobers füllen, der Deckel wird vorher mit Schokoladenglasur überzogen.

16. April, Montag:

KARTOFFELSUPPE MIT SCHWAMMERL
GRIESSAUFLAUF MIT HIMBEERSAFT

Kartoffelsuppe mit Schwammerl:
2 große Kartoffeln
einige getrocknete, geschnittene Herrenpilze
1 Kl Schmalz
1 El Mehl
Herrenpilze am Tag vorher in kaltem Wasser einweichen, am nächsten Tag das Einweichwasser auf 1 Liter Wasser auffüllen und die kleinwürfelig geschnittenen Kartoffeln mit den Schwammerln darin weichkochen. Aus Schmalz und Mehl eine helle Einbrenn machen, mit dem Kochsud aufgießen. Kartoffeln und Schwammerl hineingeben, salzen und noch einmal gut durchkochen.

Grießauflauf:
8 dkg Grieß
4 dkg Butter
4 dkg Zucker
3 dkg Rosinen
3 Eier
1/4 l Milch
Vanillin, Salz, Zitronenschale
Milch, Butter und Salz zum Kochen bringen und unter ständigem Rühren den Grieß einlaufen lassen, dick einkochen und vom Feuer nehmen. Die Dotter mit dem halben Zucker und dem Vanillin schaumig rühren und mit der leicht überkühlten Grießmasse vermengen. Nun die Eiklar mit dem restlichen Zucker zu festem Schnee schlagen und unterziehen. Rosinen und Zitronenschalen beigeben, gut vermischen und in eine gebutterte, leicht gebröselte Form geben, wenn die Auflaufform eher hoch ist, füllt man besser zuerst nur die Hälfte der Masse ein und bäckt diese etwas vor, gibt dann den Rest dazu und bäckt fertig, dauert ca. 45 Minuten. Noch warm in Portionen schneiden und mit Himbeersaft übergossen servieren,.

17. April, Dienstag:

LAUCHSUPPE, PÜRIERT
FASCHIERTE LABERL GEDÜNSTET MIT REIS, GRÜNER SALAT
CREPES MIT ORANGENCREME

Lauchsuppe, püriert:
1/2 kg Lauch
1 große Kartoffel
Salz, Muskat
1 schwacher El Butter
Lauch nudlig schneiden, dann gut waschen und mit der kleinwürfelig geschnittenen Kartoffel in leicht gesalzenem Wasser weichkochen. Passieren, auf 1 Liter Wasser auffüllen, Butter beigeben, mit Muskat würzen und servieren. Falls man den Lauchgeschmack nur schwach will, dann kocht man den geschnittenen Lauch erst kurz auf und gießt dieses erste Kochwasser ab, stellt dann mit frischem Wasser zu.

Faschierte, gedünstete Laberl:
1/2 kg Faschiertes
11/2 Semmeln
2 Eier
Salz, Pfeffer, Knoblauch, Zwiebel, Majoran, Thymian

Zwiebel sehr fein schneiden, Knoblauch pressen und mit den anderen Gewürzen unter das Fleisch mischen. Die eine Stunde vorher eingeweichten Semmeln gut ausdrücken und mit den Eiern und dem Faschierten zu einem Fleischteig abarbeiten. Nun formt man 4 Laberl, taucht sie beiderseits in Mehl, klopft dieses gut an, gibt sie in eine Pfanne mit heißer Margarine (Bratmargarine), brät sie auf beiden Seiten gut an, gießt mit wenig Wasser auf und dünstet weich. Während dieses Vorgangs muß öfters mit Wasser, dem man einen Suppenwürfel beigeben kann, aufgegossen werden.

Crepes mit Orangencreme:
Crepes bestehen aus einem feinen Palatschinkenteig:
15 dkg Mehl
1/4 l Milch
2 Eier
1 El Butter
Salz
Milch, Mehl und Eier gut versprudeln, dann die zerlassene, aber nicht braune Butter beigeben und nochmals gut vermengen. In einer kleinen Pfanne dünne Palatschinken in Margarine herausbacken. Auskühlen lassen, zu Starnitzel drehen und wie folgt füllen:
Orangencreme:
15 dkg Butter
8 Würfel Zucker
1 Orange
1 Dotter
Die Zuckerwürfel an einer heiß abgewaschenen Orange abreiben, in eine Tasse geben und den Saft der ausgepreßten Orange beigeben. So lange stehen lassen, bis der Zucker aufgelöst ist. Die Butter leicht erwärmen, schaumig rühren, Dotter und aufgelösten Orangenzucker beifügen und noch etwas rühren. Man kann diese Creme mit etwas Orangenlikör verfeinern.

18. April, Mittwoch:

GULASCHSUPPE
BLATTSPINAT AUF TOAST MIT SPIEGELEI
NUSSKOCH

Gulaschsuppe:
25 dkg Rindfleisch (Wadschinken)
2 mittlere Zwiebeln
3 mittlere Kartoffeln
1 El Margarine
1 El Mehl
Salz, Edelsüßpaprika, etwas Tomatenmark
Zwiebel fein schneiden, in der Margarine hellbraun rösten, das kleinwürfelig geschnittene Fleisch beigeben, rundum anbraten. Mit wenig Wasser, dem Paprika – je nach Geschmack 1-2 Eßlöffel – und Salz halbweich dünsten. Nun mit dem Mehl stauben und die kleingeschnittenen Kartoffeln beigeben. Mit Wasser auf ca. 1 Liter auffüllen, etwas Tomatenmark dazugeben und weichkochen.

Blattspinat auf Toast mit Spiegelei:
1/2 kg Blattspinat
4 St. Weißbrotschnitten
4 Eier
1 El Butter
Blattspinat gut putzen, von Stengeln befreien, in leicht gesalzenem Wasser 5 Minuten kochen, abseihen und in der leicht erwärmten - nicht braunen - Butter schwenken. Weißbrotschnitten toasten, noch warm den Spinat daraufgeben, im zurückgebliebenen Spinat-Buttersud die Spiegeleier braten und auf den Toast geben. So gemacht, ist dies ein Rezept für Diätbewußte, man kann selbstverständlich die Eier auch gesondert in Fett braten.

Nußkoch:
10 dkg Zucker
8 dkg Nüsse
5 dkg Mehl
3 dkg Semmelbrösel
4 Eier
Zucker mit den Eiern schaumig rühren, wenn dicklich, Mehl, Brösel und Nüsse unterziehen und gut vermischen. Diese Masse in einer gefetteten, gestaubten Pfanne 11/2 Finger dick auftragen und bei mittlerer Hitze ca. 25 Minuten backen. Noch warm in der Pfanne portionieren und auf Desserttellern anrichten. Man kann nach Belieben Vanille-Schokocreme oder Kompott dazugeben.

19. April, Donnerstag:

KLARE GRIESSSUPPE
GEFÜLLTE SCHWEINSBRUST MIT SALAT
RIBISELTASCHERL

Klare Grießsuppe:

In 3/4 Liter Würfelsuppe 5 dkg Weizengrieß einkochen, ca. 5 Minuten kochen (nicht zu lange stehen lassen, sonst wird sie zu dick) und mit viel Schnittlauch bestreut servieren.

Gefüllte Schweinsbrust:

1 kg Schweinsbrust
40 dkg Faschiertes
2 Semmeln
2 Eier
5 dkg Champignons
Petersilie, Pfeffer, Salz, Knoblauch, Zwiebel

Die Schweinsbrust am besten gleich vom Fleischhauer den Knochen entlang untergreifen lassen, mit Salz und Pfeffer einreiben, die Schwartenseite kleinwürfelig einschneiden. Zur Fülle Zwiebel und Champignons ganz fein schneiden, mit den zuerst in Milch eingeweichten, dann ausgedrückten Semmeln und den Eiern und dem Fleisch vermengen. Mit Petersilie, Salz und Knoblauch gut würzen und die Schweinsbrust füllen. Wer den Kümmelgeschmack liebt, kann die Außenseite noch mit Kümmel einreiben. Nun mit der eingeschnittenen Seite nach unten in eine Pfanne mit wenig Wasser einlegen und bei ca. 280 - 300° fertigbraten, bis weich.
Dazu grünen Salat geben. Schmeckt auch kalt aufgeschnitten sehr gut.

Ribiseltascherl:

35 dkg Mehl
25 dkg Margarine
15 dkg Staubzucker
2 Eier
Zitronenschale und Vanillin

Alle Zutaten auf dem Brett zu einem feinen Mürbteig verarbeiten, messerrückendick ausrollen, in Rechtecke schneiden. Mit einem Kaffeelöffel unpassierte Ribiselmarmelade daraufgeben, eine Längs- und die halben Querseiten mit Eiklar bestreichen, zusammenklappen und bei 200° hellbraun backen. Noch warm mit Staubzucker bestreuen.

20. April, Freitag:

MÜHLVIERTLER SELCHSUPPE
GEKOCHTE KARTOFFELN MIT KRÄUTERTOPFEN
LIWANZEN

Mühlviertler Selchsuppe:

1/2 kg geselchte Ripperl
1/8 l Sauerrahm
einige Schwarzbrotschnitten

Die Ripperl in 1 Liter Wasser weichkochen, abseihen. Fleisch kann man am Abend kalt essen. Etwas vom Sud wegnehmen, mit dem Sauerrahm gut verschlagen, wieder in die Suppe geben, gut durchkochen und über Schwarzbrotschnitten anrichten.

Gekochte Kartoffeln mit Kräutertopfen:

1 1/2 kg Kartoffeln mit der Schale weichkochen.
35 dkg Speisetopfen
3 Eßlöffel Joghurt
Zwiebel, Petersilie, Schnittlauch und etwas Zitronenmelisse ganz fein schneiden.
Topfen mit Salz und Pfeffer abschmecken, Joghurt und Kräuter untermischen und gut vermengen.
Die Kartoffeln kann man auch mit der Schale servieren, sie bleiben dann länger warm.

Liwanzen:

25 dkg Mehl
5 dkg Butter
5 dkg Zucker
2 dkg Germ
1/8 l Milch
2 Eier, Salz
Butter und Powidel zum Bestreichen

Aus den oben genannten Zutaten einen Germteig machen - die Germ dazu in der lauwarmen Milch auflösen und dann alles zusammen in einer Schüssel zu einen feinen Teig verarbeiten. Zugedeckt ca. eine halbe Stunde an einem warmen Ort gehen lassen. Dann auf einem bemehlten Blech ca. 5 mm dick ausrollen, in Scheiben ausstechen (diese sollen so groß sein, daß sie in die Vertiefungen der Spiegeleipfanne passen - Vergrößerung durch das Aufgehen berücksichtigen). Die Scheiben sollen nun nochmals auf bemehltem Brett mit einem Tuch bedeckt ca. 20 Minuten gehen, dann wird die Pfanne mit den Vertiefungen leicht gebuttert und die Liwanzen rasch beiderseits darin hellbraun gebacken. Herausnehmen, auf eine Platte legen, mit zerlassener Butter bestreichen, Powidel daraufgeben, je zwei zusammensetzen und mit Staubzucker bestreuen.

21. April, Samstag:

KÄSEKRAPFERLSUPPE
BURGUNDERSCHINKEN MIT
PERLZWIEBEL UND KARTOFFELPÜREE
RINGLOTTENKOMPOTT

Käsekrapferlsuppe:
Suppe (klare Würfel- oder Rindsuppe), Beilage:
Käsekrapferl aus Brandteig:
1/4 l Milch
1/4 l Mehl
2 Eier
1 El Margarine
Salz
1 Dotter mit 1 gehäuftem El Parmesan vermischt

Milch salzen, mit Margarine zum Kochen bringen, das Mehl unter ständigem Rühren gleichmäßig einfließen lassen, bis sich die Masse vom Kochlöffel löst. Etwas erkalten lassen, nun die 2 Eier und die Parmesan-Dottermasse gut unterrühren. Der Teig muß ganz glatt werden. Auf ein gefettetes Blech kleine Krapferl spritzen und bei mittlerer Hitze goldgelb backen.

Burgunderschinken:
Ein nicht zu großer Schinken wird auf allen Seiten in einer Pfanne gut angebraten, dann herausgenommen und der Rückstand mit Rotwein aufgegossen. Nun gibt man den Schinken in ein passendes Geschirr, übergießt mit dem Fond immer wieder und dünstet im Rohr weich. Mit Perlzwiebeln garnieren.
Kartoffelpüree siehe 3. Jänner.

Ringlottenkompott:
Siehe "Einkochen".

22. April, Ostersonntag:

VORSPEIS: GRIECHISCHER SALAT
GEFÜLLTE LAMMKEULE MIT
GEBACKENEN KARTOFFELN UND
JUNGEN FISOLEN
NUSSBISKUITTORTE MIT KAFFEECREME

Griechischer Salat:
6 Fleischtomaten
1 kleinere Salatgurke
1 mittlere Zwiebel
10 dkg schwarze Oliven
1 kleine Dose Anchovisfilets
20 dkg Schafkäse
Saft einer Zitrone
Salz, schwarzer Pfeffer, Majoran
1/8 l Öl

Tomaten und Gurke gut waschen und ungeschält in kleine Stücke schneiden, Anchovis und Oliven abtropfen lassen und auch kleinschneiden. In einer Schüssel eine Marinade aus Olivenöl, Zitronensaft, Salz, Pfeffer und Majoran gut verrühren, die oben genannten Zutaten und den würfelig geschnittenen Schafkäse locker untermischen.

Gefüllte Lammkeule:
Eine Hintere Lammkeule (gleich auslösen lassen)
2 Eier
2 Semmeln
1 El Margarine
Petersilie, Minze, Melisse, Majoran, Knoblauch, Salz, Pfeffer

Lammkeule von allem Fett befreien, mit Salz, Pfeffer und Knoblauch gut einreiben. Zur Fülle die Margarine mit den Eiern abtreiben, die eingeweichten und ausgedrückten Semmeln dazugeben. Die Kräuter fein wiegen (mit der Menge sehr vorsichtig sein, denn frische Kräuter haben dein sehr starkes Aroma, insgesamt wird 1 Eßlöffel genügen), ebenfalls salzen und pfeffern, gut vermischen und die Keule füllen. Entweder zunähen oder mit Zahnstochern zusammenhalten. Die Keule beiderseits anbraten - in sehr heißer Margarine -, dann aufgießen und im Rohr ca. 3 Stunden bei 250° braten, öfters begießen und bei Halbzeit die Keule wenden.

Gebackene Kartoffeln:
1 kg kleinere Kartoffeln schälen, salzen, in heißem Öl durch Schütteln von allen Seiten anbraten und dann zum Fertiggaren auf einem Blech ins Rohr schieben, ca. eine halbe Stunde bevor das Fleisch fertig ist.
Junge Fisolen:
3/4 kg tiefgekühlte Fisolen ca. 10 Minuten in Salzwasser kochen, abseihen und in Butter schwenken.

Nußbiskuittorte mit Kaffeecreme:
24 dkg Zucker
12 dkg Nüsse
10 dkg Mehl
8 Eier
1 Kl Backpulver
14 dkg Zucker mit Dotter schaumig rühren, den restlichen Zucker mit dem Schnee schlagen, darunterziehen, Backpulver mit dem Mehl versieben und die feingeriebenen Nüsse ebenfalls dazugeben. Alles locker, aber gut vermengen. In einer gut gefetteten und gestaubten Tortenform (groß) bei 200 – –220° ca. 45 Minuten backen. Das Rohr soll vorgeheizt sein. Erkalten lassen und wie folgt füllen:
Kaffeecreme:
2 Eier
14 dkg Kristallzucker
20 – 25 dkg Butter
1 El sehr stark gekochter Kaffee, je nach Geschmack kann auch mehr genommen werden
Eiklar mit dem Zucker (muß unbedingt Kristallzucker sein) über Dunst fest schlagen, dann auskühlen lassen. Die Butter etwas erweichen und dann mit den 2 Dottern gut abtreiben, tropfenweise den Kaffee dazugeben, vorsichtig, gerinnt leicht.
Die Torte durchschneiden, mit der halben Creme füllen, zusammensetzen, rundum mit Creme bestreichen und mit geriebenen Nüssen bestreuen. Je nach Geschmack mit kleinen Zuckereierln oder halbierten Nüssen belegen.

23. April, Ostermontag:

Legierte Kaninchensuppe
Kaninchen mit Speck und Champignons, Reis, Salat
Sophientorte

Legierte Kaninchensuppe:
Ein ganzes Kaninchen wird für den Braten in Hinter- und Vorderläufe zerlegt, ebenso wird der Rücken herausgeschnitten. Das übrige Gerippe wird mit Wurzelwerk in leicht gesalzenem Wasser gekocht, bis man die Fleischreste leicht vom Knochen lösen kann. Man seiht die Suppe nun ab, verschlägt 1/8 Liter Obers mit 2 Dottern und gießt dies unter ständigem Rühren in die kochende Suppe. Kurz aufwallen lassen, mit etwas Muskat und einem kleinen Stückchen Butter abschmecken. Das abgelöste Fleisch wird ganz klein geschnitten und der Suppe als Einlage beigefügt.

Kaninchenbraten:
Kaninchenstücke wie oben beschrieben
10 dkg klarer Selchspeck
5 dkg Butter
1/8 l Sauerrahm
10 dkg Champignons
Der Speck wird kleinwürfelig geschnitten und in einer Pfanne glasig ausgelassen, dann kommt die Butter dazu (darf nicht braun werden).Nun legt man die gesalzenen und gepfefferten Kaninchenstücke hinein, läßt sie von allen Seiten anbraten, gießt mit Wasser auf - Fleisch soll gerade bedeckt sein - gibt die feinblättrig geschnittenen Champignons dazu und gart das Fleisch in einem Schnellkochtopf ca. 30 Minuten. Dann nimmt man das Fleisch heraus, löst es von den Knochen, bindet den Saft mit dem Sauerrahm, den man mit 1 Teelöffel Mehl versprudelt, gibt das Fleisch wieder hinein, kocht kurz auf und serviert in einem Reisring.

Sophientorte:
20 dkg Zucker
21 dkg geriebene Mandeln
7 Eier
3 Rippen Schokolade
1 El Himbeermarmelade
geriebene Orangenschale
6 Dotter und 1 ganzes Ei mit dem Zucker und der erweichten Schokolade sehr flaumig rühren, dann die Marmelade, die Orangenschale und die braun geriebenen Mandeln dazugeben. Zuletzt den fest geschlagenen Schnee unterziehen. In einer gut gefetteten, gebröselten Tortenform bei ca. 200° 45 Minuten backen. Wenn ausgekühlt, durchschneiden und mit Schlagobers füllen. Mit Schokoglasur (siehe Glasuren) überziehen.

24. April, Dienstag:

Bratwurstsuppe
Überbackener Lauch
Rhabarberweinkaltschale

Bratwurstsuppe:
2 Paar Bratwürste
10 dkg Rollgerste
10 dkg Spalterbsen
10 dkg Reis
2 - 3 El Butter
1 kleine Sellerieknolle
2 kleine Petersilienwurzeln
Salz, Pfeffer, etwas Weißwein
Sellerie und Petersilie kleinwürfelig schneiden, in der Butter anrösten, eingeweichte Erbsen, Reis und Rollgerste, Salz und Pfeffer zugeben und mit 1 1/2 Liter Wasser aufgießen, ca. 1 Stunde weichkochen, mit dem Wein abschmecken. Die Bratwürste in Butter goldbraun braten, in Scheiben schneiden und der Suppe als Beilage zugeben.

Überbackener Lauch:
4 Stangen Lauch
1/4 l Weißwein oder Rind(Würfel)suppe
1/8 l Sauerrahm
1 El Margarine
3 Eier
Salz, Pfeffer, etwas Muskat
Die Lauchstangen soweit kürzen, daß nur die hellen Stücke bleiben, dann der Länge nach durchschneiden. Gut waschen, achten, daß er nicht ganz auseinanderfällt. In die heiße Margarine legen und etwas anbraten. Mit dem Wein oder der Suppe, ganz nach Geschmack, übergießen und so lange dünsten, bis die Flüssigkeit fast weg ist. Nun versprudelt man die Eier mit dem Rahm und den Gewürzen, übergießt damit den Lauch und läßt die Masse stocken.

Rhabarberweinkaltschale:
1 kg Rhabarber
1/2 l leichter Weißwein
25 dkg Zucker
1 kleine Zimtstange
Rhabarber schälen, in ca. 3 cm lange Stücke schneiden, in der halben Menge Weißwein einweichen, inzwischen den Zucker und den Zimt in der restlichen Weinmenge aufkochen, auskühlen lassen. 6 Blatt Gelatine erst in kaltem Wasser auflösen, gut ausdrücken und der lauwarmen Flüssigkeit beigeben. Wenn alles gut aufgelöst ist, mit der Rhabarberweinlösung vermischen und im Kühlschrank erstarren lassen.

25. April, Mittwoch:

Ochsenschleppsuppe
Eiernockerl mit Vogerlsalat
Schokosoufflé

Ochsenschleppsuppe:
1 Ochsenschlepp
1/2 kg Wurzelwerk
1 kleine Zwiebel
Saft 1/2 Zitrone
Pfeffer, Salz, 1 Lorbeerblatt
1/4 l Weißwein - oder auch Rotwein
1 El Margarine
Wurzelwerk kleinschneiden und in der Margarine gut anrösten, dann den in Stücke geschnittenen Ochsenschlepp dazugeben und anbraten. Jetzt mit dem Wein aufgießen, etwas kochen lassen und erst dann mit 1 Liter Wasser aufgießen und alles weichkochen. Das Fleisch herausnehmen, vom Knochen lösen, kleinschneiden und der passierten Suppe wieder beigeben.

Eiernockerl:
50 dkg Mehl
1/4 und 1/8 l Wasser
Salz
4 Eier
2 El Butter
Mehl, Wasser und Salz gut vermengen und abschlagen (in der Schüssel mit dem Kochlöffel), dann durch ein Nockerlsieb in kochendes, leicht gesalzenes Wasser einstreichen. 5 – 10 Minuten kochen lassen, je nach Nockerlstärke, dann abseihen, mit kaltem Wasser abschwemmen und in die zerlassene Butter geben. Die Eier mit Salz gut absprudeln, man kan hier auch übriggebliebene Eiklar zugeben. Alles über die Nockerl gießen und stocken lassen. Vor dem Anrichten etwas pfeffern.

Vogerlsalat - Rapunzel:
30 – 40 dkg Vogerlsalat gut waschen und putzen und wie grünen Salat weiterverarbeiten.

Schokoladensoufflé:
10 dkg Schokolade
5 dkg Zucker
3 Eier
Die erweichte Schokolade mit Zucker und Dottern gut abtreiben, den sehr fest geschlagenen Schnee unterziehen und in eine feuerfeste Schüssel geben. Obenauf mit Zucker bestreuen und bei starker Hitze ca. 20 Minuten backen.

26. April, Donnerstag:

CURRYSUPPE
GEBACKENE SCHWEINSKOTELETTES,
KRAUTSALAT
BANANENKUCHEN

Currysuppe:
1 l Rind- oder Würfelsuppe
1 Tasse Reis
Entweder würzt man die Suppe mit Curry und kocht den Reis ein, oder man dünstet den Reis mit Curry und gibt ihn in die klare Suppe.

Gebackene Schweinskotelettes:
4 mittelgroße Schweinskotelettes wie Wienerschnitzel behandeln.

Krautsalat:
1 mittelgroßes frisches Kraut feinnudelig schneiden. Eine Schüssel mit Knoblauch ausreiben, Kraut mit Salz und Pfeffer vermischen und gut mit den Händen abarbeiten. Eine halbe Stunde rasten lassen und währenddessen immer wieder gut durchdrücken. Dann fest ausdrücken und mit gewässertem, gezuckertem Essig abschmecken.

Bananenkuchen:
Kuchenboden:
12 dkg Zucker
14 dkg Mehl
5 dkg Öl
2 El Wasser
2 Eier
1/2 Backpulver
Zitronenschale, Vanillin
Zucker mit den ganzen Eiern schaumig rühren, nach und nach Öl und Wasser zugeben, Zitronenschale und Vanillin beifügen, zuletzt das mit dem Backpulver vermengte Mehl. Diese Masse nun ca. eine halbe Stunde stehen lassen, dann in eine flache, befettete und bemehlte Form geben, soll ca. 2 – 3 cm hoch werden. Bei 200° 20 Minuten backen. Wenn ausgekühlt, den Kuchen mit Ribiselmarmelade bestreichen, mit Bananenscheiben belegen und folgende Puddingcreme darübergeben:
Einen Vanillepudding nach Angabe kochen, möglichst eine festere Sorte neh-

men, überkühlen lassen. 15 dkg Butter schaumig rühren und löffelweise den Pudding in die Butter geben. Wenn ganz kalt, mit Schokoladenglasur (siehe Glasuren) überziehen.

27. April, Freitag:

SAGOSUPPE
FISCHSTÄBCHEN MIT KARTOFFELSALAT
KAISERSCHMARREN

Sagosuppe:
In eine klare Suppe wird pro Liter ca. 5 – 7 Gramm Sago eingekocht und ca. 20 Minuten weichgekocht. Vor dem Servieren mit Schnittlauch bestreuen.

Fischstäbchen:
Fischstäbchen fertig kaufen und wie Schnitzel herausbacken. Mit Zitronenscheiben servieren.
Kartoffelsalat: Siehe 4. Jänner.

Kaiserschmarren:
15 dkg Mehl
5 dkg Rosinen
4 Eier
2 El Obers, kann durch Milch ersetzt werden
1 Prise Salz
10 dkg Butter für die Pfanne
Zucker zum Bestreuen
Die Zutaten gut versprudeln, in einer Stielpfanne die halbe Butter zergehen lassen und den Teig hineingießen. Auf nicht zu starker Hitze anbacken, bis seitlich etwas Rauch aufsteigt, dann mit der Backschaufel den Teig wenden. Seitlich etwas anheben und die restliche Butter einfließen lassen. Ist der Teig auf beiden Seiten gut hellbraun gebacken, wird er mittels Gabel und Backschaufel zerkleinert und zugedeckt im warmen Backrohr ca. 5 Minuten ziehengelassen. Beim Servieren mit Zucker bestreuen und eventuell beliebiges Kompott dazugeben.

28. April, Samstag:

EINMACHSUPPE MIT SPARGEL UND CHAMPIGNONS
KARTOFFELPUFFER
BIRNENHELENE

Einmachsuppe mit Spargelspitzen und Champignons:
30 dkg Spargelspitzen
10 dkg Champignons
1 El Butter
1 El Mehl
Salz, Pfeffer
Spargelspitzen in kleine Stücke schneiden, Champignons blättrig schneiden. In 1 Liter leicht gesalzenem Wasser kochen - ca. 20 Minuten. Dann aus der Butter und dem Mehl eine ganz helle Einbrenn machen, erst mit wenig kaltem Wasser aufgießen (damit keine Bröckerl entstehen), dann mit der Suppe vermengen, kurz durchkochen, mit feingehackter Petersilie abschmecken und servieren.

Kartoffelpuffer:
1 kg mehlige Kartoffeln
5 El Mehl
2 Eier
Salz
Öl zum Herausbacken
Kartoffeln schälen (roh), fein reiben, gut ausdrücken und mit den anderen Zutaten gut vermischen. Öl in der Pfanne erhitzen, immer 2 Eßlöffel von der Masse hineingeben, gut auseinanderdrücken und beiderseits goldbraun backen. Kann mit Ketchup oder Salat serviert werden.

Birnenhelene:
große halbe Kompottbirnen
eine Packung Vanilleeis
5 dkg Kochschokolade
1/16 l Kompottsaft
Schlagobers zum Verzieren
Die Schokolade im Kompottsaft erwärmen und gut zu einer Sauce verrühren. Eine großen Eßlöffel Vanilleeis in einem Glas anrichten, eine halbe Birne darauflegen und mit der Schokoladensauce übergießen. Mit geschlagenem Obers überspritzen.

29. April, Sonntag:

Muschelsuppe
Kalbsnaturschnitzel mit Reis und grünem Salat
Schaumrollen

Muschelsuppe:
30 dkg Muscheln
1 mittlere Zwiebel
1 El Butter
1 El Mehl
1/4 l Weißwein
1/8 l Sauerrahm
Petersilie, Pfeffer und Salz
Zwiebel kleinschneiden, in etwas Butter anrösten, die gewaschenen Muscheln beifügen, mit dem Wein aufgießen, Gewürze beigeben und kochen lassen, bis sich die Muscheln öffnen. Dann abseihen, die Muscheln aus den Schalen lösen und feinschneiden. Von der restlichen Butter und dem Mehl eine leichte Einbrenn machen, mit kaltem Wasser und dem Kochsud aufgießen, aufkochen lassen und den versprudelten Rahm unterziehen. Muschelfleisch als Einlage geben.

Kalbsnaturschnitzel:
4 Kalbsschnitzel vom Schluß, pro Stück ca. 15 dkg
2 El Butter
1 El Mehl
Salz, Pfeffer
Die Schnitzel leicht klopfen, immer vom Rand zur Mitte, salzen, pfeffern und mit einer Seite in Mehl drücken, dann in die erhitzte Butter (Vorsicht, darf nicht braun sein) mit der bemehlten Seite einlegen und gut anbraten. Dann wenden, auf die gebratene Seite ein kleines Stück Butter legen. Wenn auch die zweite Seite angebraten ist, mit einigen Löffeln Wasser aufgießen, gut durchkochen, Schnitzel herausnehmen. Wenn nötig, passieren, der Saft soll ganz glatt sein. Beim Anrichten über die Schnitzel geben.

Schaumrollen:
Blätterteig:
Butterziegel:
25 dkg Butter
5 dkg Mehl
Vorteig:
20 dkg Mehl
1/8 l Wasser
1 Ei, Salz, 1 Kl Essig oder Rum
Butterziegel: Butter mit Mehl glatt am Küchenbrett verarbeiten und einen Ziegel formen, kaltstellen.
Vorteig: Zutaten am Brett zu einem zähen, aber doch geschmeidigen Teig verarbeiten, eine Kugel formen, diese kreuzweise einschneiden und unter einem feuchten Tuch mindestens eine halbe Stunde rasten lassen. Dann die eingeschnittene Kugel auf bemehltem Blech sternförmig ausrollen, in der Mitte den Butterziegel auflegen, die Teigenden darüberlegen, muß gut decken. Jetzt alles leicht zu einem Viereck ausrollen. Man schlägt nun die beiden Enden über das Mittelstück, so daß drei gleiche Teile übereinanderliegen, rollt wieder aus und wiederholt diesen Vorgang einige Male. Zwischendurch muß der Teig immer unter einem feuchten Tuch kühl eine halbe Stunde rasten. Vorsicht, es darf beim Ausrollen nicht zuviel Mehl unter den Teig kommen, man kehrt am besten alles überflüssige Mehl weg.
Wenn der Butterteig fertig ist, zu einem länglichen Rechteck ca. 3 mm stark ausrollen und 25 cm lange, 2 cm breite Streifen schneiden. Diese Streifen werden nun überlappend auf Schaumrollenröhrchen aufgewickelt, mit dem Teigende nach unten auf ein trockenes Blech gelegt, mit Ei leicht bestrichen und bei starker Hitze (ca. 230°) bei immer geschlossenem Rohr gebacken.
Sofort nach dem Backen vorsichtig von den Röhrchen streichen, auskühlen lassen und dann mit geschlagenem Obers füllen. Die ungefüllten Schaumrollen können lange, aber immer im Kühlschrank, aufbewahrt werden.

30. April, Montag:

MINESTRONE
GEBRATENE SCHWEINSNIERE MIT KARTOFFELSCHMARREN
BÖHMISCHE DALKEN

Minestrone:
50 dkg verschiedene junge Gemüse
2 El Margarine
5 dkg Schinkenspeck
1 Schale Reis
1 kleine Zwiebel
Petersilie, Salz, Pfeffer
Kleingeschnittene Zwiebel und ebenso behandeltes Gemüse im Fett anrösten, mit Wasser aufgießen, Reis hineingeben und weichdünsten. Den Schinkenspeck kleinschneiden, auch anrösten und in die Suppe geben. Wenn alles weich ist, soll die Suppe dickflüssig sein. Beim Anrichten alles mit Parmesan bestreuen.

Gebratene Schweinsnieren:
4 Schweinsnieren gut waschen, vom Fett befreien und blättrig schneiden. 1 mittelgroße Zwiebel blättrig schneiden, in 1 Eßlöffel Margarine anrösten, die Nieren hineingeben. Unter ständigem Umrühren rundum anbraten, mit 1 Eßlöffel Mehl überstreuen (stauben) und mit wenig Wasser aufgießen, gut durchkochen, jetzt erst salzen und anrichten.
Kartoffelschmarren:
1 kg mehlige Kartoffeln
1 mittlere Zwiebel
1 El Schweineschmalz
Kartoffeln kochen, schälen und blättrig schneiden. Zwiebel fein schneiden, im Schmalz goldgelb anrösten, dann die Kartoffeln hineingeben, mit einer Gabel zerdrücken, öfters wenden, bis rundum knusprig.

Böhmische Dalken:
25 dkg Mehl
5 dkg Butter
5 dkg Zucker
2 Eier
1/8 l Milch
Salz, 2 dkg Germ
Mehl, Butter, Zucker, Dotter und die in der lauwarmen Milch aufgelöste Germ zu einem glatten Teig - in einer Schüssel - verarbeiten, dann den festgeschlagenen Schnee unterziehen, den Teig 20 Minuten an einem warmen Ort gehen lassen. In einer Dalken- oder Spiegeleierpfanne Fett erhitzen, in jede Mulde einen vollen Eßlöffel Teig geben, leicht anbacken, einmal wenden und nicht zu braun fertigbacken. Immer zwei Stück mit Powidel zusammensetzen und mit Zucker bestreuen.

1. Mai, Dienstag:

GEBACKENE CHAMPIGNONS MIT SAUCE TARTARE
TOPFENTORTE

Gebackene Champignons:
1/2 kg Champignons (sie sollen nicht zu groß und sehr fest sein) gut waschen, in Stücke schneiden. Bei kleineren genügt es, wenn man sie halbiert, sonst ca. 1 cm dick schneiden. Der Stiel soll möglichst an der Kappe bleiben. Dann behandelt man sie genauso wie Wienerschnitzel, siehe 8. Jänner.
Sauce Tartare:
25 dkg Mayonnaise, siehe 13. Jänner
1 Essiggurke
1 Tl. Kapern
1 Tl. feingehackte Petersilie
etwas Essig und Zucker
Essiggurke und Kaperl fein wiegen, mit der Petersilie unter die Mayonnaise rühren, mit dem Gurkerlwasser oder etwas verdünntem Essig - mit Zucker abgeschmeckt - verrühren.

Topfentorte:
1 kg Topfen, mager, trocken
35 dkg Zucker
12 dkg Margarine
3 ganze Eier
3 El Grieß
1 P. Puddingpulver
1 P. Vanillezucker
1 P. Backpulver
Zitronenschale
Margarine, Zucker und Eier gut abtreiben, alles andere beimengen und sehr gut vermischen. Tortenform fetten und bröseln, 1 Stunde bei 180 – –200° backen, dann ohne vorher das Rohr zu öffnen, die Torte noch 1 Stunde drinnen lassen. Nach dem Abkühlen nur anzuckern.

2. Mai, Mittwoch:

KARTOFFELSTRUDEL MIT GRAMMELFÜLLE, GRÜNER SALAT
RHABARBERKOMPOTT

Kartoffelstrudel:
1 kg Kartoffeln
30 dkg Mehl
10 dkg Kartoffelmehl
3 Eier
Salz
40 dkg Grammeln
10 dkg Semmelbröckerl
Kartoffeln kochen, schälen und fein zerdrücken, mit den anderen Zutaten zu einem glatten Teig verarbeiten. Die Grammeln etwas erwärmen und die Semmelbröckerl darin abrösten. Den Strudelteig fingerdick ausrollen, füllen, einrollen, auf ein befettetes Blech legen, oben mit Ei bestreichen und bei 180° ca. eine Stunde backen.

Rhabarberkompott:
1 kg Rhabarber (der rote ist besser) schälen, in 3 – 4 cm lange Stücke schneiden. 25 dkg Zucker mit 1 Liter Wasser und einer kleinen Zimtstange aufkochen, Rhabarber einlegen, ca. 5 Minuten kochen lassen; nicht viel länger, sonst zerfasert der Rhabarber ganz. Zugedeckt läßt man das Kompott noch eine halbe Stunde ziehen.

3. Mai, Donnerstag:

Blattspinatauflauf II
Brandteigkrapferl

Blattspinatauflauf:

Palatschinkenteig:
3/4 l Milch
2 Eier
15 dkg Mehl
Fülle:
1/2 kg Spinat
2 Dotter
1/8 l Obers
3 El Reibkäse

Dünne Palatschinken backen, wie am 13. Jänner beschrieben. Den Spinat gut waschen, in leicht gesalzenem Wasser kurz überbrühen, mit Salz, Pfeffer und Knoblauch würzen und schichtenweise Palatschinken und Spinat in eine gut gefettete Auflaufform geben. Die letzte Lage ist Spinat. Mit der Masse aus gut versprudeltem Dotter-Obers und Reibkäse übergießen und bei 200° eine halbe Stunde im Rohr überbacken.

Brandteigkrapferl:

1/2 l Milch
1/2 l Mehl
1/4 l Schlagobers
2 Eier
2 El Butter
etwas Salz

Milch zum Kochen bringen, leicht salzen, die Butter darin zergehen lassen. Dann unter ständigem Rühren das Mehl einlaufen lassen, kochen, bis sich der Teig vom Rand löst (dauert ungefähr 5 Minuten). Nun auskühlen lassen und jetzt erst die Eier einarbeiten, geht nicht ganz leicht, der Teig muß aber ganz glatt sein. Jetzt mit dem Spritzbeutel kleine Krapferl auf ein befettetes Blech spritzen und bei 250° 10 – 15 Minuten backen. Wenn ausgekühlt, durchschneiden und mit Schlagobers füllen.

4. Mai, Freitag:

Spaghetti mit Parmesan und Paradeissauce
Topfen-Vanilleschichtpudding

Spaghetti:

Pro Person rechnet man 8 – 10 dkg Teigwaren. Diese werden in Salzwasser weichgekocht, einige Male umrühren, damit sie nicht zusammenkleben, dann abseihen und mit kaltem Wasser überspülen. In einer Pfanne 1 – 2 Eßlöffel Butter zergehen lassen, Spaghetti darin gut schwenken, beim Anrichten mit Parmesan bestreuen (nicht vorher, sonst zieht der Käse Fäden).

Paradeissauce:

1/2 kg tiefgefrorenes Paradeismark
1 El Margarine
3 El Mehl
Salz, Zucker, Essig

Aus Margarine und Mehl eine helle Einbrenn machen, mit wenig kaltem Wasser und dem aufgetauten Paradeismark aufgießen, gut durchkochen bei ständigem Rühren und mit Salz, Zucker und Essig abschmecken.

Topfen-Vanillepudding:

1/2 l Milch
1 Paket Vanillepudding
4 El Zucker
1/4 kg Magertopfen
Ribisel oder Himbeeren, tiefgefroren

Pudding wie auf der Packung vorgesehen kochen, noch warm den Topfen unterrühren und alles gut durchmischen. Dann in einer Schüssel schichtweise die Puddingmasse und die Früchte einfüllen.

5. Mai, Samstag:

GEBACKENE LEBER MIT
KARTOFFEL-SELLERIEMAYONNAISE
SCHOKOKUCHEN (EIKLARVERWERTUNG)

Gebackene Leber:
1/2 kg Schweinsleber gleich in Schnitzel schneiden lassen und wie Wienerschnitzel weiterbehandeln.

Kartoffel-Selleriemayonnaise:
1 kg speckige Kartoffeln
1 große Sellerieknolle
Mayonnaise siehe 13. Jänner
Kartoffeln kochen und in Scheiben schneiden, ebenso die Sellerie. Vermischen und noch warm die Mayonnaise unterziehen.

Schokokuchen:
4 dkg Margarine
9 dkg Schokolade
8 dkg Zucker
1 Dotter
4 – 5 Klar Schnee
7 dkg Mehl
Schokolade erweichen, dann die Margarine dazugeben (wird so auch weicher), Zucker und Dotter beifügen und alles gut abtreiben. Jetzt den festgeschlagenen Schnee unterziehen und vorsichtig das Mehl einmischen. Diese Masse in einer kleinen Rehrückenform - die gut befettet und bemehlt sein muß - bei 200° ca. 30 Minuten backen. Ausgekühlt durchschneiden und mit beliebiger Marmelade füllen. Zusammensetzen und anzuckern. Nicht glasieren, wäre zu schwer!

6. Mai, Sonntag:

SURBRATEN MIT 1/2 – 1/2
KARTOFFELKNÖDELN UND WARMEM
KRAUTSALAT
RHABARBERKUCHEN MIT STREUSELN

Surbraten:
1 kg Schweinskarree, gesurt (bekommt man im Geschäft)
Ohne zusätzlich zu würzen, legt man das Fleisch in eine Pfanne mit wenig Wasser, nun bei nicht zu starker Hitze (200°) das Fleisch langsam braten. Sobald oben eine Kruste ist, beginnt man mit dem Begießen und macht das sehr häufig, wenn nötig, Wasser zugeben. Der Surbraten soll langsam gebraten werden, damit er außen zwar knusprig ist, aber innen saftig.

Kartoffelknödel 1/2 – 1/2
1 kg Kartoffeln
1 El Schweineschmalz
5 dkg Kartoffelmehl
1/2 kg Kartoffeln wird am Vortag gekocht, dann geschält und fein gerieben, die restlichen Kartoffeln werden roh geschält und ganz fein in Wasser (damit die Masse nicht schwarz wird) gerieben. Nun gibt man das Kartoffelmehl dazu, salzt, vermengt gut und formt Knödel, die man in kochendes Salzwasser einlegt, ca. 20 Minuten langsam kochen läßt, dann vom Feuer nimmt und zugedeckt noch 10 Minuten stehenläßt.

Warmer Krautsalat:
1 kg frisches Kraut
10 dkg klarer Selchspeck
Kümmel, Salz, Essig
Kraut feinschneiden, 5 Minuten in leichtem Salzwasser kochen (man kann beim Kochen schon den Kümmel beigeben, verstärkt den Geschmack), dann herausnehmen, mit dem kleinwürfelig geschnittenen, halbausgelassenen Speck übergießen und mit Essig abschmecken.

Rhabarberkuchen mit Streuseln:
22 dkg Mehl
12 dkg Margarine
8 dkg Zucker
1 Vanillin

2 Dotter
1/2 Backpulver
etwas Milch
Dies alles auf einem Brett zu einem geschmeidigen Teig verarbeiten und gut fingerdick ausgerollt auf ein Backblech legen. Nun wird 1 kg Rhabarber, geschält und in 4 – 5 cm lange Stücke geschnitten, ganz kurz in wenig Wasser aufgekocht und etwas ausgekühlt, auf den Teig gelegt. Jetzt überzuckern und leicht mit gemahlenem Zimt überstreuen.

Streusel:
10 dkg Mehl mit 5 dkg Butter und 3 dkg Zucker gut verbröseln, über den Rhabarber geben und alles zusammen bei ca. 200° 30 – 40 Minuten backen. Die Streusel sollen oben eine leicht braune Farbe haben.

7. Mai, Montag:

PIKANTE FLEISCHKNÖDEL MIT MISCHGEMÜSE
ANANASSCHNITTEN

Pikante Fleischknödel:
50 dkg Faschiertes
2 Eier
Salz, Pfeffer, Majoran, Petersilie, Knoblauch
Aus diesen Zutaten einen Fleischteig kneten, kleine Knöderl formen, in Salzwasser langsam kochen, ca. 15 Minuten, dann herausnehmen und abtropfen lassen.

Mischgemüse:
1/4 kg Kartoffeln
1/4 kg Karotten
1/4 kg Zwiebeln
1/2 kg Lauch
Alles gut waschen, putzen (Kartoffeln roh schälen) und in kleine Würfel schneiden, Salz und Petersilie beigeben und weichkochen. Es soll wenig Wasser bleiben. Dieses bindet man dan mit einer roh geriebenen Kartoffel. Fleischknöderl in das Gemüse geben und als Eintopf anrichten.

Ananasschnitten:
Biskuitmasse:
12 dkg Zucker
15 dkg Mehl
5 Eier
Zitronenschale und Vanillin
Eier und Zucker schaumig rühren, Zitrone, Vanillin und Mehl unterziehen. Auf gut gefettetem und bemehltem Blech fingerdick aufstreichen und bei mittlerer Hitze so lange backen, bis die Oberseite leicht braun ist. Nun stürzt man das Biskuit auf ein gezuckertes Brett und schneidet es in 8 cm breite Streifen.
Buttercreme:
25 dkg Butter
12 dkg Staubzucker
1 Ei
Butter im Schneekessel so weit erwärmen, daß man sie gut abtreiben kann. Dann den Zucker und das Ei beigeben und gut abtreiben. Nun nimmt man 3 Scheiben Dosenananas, zerkleinert sie, mischt sie unter die Creme und streicht diese auf den Kuchen. Man legt die Streifen nun aufeinander, bestreicht die Oberfläche und die Seiten mit der glatten Creme, verziert mit Ananasscheiben und eventuell mit kandierten Kirschen.

8. Mai, Dienstag:

GEGRILLTE KÄSEKRAINER MIT POMMES FRITES
NUSSKIPFERL AUS KALTEM GERMTEIG

Käsekrainer:
Käsekrainer langsam grillen, sonst sind sie außen zu schnell braun und innen noch nicht durch. Dazu Pommes frites (siehe 4. März), Ketchup oder Senf.

Nußkipferl:
20 – 30 dkg Mehl
12 dkg Butter
2 dkg Germ
2 dkg Zucker
2 Dotter
1/16 l Milch
etwas Salz
Die Butter mit dem Mehl gut abbröseln,

die Germ mit dem Zucker und der Milch gut verrühren, die Dotter dazugeben. Etwas salzen und alles am Brett zu einem glatten Teig verkneten. 1 Stunde rasten lassen, danach den Teig messerrückendick ausrollen, Quadrate schneiden, füllen, zu Kipferln formen, mit verschlagenem Ei bestreichen und bei 180° ca. 20 – 30 Minuten backen.
Fülle:
1/4 kg geriebene Nüsse mit etwas kalter Milch und Zucker verrühren, mit Rum, etwas Zimt und gestoßener Nelke würzen.

9. Mai, Mittwoch:

NUDELAUFLAUF MIT GRÜNEM SALAT
KARAMELPUDDING

Nudelauflauf:
40 dkg Bandnudeln
40 dkg Faschiertes
2 Eier
20 dkg Zuckererbsen
Petersilie, Salz
1 kleine Packung Tomatenmark
4 El Parmesan
1 – 2 El Margarine
Bandnudeln wie üblich weichkochen, abseihen. Die Eier mit der Margarine abtreiben, Faschiertes und Erbsen dazugeben, mit Salz, Pfeffer und Petersilie würzen, alles mit den Nudeln gut vermischen und in eine gefettete Auflaufform füllen. Aus dem Tomatenmark eine Suppe kochen, etwas eindicken lassen und mit dem Parmesan vermischt über die Nudeln gießen. Gut 1 Stunde bei ca. 200° backen.

Karamelpudding:
7 dkg Mehl
5 dkg Butter
5 dkg Zucker
1/8 l Milch
4 Eier
Vanillin
Milch, Butter, Salz und die halbe Zuckermenge aufkochen, Mehl wie bei Brandteig einfließen lassen und so lange rühren, bis sich die Masse löst. Vom Feuer nehmen und sofort die Dotter einrühren, hierauf den restlichen Zucker mit dem Schnee fest schlagen und vorsichtig unterziehen. Eine gefettete und gezuckerte Puddingform damit bis zur Hälfte füllen und im Wasserbad ca. 30 Minuten kochen. Den Pudding erst unmittelbar vor dem Anrichten stürzen und mit Karamelsauce übergießen.
Karamelsauce:
10 dkg Zucker
1/2 l Milch
1 Ei
2 Dotter
5 dkg Zucker für Karamel
Zucker, halbe Milch, Ei und Dotter gut verrühren, auf schwacher Flamme erhitzen (nicht kochen lassen) und vom Feuer nehmen. Zucker für Karamel in einer kleinen Pfanne leicht bräunen, unter ständigem Rühren mit der restlichen Milch aufgießen und die Eiermilch daruntermischen. Alles nochmals erwärmen und über den Pudding geben.

10. Mai, Donnerstag:

HAMMELPILAFF
MADEIRASCHNITTEN

Hammelpilaff:
75 dkg mageres Hammelfleisch
2 Schalen Reis
2 mittlere Zwiebeln
3 Tomaten
3 – 4 El Butter
Knoblauch, Salz, Pfeffer, Kümmel
Feingeschnittene Zwiebeln in der Butter anrösten, kleinwürfelig geschnittenes Fleisch dazugeben, würzen, anbraten, mit wenig Wasser aufgießen und halbweich dünsten. Dann den Reis und 3 – 4 Schalen kochendes Wasser beigeben, die Tomaten abschälen und würfelig hineinschneiden, zugedeckt fertigdünsten. Kann nach Geschmack vor dem Servieren mit Parmesan bestreut werden.

Madeiraschnitten:
Mürbteig:
30 dkg Mehl
20 dkg Margarine
10 dkg Zucker
2 Dotter
Zitronenschale
Alles auf dem Brett zu einem geschmeidigen Teig verarbeiten und 1 Stunde rasten lassen.
Fülle:
20 dkg Mandeln
10 dkg Staubzucker
5 dkg Biskottenbrösel
5 dkg Rosinen
Milch nach Bedarf
Madeira nach Geschmack
Mandeln braun fein reiben und alles andere dazumischen, bis die Masse dick streichfähig ist.
2/3 des Mürbteiges rollt man 3 mm dick aus, legt ihn auf ein unbefettetes Backblech, sticht mit einer Gabel mehrmals ein und backt bei mäßiger Hitze hellbraun. Jetzt die Fülle aufstreichen, vom restlichen Mürbteig bleistiftstarke Rollen formen und ein Gitter über die Fülle legen, bei mäßiger Hitze fertigbacken. Nach dem Auskühlen vorsichtig in Schnitten schneiden.

11. Mai, Freitag:

KARPFEN IN KRÄUTERSAUCE MIT GEKOCHTEN KARTOFFELN
CREMESCHNITTEN

Karpfen in Kräutersauce:
4 schöne Portionsstücke Karpfen
Wurzelwerk
Petersilie, Minze, Melisse, Salz, Pfeffer
Den Karpfen mit viel Wurzelwerk und wenig Wasser kurz aufkochen und dann eine halbe Stunde ziehen lassen. Stücke vorsichtig herausnehmen, sie sollen möglichst ganz bleiben, Rest abseihen. Mit diesem Sud gießt man nun eine helle Buttereinmach von 2 Eßlöffeln Butter und 3 Eßlöffeln Mehl auf, gibt die feingehackten Kräuter dazu, kocht gut durch und legt die von den Gräten befreiten Fischstücke hinein, etwas ziehen lassen und dann servieren.

Cremeschnitten:
Blätterteig (siehe 29. April). Man rollt den Teig ca. 3 mm dick aus, legt ihn auf das trockene Backblech, sticht mit der Gabel einige Male ein und bäckt ihn in heißem Rohr hellbraun. Nach dem Erkalten der Länge nach durchschneiden, die Streifen sollen ungefähr 12 cm lang sein, dick mit Creme bestreichen und den zweiten Teil mit dem Boden nach oben darauflegen, anzuckern.
Creme:
12 dkg Zucker
6 dkg Puddingpulver, Maizena oder Stärke
1/2 l Milch
1 Vanillin
3 Dotter
Den halben Zucker mit dem Dotter gut verrühren, das in 1/4 Liter kalter Milch aufgelöste Puddingpulver dazugeben, gur durchschlagen. Die übrige Milch mit dem Vanillin und dem Restzucker aufkochen, die Puddingmischung einkochen und unter ständigem Rühren 3 – 4 Minuten kochen lassen. Erkaltet die Cremeschnitten füllen.

12. Mai, Samstag:

ROSTBRATEN AUF JÄGERART MIT HÖRNCHEN
BISCHOFBROT

Rostbraten auf Jägerart:
4 mittelgroße Rostbraten
2 Handvoll grob gerissenes Wurzelwerk
1 mittlere Zwiebel
1/4 l Rotwein
etwas Mehl, 2 El Margarine
Die Rostbratenstücke leicht klopfen, pfeffern und salzen, beiderseits leicht bemehlen. In der heißen Margarine die feingeschnittene Zwiebel und das Wurzelwerk anrösten, dann den Rostbraten hineinlegen und gut auf beiden Seiten anbraten. Jetzt mit dem Rotwein ablöschen; falls das Fleisch nicht ganz mit Flüssigkeit bedeckt ist, mit Wasser auffüllen und zugedeckt weichdünsten. Es wird serviert, ohne das Wurzelwerk zu passieren.
Hörnchen wie alle Teigwaren zubereiten.

Bischofbrot:
20 dkg Zucker
10 dkg Margarine
20 dkg Mehl
6 Eier
25 dkg geschnittene kandierte Früchte, Nüsse, Rosinen
Vanillin, Zitronenschale
Margarine leicht erwärmen, bis geschmeidig, dann mit Zucker und Dotter schaumigrühren, den Schnee steifschlagen und unterziehen. Zuletzt vermengt man die Früchte gut mit dem Mehl und rührt sie vorsichtig unter. Eine größere Kastenform gut ausfetten und bemehlen, den Kuchen bei mittlerer Hitze ca. 45 Minuten backen. Ist sehr haltbar.

13. Mai, Sonntag:

KALBSBRATEN MIT HEURIGEN PETERSILKARTOFFELN UND SALAT
PISCHINGERTORTE

Kalbsbraten:
1 – 1 1/2 kg Kalbsbraten vom Schlegel
2 El Butter
Salz, etwas Mehl
Den Kalbsbraten, wenn nötig, zu einer Rolle binden (läßt sich nachher besser schneiden), rundum leicht einsalzen und in der erwärmten, aber nicht braunen Butter allseits anbraten. Nun gießt man mit etwas Wasser auf und achtet darauf, daß beim Braten die Oberseite nicht austrocknet. Dies kann nur durch sehr häufiges Begießen verhindert werden. Wenn der Braten gar ist (nach ca. 2 – 3 Stunden), nimmt man ihn heraus, dickt den Saft etwas ein, staubt mit 1 Eßlöffel Mehl, gibt wieder Wasser zu und rührt sehr gut durch; man kann den Saft mit 1 Eßlöffel Butter verbessern. Den inzwischen warmgestellten Braten schneidet man in Scheiben auf und gibt den Saft rundum, niemals darüber!

Pischingertorte:
1 P. Tortenoblaten
15 dkg Butter
15 dkg Zucker
15 dkg Schokolade
15 dkg geriebene Haselnüsse
4 Dotter
Die Schokolade erweichen, Butter zugeben, bis sie geschmeidig ist, dann die Masse mit Zucker und Dotter schaumigrühren. Zuletzt die Haselnüsse beimischen. Diese Creme zwischen die Tortenblätter füllen, oben und an der Seite die Torte leicht bestreichen und mit einigen zurückbehaltenen geriebenen Haselnüssen bestreuen.

14. Mai, Montag:

GEFÜLLTE KOHLRABI,
PETERSILKARTOFFELN
REISPUDDING

Gefüllte Kohlrabi:

4 große Kohlrabi
40 dkg Faschiertes
1 Semmel
1 Ei
Salz, Pfeffer, Petersilie

Kohlrabi schälen, oberes Viertel köpfen, unten geradeschneiden (steht besser), dann den großen Teil aushöhlen, die Wand soll nur 1/2 – 1 cm stark übrigbleiben. Nun wird aus dem Faschierten, der eingeweichten und ausgedrückten Semmel, dem Ei, Salz, Pfeffer und viel kleingehackter Petersilie ein Fleischteig gemacht, die Kohlrabi damit gefüllt und der auch etwas ausgehöhlte Deckel wieder aufgesetzt. In einem passenden Reindel - es sollen gerade die 4 Kohlrabi hineingehen, und der Deckel muß gut schließen - läßt man 1 – 2 Eßlöffel Butter zergehen und setzt die Kohlrabi hinein; wenn sie etwas angebraten sind, gießt man mit Wasser auf, dem man 1/2 Suppenwürfel beigeben kann. Zugedeckt weichdünsten, dauert ungefähr eine Stunde.

Reispudding:

8 dkg Reis
3 dkg Butter
5 dkg Zucker
1/4 l Milch
3 Eier
1 Vanillin
Salz, Zitronenschale

Den Reis in der gebutterten Milch auf kleiner Flamme weichdünsten, man gibt eine dünne Zitronenschale ganz hinein und entfernt sie nach dem Dünsten wieder. Der Zucker wird mit den Dottern schaumig gerührt, mit der Masse vermischt, der Schnee fest geschlagen und ebenfalls untergezogen. Die Masse wird in mit kaltem Wasser ausgespülte Portionsformen (können auch Tassen sein) gefüllt, nach dem Erkalten gestürzt und mit Himbeersaft oder zerdrückten Erdbeeren übergossen.

15. Mai, Dienstag:

TOPFENHALUSKA
REHRÜCKEN MIT SCHLAG

Topfenhaluska:

30 dkg Teig-Fleckerl
25 dkg Magertopfen
10 dkg Selchspeck
1/4 l Sauerrahm

Fleckerl in Salzwasser weichkochen, abseihen und kalt abspülen. Den Speck kleinwürfelig schneiden, auslassen; die Fleckerl in dem Fett erhitzen, soll sehr heiß sein. Auf vorgewärmten Tellern anrichten, den zerdrückten Topfen darüberstreuen und mit Rahm übergießen.

Rehrücken mit Schlag:

14 dkg Margarine
145 dkg Zucker
7 dkg mit der Schale geriebene Mandeln
7 dkg Semmelbrösel
7 dkg Schokolade
7 Dotter
7 Klar

Schokolade erweichen, Margarine zugeben und geschmeidig machen, mit Zucker und Dottern gut abtreiben. Die geriebenen Mandeln und Böseln untermischen und den fest geschlagenen Schnee zugeben. In einer gefetteten, gebröselten Form bei mittlerer Hitze ca. 45 Minuten backen. Nach dem Erkalten in die Rinne Marillenmarmelade geben und den Rehrücken mit Schokoladenglasur (siehe Glasuren) mit weißen, gestiftelten Mandeln spicken.

16. Mai, Mittwoch:

PIZZA
ANANASSCHEIBEN MIT RUMOBST, SCHLAG

Pizza:
Grundgermteig:
50 dkg Mehl
3 dkg Germ
gut 1/8 l Wasser
5 El Öl, Salz
Die Hefe in warmem Wasser auflösen. Das Mehl mit dem Salz auf ein Brett geben, das Öl und soviel lauwarmes Wasser dazugeben, bis der Teig geschmeidig ist. Gut abarbeiten, dann unter einer vorgewärmten Schüssel 30 Minuten rasten lassen. Dann wird der Teig 1 – 1 1/2 cm dick ausgerollt, zu Hause üblicherweise nicht in der üblichen runden Form, sondern in der Größe der Backbleche; davon kann man später beliebig große Stücke abschneiden. Am Rand den Teig etwas aufstellen, damit die Fülle drinnen bleibt.
Füllen:
Man kann fast alles verwenden, was man gerade zu Hause hat. Die einfachste Fülle ist angeröstete Zwiebel mit geschälten Tomaten und Käse bestreut. Sehr gerne werden Meeresfrüchte aller Art verwendet. Es können auch Sardinen oder Sardellen genommen werden. Sehr sättigend ist eine Käsepizza, man belegt den Teig erst mit hellgelb gerösteten Zwiebeln und dann mit verschiedenen Käsesorten (Achtung, ist sehr schwer verdaulich!). Gerne nimmt man auch Oliven und fast immer Tomatenmark oder ganze Tomaten. Die fertig belegte Pizza immer in gut vorgeheiztes Backrohr geben und bei 200° ca. 40 Minuten backen.

Ananasscheiben:
Ananasscheiben aus der Dose mit Rumobst belegen und geschlagenes Obers dazugeben.

17. Mai, Donnerstag:

HAMMELNÜSSCHEN MIT REIS
SCHÜSSELCREME

Hammelnüßchen:
4 schöne Hammelkotelettes
10 dkg Speck
10 dkg Champignons
1 kleine Zwiebel
3 dkg Butter
1/8 l Weißwein
3 El Obers
Die Kotelettes von den Knochen befreien und die Ränder etwas einschneiden, salzen und mit weißem Pfeffer einreiben. Speck kleinschneiden, anlaufen lassen, Butter zugeben, feingeschnittene Zwiebel und blättrig geschnittene Champignons sowie die Knochen darin anrösten, mit dem Wein löschen, Kotelettes hineingeben, anbräunen und mit soviel Wasser aufgießen, daß das Fleisch gerade bedeckt ist, weichdünsten. Wenn das Fleisch fertig ist, die Knochen herausnehmen und die Sauce mit dem Obers binden.

Schüsselcreme:
12 dkg Zucker
2 Eier
2 Dotter
1 Vanillin
1/2 l Milch
geriebene Schokolade zum Bestreuen
Schlagobers zum Verzieren
Sämtliche Zutaten in einem Topf verquirlen und durch ein feines Sieb seihen. Diese Masse nun in kleine, feuerfeste Förmchen füllen (nur 3/4 voll), in eine Pfanne mit Wasser stellen, das Wasser darf nur bis zur halben Form reichen. In diesem Wasserbad im Backrohr die Creme zum Stocken bringen, das Wasser soll nicht kochen. Sobald die Cremeoberfläche etwas Farbe hat, mitsamt der Pfanne aus dem Rohr nehmen und im Wasser erkalten lassen. Vor dem Anrichten mit geriebener Schokolade verzieren und einen Tupfer Schlagobers daraufgeben.

18. Mai, Freitag:

SEEZUNGENFILET MIT SALZKARTOFFELN
BAISERS MIT SCHLAGOBERS

Seezungenfilet:
4 schöne Seezungenfilets
3 – 4 Champignons
5 dkg Perlzwiebeln
1 El Butter
2 El Weißwein
Zitronensaft, Salz
In der Butter die feingeschnittenen Champignons anbraten, Perlzwiebeln dazugeben, die leicht gesalzenen und mit Zitrone beträufelten Filets hineinlegen, mit dem Wein und wenig Wasser bedecken und weichdünsten. Dauert ca. 20 Minuten.
1 kg Kartoffeln schälen, in große Würfel schneiden,
in Salzwasser mit etwas Kümmel langsam weichkochen. Sollen eher kernweich sein, sie zerfallen leicht.

Baisers mit Schlagobers:
15 dkg Kristallzucker
15 dkg Staubzucker
5 Eiklar
Die Eiklar zu einem festen Schnee schlagen, nach und nach den Kristallzucker einschlagen, zuletzt mit dem Kochlöffel den gesiebten Staubzucker unterrühren. Nun dressiert man über einer kleinen runden Form auf Backpapier schlangenförmig kleine Hütchen. Bei ca. 120° und nicht ganz geschlossenem Rohr anbacken. Wenn die Windmasse sich etwas fest anfühlt, dann 10 Minuten bei geschlossenem Rohr und 100° fertigbacken. Erkaltet mit Schlagobers füllen.

19. Mai, Samstag:

DILLSAUCE MIT SETZEIERN UND KARTOFFELN
BLÄTTERTEIGROLLEN MIT SCHOKOLADENCREME

Dillsauce:
Von 2 Eßlöffeln Margarine und 4 Eßlöffeln Mehl eine helle Einbrenn machen, mit Wasser aufgießen, einen Suppenwürfel mitkochen, eine Handvoll feingewiegte Dille hineingeben. Zu einer nicht zu dicken Sauce verkochen, vorsichtig nach und nach die Eier hineinschlagen, sie sollen dabei möglichst ganz bleiben. Wenn die Eier gestockt sind, die Sauce mit 5 Eßlöffeln Sauerrahm binden. Dazu reicht man Kartoffeln.

Blätterteigrollen mit Schokoladencreme:
Blätterteigrollen: Wie 29. April für Schaumrollen gemacht.
Schokoladencreme:
12 dkg Zucker
10 Blatt Gelatine
1/2 l Milch
2 Dotter
1 ganzes Ei
1 Vanillin
1/2 l geschlagenes Obers
10 dkg Schokolade
Dotter und Ei mit einem kleinen Teil der Milch versprudeln, die übrige Milch mit Zucker und Vanillin zum Kochen bringen. Die versprudelte Masse langsam in die kochende Milch einfließen lassen und schwach aufkochen. Nun vom Feuer nehmen und sofort die vorher eingeweichte, ausgedrückte Gelatine und die zerkleinerte Schokolade hineingeben. Die Crememasse durch ein Sieb seihen und in kaltes Wasser stellen, öfters mit der Schneerute durchziehen. Wenn ganz kalt, das geschlagene Obers untermischen und die Blätterteigrollen damit füllen.

20. Mai, Sonntag:

KITZ GEBACKEN MIT GEMISCHTEM SALAT
MARYTORTE

Kitz gebacken:
1/2 Kitz in entsprechend große Stücke schneiden, das Fleisch von Schulter- und Schlegelstücken etwas dem Knochen entlang einschneiden und auseinanderdrücken, es bäckt dann besser durch. Weiterbehandeln wie Wienerschnitzel (siehe 8. Jänner).

Gemischter Salat:
1 Gurke
1 Häuptlsalat
1/2 kg Kartoffeln
Gurke schälen, feinblättrig schneiden, kräftig salzen, durchmischen und 1 Stunde zugedeckt stehenlassen. Dann die Gurken fest ausdrücken, 2 Zehen zerdrückten Knoblauch dazugeben und mit einer Marinade aus gewässertem, ganz leicht gezuckertem Essig und Öl vermischen.
Den Häuptlsalat gut waschen und in mundgerechte Stücke zerteilen, eine Marinade aus 1 Kaffeelöffel Senf, Öl und leicht gezuckertem und gewässertem Essig mischen, den Salat salzen und mit der Marinade erst kurz vor dem Anrichten vermengen.
Kartoffelsalat: Siehe 4. Jänner.
Der gemischte Salat wird in Portionen nebeneinander, nicht durcheinander, angerichtet.

Marytorte:
14 dkg Zucker
14 dkg Mehl
7 dkg Margarine
3 Rippen Schokolade
6 Eier
1 El Rum oder Weinbrand
Margarine etwas erweichen, ebenso die Schokolade, dann mit dem Zucker und Dotter gut abtreiben. Nun den Schnee schlagen und darunterziehen und das Mehl leicht untersieben, mit dem Rum oder Weinbrand abschmecken. Mittelheiß ca. 50 Minuten backen. Nach dem Auskühlen 1 1/2 cm vom Rand weg eine Scheibe herausschneiden, die Torte noch etwas aushöhlen und mit Schlagobers füllen. Die herausgeschnittenen Stücke zerkleinern, im Rohr übertrocknen, zerbröseln und über die Torte streuen.

21. Mai, Montag:

GEBACKENE LEBERKNÖDEL, KOCHSALAT MIT ERBSEN
SCHOKOLADEWÜRFEL

Gebackene Leberknödel:
25 dkg Rindsleber
25 dkg Schweinsleber
50 dkg Knödelbrot
2 El Öl
Knoblauch, Majoran, Salz, Pfeffer
3 Eier
3 El Mehl
1 mittlere Zwiebel
1/2 l Milch
Eier mit der Milch versprudeln, über das Knödelbrot gießen und ca. 20 Minuten ziehen lassen. Inzwischen die Leber, Zwiebel und Knoblauch faschieren, alles mischen, Öl und Mehl dazugebe, gut durchkneten und Knödel von ca. 5 cm Durchmesser formen. Diese werden nun schwimmend in nicht zu heißem Öl herausgebacken.

Kochsalat mit Erbsen:
12 kg Kochsalat
30 dkg junge, schon enthülste Erbsen
2 El Butter
2 El Mehl
Salz, Pfeffer
Kochsalat gut waschen und nudlig schneiden, dann in leicht gesalzenem Wasser kurz überkochen, abseihen - Sud aufheben. Die Erbsen in 1 El Butter schwenken, mit wenig Wasser aufgießen und weichdünsten, bei jungen Erbsen ca. 15 Minuten. Nun von der restlichen Butter und dem Mehl eine helle Einbrenn machen, mit dem Sudwasser aufgießen, Kochsalat und Erbsen dazugeben, pfeffern und gut durchkochen.

Schokoladewürfel:
12 dkg Margarine
12 dkg Schokolade
12 dkg Zucker
4 Eier
12 dkg mit der Schale geriebene Mandeln
Schokolade erweichen, mit der Margarine, dem Zucker und den Eiern gut abrühren, dann die Mandeln daruntermischen. Diese Masse auf ein gefettetes und gestaubtes Blech ca. 2 cm dick aufstreichen, bei mittlerer Hitze backen. Nach dem Erkalten in Würfel schneiden, diese mit Schokoglasur überziehen und einer geschälten Mandel verzieren.

22. Mai, Dienstag:

FLEISCHSCHMARREN MIT GRÜNEM SALAT
KIRSCHENKUCHEN

Fleischschmarren:
50 dkg Faschiertes
2 Eier
2 El Mehl
1/4 l Milch
1 mittlere Zwiebel
Salz, Pfeffer, Thymian
1 El Margarine
2 El Reibkäse
Zwiebel in der Margarine leicht bräunen und mit den Gewürzen unter das Fleisch mischen. Diese Masse in eine gefettete Pfanne geben und nun Eier, Mehl und Milch versprudelt darübergeben. Im Rohr gut durchbacken, dann mit zwei Gabeln zerreißen und mit Reibkäse bestreuen.

Kirschenkuchen:
12 dkg Margarine
16 dkg Zucker
25 dkg Mehl
1 Ei und 1 Dotter
etwas Milch
1/2 Backpulver
Margarine, Zucker, Ei und Dotter gut abtreiben, dann die Milch zugeben und das mit dem Backpulver versiebte Mehl. Teig in eine gut gefettete, gestaubte Form geben und dicht mit nicht entkernten Kirschen belegen. (Die Maikirschen sind noch zu wässerig, darum läßt man den Kern drinnen.) Bei 200° ca. 45 Minuten backen, erkalten lassen, in Stücke schneiden und anzuckern.

23. Mai, Mittwoch:

SELCHZUNGE MIT KARTOFFELPÜREE UND GURKERL
MANDELMILCH

Selchzunge:
Eine geselchte Rindszunge wird gut gewaschen und in ungesalzenem Wasser zugestellt. Wenn man den Selchgeschmack nicht zu stark haben will, dann läßt man die Zunge 10 Minuten gut kochen und schüttet dieses erste Kochwasser ab. Man setzt nochmals zu und kocht die Zunge weich, am besten in einem Schnellkochtopf, denn sonst muß man ungefähr 3 Stunden rechnen. Die Zunge herausnehmen, kurz überkühlen lassen, aber unbedingt noch warm abschälen, ist sonst fast unmöglich.
Die Zunge in 1 – 2 cm starke Scheiben schneiden, mit etwas Suppe übergießen und mit Kartoffelpüree (siehe 3. Jänner) anrichten.

Mandelmilch:
18 dkg abgezogene Mandeln
20 dkg Zucker
1/2 l Milch
6 Blatt Gelatine
Gelatine in kaltem Wasser einweichen, Milch und Zucker aufkochen, die abgezogenen, feingeriebenen Mandeln und die ausgedrückte Gelatine in die heiße Milch geben und etwa 30 Minuten ziehen lassen. Dann nochmals erwärmen und die Masse durch ein Sieb seihen, wobei man die Mandeln gut ausdrückt. Die passierte Mandelmilch in Portionsgläser füllen und erkaltet servieren, man kann dazu Biskotten reichen.

24. Mai, Donnerstag:

FRÜHLINGSSALAT ALS VORSPEISE
ERDBEERKNÖDEL

Frühlingssalat:
4 junge Karotten
4 Radieschen
1 Häuptl Salat
1 Stange Lauch
1/2 kg Kartoffeln
2 Eier
Marinade:
1 Becher Joghurt
2 Dotter
Salz, Knoblauch, Zitronensaft, Melisse und Schnittlauch

Die Karotten und Radieschen werden gut gewaschen und geputzt, dann grob gerissen, dazu den Häuptlsalat in kleine Stücke schneiden - das Innere nur zerteilen - den Lauch in dünne Ringe schneiden und die gekochten Kartoffeln in nicht zu großen Scheiben untermischen. Zur Marinade rührt man die Dotter mit dem Joghurt gut ab, gibt Salz und Knoblauch dazu. Die 2 Eier hartkochen und grob geschnitten zu allem anderen dazugeben; nun gibt man die Marinade darüber und zieht vorsichtig unter, damit Eier und Kartoffeln nicht brechen. Vor dem Servieren dann die feingehackten Kräuter darüberstreuen.

Erdbeerknödel:
35 dkg Topfen
20 dkg Mehl
5 dkg Butter
2 Eier
Salz

Butter mit dem Mehl auf einem Nudelbrett rasch abbröseln, Eier, Topfen und Salz dazugeben und einen geschmeidigen Teig abarbeiten, 30 Minuten zugedeckt mit einem Tuch rasten lassen. Dann eine Rolle von ca. 5 cm Durchmesser formen und je nach gewünschter Knödelgröße Stücke abschneiden. Mit der Hand flachdrücken, mit einer großen, etwas festeren Ananaserdbeere füllen und zu Knödeln formen. In leichtem Salzwasser ca. 15 Minuten kochen. Vorsichtig herausnehmen und dabei gut abtropfen lassen, mit in Butter gerösteten Semmelbröseln und brauner Butter servieren.

25. Mai, Freitag:

GEBRATENE FORELLE MIT KRÄUTERFÜLLE, GURKENSALAT
KALTER REIS MIT ERDBEERSAUCE

Gebratene Forelle:
4 große Forellen ausnehmen, waschen, dem Rücken entlang nicht zu tief einschneiden. Mit folgender Fülle füllen:
Fülle:
10 dkg Champignons
5 dkg Butter
1 in Milch eingeweichte und ausgedrückte Semmel
1 Ei
Petersilie, Melisse, Knoblauch, etwas Minze, Salz

Butter mit dem Ei abtreiben, Semmel und die sehr fein geschnittenen Kräuter untermischen, ebenso natürlich die feingewiegten Champignons.
Die Forelle wird nach dem Füllen mit einigen Stichen zugenäht, beiderseits in Mehl getaucht und in Butter gebraten, einmal wenden.
Dazu siehe Gurkensalat vom 20. Mai.

Kalter Reis mit Erdbeersauce:
10 dkg Reis, möglichst körniger
5 dkg Butter
3/4 l Milch
1 Prise Salz
2 Dotter
1 Vanillin
10 dkg Zucker

In die Milch Salz, Butter und den gut gewaschenen Reis geben, bei kleiner Flamme aufkochen und weichdünsten.
Dotter mit Vanillin und Zucker abtreiben und unter den überkühlten Milchreis mischen, in eine Schüssel füllen und erkalten lassen.
Erdbeersauce:
50 dkg frische Erdbeeren, Monatserdbeeren schmecken besser als Ananaserdbeeren, man kann auch mischen
12 dkg Zucker
1 Zitrone

Erdbeeren passieren und das Mark mit dem Zucker und dem Saft der Zitrone gut verrühren.

26. Mai, Samstag:

GEFÜLLTE CANNELLONI MIT SPINAT
EISOMELETTE

Gefüllte Cannelloni:
Die Teigwaren fertig kaufen, sind große Röhren.
Füllung:
1 kg Spinat
1 El Petersilie
10 dkg Maskarpone
15 dkg Schmelzkäse
7 dkg Parmesan
1 Ei
1 Dotter
etwas Muskat und Salz
Den Spinat gut waschen und von den Stengeln befreien, hacken, Petersilie fein wiegen und Maskarpone in einer Schüssel gut abrühren. Dann Ei, Dotter, zerkleinerten Schmelzkäse, Parmesan, Muskat und Salz dazugeben und gut verarbeiten. Damit füllt man die Cannelloni. Eine feuerfeste Form mit reichlich Butter ausstreichen, die Cannelloni in eienr Schichte hineinlegen und mit Bechamel übergießen. Mit Parmesan bestreuen und bei 200° ca. 30 Minuten backen.
Bechamel:
5 dkg Butter
5 dkg Mehl
1/2 l Milch
4 El Crème fraiche
Salz, Muskat
Von Butter und Mehl eine helle Einbrenn machen und langsam mit der Milch aufgießen. Crème fraiche, Salz und Muskat gut unterrühren, kurz aufkochen.

Eisomelette:
Biskuitboden oder Biskotten als Unterlage.
Biskuitboden:
20 dkg Mehl
20 dkg Staubzucker
7 Eier
Vanillin, Zitronenschale
Zucker mit Eiern schaumig rühren und Mehl unterziehen, die Masse fingerdick in eine gefettete, gestaubte Form streichen und sehr hell backen.
Eine feuerfeste Silber- oder Porzellanplatte mit dem Biskuit oder den Biskotten belegen, eventuell mit Rum beträufeln, dann die Eisportionen darauflegen, mit reichlich Schnee-Zuckerschaum oben und seitlich bestreichen, mit Staubzucker besieben und in sehr heißem Rohr bei Oberhitze rasch Farbe nehmen lassen, sofort servieren und erst bei Tisch in Portionen schneiden.

27. Mai, Sonntag:

KALBSLEBER NACH JÄGERART MIT REIS
STARNITZEL MIT SCHLAGOBERS UND ERDBEEREN

Kalbsleber nach Jägerart:
4 schöne Scheiben Kalbsleber
4 Scheiben Räucherspeck
4 dicke Apfelscheiben mit der Schale
4 El Madeira
etwas Curry und weißer Pfeffer
Leberscheiben mit Pfeffer und Curry würzen, auf einen tiefen Teller legen und mit dem Madeira übergießen. Eine halbe Stunde beizen lassen. In einer entsprechend großen Pfanne die Speckscheiben beiderseits glasig anrösten, aus der Pfanne nehmen und im verbleibenden Bratenfett die Leber- und Apfelscheiben beidseitig einige Minuten braten. Kurz vor dem Anrichten den Speck in der Pfanne mit erhitzen. Leber jetzt erst salzen. Man kann den Rückstand in der Pfanne mit 1 Eßlöffel Mehl stauben, aufgießen mit der Madeirabeiz und etwas Wasser und der Speise zugeben.

Starnitzel:
20 dkg Zucker
4 ganze Eier
10 dkg Mehl
Zucker mit Eiern schaumig rühren, Mehl dazugeben, gut abmischen. Jetzt mit einem Eßlöffel die Masse in weiten Abständen auf ein gut gefettetes und bemehltes Blech rinnen lassen. Kurz bei ca. 200° hellbraun backen und einzeln vom Blech nehmen, sofort zu Starnitzeln drehen. Nach dem Erkalten mit Schlag-

obers und Erdbeeren füllen. Diese Starnitzel können auf Vorrat gemacht werden und eingefroren aufgehoben werden.

28. Mai, Montag:

GEMÜSESCHNITZEL, GRÜNER SALAT
GEBRANNTE BISKUITOMELETTE

Gemüseschnitzel:
50 dkg gemischtes Gemüse: Spinat, Karotten, Erbsen, Lauch, Kochsalat und Petersilie, grob gehackt, in 1 – 2 Eßlöffel Butter mit ganz wenig Wasser überdünsten, etwas überkühlen lassen. Dann eine Bechamel von 3 dkg Butter, 3 dkg Mehl und 1/8 Liter Milch sofort noch warm einrühren, die Masse fingerdick auf ein Blech streichen und erstarren lassen. Danach Vierecke (ca. 8 x 8 cm) herausschneiden und wie Wienerschnitzel (siehe 8. Jänner) behandeln.

Gebrannte Omelette:
10 dkg Zucker
10 dkg Mehl
5 Eier
Vanillin und Zitronenschale
Eier und Zucker über Dunst dick schlagen, dann kalt noch etwas weiterschlagen und nun locker das Mehl unterziehen. In gefetteter und gestaubter Tortenform ca. 30 Minuten bei mittlerer Hitze backen. Nach dem Erkalten Torte durchschneiden, mit Marillenmarmelade füllen, wieder zusammensetzen und dick mit Staubzucker bestreuen. Mit einem glühenden Eisenstab (Schürhaken) brennt man nun ein Gittermuster in den Zucker.

29. Mai, Dienstag:

CURRYFLEISCH MIT REIS
OBSTSCHÜSSERL

Curryfleisch:
75 dkg Kalbfleisch (Kalbsvögerl)
2 El Butter
3 El Mehl
10 dkg Champignons
1/8 l Obers
1 – 2 Kl Curry
Kalbfleisch würfelig schneiden, mit den blättrig geschnittenen Champignons, Salz und wenig Wasser zugedeckt eine halbe Stunde kochen. Aus Butter und Mehl eine helle Einbrenn machen, mit der Kalbsflüssigkeit aufgießen, glatt verkochen. Obers mit Curry gut versprudeln und in die Einbrenn einfließen lassen. Das Fleisch dazugeben und gut aufkochen.

Obstschüsserl:
4 fertig gekaufte Biskuitobstschüsserl
30 dkg Monatserdbeeren, noch besser Walderdbeeren
1 Päckchen rote Gelatine
Den Schüsserlboden mit Erdbeermarmelade bestreichen, die Erdbeeren ganz dicht darauflegen und nach Anweisung mit der roten Gelatine überziehen.

30. Mai, Mittwoch:

KOHLRABI WÜRFELIG WIE KARFIOL
GEGRILLTER LEBERKÄSE, HEURIGE BUTTERKARTOFFELN
RIBELE MIT BELIEBIGEM KOMPOTT

Kohlrabi:
4 mittelgroße Kohlrabi
5 dkg Butter
Petersilie
Kohlrabi schälen, in ca. 1 cm große Stücke schneiden, in Salzwasser weichkochen, abseihen. Die feingeschnittene Petersilie in der Butter anlaufen lassen, die Kohlrabiwürfel darin schwenken, mit Butterkartoffeln und 4 Scheiben gegrilltem Leberkäse anrichten.

Ribele:
1/4 l Maisgrieß
1/2 l Milch
10 dkg Butter
5 dkg Zucker
Salz
Den Maisgrieß in der gezuckerten und gesalzenen Milch so lange kochen, bis ein ganz dicker Brei entsteht; der Kochlöffel muß darin stecken bleiben. Auskühlen lassen, dann löffelweise in die heiße Butter geben und so lange rösten, dabei mit einer Gabel zerkleinern, bis daß der Ribel ganz krümelig ist. Mit Zucker bestreuen und eventuell braune Butter darübergeben.

31. Mai, Donnerstag (Feiertag):

BACKHENDL MIT GEMISCHTEM SALAT
ERDBEER-SCHOKO-TORTE

Backhendl:
Das Backhendl soll nicht schwerer als 1200 – 1300 Gramm sein. Man schneidet nicht zu große Stücke, zieht die Haut ab, schneidet bei den Knochen ein und drückt das Fleisch flach. Weiterbehandeln wie Wienerschnitzel (siehe 8. Jänner).
Gemischter Salat: Siehe 20. Mai.

Erdbeer-Schoko-Torte:
15 dkg Zucker
15 dkg Mandeln
12 dkg Mehl
5 dkg Kakao
4 El heißes Wasser
5 Eier
1 Tl Backpulver
Zucker mit Dottern schaumig rühren, nach und nach das heiße Wasser zugeben, dann die Mandeln und das mit dem Backpulver versiebte Mehl unterziehen, den festgeschlagenen Schnee dazugeben. Bei mittlerer Hitze ca. 50 Minuten backen. Erkaltet auseinanderschneiden, mit Schlagobers und Erdbeeren füllen, ebenso verzieren.

1. Juni, Freitag:

BOUILLABAISSE
RHABARBERTASCHEN

Bouillabaisse:
1 – 1,5 kg gemischte Fische und Schalentiere: Karpfen, Weißfisch, Hecht, Muscheln, Seezunge, Krebse
1/16 l Öl
1/4 l Weißwein
1,5 l Wasser
Geröstete Weißbrotscheiben nach Bedarf
Gewürze:
2 feingehackte Zwiebeln
2 feingeschnittene Tomaten, besser auch noch geschält
2 Zehen Knoblauch
1 Kl Pfefferkörner
1 Lorbeerblatt
etwas Zitronen- und Orangenschale
1 El geschnittene Petersilie
Salz
Fisch gut waschen und in kleine Stücke schneiden, in einen entsprechend großen Topf mit Wasser geben. Die Gewürze in einem Säckchen dazugeben, salzen, Wein und Öl darübergießen und ca. eine Stunde kochen lassen. Gewürzsäckchen herausnehmen und mit den Weißbrotscheiben servieren.

Rhabarbertaschen:
1 kg Rhabarber
5 dkg Zucker
5 dkg Nüsse
etwas Zimtrinde
Rhabarber schälen und in 3 cm lange Stücke schneiden, mit dem Zucker und der Zimtrinde in wenig Wasser kurz überdünsten, abseihen und gut abtropfen lassen.
14 dkg Margarine
20 dkg Mehl
2 Dotter
2 El Wasser
etwas Salz
Aus diesen Zutaten auf dem Brett rasch einen Teig kneten, gut messerrückendick ausrollen, in 10 x 10 cm große Stücke schneiden. Die eine Hälfte der Teigstücke mit geriebenen Nüssen und Rhabarber belegen, die zweite Hälfte darüberschlagen, gut andrücken, mit Eiklar bestreichen und bei mittlerer Hitze ca. 25 Minuten backen.

2. Juni, Samstag:

SPINATSTRUDEL MIT
REMOULADENSAUCE
REIS TRAUTMANNSDORF

Spinatstrudel:
25 dkg Mehl
25 dkg Margarine
25 dkg Topfen
1 kg Spinat
Salz
Den Teig am Brett gut abarbeiten, ausrollen (ca. fingerdick) und mit dem blanchierten und gehackten Spinat belegen, einrollen, mit Ei bestreichen und bei ca. 200° 45 Minuten backen.

Reis Trautmannsdorf:
10 dkg Reis
8 dkg Zucker
1/2 l Milch
6 Blatt Gelatine
1/4 l Obers
Salz, Vanillin
30 dkg Früchte: Ribisel, Erdbeeren, Stachelbeeren, gut gewaschen und geputzt
2 El Maraschino
Den Reis in der gesalzenen Milch weichdünsten, Gelatine in kaltem Wasser einweichen, dann ausdrücken und unter den noch warmen Reis geben. Jetzt kommen auch der Zucker und das Vanillin dazu. Die Früchte werden mit dem Maraschino übergossen und untergemischt. Gleichzeitig mit den Früchten gibt man auch das geschlagene Obers unter den Reis. Den Reis in eine mit kaltem Wasser ausgespülte Form geben und kaltstellen. Nach dem Erkalten stürzen und mit Früchten verzieren.

3. Juni, Sonntag:

GEBACKENES HIRN MIT RAHMGURKEN
MAKRONENTORTE

Gebackenes Hirn:
80 dkg Kalbshirn am Tag vorher in leicht gesalzenem Wasser 30 Minuten langsam kochen. Am nächsten Tag das gestockte Blut entfernen und das Hirn in ca. 1,5 cm starke Scheiben schneiden, das Hirn darf nicht mehr blutig sein. Jetzt wie Wienerschnitzel (siehe 8. Jänner) weiterbehandeln.

Rahmgurken:
1 schöne schlanke Salatgurke gut waschen, mit der Schale erst in Scheiben, dann in kleine Würfel schneiden, salzen und mit 1/2 Becher Joghurt, 1/2 Becher Rahm und 1 Eßlöffel feingehackter Dille vermischen.

Makronentorte:
8 Eiweiß
33 dkg Zucker
33 dkg sehr grob geriebene Nüsse
Eiweiß mit Zucker über Dampf dicklich schlagen, die Nüsse dazugeben und auf gut gefettetem und gestaubtem Blech vier tortengroße, 1 cm dicke Lagen auftragen und bei mäßiger Hitze hellbraun backen. Vorsichtig vom Blech nehmen und überkühlen.
Creme:
10 Eßlöffel starken Kaffee mit 20 dkg Zucker dick einkochen, vom Feuer nehem und 4 Dotter nach und nach einrühren. Wenn die Creme noch nicht ganz kalt ist, dann 20 dkg Butter einrühren.
Diese Creme zwischen die Tortenblätter füllen und mindestens einen Tag stehenlassen.

4. Juni, Montag:

GEKOCHTES SCHWEINSBRÜSTEL MIT GRIESSKNÖDEL
VANILLE-KAFFEE-EIS SELBSTGEMACHT

Schweinsbrüstel:
1 kg Schweinsbrüstel in gesalzenem Wasser mit Wurzelwerk weichkochen, in etwas stärkere Scheiben schneiden und mit wenig Suppe anrichten.
Grießknödel:
1 kleines Knödelbrot
10 dkg Margarine
1 Tasse Grieß
2 Eier
Das Knödelbrot mit etwas Suppe und der zerlassenen Margarine übergießen, salzen, den Grieß daruntermischen und etwas stehenlassen, dann mit den Eiern binden. Mittelgroße Knödel formen und in Salzwasser langsam kochen, nach 15 Minuten zugedeckt noch auf der warmen Platte weiter ziehenlassen.

Vanille-Kaffee-Eis:
1/2 l Milch
10 dkg Zucker
2 Eier
2 Vanillin
1 Kl Löskaffee
1/8 l Schlagobers
Zucker, Vanillin und Eier schaumig rühren und in die heiße Milch eingießen, kurz stocken lassen und vom Feuer nehmen, auskühlen und im Gefrierfach halbfest frieren lassen - am besten gleich getrennt für Kaffee- und Vanilleeis in flachen Eisschalen. Das Obers schlagen, die Hälfte unter das Vanilleeis mischen und gut durchmixen, die andere Hälfte mit dem in ganz wenig Wasser gelösten Kaffee vermischen und mit der zweiten Hälfte Eis gut durchschlagen. Das Eis soll nicht nochmals eingefroren werden, es wird sonst zu hart.

5. Juni, Dienstag:

HÜHNERRISOTTO MIT GRÜNEM SALAT
SCHOKOLADEPALATSCHINKEN

Hühnerrisotto:
1 kleines Huhn
2 Tassen Reis
2 Tassen junge Erbsen
2 El Butter
Das Huhn ausnehmen, Innereien und die Flügerl für eine Suppe verwenden. Das Fett vom Huhn kleinschneiden, auslassen und darin das Huhn dünsten, nur wenig Wasser beigeben. Wenn das Huhn weich ist, erkalten lassen, vom Knochen lösen und die Haut abziehen, in kleine Stücke schneiden.
Den Reis mit den Erbsen gleichzeitig dünsten. Für körnigen Reis nimmt man für 1 Tasse 2 1/2 Tassen Wasser und ein Nußgroß Butter. Meistens ist die richtige Mischung von Wasser und Reis auf der Packung angegeben. Die restliche Butter erwärmt man, gibt das zerkleinerte Huhn, Reis und Erbsen dazu und mischt gut.

Schokoladepalatschinken:
Palatschinkenteig: Siehe 13. Jänner. Die fertigen Palatschinken mit grob geriebener Schokolade bestreuen und mit Schlagobers füllen, einrollen und noch Schokolade und Zucker darübergeben.

6. Juni, Mittwoch:

KRENFLEISCH MIT SALZKARTOFFELN
BISKUITROULADE MIT ERDBEEREN

Krenfleisch:
Wenn man das Fleisch nicht zu fett haben will, nimmt man am besten eine Stelze. Diese kocht man mit geschnittenem Wurzelwerk und 1 Lorbeerblatt in viel Wasser weich. (Schnellkochtopf dafür sehr gut geeignet.) Dann löst man das Fleisch von den Knochen, schneidet es in portionsgroße Stücke, gibt das Wurzelwerk und etwas Suppe darüber und richtet an. Viel feingerissenen Kren gibt man extra in einer kleinen Schüssel dazu, damit jeder die gewünschte Menge nehmen kann.

Biskuitroulade mit Erdbeercreme:
Biskuitroulade:
11 dkg Zucker
7 dkg Mehl
6 Eier
Wenn man ein Rührgerät hat, kann man den Zucker gleich mit den ganzen Eiern schaumig rühren, sonst Zucker mit Dottern rühren und den Schnee extra geschlagen darunterziehen. Fingerdick auf ein gefettetes und gestaubtes Blech aufstreichen und hell backen. Noch warm einrollen.
Erdbeercreme:
15 dkg Zucker
25 dkg Walderdbeeren
1/4 l Erdbeermark (passierte Erdbeeren)
1/2 l geschlagenes Obers
1/2 l Milch
6 Blatt Gelatine
2 Dotter
Dotter mit 1/8 l Milch und 5 dkg Zucker gut verrühren. Die restliche Milch mit dem Zucker aufkochen, in die kochende Milch das Dottergemisch einfließen lassen, unter ständigem Rühren kurz aufkochen und vom Feuer nehmen. Dann sogleich die erst eingeweichte und dann fest ausgedrückte Gelatine dazugeben und noch etwas weiterrühren. Kurz vor dem Stocken das Erdbeermark und das geschlagene Obers mit der Schneerute vorsichtig unter die Creme ziehen.
Die Roulade nun wieder aufrollen, mit der halben Crememasse bestreichen, die Erdbeeren darauf verteilen, die restliche Creme darübergeben und einrollen. Kaltstellen und vor dem Servieren mit einem in heißes Wasser getauchten Messer in Portionen schneiden.

7. Juni, Donnerstag:

GEGRILLTE SCHWEINSKOTELETTES MIT ERBSEN UND KAROTTEN
TOPFENTORTE

Gegrillte Schweinskotelettes:
4 Schweinskotelettes salzen und mit Schweinsgrillgewürz einreiben, die Ränder kurz einschneiden, damit die Kotelettes glatt liegenbleiben und grillen.
Erbsen und Karotten:
1 Bund junge Karotten gut waschen und in dünne Scheibchen schneiden, in 1 Eßlöffel Butter anlaufen lassen, salzen und 1 Kaffeelöffel Zucker zugeben. 1/2 kg enthülste Zuckererbsen zu den Karotten geben, mit wenig Wasser weichdünsten und ein Teigerl aus 1 Kaffeelöffel Mehl und etwas Wasser einrühren, nurmehr kurz aufkochen.

Topfentorte (auf Biskuitboden):
Biskuitboden:
3 Eier
10 dkg Staubzucker
10 dkg Mehl
Eier mit Zucker schaumig rühren, Mehl unterziehen und langsam hellbraun backen. In der Form lassen und darauf die Topfenmasse geben.
Topfenmasse:
25 dkg feiner Topfen
10 dkg Zucker
4 Dotter
Vanillin, Zitronenschale
1/2 l Obers
4 Blatt Gelatine
Zucker und Dotter schaumig rühren, nach und nach den Topfen hineingeben, Vanillin und Zitrone auch dazu. Das Obers nicht ganz fest schlage, die erst eingeweichte, dann ausgedrückte Gelatine unterziehen und fertigschlagen. Alles locker zusammenrühren und auf den Biskuitboden auftragen, kühl stellen, dann erst aus der Tortenform nehmen.

8. Juni, Freitag:

FISCHNOCKERL IN TOMATENSAUCE, BUTTERKARTOFFELN
MÜRBER ERDBEERSCHAUMKUCHEN

Fischnockerl:
40 dkg Kabeljaufilet
1 in Milch eingeweichte Semmel
Petersilie, Salz
1 Ei
1 El feine Semmelbrösel
Fisch, ausgedrückte Semmel und Petersilie zweimal faschieren, Ei und Semmelbrösel daruntermischen, mit einem Eßlöffel Nockerl ausstechen und in der Tomatensauce mehr ziehen als kochen lassen.
Tomatensauce:
1 El Butter
2 El Mehl
1 Tl Zucker
Salz, 1 Spritzer Essig
40 dkg Tomatenmark
Aus Butter und Mehl eine helle Einbrenn machen, mit wenig kaltem Wasser und dem Tomatenmark aufgießen, mit Salz, Zucker und Essig abschmecken.

Mürber Erdbeerschaumkuchen:
3/4 kg Erdbeeren
3 El Erdbeermarmelade
16 dkg Margarine
10 dkg Zucker
2 Dotter
Mehl mit Margarine abbröseln, Zucker und Dotter dazugeben und einen glatten Teig bereiten. Gut fingerdick ausrollen und auf etwas gefettetem und gestaubtem Blech hell vorbacken. Dann mit Erdbeermarmelade bestreichen, Erdbeeren darauflegen, den Schaum darübergeben und fertigbacken; der Schaum soll eine hellbraune Kruste haben.
Schaum: 4 Eiklar mit 20 dkg Zucker über Dunst dick schlagen. Achtung, kein Vanillin dazugeben, der Schaum wird sonst gelblich.

9. Juni, Samstag:

WURSTGESCHNETZELTES MIT HÖRNCHEN
SPANISCHER VANILLEKUCHEN

Wurstgeschnetzeltes:
35 dkg Extrawurst
20 dkg Champignons
1/4 l Obers
1 El Mehl
2 El Butter
3 El Sherry
1 Tl Worcestersauce, grüner Pfeffer
Grünen Pfeffer zerdrücken, Sherry und Worcestersauce gut vermischen, über die in schmale Streifen geschnittene Wurst geben und 1 Stunde stehenlassen. In der Zwischenzeit die feinblättrig geschnittenen Champignons in der Butter andünsten, mit dem Mehl stauben und mit Obers aufgießen. Gut durchkochen, wenn nötig, etwas Wasser zugeben, die abgetropfte Wurst zugeben und 5 Minuten kochen lassen. Mit der Marinade abschmecken.

Spanischer Vanillekuchen:
19 dkg Zucker
19 dkg Margarine
19 dkg Mehl
2 Vanillin
1/2 Backpulver
3 Eier
7 dkg gehackte Nüsse
7 dkg gehackte Mandeln
10 dkg gehackte Schokolade
2 dkg Zitronat
1 El Rum
Zucker, Margarine und Eier gut abrühren, das mit dem Mehl versiebte Backpulver und Vanillin daruntergeben. Nun Rum, Nüsse, Mandeln, Schokolade und Zitronat einmengen, gut verrühren und in gestaubter, gefetteter Kastenform bei 180° ca. 60 Minuten backen.
Mit Schokoglasur (siehe Glasuren) überziehen. Der Kuchen bleibt sehr lange saftig.

10. Juni,Pfingstsonntag:

ENTRECOTE MIT JUNGEM GEMÜSE UND BUTTERKARTOFFELN
KIRSCHTORTE

Entrecote:
4 dicke Scheiben Beiried, pro Stück ca. 35 dkg, leicht klopfen, mit Salz und Pfeffer einreiben, eventuell auch mit etwas Senf. 10 Minuten liegenlassen, dann in einer Pfanne mit heißer Margarine beiderseits je 5 – 8 Minuten braten lassen. Die Bratzeit richtet sich danach, ob man das Fleisch innen rosa haben will oder nicht. Das Fleisch auf eine heiße Platte geben und den Bratenrückstand mit ganz wenig Wasser aufgießen und darübergießen.
Junges Gemüse:
30 dkg Prinzeßbohnen
30 dkg Erbsen
30 dkg Spargel
30 dkg Karotten
Gemüse waschen und putzen, Spargel schälen und in 3 cm lange Stücke schneiden, ebenso auch die Prinzeßbohnen. Die Karotten sollen nicht zu dick sein und werden auch in kleine Stücke geschnitten. Jede Gemüsesorte wird extra blanchiert und ebenso jede für sich gesalzen und in Butter geschwenkt. Um das Fleisch herum anrichten.

Kirschtorte:
12 dkg Margarine
25 dkg Staubzucker
15 dkg Mehl
5 Eier
Margarine, Staubzucker und Dotter gut abtreiben, das Mehl und den Schnee von 5 Klar darunterziehen. Die Masse in eine gut gefettete und gestaubte Form geben.
50 dkg dunkle Kirsschen auslösen (mit einem Entkerner, damit beim Backen nicht zuviel Saft ausrinnt), auf die Kuchenmasse geben und bei ca. 180° 50 Minuten backen. Die Kirschen sinken beim Backen ein, also stürzt man die Torte nach dem Erkalten und zuckert sie gut an.

11. Juni, Pfingstmontag:

GEBACKENE SPARGELSPITZEN MIT MAYONNAISESALAT
FRÜCHTECREMETORTE

Gebackene Spargelspitzen:
1 kg Spargelspitzen schälen, ganz kurz in leichtem Salzwasser überkochen, abseihen und gut abtropfen lassen (am besten auf einem Küchentuch), dann weiterbehandeln wie Wienerschnitzel (siehe 8. Jänner).
Mayonnaisesalat: Siehe 13. Jänner.

Früchtecremetorte:
13 dkg Zucker
13 dkg Haselnüsse
4 Eier
2 Rippen erweichte Schokolade
Schokolade erweichen, Zucker und Dotter dazugeben und gut abrühren. Schnee von 4 Klar fest schlagen und mit den Haselnüssen unter die Dottermasse mischen. Auf befettetem Pergamentpapier 3 nicht zu große Kreise zeichnen und die Tortenmasse gleichmäßig verteilt aufstreichen. Mehr trocknen als backen, in sehr kühlem Rohr. Das Pergamentpapier von den Tortenböden ziehen und, wenn diese ganz ausgekühlt sind, wie folgt füllen:
Fülle:
25 dkg Butter
15 dkg Zucker
2 Dotter
50 dkg passierte Erdbeeren
1 El Rum
Die Butter etwas erwärmen, bis sie geschmeidig ist, dann mit Zucker und Dottern gut verrühren. Die passierten Erdbeeren und den Rum dazugeben, gut vermischen und die Tortenblätter damit füllen. Die Torte soll am Tag vorher bereitet werden, dann zieht die Creme besser ein.

12. Juni, Dienstag:

GEKOCHTES SCHWEINSZÜNGERL MIT FRISCHEM KRAUT UND KARTOFFELN
SCHOKOAUFLAUF

Gekochtes Schweinszüngerl:
3 Schweinszungen gut waschen und mit Wurzelwerk in gesalzenem Wasser kochen, sehr gut im Schnellkochtopf. Wenn die Zungen weich sind, herausnehmen und noch warm die Haut abziehen. (Wenn das nicht leicht geht, ist die Zunge noch nicht weich.) In etwa 1 cm dicke Scheiben schneiden und mit wenig Suppe anrichten.
Frisches Kraut:
1 Krauthäuptl, ungefähr 1 kg schwer
1 El Butter
2 El Mehl
Salz, Essig, Kümmel
Das Kraut feinnudelig schneiden, mit Kümmel in gesalzenem Wasser weichkochen. Abseihen, den Kochsud aufheben. Von Butter und Mehl eine leichte Einbrenn machen, mit einem Teil vom Sud aufgießen, das Kraut hineingeben und mit Essig abschmecken.

Schokoladenauflauf:
3 Semmeln
2 Rippen Schokolade
7 dkg Zucker
7 dkg Margarine
1/4 l Milch
4 Eier
Schokolade in Milch mit Zucker aufkochen und über die feinwürfelig geschnittenen Semmeln gießen, etwas stehenlassen. Dotter und Margarine abtreiben, den geschlagenen Schnee dazugeben und alles unter den Semmelbrei geben, gut durchmischen und in gefetteter Auflaufform backen, bei 180° ca. 1 Stunde. Mit Himbeersaft servieren.

13. Juni, Mittwoch:

LEBERRAGOUT IM REISRING
VANILLESOUFFLÉ

Leberragout:
75 dkg Schweinsleber
5 dkg Butter
1 mittelgroße Zwiebel
1 Paprikaschote
5 Oliven, Majoran, Pfeffer, Salz
2 El Rahm
Zwiebel und Schweinsleber in Streifen schneiden, die Zwiebel in der Butter anlaufen lassen, dann die Leber dazugeben, etwas anrösten und mit wenig Wasser aufgießen. Zum Dünsten gibt man den kleingeschnittenen Paprika, Oliven, Majoran und Pfeffer dazu; salzen erst vor dem Anrichten, sonst wird die Leber hart. Zum Binden nimmt man den Rahm, das Gericht soll damit nicht mehr kochen.

Vanillesoufflé:
(Die Angaben beziehen sich auf 1 Portion, da das Soufflé einzeln in Auflaufschalen gemacht wird.)
4 dkg Mehl
2 dkg Butter
5 dkg Zucker
1/8 l Milch
2 Eier
1 Messerspitze Vanillin
Milch, Butter, Vanillin und die halbe Zuckermenge aufkochen, mittels Schneerute das Mehl einrühren und die Masse so lange am Feuer bearbeiten, bis sie sich vom Geschirr löst. Vom Feuer nehmen und sofort die Dotter einrühren, erkalten lassen und erst jetzt den mit dem restlichen Zucker geschlagenen Schnee unterziehen. Die Massen in eine gebutterte, gezuckerte Auflaufschale 3/4 hoch einfüllen. Das Backen geschieht bei Mittel-Oberhitze und nicht ganz geschlossenem Rohr. Das Soufflé soll innen etwas cremig bleiben. Anzuckern und in der Souffléschale servieren.

14. Juni, Donnerstag:

NUDELPFANNE MIT WURST
STACHELBEERKOMPOTT

Nudelpfanne:
40 dkg breite Nudeln
30 dkg Wurstreste (wenn man die Wurst kauft, mehr Extrawurst kaufen)
1 El Butter
2 Eier
Parmesan
1/2 l Tomatensuppe
Erst bereitet man die Tomatensuppe. Man gießt eine 1/4 l Packung Tomatenmark mit Wasser auf, salzt, gibt einen Bund grüne Petersilie und 1 Kaffeelöffel Zucker dazu und dickt diese Menge auf 1/2 Liter ein. Petersilie herausnehmen. Die Nudeln in Salzwasser weichkochen, abseihen, aber nicht abspülen, Butter, Eier und kleingeschnittene Wurst daruntermischen. Mit der Tomatensuppe übergießen und dick mit Parmesan bestreuen, im Backrohr bei mittlerer Hitze ca. 30 Minuten überbacken.

Stachelbeerkompott:
3/4 kg Stachelbeeren
20 – 25 dkg Zucker, je nach Geschmack
1 l Wasser
Zucker mit Wasser 10 Minuten kochen, dann die gewaschenen und geputzten Stachelbeeren hineingeben, bei kleiner Hitze 5 Minuten kochen und dann zugedeckt abkühlen lassen. Kalt servieren.

Freitag, 15. Juni:

FINNISCHE FISCHPFANNE, GRÜNER SALAT
ERDBEERKARDINALE

Finnische Fischpfanne:
70 dkg Kabeljaufilet
1 Zwiebel
2 El Butter
50 dkg Kartoffeln
10 dkg Butterflocken
Zwiebel in Streifen schneiden und in der Butter leicht anrösten, das grobgeschnittene Filet dazugeben, ebenso die gekochten und in Scheiben geschnittenen Kartoffeln. Salzen, pfeffern und gut durchrösten. Nun gibt man die Butterflocken darauf und stellt die Pfanne so lange bei 200° ins Rohr, bis der Auflauf oben etwas Farbe hat (Oberhitze).

Erdbeerkardinale:
1 kg Erdbeeren (schmeckt immer besser mit Walderdbeeren, es können aber auch Ananaserdbeeren verwendet werden)
20 dkg Zucker
Saft einer Zitrone
1/4 l Obers
10 dkg Mandeln
Mandeln abziehen (kurz in Wasser kochen, dann löst sich die Schale leicht), stifteln und in 5 dkg Zucker leicht bräunen. Nun unter 1/2 kg gewaschene Erdbeeren mischen. Aus den restlichen Erdbeeren die Sauce machen. Dazu passiert man die Erdbeeren, verrührt sie gut mit 15 dkg Staubzucker und dem Saft einer Zitrone. Alles gut durchmischen, in Schalen anrichten und mit dem Obers verzieren.

16. Juni, Samstag:

GEBACKENE KALBSHAXEN, KARTOFFELSALAT
PFIRSICH MELBA

Gebackene Kalbshaxen:
2 Kalbsstelzen
Wurzelwerk
1 Lorbeerblatt, etwas Essig, 1 kleine Zwiebel
1/4 l Milch
2 El Butter
3 Eier
8 El Mehl
Öl zum Herausbacken
Die Kalbshaxen mit dem Wurzelwerk weichkochen, auskühlen lassen, das Fleisch vom Knochen lösen und in größere Stücke schneiden.
In die Milch gibt man die zerlassene Butter, die Eier und das Mehl, salzt und versprudelt gut. Dann zieht man die Fleischstücke durch diesen Teig und bäckt sie in heißem Öl heraus.

Pfirsich Melba:
1 große Packung Vanilleeis
4 große halbierte Kompottpfirsiche
1/4 l Schlagobers
etwas Cherry Brandy
In ein sehr kalt ausgespültes Glas 1/4 des Eises geben, darauf einen halbierten Pfirsich. Etwas Saft vom Pfirsichkompottt mit dem Cherry Brandy vermengen und darübergießen, mit geschlagenem Obers verzieren.

17. Juni, Sonntag:

GEFÜLLTE PUTENSCHNITZEL MIT SPARGEL-HOLLANDAISE
TRAUNKIRCHNER TORTE

Gefüllte Putenschnitzel:
4 dickere Putenschnitzel
10 dkg Champignons
10 dkg klarer Speck
4 El Semmelbrösel
2 Eier
Petersilie, Salz
Butter zum Dünsten
Die Schnitzel seitlich einschneiden, damit eine Tasche entsteht und wie folgt füllen:

Den Speck kleinschneiden und anlaufen lassen, darin die blättrig geschnittenen Champignons anlaufen lassen, vom Feuer nehmen, Semmelbrösel, Ei und feingewiegte Petersilie daruntermischen, salzen. Die so gefüllten Schnitzel entweder binden oder mit Zahnstochern schließen, beiderseits in Mehl tauchen und in der Butter anbraten. Mit wenig Wasser aufgießen und weichdünsten.

Spargel:

1 kg Spargel putzen, wenn zu lang, halbieren. In leichtem Salzwasser weichkochen, herausnehmen und gut abtropfen lassen.

Sauce Hollandaise:

2 Dotter
20 dkg Butter
3 El Wasser
Zitronensaft, Salz, Pfeffer oder Muskat nach Geschmack

Dotter und kaltes Wasser vermischen und im Wasserbad mit der Schneerute schaumig schlagen. Aus dem Wasserbad nehmen und die zerlassene, aber nicht braune Butter darunterrühren, würzen und nochmals gut durchschlagen. Die Sauce über den Spargel geben.

Traunkirchner Torte:

20 dkg Mehl
15 dkg Butter
10 dkg Zucker
10 dkg Mandeln
2 Dotter
1/2 Backpulver, 1 Vanillin

Auf einem Brett Mehl mit Butter abbröseln, die anderen Zutaten beifügen und rasch einen glatten Teig kneten. Man bäckt nun auf dem Blech 3 – 4 Tortenböden (je nach der gewünschten Tortengröße) und füllt diese nach dem Erkalten wie folgt:

12 dkg Zucker
3 Klar Schnee
4 El passierte Marillenmarmelade

Schnee mit Zucker fest schlagen, Marillenmarmelade unterziehen und weiterschlagen, bis Spitzen stehenbleiben, oben auch Schaum.

2 Rippen Schokolade mit 2 dkg Butter erweichen und über den Rand der Torte gießen.

18. Juni, Montag:

GEFÜLLTE ZWIEBELN
GRIESSSCHMARREN MIT KOMPOTT

Gefüllte Zwiebeln:

4 große Zwiebeln
50 dkg Faschiertes
1 eingeweichte Semmel
2 El Semmelbrösel
1 El Parmesan
1 El Kaperl
Knoblauch, Salz, Petersilie
Butter zum Ausstreichen der feuerfesten Form
6 Tomaten
1 Ei

Die Zwiebeln schälen, halbieren und in kochendem Salzwasser halbweich kochen. Herausnehmen, überkühlen lassen und aushöhlen. Das Innere der Zwiebeln mit der ausgedrückten Semmel und den Kaperln faschieren, mit dem Ei, Semmelbröseln und Parmesan vermischen. Würzen, Kugeln formen und in die ausgehöhlten Zwiebeln geben. In die ausgestrichene Form die Tomaten dickblättrig hineinschneiden, Zwiebeln darauflegen, mit etwas Wasser aufgießen und bei mittlerer Hitze im Rohr backen, bis das Faschierte gar ist.

Grießschmarren:

10 dkg Weizengrieß
3 dkg Butter
2 dkg Rosinen
2 Eier
1/4 l Milch

Milch, Salz und Butter zum Kochen bringen, den Grieß unter ständigem Rühren einfließen lassen. Rosinen dazugeben und noch 5 Minuten zugedeckt auf warmer Kochplatte dünsten lassen. Nun die Eier gut in die Masse rühren und nun in eine sehr stark ausgeschmierte Pfanne geben. Im Rohr unter mehrmaligem Wenden Farbe nehmen lassen, dann zerkleinern und noch etwa 10 Minuten zugedeckt ausdünsten lassen. Auf einen Teller häufen, gut anzuckern und mit beliebigem Kompott servieren.

19. Juni, Dienstag:

KOHLRABIGEMÜSE MIT HEISSER KNACKWURST UND KARTOFFELN
JÄGERKUCHEN

Kohlrabigemüse:
4 mittelgroße Kohlrabi erst in Viertel und diese dann blättrig schneiden. In 2 Eßlöffel Butter geben, etwas durchrühren und mit wenig Wasser weichdünsten. Wenn das Wasser fast verkocht ist und die Kohlrabi weich sind, mit 1 Eßlöffel Mehl stauben und nochmals mit wenig Wasser aufkochen lassen. 1 Eßlöffel gehackte Petersilie daruntergeben.
4 mittelgroße Knackwürste mit kaltem Wasser zusetzen, langsam erhitzen, öfters durchschütteln, damit die Würste nicht aufspringen.

Jägerkuchen:
16 dkg Zucker
16 dkg Margarine
16 dkg Schokolade
16 dkg Nüsse
5 Eier
Schokolade erweichen, mit Margarine, Zucker und 5 Dottern gut abtreiben. Festen Schnee und Nüsse untermischen. In gut gefetteter Kastenform bei mittlerer Hitze 1 Stunde backen. Nach dem Erkalten durchschneiden, mit Ribiselmarmelade füllen und mit Schokoladenglasur überziehen.

20. Juni, Mittwoch:

PAELLA
ERDBEERTOPFEN

Paella:
1/2 Huhn
1/2 kg Schweinefleisch (Schulter)
4 Tomaten
1 Pfefferoni
Knoblauch
1/4 kg beliebiger Seefisch
1/4 kg grüne Erbsen
2 Tassen Reis
Öl zum Anbraten
Das von den Knochen befreite Huhn in Streifen schneiden, ebenso das Schweinefleisch, beides in Öl hellbraun anbraten. Dazu kommen nun die würfelig geschnittenen Tomaten, die kleingeschnittene Pfefferoni, der Knoblauch und Salz. Mit Wasser gut bedeckt halbweich dünsten. Jetzt gibt man die Fischstücke, Erbsen und den Reis dazu und läßt alles zugedeckt gar werden. Mit Schnittlauch bestreuen.

Erdbeertopfen:
1/2 kg Magertopfen
2 Dotter
15 dkg Zucker
1 kg Erdbeeren
Zucker mit Dotter gut abrühren, passierten Topfen und die halbe Menge Erdbeeren, die man ebenfalls passiert, dazugeben. Mit einem Spritzer Zitrone abschmecken. Die restlichen Erdbeeren obenauf legen und anzuckern.

21. Juni, Donnerstag:

SCHWALBENNESTER MIT KARTOFFELPÜREE
SCHWARZ-WEISS-WEICHSELTORTE

Schwalbennester:
4 dünne, große Kalbsschnitzel
4 Scheiben Schinken
4 hartgekochte Eier
1/8 l Rahm
Suppe oder Suppenwürfel, Salz, Petersilie
Die Schnitzel groß auseinanderklopfen, die Schinkenscheibe und das harte Ei darauflegen. Dann einrollen und mit Zwirn verschnüren. In heißer Butter rundum anbraten und mit Suppe aufgießen, das Fleisch soll gerade bedeckt sein, weichdünsten. Zuletzt den Rahm und die feingehackte Petersilie dazugeben.

Schwarz-Weiß-Weichseltorte:
Schwarze Torte:
20 dkg Zucker
25 dkg Mehl
1/8 l Öl
3 El Kakao
1/8 l Wasser
1 Backpulver
5 Eier
Zucker und Dotter schaumig rühren, nach und nach Öl und Wasser dazugeben, dann das mit dem Backpulver vermischte Mehl und den Kakao hineinsieben. Den Schnee dazumischen und in gefetteter, gestaubter Form bei 180° ca. 50 Minuten backen.
Weiße Torte:
12 dkg Zucker
14 dkg Mehl
2 Eier
5 dkg Öl
2 El Wasser
1/2 Backpulver, Zitronenschale
Den Zucker mit den ganzen Eiern schaumig rühren, nach und nach Öl und Wasser dazugeben, zuletzt das mit dem Backpulver vermischte Mehl und die Zitronenschale unterrühren. Wie oben backen.
Die schwarze Torte auseinanderschneiden. Mit Weichselfleisch (siehe "Einkochen") bestreichen, weiße Torte darauf, wieder Weichselfleisch darauf und mit der schwarzen Torte decken. Mit Schokoglasur und mit frischen Weichseln verzieren.

22. Juni, Freitag:

GEMÜSEPLATTE, PETERSILKARTOFFELN
TOPFEN-FRÜCHTETORTE

Gemüseplatte:
40 dkg Erbsen
40 dkg grüne Bohnen
40 dkg Karotten
40 dkg Kohlrabi
2 Stangen Lauch
Karotten in 3 cm lange Stücke schneiden, Kohlrabi in kleine Würfel. Jedes Gemüse für sich blanchieren und einzeln in Butter kurz dünsten. Den Lauch kann man entweder in Ringe oder Stücke schneiden und wie das andere Gemüse behandeln.

Topfen-Früchtetorte:
Mürbteig (davon Boden, Rand und Deckel):
25 dkg Mehl
12 dkg Margarine
7 dkg Zucker
1 Ei
1/2 Backpulver
3 dkg Mandeln
Auf dem Brett einen glatten Teig abarbeiten, den gefetteten und gestaubten Boden einer Tortenform sowie den Rand damit auslegen, etwas Teig für den Deckel aufheben. Auf den Boden 3 dkg geriebene Mandeln streuen, Ribisel oder Himbeeren oder gemischt darauflegen und dann die Topfenfülle darübergeben.
Topfenfülle:
50 dkg Topfen
20 dkg Zucker
7 dkg Margarine
7 dkg Mehl
3 Eier
2 El Zitronensaft
Margarine, Zucker und die ganzen Eier abtreiben. Zitronensaft, Mehl und Topfen gut untermischen.
Auf diese Fülle einen Deckel von Mürbteig geben, einige Male mit einer Gabel einstechen und 60 Minuten bei 180° backen. Nach 50 Minuten den Deckel mit Eigelb einpinseln.

23. Juni, Samstag:

MEXIKANISCHER FEUERTOPF
GEBACKENE HOLLERBLÜTEN

Mexikanischer Feuertopf:
80 dkg mageres Rindfleisch von der Schulter
30 dkg weiße Bohnen
20 dkg Zwiebeln
25 dkg Tomaten
2 El Tomatenmark
1 Paprikaschote
Chilipfeffer, Knoblauch, 1 Lorbeerblatt
2 El Öl
1 El Maisstärke
Das Rindfleisch in kleine Stücke schneiden und mit den ebenfalls geschnittenen Zwiebeln in Öl rundum anbraten. Mit Wasser aufgießen, Tomatenmark und Gewürze sowie die am Tag vorher eingeweichten Bohnen zugeben und weichdünsten. Zuletzt die würfelig geschnittenen, geschälten und entkernten Tomaten dazugeben, die Maisstärke mit etwas kaltem Wasser anrühren, unterziehen und alles nochmals gut aufkochen.

Gebackene Hollerblüten:
4 schöne dichte Hollerblütendolden waschen, abtropfen und den Stiel soweit kürzen, daß man die Dolde gerade noch halten kann.
Backteig:
12 dkg Mehl
1/8 l Milch, Wein oder Bier
1 Ei
2 dkg Öl
Salz
Alle Zutaten gut versprudeln, die Hollerdolden in den Teig tauchen, etwas abtropfen lassen; der Teig soll nicht zu dick über den Blüten sein. In heißem Fett oder Öl schwimmend herausbacken. Vor dem Servieren stark anzuckern.

24. Juni, Sonntag:

LUNGENBRATEN IN BLÄTTERTEIG,
CUMBERLAND-SAUCE
HIMBEERKUCHEN

Lungenbraten:
1 kg Rindslungenbraten
1 große Packung tiefgekühlter Blätterteig
10 dkg Champignons
Salz, Pfeffer, Senf
Den Lungenbraten gut mit Senf, Pfeffer und Salz einreiben, ganz kurz in heißem Fett beiderseits anbraten und etwas abkühlen lassen. Den Blätterteig mit Ei bestreichen, die angedünsteten Champignons darauflegen, mit Petersilie bestreuen und den Lungenbraten einwickeln. Oben wieder mit Ei bestreichen und im heißen Rohr etwa 20 Minuten backen.
Cumberlandsauce:
10 dkg Preiselbeerkompott
10 dkg Ribiselgelee
1/16 l Rotwein
Saft einer Orange
Schale einer halben Zitrone
1 Kl Senf
Orange und halbe Zitrone ganz fein schälen (das Weiße darf nicht dabeisein, ist bitter) und fein wiegen. Mit dem Rotwein und Orangensaft aufkochen, überkühlen lassen. Das Preiselbeerkompott passieren, mit dem Ribiselgelee und den anderen Zutaten gut vermengen und auskühlen lassen. Diese Sauce ist längere Zeit haltbar.

Himbeerkuchen:
42 dkg Mehl
28 dkg Margarine
14 dkg Zucker
4 Dotter
Auf dem Brett einen Teig bereiten, möglichst rasch, damit er beim Ausrollen nicht bricht. Rasten lassen.
Inzwischen über Dunst 6 Klar mit 40 dkg Zucker sehr fest schlagen, dann 3/4 kg vorher kurz eingefrorene Himbeeren dazugeben.
Den Teig fingerdick ausrollen, etwas vorbacken, bis er Farbe zeigt. Dann dünn mit Himbeermarmelade bestreichen, den Himbeerschaum darübergeben und mit dem Himbeerschaum bei Oberhitze (ca. 170°) fertigbacken.

Montag, 25. Juni:

FLEISCHSTRUDEL MIT GRÜNEM SALAT
SCHWARZER KIRSCHKUCHEN

Fleischstrudel:
Strudelteig: Siehe 16. Jänner. Wie folgt füllen:
70 dkg Faschiertes
1 mittlere Zwiebel
2 Eier
Petersilie, Pfeffer, Salz
1/8 l Rahm
etwas Semmelbrösel zum Binden
Das Fleisch würzen, mit der feingeschnittenen Zwiebel etwas anrösten, Ei und Rahm gut versprudeln und mit dem erkalteten Faschierten und den Bröseln vermischen, der Fleischteig soll dick streichfähig sein.
Man zieht den Strudelteig nun gut aus, bestreicht ihn mit Margarine, gibt die Fülle darauf und rollt ihn ein. Oben nochmals mit Margarine bestreichen und bei 200° ca. eine halbe Stunde backen.

Schwarzer Kirschkuchen:
18 dkg Zucker
18 dkg Haselnüsse
9 dkg erweichte Schokolade
5 Eier
3/4 kg Kirschen
Zucker und Dotter abrühren, die erweichte Schokolade und die feingeriebenen Haselnüsse dazugeben, zuletzt den sehr fest geschlagenen Schnee. Die Masse in eine gut gefettete und gebröselte Pfanne geben und dicht mit den ausgelösten Kirschen belegen. Bei 180° ca. 40 Minuten backen.

26. Juni, Dienstag:

KALBSGULASCH MIT NOCKERL
EIS MIT FRÜCHTEN

Kalbsgulasch:
75 dkg Kalbfleisch
15 dkg Butter
1/4 l Rahm
1 große Zwiebel
1 Kl Paprika
Salz
2 El Mehl
Geschnittene Zwiebel in der Butter anrösten, gesalzenes Fleisch dazugeben, weiterrösten, dann Paprika dazugeben und mit Wasser aufgießen, weichdünsten. Das Mehl mit Rahm verrühren und den Fleischsaft damit binden.
Nockerl: Siehe 1. Jänner.

Eis mit Früchten:
1 große Packung Vanilleeis
10 dkg gehackte Mandeln
10 dkg gehackte Schokolade
1/4 kg Himbeeren
1/4 kg Ribisel
Maraschino, Himbeersaft
1/4 l Schlagobers
In Portionsschalen wird schichtweise gelegt:
Eis
Mandeln
Himbeeren
Eis
Schokolade
Ribisel
Eis
Darüber Maraschino oder für Kinder Himbeersaft. Schlagobershaube daraufgeben.

27. Juni, Mittwoch:

RINDSROULADEN PIKANT
APFELGELEE

Rindsrouladen pikant:
4 Rindsschnitzel
2 Schweinslungenbraten
2 El Kräuter: Petersilie, Schnittlauch, Melisse, Minze, Dille und Thymian
1 Tl Kaperl
1 Tl Gurkerl, fein gewiegt
1 kleingeschnittene Zwiebel
1 El Senf, 1/4 l Rotwein
Die Rindsschnitzel klopfen, salzen, pfeffern und mit dem Senf bestreichen. Kräuter und alle anderen Zutaten darauf verteilen. Pro Schnitzel kommt nun ein halber gesalzener Schweinslungenbraten darauf. Das Fleisch zusammenrollen, binden , in heißem Fett rundum anbraten, mit dem Rotwein und eventuell etwas Wasser (das Fleisch soll bedeckt sein) aufgießen und weichdünsten. Das Fleisch aus den Saft nehmen und den Saft mit 1 El Mehl, verrührt in 1/8 l Obers, binden. Die Rouladen nochmals hineingeben, gut erhitzen und mit Reis servieren.

Apfelgelee:
1 kg unreife Äpfel (Falläpfel vom Garten) vom Kerngehäuse befreien, aber mit der Schale in Spalten schneiden und knapp mit Wasser bedeckt weichkochen. Dann die gekochten Äpfel durch ein grobes Leinentuch abseihen, nicht ausdrücken, sonst wird das Gelee nicht klar, den Saft mit gleicher Zuckermenge bis zur Gelierprobe kochen. Dazu gibt man mit einem Kaffeelöfferl etwas Gelee auf einen Teller. Sobald das Gelee kalt ist, sollte es auch starr sein.
Man kann das Gelee auch nur von Apfelschalen machen. Mit Schlagobers verziert servieren.

28. Juni, Donnerstag:

FALSCHE JÄGERSCHNITZEL, SALAT
RIBISELSCHAUM

Falsche Jägerschnitzel:
60 dkg Faschiertes
1 Semmel
2 Eier
2 El Semmelbrösel
Salz, Pfeffer, Petersilie
20 dkg Champignons
1/4 l Rahm
Aus dem Faschierten, der eingeweichten und ausgedrückten Semmel, den Eiern und den Gewürzen einen Fleischteig machen, 4 flache Laberl formen, in Brösel tauchen und gut andrücken. Dann in heißem Fett oder Öl beiderseits anbraten. Die geschnittenen Champignons dazugeben, mit etwas Wasser aufgießen und fertigdünsten, mit dem Rahm binden.

Ribiselschaum:
4 Eiklar
15 dkg Zucker
50 dkg Ribisel
Eiklar mit Zucker fest schlagen, mit der halben Ribiselmenge weiterschlagen. Beim Anrichten den Rest der Ribisel daraufgeben und anzuckern.

29. Juni, Freitag:

FORELLE BLAU MIT
PETERSILKARTOFFELN UND
GURKENSALAT
KIRSCHENSTRUDEL

Forelle blau:
4 Forellen reinigen und mit Zitronensaft beträufeln. 1 1/2 Liter Wasser mit einer kleinen Zwiebel, einem Lorbeerblatt, Pfefferkörnern und etwas Essig gut durchkochen und abkühlen lassen. Abseihen und die Forellen in den noch ausgekühlten Sud legen, langsam erhitzen, mehr ziehen als kochen lassen (ca. 10 Minuten).
Die Forellen auf einer Platte anrichten, mit Krauspetersilie verzieren und mit zerlassener Butter übergießen. Die Butter darf nicht braun sein!

Kirschenstrudel:
Strudelteig: Siehe 16. Jänner. Zum Füllen etwas mehr geröstete Brösel nehmen, diese anzuckern (nicht die Kirschen, zieht zuviel Saft). Auf den ausgezogenen Teig erst zerlassene Butter geben, dann die Brösel und die ausgelösten Kirschen (schwarze Kirschen sind dazu geeigneter). Einrollen, oben nochmals mit Butter bestreichen und bei 200° ca. 50 Minuten backen, anzuckern.

30. Juni, Samstag:

GEDÜNSTETES BEIRIED MIT KOCHSALAT
UND ERBSEN
GEDECKTER APFELKUCHEN

Beiried:
80 dkg Beiried
40 dkg Zwiebeln
Fett zum Anrösten
2 El Mehl zum Stauben
Die feingeschnittenen Zwiebeln im Fett gut anrösten, das gepfefferte und gesalzene Fleisch hineingeben, rundum etwas anbraten und mit wenig Wasser aufgießen. Zugedeckt dünstet man das Fleisch nun weich, es kann notwendig sein, daß man währenddessen noch Wasser zugibt. Das Fleisch ab und zu wenden, die Zwiebeln gut durchrühren, damit nichts anbrennt. Wenn das Fleisch weich ist, herausnehmen, die gerösteten Zwiebeln mit dem Mehl stauben, mit etwas Wasser aufgießen und den Saft passieren. Das Fleisch in stärkere Scheiben schneiden und in dem Saft nochmals heiß werden lassen.
Kochsalat mit Erbsen: Siehe 21. Mai.

Gedeckter Apfelkuchen:
28 dkg Mehl
14 dkg Butter
10 dkg Zucker
1 Vanillin, 1/2 Backpulver
1 Ei, 1 Dotter
Salz
Das mit dem Backpulver versiebte Mehl mit der Butter gut abbröseln, mit allem anderen rasch zu einem glatten Teig verarbeiten. Teig ausrollen, Boden und Seiten einer befetteten und gestaubten Form damit auslegen. Genügend Teig für den Deckel aufheben.
Fülle:
1 kg geschälte, geschnittene Äpfel
5 dkg Butter
5 dkg Rosinen
1 El Zucker
1 Messerspitze Zimt
Die Äpfel in der Butter andünsten, Rosinen, Zucker und Zimt dazugeben und mit wenig Wasser zu einem dicken Brei verkochen. Ausgekühlt damit den Teig füllen, Deckel darauflegen, einige Male mit einer Gabel einstechen und mit Ei bestreichen. Bei 180° ca. eine Stunde backen.

1. Juli, Sonntag:

KANINCHEN GEBACKEN, GEMISCHTER SALAT
FÜRST PÜCKLER-TORTE

Kaninchen gebacken:
Von einem Kaninchen den Rücken und die Hinterläufe nehmen, vom Knochen befreien. Das Fleisch so einschneiden, daß man Schnitzelformen bekommt. Da das Kaninchen sehr trockenes Fleisch hat, kann man pro Fleischstück eine dünne Scheibe Speck dazulegen. Das Fleisch auf der anderen Seite salzen und wie Wienerschnitzel (siehe 8. Jänner) weiterbehandeln.
Gemischter Salat: Siehe 20. Mai.

Fürst Pückler-Torte:
Windmasse:
2 Eiklar
6 dkg Kristallzucker
6 dkg Staubzucker
Eiklar mit dem Kristallzucker sehr fest schlagen und abschließend mit einem Kochlöffel den Staubzucker unterziehen. Backblech erhitzen, rasch mit einem Spritzsack 2 Tortenböden in Bleistiftstärke aufspritzen (und zwar am besten auf ein Back- oder auch Pergamentpapier). Bei 100° und etwas geöffnetem Rohr mehr trocknen als backen. Die Windmasse soll weiß bleiben. Man bereitet sie am besten am Tag vorher und stellt sie an einen trockenen Ort. Das Papier kann man vorsichtig abziehen, sobald die Masse ganz ausgekühlt ist.
Sandmasse:
15 dkg Zucker
15 dkg Mehl
6 dkg Butter
6 Eier
Zucker mit den Eiern schaumig rühren, Mehl dazugeben und dann erst die zerlassene, lauwarme Butter. Die Masse in eine gefettete, gestaubte Form geben und bei 180° ca. 50 Minuten backen, auskühlen lassen.
Creme:
25 dkg Butter
12 dkg Staubzucker
12 dkg erweichte Schokolade
1/8 l Erdbeermark
1 Ei
Butter in einem Schneekessel leicht erwärmen und mit dem Zucker und dem Ei cremig schlagen. In die eine Hälfte der Masse gibt man die erweichte Schokolade, in die andere das Erdbeermark.
Ausführung:
Die Sandtorte einmal durchschneiden und in folgender Reihenfolge zusammensetzen: Den unteren Boden der Sandmasse mit der Schokocreme bestreichen, darauf einen Windboden legen, diesen mit Erdbeercreme bestreichen, darauf mit dem zweiten Tortenboden abdecken. Die Torte leicht zusammenpressen, seitlich ganz dünn mit Creme bestreichen, oben mit verdünnter Erdbeermarmelade. Dann die ganze Torte mit Schokoladenglasur überziehen, rundum mit Schokocremetupfern verzieren und darauf eine Erdbeere legen.

2. Juli, Montag:

BUTTERFISOLEN MIT DILLKARTOFFELN
STACHELBEERKUCHEN

Butterfisolen:
1 kg junge grüne Bohnen putzen und waschen, in Salzwasser kernweich kochen, abseihen und in genügend Butter schwenken.
Dillkartoffeln:
Wie Petersilkartoffeln, nur statt Petersilie feingehackte Dille verwenden.

Stachelbeerkuchen:
24 dkg Mehl
16 dkg Margarine
10 dkg Zucker
2 Dotter
Teig auf einem Brett gut zusammen abarbeiten, eine (am besten viereckige) Form damit auslegen, der Teig soll ca. fingerdick sein. Bei mittlerer Hitze ca. 30 Minuten fertigbacken. Den Kuchen in der Form auskühlen lassen, dann dünn mit Stachelbeermarmelade bestreichen, ganze, geputzte Früchte darauflegen und mit einem hellen Tortengelee nach Angabe übergießen. Erkalten lassen und dann erst in Stücke schneiden.

3. Juli, Dienstag:

GEMÜSESUPPE
SEMMELSCHMARREN MIT KOMPOTT

Gemüsesuppe:
Insgesamt 1/2 kg Gemüse, und zwar Karotten, Kohlrabi und Fisolen, kleingeschnitten; Erbsen dazugeben und 2 kleinwürfelig geschnittene Kartoffeln. Alles in leichtem Salzwasser weichkochen. Dann eine helle Einbrenn von 1 Eßlöffel Butter und 2 Eßlöffeln Mehl machen und mit der Suppe aufgießen. Mit Petersilie abschmecken.

Semmelschmarren:
5 dkg Rosinen
4 Semmeln vom Vortag
3 Eier
10 dkg Zucker, 1 Vanillin
1/4 l Milch
Die Semmeln mit der Rinde blättrig schneiden. Eier, Milch, Zucker und Vanillin gut versschlagen und über die Semmeln gießen, ca. 15 Minuten ziehen lassen.
5 dkg Butter in einer Pfanne zergehen lassen und den Semmelbrei hineingeben, die Rosinen darübergeben, sie ziehen bei Backen ohnehin ein. Bei 200° backen, bis eine schöne hellbraune Kruste entsteht, dann die Masse zerkleinern und auf einen Teller gehäuft, mit Staubzucker bestreut, anrichten.

4. Juli, Mittwoch:

GEBACKENE HERRENPILZE MIT GRÜNEM SALAT
HEIDELBEERKOMPOTT

Gebackene Herrenpilze:
1 kg schöne, harte, große Herrenpilze putzen und in ca. 3 – 4 mm starke Stücke schneiden. Diese wie Wienerschnitzel (siehe 8. Jänner) behandeln.

Heidelbeerkompott:
1 Liter Heidelbeeren mit 1/4 Liter Wasser und 10 dkg Zucker langsam kochen, bis ein Teil der Beeren verkocht ist. Auskühlen lassen und ohne andere Gewürze servieren.

5. Juli, Donnerstag:

SCHWÄBISCHES FLEISCH MIT REIS
PFIRSICH IN WEINGELEE

Schwäbisches Fleisch:
60 dkg Beiried
10 dkg klarer Selchspeck
1 Zwiebel
1 Lorbeerblatt
Salz, Pfeffer
1 El Mehl
Den Speck kleinschneiden und die ebenfalls feingeschnittene Zwiebel darin anrösten, das Fleisch in fingerdicke Schnitze schneiden, dazugeben, mit dem Mehl stauben, gut durchrösten, mit Wasser aufgießen, das Lorbeerblatt zugeben und weichdünsten. Anfangs wenig Wasser geben, lieber zwischendurch aufgießen. Sollte zum Schluß der Saft zu dünn sein, eine ganz fein geriebene Kartoffel kurz mitkochen.

Pfirsich in Weingelee:
50 dkg Pfirsiche, sollen ziemlich hart sein
10 dkg Zucker
1/4 l Weißwein
6 Blatt Gelatine
Die Pfirsiche schälen und in Viertel schneiden (große Früchte noch kleiner), gut 1/4 Liter Wasser mit dem Zucker aufkochen. Die Pfirsiche hineingeben und kernweich dünsten. Die Früchte herausnehmen und mit dem Weißwein auf 1/2 Liter Flüssigkeit auffüllen; die vorher in kaltem Wasser eingeweichte Gelatine gut ausdrücken und in der noch lauwarmen Flüssigkeit gut verrühren. Die Pfirsiche in Schalen legen und den noch warmen Saft darüberseihen. Auskühlen lassen.

6. Juli, Freitag:

LAUCHSTRUDEL IN BLÄTTERTEIG
EISKAFFEE

Lauchstrudel in Blätterteig:
1 große Packung tiefgekühlter Blätterteig
1 kg Lauch
2 El Butter
2 El Mehl
1/4 l Milch
Salz, Muskat

Den Lauch gut waschen, in ca. 5 cm lange Stücke schneiden, kurz überbrühen und abseihen.

Aus Butter und Mehl eine helle Einbrenn machen, mit der Milch aufgießen, gut durchkochen, Salz, Muskat und den Lauch dazugeben, noch etwas weiterkochen; es soll ein dicker Brei werden. Diesen streicht man auf den mittleren Streifen des Blätterteiges, schlägt diesen von beiden Seiten über den Lauch, bestreicht mit Ei und bäckt ca. 40 Minuten bei 200°.

Eiskaffee:
In große Gläser gibt man je 2 Eßlöffel Vanilleeis, darüber gießt man sehr starken, gut gezuckerten schwarzen Kaffee und verziert mit Schlagobers.

7. Juli, Samstag:

PAPRIKAHUHN MIT NUDELN
HEIDELBEERFLECK

Paprikahuhn:
1 junges Huhn
10 dkg Selchspeck
2 mittelgroße Zwiebeln
2 Kl Edelsüßpaprika
1/8 l Rahm
1 Kl Mehl

Das Huhn ausnehmen, gut waschen und in Viertel schneiden. Diese reibt man mit Salz und Paprika ein und brät sie im kleingeschnittenen, ausgelassenen Speck scharf an. Die Fleischstücke nimmt man aus der Kasserolle, gibt das kleingeschnittene Hühnerfett dazu und röstet darin die blättrig geschnittenen Zwiebeln an, gibt den Paprika dazu, rührt gut durch und gießt mit Wasser auf. Nun kommen die Fleischstücke wieder dazu; man läßt sie zugedeckt weich dünsten, das dauert bei einem zarten Huhn ca. 30 – 40 Minuten. Die Hühnerviertel aus dem Saft nehmen, 1 Kaffeelöffel Mehl mit dem Rahm versprudeln, in den Saft geben, gut aufkochen und passiert über das Fleisch geben.

Heidelbeerfleck:
Germteig:
50 dkg Mehl
15 dkg Zucker
10 dkg Margarine
ss 2 Eier
3 dkg Germ
1/4 l Milch

Die Milch leicht erwärmen, den Zucker darin auflösen und die Germ hineingeben, mit etwas Mehl bestauben und gehen lassen. Das vorgewärmte Mehl mit den Eiern und der zerlassenen Margarine vermengen, die gut aufgegangene Germ dazugeben und fest schlagen. Mit einem Tuch zugedeckt im Weidling ca. eine Stunde gehen lassen. Der Teig soll dann streichfähig sein; ist er das nicht, gibt man nochmals etwas Milch zu, schlägt wieder gut durch und läßt nochmals gehen. Der Teig wird auf ein gut befettetes und bemehltes Blech ca. fingerdick aufgestrichen, dicht mit Heidelbeeren belegt und bei 200° eine halbe Stunde gebacken. Noch warm in Stücke schneiden.

8. Juli, Sonntag:

SCHWEINSLUNGENBRATEN "COLBERT",
KARTOFFELN
KAFFEE-NUSSTORTE

Schweinslungenbraten "Colbert"
4 Schweinslungenbraten
1 Kohl (Wirsing)
2 El Schmalz
Salz, Pfeffer, Senf

Lungenbratenstücke etwas breit klopfen, mit Salz, Pfeffer und Senf einstreichen und in sehr heißem Fett knusprig anbraten. Den Kohl vorsichtig entblättern, bei den großen Blättern die Rippen wegschneiden, in Salzwasser kurz überkochen, abseihen und die Lungenbratenstücke einzeln gut in mehrere Lagen Kohlblätter einwickeln. In die Kasserolle zurückgeben, mit Wasser aufgießen und weichdünsten.

Kaffee-Nußtorte:
12 dkg Zucker
10 dkg Mehl
10 dkg Nüsse
7 Eier
Zimt, etwas geriebene Zitronenschale

Dotter mit dem halben Zucker schaumig rühren, Zimt und Zitronenschale dazugeben, Eiklar mit dem Restzucker fest schlagen, zu der Dottermasse geben. Das Mehl mit den Nüssen gut mischen und unterziehen. In gut gefetteter und gebröselter Tortenform bei 200° ca. 30 Minuten backen. Auskühlen lassen, dann auseinanderschneiden und mit folgender Creme füllen:
Creme:
2 Eiklar mit 14 dkg Kristallzucker über Dunst schlagen. 20 dkg Butter geschmeidig machen, tropfenweise sehr starken schwarzen Kaffee zugeben und löffelweise die überkühlte Zuckermasse zugeben.
Außen bestreicht man die Torte ebenfalls dünn mit Creme, bestreut mit geriebenen Nüssen und verziert mit halbierten Nüssen.

9. Juli, Montag:

HIRN MIT EI, GRÜNER SALAT
RIBISEL-KOKOSKUCHEN

Hirn mit Ei:
60 dkg Kalbs- oder Schweinshirn
1 mittlere Zwiebel
2 El Butter
4 Eier
Petersilie, Salz

Das Hirn wird gut gewaschen, vom Blut befreit, blanchiert oder kurz eingefroren (man kann es so leichter in kleine Stücke schneiden). In der Butter die feingeschnittene Zwiebel leicht anrösten, Hirn dazugeben, salzen, pfeffern und gut durchrösten. Dann die Eier mit Salz gut verschlagen, über das Hirn geben, stocken lassen und mit feingehackter Petersilie bestreut servieren.

Ribisel-Kokoskuchen:
18 dkg Zucker
18 dkg Margarine
15 dkg Mehl
8 dkg Kokosraspel (müssen ganz frisch sein, werden leicht ranzig)
4 Dotter
1 ganzes Ei
Zitronenschale
Ribisel
8 dkg Zucker

Zucker, Margarine, Dotter und Ei gut abtreiben. Dann das Mehl, die Kokosraspeln und den Schnee von 2 Eiklar daruntergeben. Diese Masse ca. 15 Minuten anbacken. Die restlichen 2 Eiklar mit 8 dkg Zucker fest schlagen, auf die Masse geben und beliebig stark mit Ribisel bestreuen. Bei Oberhitze nochmals 15 Minuten backen.

10. Juli, Dienstag:

SENFBRATEN MIT REIS
PFIRSICH IM SCHLAFROCK

Senfbraten:
60 dkg Schweinsschulter
2 Zwiebeln
1 El Mehl
1 Tl Paradeismark
1 Tl Senf
1 Tl Edelsüßpaprika
1 Tl Schmalz
5 dkg Selchspeck
ss 1/8 l Rahm
Den kleingeschnittenen Speck zerlassen, Schmalz
und feingeschnittene Zwiebeln dazugeben, durchrösten. Das gesalzene Fleisch hineinlegen, von allen Seiten gut anbraten, aufgießen und weichdünsten. Mehl, Paradeismark, Senf und Paprika abrühren, zum Fleisch geben, gut durchrühren und 5 Minuten kochen lassen. In Scheiben geschnitten mit Reis servieren.

Pfirsich im Schlafrock:
14 dkg Mehl
10 dkg Margarine
1 Dotter
Salz
2 El Wasser
Am Brett einen glatten Teig abarbeiten, messerrückendick ausrollen, in 10 x 10 cm große Stücke radeln, in die Mitte einen geschälten, halbierten Pfirsich legen. Die Teigecken zur Mitte schlagen, leicht mit einem Zahnstocher zusammenstecken, mit Ei bestreichen und bei 200° ca. 20 Minuten backen. Mit Zucker bestreuen, warm oder kalt servieren.

11. Juli, Mittwoch:

SAUERAMPFERSUPPE, GERÖSTETE SEMMELSCHNITTEN
HEIDELBEERNOCKERL

Sauerampfersuppe:
1 El Butter
2 El Mehl
1 Handvoll feingewiegter Sauerampfer
2 El Rahm
Aus Butter und Mehl eine leichte Einbrenn machen, mit Wasser aufgießen, salzen und mit dem Sauerampfer bei kleinem Feuer 10 Minuten kochen. Mit dem Rahm binden, nicht mehr aufkochen. Mit gerösteten Semmelschnitten servieren.

Heidelbeernockerl:
2 El Butter
1 l Heidelbeeren
1/4 l Milch
2 Eier
15 dkg Mehl
Die Butter in eine Stielpfanne geben, die Heidelbeeren darin etwas andünsten. Aus Milch, Mehl, Eiern und etwas Salz einen Teig sprudeln. Über die Heidelbeeren geben und stocken lassen. Öfters mit der Schmarrenschaufel durchrühren. Mit einem Eßlöffel große Nocken ausstechen, auf eine Platte legen, gut anzuckern und servieren.

12. Juli, Donnerstag:

RAVIOLI
LOCKERE KAFFEE-GINCREME

Ravioli:

Teig:
25 dkg Mehl
3 Eier
1 El Öl
Salz, etwas Wasser

Teig zusammenarbeiten, er soll so geschmeidig sein, daß man ihn gut ausrollen kann. Erst muß er aber noch unter einer warmen Schüssel 1/2 Stunde rasten.

Fülle:
40 dkg mageres Rindfleisch
2 El Öl
1 mittlere Zwiebel
1 Karotte
1/2 Lorbeerblatt, Salz, Pfeffer
1/4 l Weißwein
1 El Tomatenmark, Semmelbrösel zum Binden

Zwiebel und Karotte grob reißen und in den Öl anbraten, das Fleisch hineingeben und von allen Seiten anrösten. Das Tomatenmark mit dem Wein dazugeben, eventuell noch mit etwas Wasser aufgießen, das Fleisch soll bedeckt sein. Salzen, pfeffern und weichdünsten. Das Fleisch herausnehmen und faschieren. Den Saft stark eindicken, vom Feuer nehmen, mit dem Ei und den Semmelbröseln binden, das faschierte Fleisch hineingeben und gut durcharbeiten.

Der Teig wird nun messerrückendick ausgerollt, in kleine Vierecke geschnitten, in deren Mitte ein Kaffeelöffel Fleischfülle gegeben wird. Den halben Rand mit Ei bestreichen, die andere Hälfte daraufklappen und gut andrücken, in leichtem Salzwasser 5 Minuten mehr ziehen als kochen lassen; die Ravioli müssen nach oben steigen. Mit dem Schaumlöffel herausnehmen, in eine vorgewärmte Schüssel legen und dick mit Parmesan bestreuen.

Lockere Kaffee-Gincreme:

1/4 l Schlagobers
2 El Zucker, 1 Vanillin
2 El Pulverkaffee
2 El Gin

Das Obers halbfest schlagen, dann in die eine Hälfte den Pulverkaffee geben und fertigschlagen. In die andere Hälfte den Gin geben und ebenfalls fest schlagen. In Gläser füllen, und zwar abwechselnd eine helle und eine dunkle Schicht. Mit Eiswaferl servieren.

13. Juli, Freitag:

GEFÜLLTE ZUCCHINI MIT
KARTOFFELPÜREE
WEICHSELFLEISCH MIT JOGHURT

Gefüllte Zucchini:

2 mittelgroße Zucchini
40 dkg Faschiertes
1 Semmel
2 Eier
1 kleine Zwiebel
Knoblauch, Pfeffer, Majoran
4 Tomaten
15 dkg Selchspeck
Parmesan

Die Zucchini werden gut gewaschen, der Länge nach durchgeschnitten und ausgehöhlt. Nun werden sie innen mit Knoblauch ausgestrichen und gefüllt. Dazu vermengt man Faschiertes, Eier, die eingeweichte, ausgedrückte Semmel, Zwiebel, Pfeffer und Majoran. Obenauf legt man abwechselnd Speck und Tomatenscheiben und bestreut mit Parmesan. In einer nicht zu großen Pfanne (die Zucchini sollen gerade hineinpassen) 2 Eßlöffel Butter zerlassen, die Zucchini darin anbraten, ganz wenig aufgießen (gibt selbst Wasser ab). Halbweich dünsten bei zugedeckter Pfanne. Dann den Deckel abnehmen und bei starker Oberhitze noch 10 Minuten braten.

Weichselfleisch mit Joghurt:

1 kg Weichseln entkernen, halbieren, mit 30 dkg Zucker vermischen und bei kleiner Flamme kochen. Die Früchte sollen weich, aber noch erkennbar sein. Auskühlen lassen und dann 1 Becher Joghurt, eventuell auch etwas Zucker nach Geschmack, untermischen.

14. Juli, Samstag:

RINDFLEISCHEINTOPF MIT FISOLEN
SCHWARZE HIMBEERSCHNITTEN MIT GELEE

Rindfleischeintopf:
1/2 kg Rindfleisch (Scherzl)
1 kg Fisolen
1/2 kg Kartoffeln
1 mittlere Zwiebel
3 El Rahm
2 El Margarine
1 El Dill
Die feingeschnittene Zwiebel im Fett anrösten, das kleingeschnittene, gesalzene und gepfefferte Rindfleisch dazugeben, gut durchrösten, dann mit Wasser aufgießen und halbweich dünsten. Nun gibt man die geputzten und in Stücke geschnittenen Fisolen und Kartoffeln dazu, bedeckt gut mit Wasser und dünstet fertig. Jetzt gibt man die feingeschnittene Dille und den Rahm dazu und serviert.

Schwarze Himbeerschnitten:
15 dkg Zucker
15 dkg Margarine
15 dkg Kochschokolade
15 dkg Mehl
5 Eier
Die Schokolade erweichen und mit Margarine, Zucker und Dotter sschaumig rühren. Den Schnee und das Mehl unterziehen und die Masse in eine gefettete und gestaubte Form (Kastenform) gut fingerdick einstreichen und bei mittlerer Hitze ca. 30 Minuten backen. In der Form überkühlen lassen, dünn mit Himbeermarmelade bestreichen, dicht mit Himbeeren belegen und mit rotem Tortengelee (mit Himbeersaft anrühren) überziehen.

15. Juli, Sonntag:

KALBSSCHNITZEL MIT MANDELPANIER, SALAT
SCHOKO-HASELNUSSTORTE

Kalbsschnitzel mit Mandelpanier:
4 schöne Kalbsschlußschnitzel werden leicht geklopft und wie Wienerschnitzel (siehe 8. Jänner) zubereitet, nur nimmt man statt der Semmelbrösel eine Mischung aus geriebenen Mandeln und Parmesan.

Schoko-Haselnußtorte:
15 dkg Schokolade
14 dkg Zucker
14 dkg Margarine
17 dkg geriebene Haselnüsse
7 dkg Semmelbrösel
1/2 Backpulver
1 Schuß Rum
5 Eier
Die Schokolade erweichen, mit der Margarine, dem Zucker und Dottern schaumig rühren. Haselnüsse mit den Semmelbröseln und dem Backpulver vermischen und unter die Masse geben. Zuletzt den festgeschlagenen Schnee vorsichtig einrühren.
Tortenform fetten und bröseln, den Teig einfüllen und bei 200° ca. eine Stunde backen. Nach dem Erkalten die Torte durchschneiden, mit Ribiselmarmelade füllen, wieder zusammensetzen und mit einem Abtrieb aus 15 dkg zerlassener Schokolade und 12 dkg Butter noch warm überziehen.

16. Juli, Montag:

KOHLRABI-KARTOFFELAUFLAUF
MARILLEN-PLUNDERTEIGECKEN

Kohlrabi-Kartoffelauflauf:
1 kg Kartoffeln
4 mittelgroße Kohlrabi
40 dkg Faschiertes
3 Eier
3 El Sauerrahm
Salz, Zwiebel, Knoblauch, Pfeffer, Petersilie
Die Kartoffeln mit der Schale halbweich kochen, etwas überkühlen, dann schälen und in ca. 3 mm dicke Scheiben schneiden. Kohlrabi schälen, erst vierteln und dann in gleichstarke Scheiben wie die Kartoffeln schneiden, in leichtem Salzwasser blanchieren. Das Faschierte mit den Gewürzen gut vermengen und nun in eine Auflaufform, die gut eingefettet sein muß, abwechselnd ein Kartoffel-Kohlrabi-Gemisch und das Faschierte hineinschichten. Die erste und letzte Schicht soll Kartoffel-Kohlrabi-Gemisch sein. Nun versprudelt man die Eier mit dem Rahm und 1/2 Tasse von dem Kohlrabikochsud und gießt dies darüber. Im Rohr bei 180° eine Stunde überbacken. Vor dem Servieren mit Petersilie bestreuen.

Marillen-Plunderteigecken:
Plunderteig:
1/4 l lauwarme Milch
5 dkg Germ
5 dkg Zucker
5 dkg zerlassene Butter
1 Ei
1 Prise Salz, Zitronenschale, etwas Rum
Alles gut vermischen und mit 50 dkg Mehl am Brett zu einem Teig verarbeiten und eine halbe Stunde rasten lassen. Inzwischen verknetet man 30 dkg Butter mit 5 dkg Mehl, formt daraus einen Ziegel und gibt diesen in den Kühlschrank. Nach der Rastzeit rollt man den Germteig zu einem bleistiftstarken Rechteck, den Butterziegel halb so groß aus, legt die Butter auf den halben Germteig unbd schlägt die andere Hälfte darüber. Nun rollt man das Ganze zu einem großen Viereck aus, schlägt zuerst die Längsseiten so zusammen, daß sie sich in der Mitte berühren und dann die Breitseiten ebenso. Wieder etwas rasten lassen, dann halbbleistiftstark ausrollen, in 10 x 10 cm große Stücke radeln. Mit einer halbierten Marille belegen und die Ecken in die Mitte schlagen. Mit versprudeltem Ei bepinseln, auf lauwarmem Blech zugedeckt eine halbe Stunde gehen lassen, dann bei 180° ca. 20 Minuten backen.

17. Juli, Dienstag:

KARFIOL MIT BRÖSEL UND BUTTER
HASELNUSSRÜCKEN

Karfiol mit Brösel:
1 schöne große Karfiolrose
5 dkg Semmelbrösel
5 dkg Butter
2 El Margarine
Den Karfiol von den grünen Blättern befreien und die Rose so ins Wasser legen, daß der Strunk oben ist. Das Wasser salzt man und gibt etwas Zitrone oder Essig bei, damit der Karfiol weiß bleibt. Zugedeckt kernweich kochen. Die Kochdauer hängt von der Größe des Karfiols ab, mit einer Gabel probieren. Vorsichtig herausnehmen, jetzt mit dem Strunk am Teller. Die in der Margarine goldgelb gerösteten Brösel darübergeben und mit der braunen Butter begießen.

Haselnußrücken (Eiklarverwertung):
6 Klar Schnee
12 dkg Staubzucker
15 dkg geriebene Haselnüsse
10 dkg geriebene Schokolade
Den Schnee sehr fest schlagen, mit dem Zucker noch etwas weiterschlagen, dann die Haselnüsse und die Schokolade dazugeben, vorsichtig untermischen und in einer gefetteten und gebröselten Form bei 200° ca. 40 Minuten backen.
Stürzen und nach dem Erkalten anzuckern.

18. Juli, Mittwoch:

GEBACKENE PARISER MIT GURKENSALAT
GERMPALATSCHINKEN

Gebackene Pariser:
4 Scheiben Pariser (1/2 cm stark) von der Haut befreien und wie Wienerschnitzel (siehe 8. Jänner) weiterbehandeln.

Germpalatschinken:
15 dkg Mehl
2 Eier
1/4 l Milch
2 dkg Germ
1 Prise Salz
Margarine zum Herausbacken
Die Germ zerbröseln und mit der lauwarmen Milch gut vermischen. Salz, Eier und Mehl dazugeben, gut versprudeln und 10 Minuten stehen lassen. Dann wie normale Palatschinken herausbacken, mit Marillenjam füllen, einrollen und auf einer feuerfesten Platte ins leicht erwärmte Rohr stellen, bis alle Palatschinken fertig sind. Vor dem Servieren anzuckern.

19. Juli, Donnerstag:

GLASIERTE LEBER MIT ÄPFELN
HEIDELBEERTÖRTCHEN

Glasierte Leber:
60 dkg Kalbsleber
10 dkg Butter
3 El Mehl
Die Leber gleich beim Fleischhauer in etwa 1/2 cm große Stücke schneiden lassen. Auf einer Seite bemehlen, leicht salzen und mit der bemehlten Seite zuerst in einer Omelettenpfanne in der halben Butter anbraten, pro Seite je nach Größe ca. 3 – 4 Minuten braten. Die Leber herausnehmen, die restliche Butter in den Bratrückstand geben, mit wenig Wasser aufgießen, salzen, gut durchrühren und über die Leber geben.
Äpfel:
70 dkg süß-saure Äpfel
5 dkg Butter
1 El Zucker
Die Äpfel schälen und in kleine Stücke schneiden. In der Butter andünsten, den Zucker zugeben und mit ganz wenig Wasser aufgießen. Halbweich dünsten, es soll kein Brei sein.

Heidelbeertörtchen:
20 dkg Mehl
10 dkg Margarine
5 dkg Zucker
2 Dotter
1 Messerspitze Backpulver
1 Vanillin
Alle Zutaten am Brett zu einem glatten Teig verarbeiten, messerrückendick ausrollen und in kleine Tortenförmchen drücken. Bei mittlerer Hitze ca. 20 Minuten backen. Die Schüsserl mach dem Backen sofort stürzen, auskühlen lassen und mit den Heidelbeeren füllen.
Heidelbeeren:
1 Liter Heidelbeeren mit 4 Eßlöffeln Zucker kurz überkochen und noch warm 3 Blatt vorher eingeweichte und dann ausgedrückte Gelatine zugeben. Auskühlen lassen.

20. Juli, Freitag:

ZANDER GEBRATEN MIT PETERSILKARTOFFELN
WEICHSELSTRUDEL

Zander gebraten:
1 Zander, ca. 1 kg schwer
5 dkg Butter
3 dkg Mehl
Saft einer Zitrone, Salz
1 Zitrone und grüne Krauspetersilie zum Garnieren
Den Zander schuppen, ausnehmen, waschen, innen und außen mit Zitronensaft beträufeln und salzen. In Mehl wenden, die Butter erhitzen, Zander hineingeben und auf jeder Seite ca. 15 Minuten braten. Auf einer vorgewärmten Platte anrichten, Bratfett darübergießen und mit Zitronenspalten und der Petersilie garnieren.

Weichselstrudel:
Teig: Siehe "Apfelstrudel", 17. Februar. Zur Fülle die Brösel rösten und zuckern. Die Weichseln so entkernen, daß sie nicht zuviel Saft lassen und nicht zuckern, ziehen sonst Saft.

21. Juli, Samstag:

PILZPASTETE
MELONE EISGEKÜHLT

Pilzpastete:
Pastetenteig:
50 dkg Mehl
25 dkg Butter
1 ganzes Ei
1 Dotter
1/8 l Wasser
Salz
Mehl und Butter abbröseln, Ei, Dotter, Salz und erst das halbe Wasser zugeben und den Teig verkneten (wenn nötig, das restliche Wasser dazugeben), der Teig soll zwar geschmeidig, aber nicht zu weich sein. Eine halbe Stunde rasten lassen.
Fülle:
1 kg beliebige Pilze
2 Eier
1/4 l Obers
Salz, Petersilie
2 El Butter
2 El Semmelbrösel
Die Pilze mit der feingehackten Petersilie in der Butter überdünsten, die Semmelbrösel dazugeben und auskühlen lassen. Faschieren, mit Ei und Obers vermengen.
Den Pastetenteig 2 – 3 mm dick ausrollen, die Pastetenform erst mit Alufolie, dann mit 2/3 des Teiges Boden und Seiten auslegen, der Teig soll etwas über den Rand stehen. Die Fülle hineingeben, vom restlichen Teig den Deckel aufsetzen und die überstehenden Seitenränder darüberklappen. Es darf nirgends ein Loch im Teig sein, sonst rinnt der Saft aus. In den Pastetendeckel einige Löcher stechen, damit der Dampf entweichen kann. Die Pastete mit versprudeltem Ei bestreichen und bei ca. 200° je nach Größe 1 – 1 1/2 Stunden backen.

Melone, eisgekühlt:
1 Zuckermelone mindestens drei Stunden einkühlen, in Achtel schneiden, mit Weinbrand beträufeln und servieren.

22. Juli, Sonntag:

KALBSNIERENROLLER MIT REIS
MARILLENKUCHEN

Kalbsnierenroller:
4 Kalbsschnitzel
1 Kalbsniere
10 dkg durchzogener Speck
1 Zwiebel
Salz, Pfeffer
10 dkg Butter
1/8 l Obers
2 Äpfel
1 El Mehl
Die Kalbsschnitzel dünn klopfen, salzen und pfeffern. Die Äpfel schälen, in Scheiben schneiden und in Butter etwas dünsten. Die Niere auch in Scheiben schneiden und gesalzen und gepfeffert auch in Butter andünsten. Auf die Schnitzel nun die Speckscheiben legen, darauf die Äpfel, dann die Niere. Einrollen, binden und in Butter rundherum anbraten, mit wenig Wasser aufgießen und ca. 15 Minuten dünsten; die feingeschnittene Zwiebel wird mitgedünstet. Dann bindet man den Saft mit dem Obers und 1 Eßlöffel darin versprudelten Mehls.

Marillenkuchen:
20 dkg Mehl
20 dkg Zucker
20 dkg Margarine
5 dkg Kartoffelmehl
5 Eier
1 Vanillin, 1/2 Backpulver
Margarine, Dotter und Zucker gut abtreiben, das mit dem Mehl versiebte Backpulver und den Schnee von 5 Klar untermischen. Den Teig auf ein gut gefettetes und gestaubtes Blech streichen und mit halbierten Marillen dicht belegen.Bei 200° ca. 50 Minuten backen. In Stücke schneiden und gut angezuckert servieren.

23. Juli, Montag:

GEFÜLLTER KRAUTKOPF
RIBISEL IN TROPFTEIG

Gefüllter Krautkopf:
1 mittelgroßes Weißkrauthäuptl
50 dkg Faschiertes
20 dkg Wurst und Speck
2 Semmeln
1 roter Paprika
1 Zwiebel, Knoblauch, Majoran, Salz
Wurst und Speck kleinwürfelig schneiden, Paprika und Zwiebel feinschneiden und etwas anrösten. Die Semmeln einweichen und gut ausdrücken. Alles mit dem Faschierten gut vermischen, salzen und würzen.
Den Krautkopf von den äußeren Blättern befreien, den Strunk herausschneiden und das Kraut von innen her aushöhlen, bis die Außenschicht ca. 3 cm beträgt. Die Fülle nun gut hineinpressen, den Kopf in ein gebuttertes Tuch legen, gut zusammenbinden und in Salzwasser ca. 60 Minuten kochen. Das Kraut wie eine Melone in Spalten schneiden und servieren.

Ribisel in Tropfteig:
3/8 l Milch
2 Eier
15 – 20 dkg Mehl, der Teig soll dickflüssig sein
1/2 l Ribisel
Die Teigzutaten gut versprudeln, die Ribisel untermischen und mit einem Eßlöffel den Teig in eine Omelettenpfanne mit heißer Butter einlegen und flachdrücken. Wei Apfelspalten beiderseits goldgelb braten und gut gezuckert heiß servieren.

24. Juli, Dienstag:

SCHWEINSCURRY MIT REIS UND SALAT
GEFÜLLTER BRANDTEIGKRANZ

Schweinscurry:
70 dkg Schweinsschulter
4 mittlere Zwiebeln
4 El Öl
1 El Mehl
3 Tl Curry
1 kleiner Apfel
3 El Sauerrahm
Die Zwiebeln feinschneiden, im heißen Öl anbraten, das Schweinefleisch in Würfel schneiden, salzen und in die Zwiebeln geben. Rundum fest anbraten, mit dem Mehl stauben, nochmals gut durchrühren, Curry dazugeben und mit wenig Wasser (das Fleisch soll gerade bedeckt sein) aufgießen. Ca. eine Stunde dünsten. Nach der halben Zeit reibt man den geschälten Apfel hinein. Vor dem Anrichten mit dem Sauerrahm binden.

Gefüllter Brandteigkranz:
Brandteig:
1/4 l Milch
20 dkg Mehl
4 Eier
7 dkg Butter
Fülle:
1/2 kg Pfirsiche
1/2 kg Weichseln
1/4 l Schlagobers
In der leicht gesalzenen Milch die Butter zerlassen, das Mehl einrühren und so lange weiterrühren, bis sich der Teig vom Topfrand löst. Auskühlen lassen und nach und nach die Eier einarbeiten. Auf ein gefettetes Blech den Teig in Kranzform aufspritzen, bei mittlerer Hitze ca. 30 Minuten backen. Ausgekühlt durchschneiden und abwechselnd mit geschälten, halbierten Pfirsichen und entkernten Weichseln belegen. Geschlagenes Obers daraufgeben und den Deckel aufsetzen, gut anzuckern.

25. Juli, Mittwoch:

UNGARISCHE KRAUTSUPPE
MARILLENKNÖDEL AUS KARTOFFELTEIG

Ungarische Krautsuppe:

50 dkg Sauerkraut
30 dkg Selchfleisch
10 dkg Speck
1 Zwiebel
Knoblauch, Salz, Kümmel und Edelsüßpaprika
1/4 l Sauerrahm

Die feingeschnittene Zwiebel und zerdrückte Knoblauchzehen in eine Kasserolle geben, dazu das Sauerkraut und das Selchfleisch. Mit 1/2 Liter Wasser aufgießen und eine halbe Stunde kochen lassen. Den kleingeschnittenen Speck anbraten, das in Würfel geschnittene Selchfleisch dazugeben, mit Edelsüßpaprika, Kümmel und wenig Salz (Selchfleisch und Speck sind meistens stark genug gesalzen) würzen, das Kraut dazugeben, mit der für eine Suppe notwendigen Wassermenge auffüllen und fertig dünsten. Zuletzt den Rahm einrühren.

Marillenknödel aus Kartoffelteig:

60 dkg Kartoffeln
20 dkg Mehl
1 El Grieß
2 Dotter
1 Ei
15 dkg Semmelbrösel
2 El Margarine
8 dkg Butter

Die Kartoffeln kochen, schälen, zerdrücken und erkalten lassen. Es sollen möglichst keine heurigen Kartoffeln sein, weil die zu wässerig sind. Dann mengt man die anderen Zutaten ein, salzt den Teig etwas, arbeitet ihn gut ab, formt eine Rolle und schneidet davon 8 – 10 Stücke, je nach Fruchtgröße. Die Marillen entkernt man und gibt anstelle des Kerns einen kleinen Würfel Zucker hinein. Nun drückt man ein Stück Teig in der Hand flach, gibt die Marille hinein und formt Knödel. In 2 – 3 Liter gesalzenem Wasser ca. 10 Minuten kochen. Die Knödel müssen nach spätestens 5 Minuten oben schwimmen; tun sie das nicht, mit dem Kochlöffel anstupsen. Nach der angegebenen Zeit Knödel herausnehmen (mit dem Lochschöpfer), in den in Margarine gerösteten Bröseln wenden, auf eine vorgewärmte Platte legen, anzuckern und mit brauner Butter übergießen.

26. Juli, Donnerstag:

GEMISCHTER FLEISCHTOPF
EISROULADE, FERTIG GEKAUFT

Gemischter Fleischtopf:

50 dkg Rindfleisch für Suppe
15 dkg Schinkenspeck
1 Paar Debreziner
1 Zwiebel
1 Stange Lauch
3 mittlere Karotten
3 große Kartoffeln
Salz

Zwiebeln, Lauch und Karotten kleinschneiden, mit dem würfelig geschnittenen Rindfleisch in nicht zuviel leicht gesalzenem Wasser weichkochen. Den Schinkenspeck kleinschneiden, etwas auslassen, und die ebenfalls kleingeschnittenen Debreziner dazugeben, mit der Suppe aufgießen, gut durchkochen und zuletzt zum Andicken die Kartoffeln fein hineinreiben, nochmals aufkochen und mit Schnittlauch bestreut servieren.

27. Juli, Freitag:

BROCCOLI MIT BRÖSEL UND BUTTER
APFEL-SEMMELAUFLAUF

Broccoli:
70 dkg Broccoli
10 dkg Butter
2 El Margarine
10 dkg Semmelbrösel
Broccoli in kleine Röschen zerteilen, gut waschen und in leicht gesalzenem Wasser kernweich kochen. Die Brösel in der Margarine bräunen und mit der zerlassenen Butter über die gut abgetropften Broccoli geben.

Apfel-Semmelauflauf:
3 – 4 Semmeln, je nach Größe der Auflaufform
10 dkg Butter
3 Eier
1/2 kg Äpfel
5 dkg Rosinen, etwas Rum, Zitronenschale
1/8 l Milch
Die gleichmäßig in Scheiben geschnittenen Semmeln in der Butter knusprig rösten, den Boden und die Seiten einer befetteten Auflaufform damit belegen.
Die Rosinen in Rum einweichen, die geschälten Äpfel fein schneiden und in die Form füllen.
Milch und Dotter gut versprudeln und den mit 1 Eßlöffel Zucker fest geschlagenen Schnee darunterziehen. Alles nun über die Äpfel gießen und im Rohr überbacken, bis die Eimischung gestockt und hellbraun ist. In der Auflaufform gut gezuckert servieren.

28. Juli, Samstag:

"BIENENSTOCK"
KAFFEESCHNITTEN

"Bienenstock":
25 dkg Makkaroni
75 dkg Faschiertes
2 rohe Eier
2 gekochte Eier
1 mittlere Zwiebel
1 Semmel
2 El Semmelbrösel
3 mittlere Essiggurkerl
Petersilie, Knoblauch, Salz, Pfeffer
Eine große Puddingform mit Butter ausstreichen, die kernweich gekochten Makkaroni so einlegen, daß die Seiten ganz bedeckt sind, nun füllen. Dazu die feingeschnittene Zwiebel mit der eingeweichten und ausgedrückten Semmel, den zwei rohen Eiern und Gewürzen mit dem Faschierten gut abarbeiten und zuletzt die hartgekochten Eier und die kleingeschnittenen Essiggurkerl daruntermischen. Die Form schließen und im kochenden Wasserbad ca. 80 Minuten garen, stürzen und mit roh passierten, etwas gesalzenen und gepfefferten Tomaten übergießen.

Kaffeeschnitten:
10 dkg Zucker
10 dkg Mehl
5 dkg Brösel
5 dkg geriebene Mandeln
1/2 Backpulver, 1 Vanillin
1/8 l starker schwarzer Kaffee, 1/4 l Obers
Die Dotter werden mit dem Zucker und dem Vanillin schaumig gerührt. Dann kommen die geriebenen Mandeln, die Brösel und das mit dem Backpulver vermischte Mehl abwechselnd mit dem Kaffee dazu. Zuletzt rührt man den festen Schnee ein und streicht die Masse auf ein befettetes und bebröseltes Blech gut fingerdick auf. Bei 180° ca. 30 Minuten backen. Nach dem Erkalten halbiert man die Platte, füllt mit geschlagenem Obers und glasiert wie folgt:

Glasur:
20 dkg Zucker
5 dkg Butter
4 El schwarzer Kaffee
5 dkg Zucker mit dem Kaffee kurz aufkochen, abkühlen, in die lauwarme Masse die Butter einrühren. Dann den restlichen Zucker dazugeben, rühren, bis die Glasur ganz kalt ist.

29. Juli, Sonntag:

WHISKYSTEAK MIT BRATKARTOFFELN
HEIDELBEERTORTE

Whiskysteak:
4 schöne, gleichmäßig starke, ca. 20 dkg schwere Lungenbraten
2 El Senf
2 El Whisky
Salz, Pfeffer, Öl zum Anbraten
Die Steaks eine Stunde vor Kochbeginn mit der Hand leicht flachdrücken und mit Whisky beträufeln. Dann leicht salzen und pfeffern und mit Senf bestreichen. In heißem Öl beiderseits knusprig braten, die Steaks innen zart rosa halten, man kann sie aber nach Wunsch auch durchbraten. Beim Servieren verziert man das Fleisch mit fächrig geschnittenen Gurken und Perlzwiebeln.

Heidelbeertorte:
15 dkg Zucker
10 dkg geriebene Mandeln
5 dkg Semmelbrösel
4 Eier
1/2 Backpulver
1 Vanillin, Zitronenschale
1 l Heidelbeeren
10 dkg Zucker
Dotter mit Zucker schaumig rühren, Mandeln, Semmelbrösel, Backpulver, Vanillin, Zitronenschale und zuletzt den festgeschlagenen Schnee beimengen. Die Masse in eine gut gefettete, gebröselte Form geben, mit den gezuckerten Heidelbeeren belegen. Den Rand etwas frei lassen, sonst rinnt der Saft über.
Bei mittlerer Hitze 50 Minuten backen, ausgekühlt gut anzuckern.

30. Juli, Montag:

HERRNPILZE GEDÜNSTET, MIT KLEINEN SEMMELKNÖDELN
KIRSCHAUFLAUF

Herrnpilze gedünstet:
1 kg schöne, harte Herrnpilze
2 El Butter
1 El Mehl
1/8 l Rahm
Salz und Petersilie
Die Herrnpilze putzen, nicht waschen, in dünne Scheiben schneiden und in der Butter dünsten. Wasserzugabe wird kaum nötig sein, weil die Pilze selbst Wasser lassen, salzen, pfeffern. Nach ca. einer halben Stunde mit dem Mehl stauben, jetzt mit etwas Wasser aufgießen, Petersilie zugeben, durchkochen und mit dem Rahm binden.
Kleine Semmelknödel:
10 dkg Margarine
2 Eier
2 Semmeln
2 El Brösel
2 El Mehl
Salz, Muskat, Petersilie
Die weiche Margarine mit den Eiern abtreiben, die eingeweichten und wieder ausgedrückten Semmeln dazugeben, würzen und mit Mehl und Semmelbröseln einen gut in der Hand formbaren Teig machen. Eventuell ist noch etwas Mehlzugabe nötig, das hängt von der Größe der Eier ab. Kleine Knödel formen und in leichtem Salzwasser kochen; erst aufkochen, bis die Knödel schwimmen und dann mehr ziehen lassen. Die Kochdauer hängt von der Knödelgröße ab, am besten eine Probe nehmen.

Kirschauflauf:
5 El Mehl
5 Eier
10 dkg geriebene Nüsse
1/2 l Milch
Vanillin, Salz, Zimt
10 dkg Butter
Kirschwasser, 3/4 kg Kirschen
Einen vorher gewässerten Römertopf mit Butterflocken auslegen, die entkernten Kirschen darauflegen, Zimt und Zucker darüberstreuen und mit dem Kirschwasser beträufeln. Das Mehl, die Eier, die Nüsse und das Salz gut vermengen und mit der Milch versprudeln. Den Teig etwas stehenlassen, dann über die Kirschen geben, Butterflocken daraufgeben und bei offenem Topf eine Stunde bei 220° backen.

31. Juli, Dienstag:

BAUERNOMELETTE MIT SALAT
TOPFENCREME MIT OBST

Bauernomelette:
12 Eier
10 dkg Bauernspeck
10 dkg Rauchwurst
15 dkg Pilze
25 dkg gekochte, passierte Kartoffeln
1 Zwiebel
Salz
5 dkg Schweineschmalz
Öl zum Herausbacken
2 El Mehl
Die Zwiebel feinschneiden und im Schmalz anrösten, würfelig geschnittenen Speck und die Wurst beigeben, zuletzt die blättrig geschnittenen Pilze und Kartoffeln. Knusprig braten und mit Salz würzen, nicht zuviel, da Speck meistens scharf ist. Nach dem Auskühlen die Masse in vier Teile teilen. Die Eier mit Salz und Mehl gut verschlagen und von jeweils 1/4 der Masse eine Omelette backen, heiß füllen und mit Schnittlauch bestreut servieren.

Topfencreme mit Obst:
1/2 kg Magertopfen
15 dkg Zucker
Saft und Schale einer Zitrone
2 Dotter
1 Vanillin
1/4 kg Pfirsiche
1/4 kg Weichseln
1/4 kg Marillen
4 El Zucker
Den Zucker mit Dottern schaumig rühren, Vanillin, Zitrone und Topfen dazugeben, gut vermischen und schichtweise in Gläsern gezuckertes Obst und Topfencreme anrichten.

1. August, Mittwoch:

TRUTHAHNTOPF
APFELTORTE

Truthahntopf:
60 dkg Truthahnkeule, ausgelöst
10 dkg roher Schinken
1 mittlere Zwiebel
1 mittlere Sellerie
2 grüne Paprikaschoten
6 Tomaten
10 dkg Reis
5 dkg Margarine
Salz, Pfeffer
Truthahnfleisch in Stücke schneiden, mit kleingeschnittener Sellerie, Zwiebel, Paprikaschote und den Schinkenwürfeln in der Margarine anschwitzen, salzen und pfeffern. Mit Hühnerbrühe (Würfel) aufgießen und halbweich kochen. Dann den Reis dazugeben und fertig dünsten. Darauf achten, daß nicht zuviel Flüssigkeit im Topf ist, damit der Reis nicht zu weich wird.

Apfeltorte:
15 dkg Butter
25 dkg Mehl
10 dkg Zucker
2 Eier
1/2 Backpulver, 1 Vanillin
1/2 kg Äpfel
3 El Zucker
5 dkg Rosinen
etwas Zimt
Das Backpulver mit dem Mehl vermischen, mit der Butter abbröseln, Zucker, Vanillin und Dotter dazugeben und einen glatten Teig abarbeiten. In einer gefetteten und gestaubten Form bei 180° ca. 50 Minuten backen. Nach dem Erkalten durchschneiden und füllen:
Die Äpfel schälen, kleinschneiden und mit dem Zucker in wenig Wasser dünsten, es soll ein dicker Brei werden. Vor dem Füllen auskühlen lassen. Den Schnee von 2 Klar schlägt man mit 2 Eßlöffeln Zucker fest, bestreicht damit die Torte, gibt sie nochmals ins Rohr und läßt die Schaummasse bei mäßiger Hitze mehr trocknen als backen.

2. August, Donnerstag:

WARME SCHINKENKIPFERL
RUSSISCHE SCHNITTEN

Schinkenkipferl:
Fertig gekauften oder selbst gemachten Blätterteig (siehe 29. April) in 10 x 10 cm große Vierecke schneiden und wie folgt füllen:
30 dkg Schinken
10 dkg Emmentaler
2 hartgekochte Eier
2 El Rahm
Salz, Petersilie
Schinken, Emmentaler und Eier kleinschneiden, salzen. Die Petersilie dazugeben und mit dem Rahm binden. Aus den Vierecken Kipferl formen, mit Ei bestreichen und bei mittlerer Hitze 20 – 25 Minuten backen.

Russische Schnitten:
14 dkg Margarine
12 dkg Zucker
10 dkg Nüsse
3 dkg Mehl
4 Rippen erweichte Schokolade
4 Eier
Die Schokolade erweichen, Margarine dazugeben und etwas abtreiben. Dann mit dem Zucker und den Dottern schaumig rühren. Mehl, Nüsse und zuletzt den festgeschlagenen Schnee zugeben und vorsichtig mischen. Auf ein gefettetes, gestaubtes Blech die Masse gut fingerdick aufstreichen, bis zur Hälfte backen; der Kuchen muß oben schon überkrustet sein und nun 20 dkg Zucker mit 4 Klar Schnee fest schlagen, auf die halbfertige Masse geben und mit grobgehackten Nüssen bestreuen, fertig backen und noch warm in Schnitten schneiden und vom Blech lösen.

3. August, Freitag:

BRIES IN KRÄUTERSAUCE MIT REIS
ENGLISCHER TEEKUCHEN

Bries in Kräutersauce:
1 schönes Kalbsbries
1 El Butter
2 El Mehl
4 Tomaten
Petersilie, Pfefferminze, Zitronenmelisse
Das Kalbsbries in Essig-Salzwasser langsam kochen, es dauert ungefähr eine halbe Stunde, bis es durch ist; das hängt von der Größe ab, man probiert am besten mit einer Stricknadel, es darf dann nicht mehr bluten. Ausgekühlt von allen dunklen Streifen befreien und in ca. 1 cm dicke Scheiben schneiden. Aus Butter und Mehl eine helle Einbrenn machen, halb mit Milch, halb mit Wasser aufgießen, die feingeschnittenen Kräuter hineingeben. Vorsicht bei der Minze, ist sehr stark im Geschmack! Mit Zitronensaft und etwas Zucker abschmecken, das Bries hineinlegen und gut durchziehen lassen. Auf einer vorgewärmten Platte anrichten und rundum Tomatenscheiben legen.

Englischer Teekuchen:
12 dkg Margarine
12 dkg Zucker
12 dkg Mehl
12 dkg Rosinen
1 – 2 El Rum, Orangenschale
Margarine mit Zuckern und Eiern gut abtreiben, die Rosinen mit dem Mehl vermengen, damit sie im Teig nicht untergehen. Zu dem Abtrieb geben und mit Rum und Orangenschale abschmecken. In einer gut gefetteten und bemehlten Kastenform bei 200° ca. 50 Minuten backen. Stürzen und anzuckern. Der Kuchen ist sehr haltbar.

4. August, Samstag:

SCHWEINEFLEISCHPASTETE
RINGLOTTENKOMPOTT

Schweinefleischpastete:
Teig: Siehe "Pilzpastete", 21. Juli.
Fülle:
80 dkg Schweinefleisch
20 dkg frischer (nicht geselchter) Speck
10 dkg Schweinsleber
1 Zwiebel
1/4 l Obers
3 Eier
2 El Weinbrand
Salz, Pfeffer, Majoran, Knoblauch
2 El Margarine
Die geschnittene Zwiebel in der Margarine anlaufen lassen, geschnittenes Fleisch, Speck und Leber dazugeben, würzen und gut durchrösten. Dann sehr fein faschieren, mit Obers und Ei sehr gut vermischen. Die Pastete wie üblich weiterverarbeiten.

Ringlottenkompott:
1 kg noch feste Ringlotten überbrühen, enthäuten und halbieren. 1 Liter Wasser mit 25 dkg Zucker aufkochen, die Ringlotten hineinlegen und schwach kochen lassen, langsam (mehr ziehen lassen). Kochzeit ca. 10 Minuten.

5. August, Sonntag:

ÜBERBACKENE KALBSSCHNITZEL MIT GEMISCHTEM SALAT
SCHOKOLADENTORTE

Überbackene Kalbsschnitzel:
8 dünne Kalbsschnitzel
5 dkg Butter
1 große Zwiebel
10 dkg Emmentaler
10 dkg Champignons
4 El Brösel
1/4 l Weißwein
1/4 l Wasser
1/8 l Obers
Die Zwiebel dünn schneiden, in der Butter anrösten. Die Kalbsschnitzel leicht klopfen, salzen, beiderseits bemehlen und rundum gut anbraten. In eine gebutterte,

feuerfeste Form erst die Zwiebeln, dann das Fleisch geben. Darüber den geriebenen Emmentaler sowie die Semmelbrösel geben. Die Champignons blättrig schneiden, mit feingehackter Petersilie mischen, daraufgeben und dann Wein, Wasser und Obers versprudeln und darübergießen. Im mittelheißen Rohr ca. 20 Minuten überbacken, bis die Oberfläche schön hellbraun ist.

Schokoladen-Mandeltorte:
24 dkg Margarine
24 dkg Zucker
24 dkg Mandeln
24 dkg Schokolade
12 dkg Mehl
6 Eier
Muskat
Fülle und Überguß:
14 dkg Schokolade
14 dkg Zucker
14 dkg Butter
2 Dotter
6 El Milch
Die Schokolade erweichen, Margarine dazugeben und abrühren. Jetzt den Zucker und die Dotter dazugeben und flaumig rühren. Dann das Mehl und die geriebenen Mandeln, Muskat und den festgeschlagenen Schnee unterziehen. Bei 180° ca. eine Stunde backen. Nach dem Erkalten wie folgt füllen:
Die Schokolade in der Milch zergehen lassen, Zucker und Dotter einrühren und leicht aufkochen. Die Butter in der warmen Masse dann nur mehr zergehen lassen. Auskühlen lassen (wird nicht ganz fest) und die Torte damit füllen und überziehen.

6. August, Montag:

LEBERSPIESSE MIT REIS
MANDELPUDDING MIT SCHOKOSAUCE

Leberspieße:
70 dkg weiche Schweinsleber
1 große Zwiebel
1 großer Apfel
15 dkg Selchspeck
Die Leber in nicht zu große Stücke schneiden, Zwiebel, Apfel und Selchspeck in Scheiben; die Menge ist für vier Spieße gedacht. Pro Spieß abwechselnd Leber, Speck, Zwiebel und Apfel aufreihen, immer in der gleichen Reihenfolge aufreihen. Die Leber soll immer neben dem Speck sein, dann braucht man sie nur ganz wenig zu salzen und sie wird daher nicht so leicht hart. Die Leber mit etwas Majoran würzen. Im Rohr die Spieße auf einen Gitterrost legen, darunter ein Blech mit wenig Wasser geben, damit der Saft aufgefangen wird. Die Spieße mit etwas Öl bepinseln, bei 200 – 220° grillen, nicht hart werden lassen. Meistens genügen 20 Minuten Garzeit, das hängt von der Größe der Fleischstücke ab.

Mandelpudding:
1 Päckchen Mandelpudding
1/2 l Milch
3 El Zucker
10 dkg sehr fein geriebene und geröstete Mandeln
1 Ei
1 El Butter
Den Pudding nach Angabe kochen, überkühlen, aber nicht ganz auskühlen lassen. Die Butter darin zergehen lassen, Dotter gut verschlagen, einrühren, ebenso die Mandeln. Zuletzt dann den fest geschlagenen Schnee zugeben. Man füllt die Masse in eine kalt ausgespülte Form, läßt sie im Eiskasten erstarren, stürzt sie und gibt eine Schokosauce (siehe 7. Februar) darüber.

7. August, Dienstag:

OCHSENSCHLEPP MIT FISOLENGEMÜSE UND KARTOFFELN
FLAMBIERTE BIRNEN

Ochsenschlepp:
1,5 kg Ochsenschlepp gleich in größere Stücke schneiden lassen mit 50 dkg Wurzelwerk in 2 Litern Wasser weichkochen. Das Wasser nicht zu stark salzen. Wenn das Fleisch weich ist, die Suppe abseihen und das Fleisch von den Knochen lösen. Auf einer warmen Platte anrichten, mit etwas heißer Suppe übergießen.
Fisolengemüse:
1 kg junge, frische Fisolen putzen, kleinschneiden. In leicht gesalzenem Wasser weichkochen. Aus 2 Eßlöffeln Butter und 3 Eßlöffeln Mehl eine helle Einbrenn machen, mit einem Teil des Kochwassers aufgießen. Die Fisolen dazugeben, 1 Teelöffel feingehackte Dille daruntermischen, gut aufkochen, dann noch 3 Eßlöffel Rahm unterrühren. Eventuell kann noch mit etwas Essig abgeschmeckt werden.

Flambierte Birnen:
4 große, nicht zu weiche Birnen schälen und halbieren. Die Kerngehäuse entfernen, in wenig Zuckerwasser (aus 1 Liter Wasser, 25 dkg Zucker und 1 Gewürznelke) kernweich dünsten. Herausnehmen, abtropfen lassen, die Aushöhlung in den Birnen mit Preiselbeeren füllen, mit 2 Stamperln Arrak übergießen, anzünden und brennend servieren.

8. August, Mittwoch:

SCHWAMMERLGULASCH MIT STERZ
LONDONERSCHNITTEN

Schwammerlgulasch:
1 kg verschiedene Schwammerl
2 El Butter
1 mittelgroße Zwiebel
2 Kl Edelsüßpaprika
1/8 l Rahm
1 El Mehl
Die geschnittene Zwiebel in der Butter anrösten, Schwammerl (ebenfalls geschnitten) dazugeben, etwas dünsten. Mit dem Mehl stauben, den Paprika dazugeben, salzen. Mit wenig Wasser aufgießen und weichdünsten. Mit dem Rahm binden.
Sterz:
1 l leicht gesalzenes Wasser
30 – 40 dkg Maisgrieß
3 El Schmalz
In kochendes Wasser den Maisgrieß einrühren, ausdünsten lassen, einige Löcher in die Masse machen und das heiße Schmalz hineingießen. Noch 1/2 Stunde stehen lassen.

Londonerschnitten:
21 dkg Mehl
14 dkg Margarine
7 dkg Zucker
2 Dotter
Aus diesen Zutaten rasch einen Teig kneten, fingerdick ausrollen, auf ein befettetes, gestaubtes Blech legen, mit Marillenmarmelade bestreichen und darüber folgende Mischung geben:
4 – 6 Klar Schnee
21 dkg Zucker
14 dkg Nüsse
Schnee mit dem Zucker fest schlagen, Nüsse daruntermischen und alles auf die Marillenmarmelade streichen. Wird bei 200° ca. 15 – 20 Minuten zusammen gebacken. Noch warm in Schnitten schneiden.

9. August, Donnerstag:

MILZ-LEBERKNÖDEL MIT FRISCHEM KRAUT
MARILLENJAM, GEBRANNTE MANDELN, VANILLEEIS

Milz-Leberknödel:
40 dkg Rindsleber
20 dkg Milz
3 Eier
2 Semmeln
3 Tl Semmelbrösel
Salz, Pfeffer, Majoran
Die Leber fein faschieren, die Milz schaben, die eingeweichten und ausgedrückten Semmeln, die Eier und die Semmelbrösel dazugeben, würzen, gut abarbeiten und mittelgroße Knödel formen. In leicht gesalzenem Wasser ca. 20 Minuten kochen. Auch hier ist es zweckmäßig, eine Probe zu machen, man kann dann bei der anderen Masse noch etwas Brösel dazugeben.

Frisches Kraut:
1 mittleres Häuptel Weißkraut
2 El Schmalz
3 – 4 El Mehl
etwas Essig, Salz, Kümmel
Das Weißkraut feinnudelig schneiden, in leicht gesalzenem Wasser weichkochen, abseihen; vom Sud etwas aufheben. Von Schmalz und Mehl eine Einbrenn machen, mit dem Sud aufgießen, Kraut hineingeben, den Kümmel dazu und gut durchkochen. Mit einem Spritzer Essig abschmecken. Wenn man hat, kann man beim Kochen auch eine Speckschwarte mitkochen.

Vanilleeis:
1 Packung Vanilleeis
5 dkg geschälte, gestiftelte gebrannte Mandeln
3 dkg Zucker
1 El Butter
Marillenjam
Den Zucker in der Butter leicht bräunen, die gestiftelten Mandeln hineingeben. Weiter bräunen unter ständigem Rühren. Schichtenweise Vanilleeis, Marillenjam und die Mandeln in Gläser geben.

10. August, Freitag:

FISCHAUFLAUF, PETERSILKARTOFFELN
LINZERAUGEN

Fischauflauf:
1 kg Kabeljau
1 Becher Rahm
3 El Paradeismark
4 El Parmesan
2 El Brösel
2 El Butter
Den Fisch kochen und in kleine Stücke zerlegen. In eine gebutterte und gebröselte Auflaufform geben. Rahm, Salz, Paradeismark und 2 Eßlöffel Parmesan über den Fisch geben (vorher gut versprudeln). Obenauf den restlichen Parmesan mit den Bröseln vermischt streuen und mit Butterflocken belegen. Ca. 15 Minuten ins heiße Rohr geben, bis die Oberfläche Farbe bekommt.

Linzeraugen:
21 dkg Margarine
10 dkg Zucker
28 dkg Mehl
3 Dotter
Die Margarine etwas erweichen, mit Dottern und Zucker gut abtreiben, dann das Mehl dazugeben und am Brett zu einem glatten Teig verarbeiten. Falls er zu weich ist, noch etwas Mehl zugeben. Den Teig ca. 3 mm dick ausrollen und gleichgroße runde Scheiben ausstechen. Von der Hälfte der Scheiben mit kleinem Ausstecher in der Mitte ein Loch ausstechen. Auf ein ungefettetes Backblech legen und bei 180° ca. 20 Minuten backen. Wenn die Plätzchen ausgekühlt sind, eine ganze und eine gelochte Scheibe mit Marmelade zusammensetzen und anzuckern.

11. August, Samstag:

SEMMELKNÖDEL MIT FISOLENSALAT UND EXTRAWURST
KÜRBISKOMPOTT

Semmelknödel:
Siehe 6. Jänner.

Fisolensalat mit Extrawurst:
1 kg junge Fisolen
1 große Zwiebel
20 dkg Extrawurst
Essig und Öl
Die Fisolen putzen und waschen, in ca. 5 mm lange Stücke schneiden und in Salzwasser weichkochen. Abseihen, noch warm die feingeschnittene Zwiebel, das Öl und den etwas verdünnten und schwach gezuckerten Essig darübergeben. Die Extrawurst in schmale Streifen schneiden und untermischen.

Kürbiskompott:
1 kg Speisekürbis
30 dkg Zucker
Saft einer Zitrone
3 Stücke Ingwer
1 l Wasser
Den Kürbis schälen und in mundgerechte Stücke schneiden, Zucker mit Zitronensaft und Wasser aufkochen. Den Ingwer und die Kürbisstücke hineingeben, bis diese glasig werden. Auskühlen lassen und servieren.

12. August, Sonntag:

PUTENSCHNITZEL NATUR, REIS UND SALAT
SCHOKO-PFIRSICHKUCHEN

Putenschnitzel:
4 schöne Putenschnitzel
2 El Butter
2 El Mehl
Salz, Pfeffer
Die Schnitzel leicht klopfen, salzen und pfeffern, beiderseits bemehlt in der Butter anbraten, mit wenig Wasser aufgießen und weichdünsten (ca. 20 Minuten).

Schoko-Pfirsichkuchen:
18 dkg Zucker
18 dkg Haselnüsse
9 dkg erweichte Schokolade
5 Eier
Dotter mit der erweichten Schokolade und dem Zucker abrühren, Haselnüsse und den festgeschlagenen Schnee darunterziehen, gut fingerdick auf ein gefettetes, gestaubtes Blech streichen, mit halbierten Pfirsichen belegen und bei 180° ca. 30 Minuten backen.

13. August, Montag:

PIKANTER PFEFFERBRATEN MIT HÖRNCHEN
SCHOKOCREMESPEISE

Pikanter Pfefferbraten:
80 dkg Beiried
10 dkg Selchspeck
10 dkg gemischtes Wurzelwerk
2 Paar Frankfurter
2 Zwiebeln
1 El Tomatenmark
2 El gestoßener schwarzer Pfeffer
2 Dotter
etwas Mehl
1 Glas Burgunder
Knoblauch, Thymian, Lorbeer
Öl
Den Braten viermal einstechen und in die Löcher je 1/2 Frankfurter hineingeben. Das Fleisch nun salzen und pfeffern und in heißem Öl anbraten. Fleisch herausnehmen und im gleichen Fett das grobgeschnittene Wurzelwerk, die Zwiebel und den Knoblauch mit dem Selchspeck gut durchrösten, mit Tomatenmark und Wasser aufgießen, gut durchkochen und das Fleisch wieder hineingeben. Den Saft salzen, Thymian und 1/2 Lorbeerblatt dazugeben, weichdünsten. Wenn das Fleisch gar ist, herausnehmen, die Eier und den Burgunder versprudeln, in den Saft geben, gut aufkochen, wenn nötig, mit etwas Mehl stauben und passieren. Das Fleisch in Scheiben geschnitten wieder hineingeben und servieren.

Schokocremespeise:
1 Päckchen Puddingpulver (Vanille)
3 Rippen Schokolade
8 dkg Butter
5 dkg Zucker
2 Eier
nicht ganz 1/2 l Milch
Die Schokolade in der Milch zerlassen, den Pudding in der Milch kochen und etwas auskühlen lassen. Die Butter hineingeben, dann die Dotter mit dem Zucker abrühren, dazugeben und erst, wenn die Masse ganz ausgekühlt ist, den festgeschlagenen Schnee unterziehen. Die Creme in Gläser füllen und eventuell mit Schlagobers verzieren.

14. August, Dienstag:

NIERENRAGOUT IM REISRING
TOPFENPUDDING

Nierenragout:
50 dkg Schweinsnierndl
1 El Schmalz
1 El Mehl
5 dkg Champignons
1 Becher Joghurt
Salz, Pfeffer, Majoran
1 Kl Senf
Die Schweinsnieren der Länge nach durchschneiden, von Haut und Fett befreien und eine halbe Stunde wässern. Dann in kleine Streifen schneiden, würzen und im Schmalz gut anbraten. Die geschnittenen Champignons dazugeben, mit dem Mehl stauben, aufgießen und gut durchkochen. Den Senf mit dem Joghurt gut vermischen und in den Saft einkochen, im Reisring servieren.

Topfenpudding:
30 dkg Topfen
10 dkg Zucker
5 dkg Grieß
10 dkg Rosinen
2 El Stärkemehl
4 dl Milch
3 Eier, Zitronenschale, Vanillin
Zucker, Dotter und Geschmackszugaben gut schaumig rühren, das Stärkemehl mit der Milch verrühren, in die Dottermasse geben, ebenso die Rosinen und den Grieß. Zuletzt den festgeschlagenen Schnee unterziehen. Das Ganze in eine gut gebutterte und mit Grieß ausgestreute Form geben und auf kleinem Feuer eine Stunde im Wasserbad kochen. Stürzen und mit Früchten oder Fruchtsaft servieren.

15. August, Mittwoch:

FASCHIERTE PASTETE
BISKOTTENIGEL

Faschierte Pastete:
1 kg Faschiertes
15 dkg Hühnerleber
3 Eier
10 dkg Champignons
Salz, Pfeffer, Thymian, Petersilie
1 El Margarine
Die Leber geschnitten in der Margarine anbraten, die Champignons blättrig schneiden, beides und auch die Eier und Gewürze mit dem Faschierten gut vermengen. Die Pastete wie am 2. Juli bereiten.

Biskottenigel:
20 dkg Butter
10 dkg Schokolade
10 dkg Zucker
1 Dotter
20 – 25 Biskotten
10 dkg Mandeln
Aus Butter, erweichter Schokolade, Zucker und Dotter eine Creme rühren. Die Biskotten mit dieser Creme so zusammensetzen, daß man eine ovale, 10 cm hohe Form erhält. Die letzte Cremeschicht mit Benco bestreuen und den Igel mit geschälten, gestiftelten Mandeln bespicken.

16. August, Donnerstag:

GEFÜLLTE HÜHNERKEULEN
GEDÜNSTETE PFIRSICHE MIT WEINCREME

Gefüllte Hühnerkeulen:
4 Hühnerkeulen
3 El Butter
1 El gehackte Schalotten
1/4 Tasse Weißwein
1 Semmel
15 dkg Hühnerleber
1 Hühnerbrust
Salz, Petersilie
Die Hühnerkeulen vorsichtig vom Knochen befreien, die Haut soll nicht verletzt werden. Gehackte Schalotten, kleingeschnittene Hühnerleber und -brust in der Butter anbraten, eingeweichte und wieder ausgedrückte Semmel dazugeben und mit Salz und Petersilie würzen. Gut vermengen und die Hühnerkeulen damit füllen. Leicht in Semmelbrösel wälzen und in Butter beiderseits anbraten, mit etwas gewässertem Wein aufgießen und weichdünsten.

Gedünstete Pfirsiche mit Weincreme:
4 große, noch härtere Pfirsiche
2 El Zucker
Die Pfirsiche schälen und halbieren, mit dem Zucker in wenig Wasser weichdünsten, herausnehmen und abtropfen. Je zwei Hälften in eine Glasschale geben und folgende Weincreme darübergeben:
Weincreme:
1/4 l Weißwein
12 dkg Zucker
2 dkg Maizena
1 Ei
Ei, Zucker und Maizena gut verrühren, den Wein dazugeben und über Dunst so lange schlagen, bis die Masse dick ist. Man kann die Creme warm servieren, soll sie kalt sein, muß die Masse geschlagen werden, bis sie ausgekühlt ist.

17. August, Freitag:

EIERSCHWAMMERL GEDÜNSTET, MIT EI UND GRÜNEM SALAT
RINGLOTTENKNÖDEL AUS BRANDTEIG

Eierschwammerl gedünstet:
1 kg Eierschwammerl
2 El Butter
4 Eier
Petersilie
Die Schwammerl so schön putzen, daß man sie nicht mehr zu waschen braucht, schneiden und in der Butter ca. 10 Minuten dünsten. Dann die mit der feingehackten Petersilie vermischten Eier darübergeben und stocken lassen. Vor dem Servieren etwas anpfeffern.

Ringlottenknödel:
Brandteig:
1/2 l Milch
1/2 l Mehl
2 El Margarine
2 Eier
Salz
außerdem
15 dkg Semmelbrösel
10 dkg Butter
2 El Margarine
In die kochende, gesalzene Milch das Mehl einfließen lassen, so lange fest durchrühren, bis sich der Teig vom Kochlöffel löst. Auskühlen lassen und dann nach und nach die Eier einarbeiten. Man gibt den Teig jetzt auf ein bemehltes Brett, knetet ihn so lange, bis er ganz glatt ist, dann formt man eine Rolle und schneidet Stücke ab, deren Größe von der Größe der Früchte abhängt. Diese drückt man in der Hand flach, füllt die Früchte ein und formt Knödel. In kochendem Salzwasser ca. 15 Minuten kochen; die Knödel müssen nach der halben Kochzeit oben schwimmen. Mit dem Lochseiher herausnehmen, gut abgetropft in den gerösteten Bröseln wälzen, mit brauner Butter übergießen und anzuckern.

18. August, Samstag:

GEFÜLLTE AUBERGINEN
MARILLENFLECK

Gefüllte Auberginen:
2 große, feste Auberginen
50 dkg Faschiertes
1 Semmel
1 Ei
1 Zwiebel
Salz, Pfeffer und Sardellenpaste
Parmesan und Butter zum Überstreuen
Die Auberginen dünn schälen, vorsichtig aushöhlen und innen mit Knoblauch einreiben. Semmel und Zwiebel mit dem Fleisch faschieren, dazu Salz, Pfeffer und etwas Sardellenpaste sowie das Ei geben, alles gut vermengen und die Auberginen damit füllen. Man gießt etwas Suppe (Würfel) auf den Boden einer gebutterten Auflaufform,. setzt die Auberginen hinein, bestreut sie mit Parmesan und Butterflocken und bäckt bei mittlerer Hitze ca. 40 Minuten.

Marillenfleck:
Germteig:
50 dkg Mehl
15 dkg Zucker
10 dkg Margarine
2 Eier
3 dkg Germ
1/4 l Milch
Die Milch leicht erwärmen, Zucker darin auflösen, die Germ hineingeben, etwas mit Mehl bestauben und gehen lassen. Das vorgewärmte Mehl mit den Eiern und der zerlassenen Margarine vermengen, aufgegangene Germ dazugeben und gut abschlagen. Zugedeckt eine Stunde rasten lassen. Nochmals gut durchschlagen und nochmals gehen lassen. Dann auf ein gut gefettetes und bemehltes Blech ungefähr fingerdick aufstreichen, mit den Marillenhälften (Innenseite nach oben) dicht belegen, anzuckern und einige wenige Mandelkerne (ganz fein gehackt) darübergeben. Bei 200° ca. 30 Minuten backen. In Stücke schneiden und anzuckern.

19. August, Sonntag:

KALBS-CROQUETTES, REIS UND SALAT
ZITRONENTORTE

Kalbs-Croquettes:

80 dkg Kalbfleisch, am besten gleich faschiert kaufen
3 Eier
1 Semmel, eingeweicht und ausgedrückt
1 El Schalotten
1 Tl Petersilie, Salz, Pfeffer, Worcestersauce
4 Tl Butter
Semmelbrösel

Die feingeschnittenen Schalotten in etwas Butter vordünsten, mit allem anderen gut vermengen, in Semmelbröseln wälzen und in Butter braten.

Zitronentorte:

12 dkg Butter
12 dkg Zucker
12 dkg geriebene Mandeln
12 dkg Mehl
4 Eier
1/2 Backpulver, 1 Vanillin

Erweichte Butter mit Zucker und Dottern schaumig rühren, die Mandeln dazugeben und ebenso das mit dem Backpulver vermischte Mehl. Zuletzt zieht man den festgeschlagenen Schnee darunter und bäckt in einer gefetteten, gebröselten Form bei mittlerer Hitze ca. 50 Minuten. Nach dem Auskühlen mit Ribiselmarmelade füllen und mit folgender Glasur überziehen:

Glasur:
15 dkg Staubzucker
1 El heißes Wasser
Saft einer Zitrone

Alle Zutaten gut verrühren.

20. August, Montag:

PILZSCHNITZEL MIT SALAT
EIERSTICH MIT SCHOKOSAUCE

Pilzschnitzel:

1 kg Eierschwammerl, können auch andere Pilze sein
2 mittlere Zwiebeln
2 Semmeln
1 Ei
1 El Butter
2 El Margarine
1 mittlere Kartoffel
Semmelbrösel

Die feingeschnittene Zwiebel und die ebenfalls geschnittenen Eierschwammerl in der Butter kurz dünsten, dann fügt man die eingeweichten und ausgedrückten Semmeln dazu, würzt mit Salz, Pfeffer und Petersilie und schmort alles gut durch. Anschließend faschiert man die Masse, auch die Kartoffel. Nun kommt das Ei hinein, gut verarbeiten, kleine, flache Laberl formen, in Semmelbrösel leicht wälzen und in der Margarine beiderseits braten.

Eierstich mit Schokosauce:

4 Dotter
8 El Milch
2 El Zucker

Alles gut verquirlen, in kleine, mit Wasser ausgeschwenkte Formen (können auch Kaffeetassen sein) geben und im Wasserbad bei schwach kochendem Wasser 30 Minuten stocken lassen. Die Förmchen zudecken, damit kein Kochwasser in die Masse kommt. Stürzen, warm oder kalt mit Schokoladensauce übergossen servieren.

Schokosauce:
10 dkg Zucker
10 dkg Schokolade
1/8 l Wasser

Den Zucker mit dem Wasser kochen, bis etwas dicklich, dann langsam der aufgeweichten Schokolade zugeben.

21. August, Dienstag:

SZEGEDINERGULASCH
TOPFEN-BIRNENBECHER

Szegedinergulasch:
60 dkg Schweinefleisch (Gulaschfleisch)
50 dkg Sauerkraut
1 Apfel
1/4 l Rahm
1 El Paradeismark
Salz, Paprika, Kümmel
2 El Margarine
Das Fleisch in Würfel schneiden, salzen und in der Margarine rundum anbraten und aufgießen. Das Paradeismark und Edelsüßpaprika dazugeben, gut durchkochen, dann das Sauerkraut locker zerpflückt mit dem Kümmel dazugeben und gardünsten. Vor dem Anrichten den Rahm dazugeben.

Topfen-Birnenbecher:
25 dkg Topfen
10 dkg Zucker
2 El Kakao
1/8 l Schlagobers
4 nicht zu weiche Birnen
2 El Zucker, 1 Nelke
Die Birnen schälen und in Spalten schneiden, in 2 Eßlöffeln Zucker mit wenig Wasser und der Nelke weichdünsten. Den Kakao mit ganz wenig Wasser anrühren, Topfen und Zucker dazugeben und zuletzt das geschlagene Obers unterziehen. Einige Gläser lagenweise mit Birnenstücken und Topfencreme füllen.

22. August, Mittwoch:

SCHWEINSHERZ GEFÜLLT MIT
KARTOFFELPÜREE
NUSS-MAKRONENSCHNITTEN

Schweinsherz gefüllt:
4 Schweinsherzen
10 dkg Selchspeck
1 El Butter, 2 El Margarine
1/8 l Sauerrahm
1 Semmel
20 dkg Faschiertes
Salz, Pfeffer, Majoran
Die Schweinsherzen aufschneiden, gut auswaschen, mit Salz, Pfeffer und Majoran einstreichen und mit dem in feine Streifen geschnittenen Speck auslegen. Vom Faschierten mit der eingeweichten und ausgedrückten Semmel, gewürzt mit Knoblauch und Salz, einen Fleischteig machen und die Herzen damit füllen. In Margarine rundum anbraten, aufgießen und weichdünsten. Die Herzen herausnehmen, den Saft mit dem Rahm und 1 Teelöffel darin verrührten Mehls andicken, die Herzen in dicke Scheiben schneiden, wieder in die Sauce geben, nochmals aufkochen und servieren.

Nuß-Makronenschnitten:
Mürbteig:
20 dkg Mehl
14 dkg Margarine
7 dkg Zucker
2 Dotter
Fülle:
15 dkg Nüsse
2 El Zucker
1/8 l Milch
Rum
Schneehaube:
2 Klar
10 dkg Nüsse
10 dkg Zucker
Einen Mürbteig aus den oben angegebenen Zutaten bereiten. Zur Fülle die Nüsse mit Zucker und Milch aufkochen, mit Rum abschmecken und auskühlen lassen. Den Mürbteig etwas vorbacken, bis er eine leichte Kruste hat, dann die Fülle aufstreichen und die Schneehaube (dazu schlägt man Klar mit dem Zucker fest und gibt die Nüsse darunter) darübergeben. Bei leichter Oberhitze fertigbacken, bis der Schnee hellbraun ist.

23. August, Donnerstag:

JÄGERREIS MIT SALAT
HOLLERKOMPOTT MIT BIRNEN

Jägerreis:
70 dkg mageres Rindfleisch
15 dkg Selchspeck
2 Karotten
1 große Zwiebel
Knoblauch, Salz
1/4 l Rotwein
Den Selchspeck kleinschneiden, anbraten, dann das würfelig geschnittene Fleisch dazugeben, ebenso die feingeschnittene Zwiebel, den Knoblauch und die blättrig geschnittenen Karotten. Salzen, in einen Römertopf (Tontopf) geben, mit Wasser und Rotwein aufgießen, 30 Minuten garen lassen. Jetzt kommen dazu:
15 dkg Reis
20 dkg Champignons
2 grüne Paprikaschoten
Die Champignons und die Paprika in Streifen schneiden, untermischen, eventuell noch mit etwas Wasser aufgießen und noch ca. 50 Minuten im Rohr lassen, bei 200°.

Hollerkompott mit Birnen:
1 l Holler
3 reife Birnen
20 dkg Zucker
1 Stange Zimt
2 El Joghurt
Holler abbeeren, gut waschen, mit wenig Wasser in eine Kasserolle geben, ebenso die geschälten und in kleine Stücke geschnittenen Birnen, den Zucker und den Zimt. Alles ca. 15 Minuten durchkochen, auskühlen lassen und vor dem Servieren mit 2 Eßlöffeln Joghurt verrühren.

24. August, Freitag:

KRÄUTEROMELETTE
AUSGEDÜNSTETE MILCHNUDELN

Kräuteromelette:
8 Eier
15 dkg Räucherspeck
40 dkg Tomaten
2 Zwiebeln
2 kleine Zucchini
2 kleine Pfefferoni
Petersilie, Thymian, Salz, Pfeffer
2 El Margarine
Den Speck kleinschneiden und auslassen, jetzt alles andere, ebenfalls kleingeschnitten, hineingeben und 10 Minuten dünsten. Es ist gut, wenn man die Tomaten schält. Auskühlen lassen. Nun versprudelt man die Eier mit Salz und brät entweder eine Omelette in einer großen Pfanne oder macht dies portionsweise (4 Portionen). Die Eier werden dazu mit der gedünsteten Masse vermischt. Angerichtet wird mit viel Schnittlauch.

Ausgedünstete Milchnudeln:
50 dkg Bandnudeln
10 dkg Butter
1,5 l Milch
4 El Zucker
3 Rippen Schokolade
Die Bandnudeln in der leicht gesalzenen und gezuckerten Milch weichkochen, die Butter und die Schokolade hineingeben und im Rohr in einer Pfanne ca. eine Stunde ausdünsten lassen. Mit beliebigen Früchten garniert anrichten.

25. August, Samstag:

SUPPENHUHN MIT NUDELN
MARILLENTÖRTCHEN

Suppenhuhn:
1 kleines Suppenhuhn
50 dkg gemischtes Gemüse: Karotten, Sellerie, Petersilie
25 dkg etwas breitere Suppennudeln
Das Huhn wird mindestens in Viertel geschnitten, mit dem kleingeschnittenen Wurzelwerk und Salz in viel Wasser weichgekocht. Das Fleisch wird nun herausgenommen und von den Knochen gelöst. In der Zwischenzeit kocht man die Nudeln in die Suppe ein, zerkleinert das Fleisch, gibt es dazu und serviert, bestreut mit Petersilie, im Suppentopf.

Marillentörtchen:
Mürbteig:
30 dkg Mehl
20 dkg Margarine
10 dkg Zucker
1 Dotter
Belag:
30 dkg Rohmarzipan
1 Eiklar
1 kg Marillen
1/8 l Schlagobers
Aus den Zutaten einen Mürbteig bereiten, 3 mm dick ausrollen, ca. 5 cm Durchmesser große Scheiben ausstechen und backen. In ausgekühltem Zustand mit dem dünn ausgerollten (mit dem Eiklar erst verarbeiteten) Marzipan belegen, darauf kommen die geschälten, sehr reifen Marillen, die man mit heißer Marillenmarmelade dünn überzieht. Mit Schlagobers verzieren.

26. August, Sonntag:

KALBSKOTELETTES MIT REIS UND SALAT
PANAMATORTE

Kalbskotelettes:
4 schöne Kalbskotelettes von allen Häuten befreien, salzen und leicht bemehlen, dann in 4 Eßlöffeln Butter beiderseits anbraten und mit ganz wenig Wasser weichdünsten.

Panamatorte:
15 dkg Zucker
12 dkg geriebene Mandeln
10 dkg geriebene Schokolade
3 dkg Brösel
6 Eier
Creme:
15 dkg Butter
15 dkg Schokolade
10 dkg Staubzucker
1 Ei
Den halben Zucker mit den Dottern abrühren, den Schnee mit dem restlichen Zucker scshlagen. Zu der Dottermasse die halbe Schneemasse geben, dann Schokolade, Mandeln und Brösel unterrühren und dann den Restschnee dazugeben. Alles in einer gut gefetteten und gebröselten Form bei mittlerer Hitze vorsichtig backen. Nach dem Ausbacken die Torte noch 10 Minuten im offenen Rohr stehen lassen. Auskühlen lassen, besser am nächsten Tag erst mit folgender Creme füllen:
Creme:
Butter und Schokolade weich und rührfähig machen, den halben Zucker und den Dotter dazugeben und gut abtreiben. Eiklar mit dem Restzucker fest schlagen und unter die Masse ziehen.
Die Torte auch seitlich und oben dünn mit Creme bestreichen und mit grobgeriebenen Mandeln bestreuen.

27. August, Montag:

GEFÜLLTE TOMATEN
SCHOKOPARFAIT

Gefüllte Tomaten:
50 dkg Faschiertes
8 Tomaten
2 Semmeln
10 dkg Selchspeck
1 Zwiebel
2 Eier
3 – 4 El geriebener Käse
2 El Margarine
Salz, Pfeffer, Thymian
Selchspeck und Zwiebel sehr fein schneiden, die eingeweichten Semmeln gut ausdrücken und alles zum Faschierten geben. Würzen und mit den Eiern zu einem

Fleischteig verarbeiten.
Die Tomaten köpfen, gut aushöhlen und die Fleischmasse hineinfüllen, mit Käse bestreuen und die Deckel wieder aufsetzen. Im Rohr in der mit Margarine ausgefetteten Auflaufform bei 200° ca. 20 Minuten backen.

Schokoparfait:
8 dkg Schokolade
8 dkg Staubzucker
2 ganze Eier
2 Dotter
1/4 l Schlagobers
etwas Kognak, Salz
Eier und Dotter werden mit dem Staubzucker über Dunst zu einer dicken Masse geschlagen. Dann kommen die geriebene Schokolade, der Kognak und etwas Salz dazu. Im kalten Wasserbad so lange weiterschlagen, bis die Masser erkaltet ist. Das festgeschlagene Obers vorsichtig unterziehen, alles in kleine Formen füllen und zugedeckt einige Stunden tiefkühlen.

28. August, Dienstag:

GEFÜLLTER SCHWEINSBRATEN, SEMMELKNÖDEL, SALAT
WIENER SCHNITTEN

Gefüllter Schweinsbraten:
80 dkg Schweinskotelette im Ganzen, ausgelöst
10 dkg Salami
10 dkg pikante Extrawurst
10 dkg Semmelbröckerl
5 dkg Speck
Kümmel, Salz, Knoblauch
1 El Margarine
Den Schweinsbraten mit einem scharfen Messer so einschneiden, daß eine Tasche entsteht. Den kleingeschnittenen Speck mit den Semmelbröckerln anrösten, geschnittene Wurst dazugeben und die Tasche damit füllen. Mit Zahnstochern zustecken.
Den Schweinsbraten mit Salz, Kümmel und Knoblauch einreiben, in Margarine rundum anbraten und dann im Rohr bei 200° ca. 90 Minuten unter öfterem Aufgießen braten.

Wiener Schnitten:
20 dkg Zucker
20 dkg Mehl
25 dkg geschnittene Haselnüsse
8 dkg geriebene Schokolade
2 Tl Zimt, 1 Prise Salz
1/2 Backpulver
2 Eier, 1 Dotter
Dotter, Eier und Zucker schaumig rühren, Haselnüsse, Zimt, Schokolade und das halbe Mehl einrühren. Die zweite Hälfte des Mehls mit dem Backpulver vermischt auf ein Brett geben, die gerührte Masse damit verarbeiten, gut durchkneten und fingerdick auswalken. Auf ein gefettetes und gestaubtes Blech legen, mit Eiweiß bestreichen und bei mittlerer Hitze ca. 30 Minuten backen. Noch warm in Schnitten schneiden.

29. August, Mittwoch:

GEBACKENE LEBER MIT GEMISCHTEM SALAT
FLAUMKUCHEN

Gebackene Leber:
70 dkg Schweinsleber gleich in Schnitzel schneiden lassen. Die Ränder einschneiden, damit die Haut nicht zieht und wie Wienerschnitzel (siehe 8. Jänner) weiterbehandeln.

Flaumkuchen:
21 dkg Mehl
10 dkg Zucker
8 dkg Butter
2 Eier
1/8 l Milch
1/2 Backpulver
Vanillin, Saft und Schale einer Zitrone
Die erweichte Butter mit Zucker und Dotter schaumig rühren, den Schnee von 2 Klar dazugeben und dann vorsichtig das mit dem Backpulver, Vanillin und Zitrone vermischte Mehl unterziehen. In einer gefetteten und bemehlten Rehrückenform bei 200° ca. 40 Minuten backen. Ausgekühlt mit Staubzucker bestreuen.

30. August, Donnerstag:

GURKENRAGOUT MIT HAMMELFLEISCH, KARTOFFELN
BIRNEN IN ROTWEIN

Gurkenragout:
70 dkg Hammelfleisch
2 Salatgurken
4 Tomaten
1 Zwiebel
Dill, Salz, Pfeffer
4 El Öl
Das Hammelfleisch in Würfel schneiden (wie für Gulasch), salzen und pfeffern und in 2 Eßlöffeln Öl gut anbraten. Dann mit etwas Wasser aufgießen und dünsten lassen. In der Zwischenzeit die geschnittene Zwiebel im restlichen Öl glasig werden lassen, die geschälten und geschnittenen Tomaten dazugeben, gut verrühren. Alles nun vermischen und weiterdünsten, bis das Fleisch fast gar ist. Dann die geschälten, entkernten und ebenfalls würfelig geschnittenen Gurken dazugeben und noch 5 Minuten leise kochen lassen. Mit Essig und Zucker abschmecken und vor dem Servieren mit der feingehackten Dille überstreuen.

Birnen in Rotwein:
4 große, nicht zu weiche Birnen
10 dkg Zucker
1/2 l Rotwein
Vanillin, 3 Gewürznelken
1/8 l Schlagobers
Die Birnen schälen und halbieren und vom Kerngehäuse befreien. Nun gibt man die Birnen in einen größeren Topf, gibt Zucker und Vanillin darüber und läßt sie 15 Minuten ziehen. Dann gießt man den Rotwein darüber und kocht die Birnen im geschlossenen Topf ca. 15 Minuten. Jetzt nimmt man die Früchte mit einem Lochschöpfer heraus, legt sie in eine Schüssel und kocht den Saft ein, bis er dicklich ist. Dann gießt man ihn über die Früchte und läßt das Ganze erkalten, zuletzt im Kühlschrank. Mit Schlagobers garnieren.

31. August, Freitag:

FISCHEINTOPF
BISKOTTENBOMBE MIT FRÜCHTEN

Fischeintopf:
1,2 kg gemischter Fisch (am besten Filet)
50 dkg Kartoffeln
1 Zwiebel, Knoblauch, Pfeffer, Salz
4 Tomaten
1/8 l Weißwein
2 El Öl
Die Zwiebel kleinschneiden und im Öl anrösten, die Kartoffeln schälen, ind kleine Würfel schneiden, dazugeben, würzen, mit wenig Wasser aufgießen und 10 Minuten dünsten. Den Fisch putzen, waschen und in Stücke schneiden. Die Tomaten schälen und zerkleinern, Fisch und Tomaten zu den Kartoffeln geben und mit dem Wein aufgießen. Die Flüssigkeit soll alles bedecken. Ist es zuwenig, gibt man Wasser zu. Zugedeckt ca. 15 Minuten köcheln lassen, mit Zitrone abschmecken und mit Petersilie bestreut servieren.

Biskottenbombe mit Früchten:
30 Biskotten
20 dkg Staubzucker
15 dkg Butter
3 Eidotter
1/8 l Obers
1/4 l Himbeeren
2 Rippen Schokolade
1/4 l Schlagobers zum Verzieren
Eine Bombenform mit Biskotten den Rand entlang auslegen, dann abwechselnd mit Himbeer- und Schokoladencreme füllen. Für die Creme rührt man die etwas erweichte Butter mit dem Staubzucker und den Dottern schaumig, gibt das ungeschlagene Obers dazu und rührt noch etwas weiter. Dann teilt man die Creme und mischt in die eine Hälfte 2 Rippen erweichte Schokolade und in die andere Hälfte die passierten Himbeeren. Man stellt die Bombe nun über Nacht kalt, stürzt sie dann, schneidet sie in große Spalten und serviert mit Schlagobers.

1. September, Samstag:

GESCHMORTES SCHWEINEFLEISCH, GEKOCHTE KARTOFFELN
FELDHERRNKRAPFEN

Geschmortes Schweinefleisch:
70 dkg mageres Schweinefleisch (Schulter)
2 Zwiebeln
2 Tomaten
1 Becher crème fraiche
1 Glas Weißwein
Salz, Pfeffer, Curry
2 El Öl
Die kleingeschnittene Zwiebel im Öl anrösten, das würfelig geschnittene Schweinefleisch salzen und pfeffern und ebenfalls anbraten. Dann mit Curry überstauben, die geschälten und geviertelten Tomaten zugeben, mit Wein aufgießen und im geschlossenen Topf ca. 2 Stunden dünsten lassen. Man nimmt nun das Fleisch heraus, legt es auf eine vorgewärmte Platte und legiert den Saft mit crème fraiche. Eventuell noch mit Salz und Curry abschmecken.

Feldherrnkrapfen:
14 dkg Mehl
14 dkg Butter
7 dkg Haselnüsse
7 dkg Zucker
Die Haselnüsse werden geröstet und gerieben, mit den anderen Zutaten auf dem Brett zu einem glatten Teig verarbeitet. 1 Stunde rasten lassen. Dann ca. 3 mm dicke Scheiben ausstechen (5 – 7 cm Durchmesser) und diese hellbraun backen.
Creme zum Füllen:
6 dkg Zucker
6 dkg Butter
1 Rippe Schokolade
1 Dotter
1 El starker schwarzer Kaffee
Den Zucker mit dem Kaffee dicklich einkochen, dann in das noch heiße Gemisch die Schokolade geben. Vom Feuer nehmen und so lange rühren, bis die Masse glatt ist. Nun die vorher schaumig gerührte Butter und den Dotter dazugeben. Alles nochmals gut verrühren und mit dieser Creme jeweils zwei Scheiben zusammensetzen. Die gefüllten Krapfen überzieht man mit einer Glasur, die man aus 6 dkg Staubzucker und einigen Eßlöffeln schwarzen Kaffees rührt.

2. September, Sonntag:

PILZROSTBRATEN MIT SERVIETTENKNÖDEL
BLUMENTORTE

Pilzrostbraten:
4 Rostbraten
5 dkg Mehl
5 dkg Fett
1 Zwiebel
1 El Paradeismark
1 Glas Rotwein
25 dkg Steinpilze, zur Not auch Champignons
Salz, Pfeffer, etwas Zitronensaft
Die Rostbraten leicht klopfen, die Ränder einschneiden, salzen, pfeffern und leicht bemehlen. Das Fett erhitzen, die Rostbraten auf beiden Seiten anbraten, dann aus der Pfanne nehmen und im Bratenrückstand die geschnittene Zwiebel anrösten. Paradeismark dazugeben, mit dem Wein und eventuell etwas Wasser aufgießen. Gut durchrühren, das Fleisch wieder hineinlegen und zugedeckt ca. 30 Minuten dünsten. Dann die blättrig geschnittenen Pilze zugeben und fertigdünsten. Mit Zitronensaft abschmecken.

Serviettenknödel:
5 Semmeln (würfelig geschnitten)
2 Eier
5 dkg Margarine
2 El Mehl
Petersilie, Salz, Muskat
1/8 l Milch
3 El Butter
Die heiße Margarine über die Semmelwürfel geben. Eier mit Milch, Salz, Muskat und Petersilie versprudeln und darübergeben, gut durchmischen und eine halbe Stunde stehenlassen. Dann mit dem Mehl eine dicke Rolle machen, diese in ein feuchtes, gut gebuttertes Tuch einrollen, an den Enden mit Spagat zubinden und

in Salzwasser schwimmend ca. 30 Minuten langsam kochen lassen. Die Rolle herausnehmen, kurz in kaltes Wasser tauchen, ausrollen und in dicken Scheiben servieren.

Blumentorte:
10 dkg Zucker
10 dkg geriebene Mandeln
7 dkg geriebene Schokolade
5 dkg Mehl
1 El Wasser
5 Eier
3 Messerspitzen Kakao
1 Messerspitze Backpulver
Dotter, Wasser und Zucker schaumig rühren, die geriebenen Mandeln und die ebenfalls geriebene Schokolade hineingeben. Dann das Backpulver und den Kakao mit dem Mehl versieben und unterrühren, zuletzt den Schnee von 5 Klar hineingeben. In einer gefetteten, gebröselten Form bei mittlerer Hitze ca. 50 Minuten backen. Wenn erkaltet, zweimal durchschneiden und mit Creme füllen. Den Deckel und die Seiten auch bestreichen und oben mit dem Spritzsack Blumen aufspritzen.
Creme:
20 dkg Butter
20 dkg Zucker
1 Rippe Schokolade
1 El Obers
1 El Rum
1 Vanillin
1 Dotter
1 Kl starker Kaffee
Die Schokolade erweichen, die Butter zugeben und abtreiben. Dann Zucker und Dotter beifügen, schaumig rühren, Obers, Rum und Kaffee hineingeben und gut verrühren.

3. September, Montag:

WURSTTOPF
NUSSROLLEN

Wursttopf:
50 dkg Würstchen (Schweinswürste)
2 Zwiebeln
2 Paprikaschoten
4 Tomaten
4 Kartoffeln
2 El Öl
Das Öl erhitzen, die geschnittenen Zwiebeln darin rösten, Paprika nudelig schneiden, die Tomaten schälen und zerdrücken. Alles den Zwiebeln beifügen, salzen, pfeffern, die geschälten, würfelig geschnittenen Kartoffeln hineingeben, mit Suppe (Würfel) aufgießen und 50 Minuten leicht kochen lassen. Die in Scheiben geschnittene Wurst zufügen und noch 10 Minuten kochen lassen. Mit Schnittlauch servieren.

Nußrolllen:
Kalter Germteig:
25 – 30 dkg Mehl
12 dkg Butter
2 dkg Germ
2 dkg Zucker
2 Dotter
1/16 l Milch, Salz
Fülle:
10 dkg Zucker
1/8 l Wasser
20 dkg Nüsse
Rum, Nelken, Zimt
Die Butter mit dem Mehl am Brett abbröseln, in der Milch die Germ auflösen, den Zucker mit einrühren. Dazugeben, ebenso die Dotter und das Salz. Daraus einen Teig gut verkneten und eine Stunde warm rasten lassen. Dann 3 mm dick ausrollen, in Rechtecke (10 x 8 cm) schneiden, mit der Fülle bestreichen, einrollen, mit Ei bestreichen und im mittelheißen Rohr ca. 20 Minuten backen.

4. September, Dienstag:

CHAMPIGNONAUFLAUF MIT SALAT
TAG- UND NACHTSCHNITTEN

Champignonauflauf:
30 dkg Champignons
4 El Butter
2 El Mehl
1 El Parmesan
2 Eier
1 Zwiebel
Petersilie, Salz, Pfeffer, 1/4 Lorbeerblatt
3/8 l Milch
Die Champignons fein schneiden und in 2 Eßlöffeln Butter kurz dünsten. Aus der restlichen Butter und den Mehl eine helle Einbrenn machen, mit Milch aufgießen und gut durchkochen. Auskühlen lassen und 2 Eidotter, Petersilie und Salz unterrühren. Die gedünsteten Champignons hineingeben und den steifgeschlagenen Schnee sowie den Parmesan unterziehen. Alles in eine gut gebutterte Auflaufform geben und ca. 30 Minuten bei mittlerer Hitze backen.

Tag- und Nachtschnitten:
20 dkg Butter
12 dkg Zucker
35 dkg Mehl
2 dkg Kakao
3 Eier
1/8 l Milch
1 Vanillin und nicht ganz 1 Päckchen Backpulver
Butter, Zucker und Eier schaumig rühren, das mit dem Backpulver versiebte Mehl und die Milch abwechselnd dazugeben. Die eine Hälfte des Teiges auf ein befettetes Blech geben, die andere Hälfte mit dem in ganz wenig Milch angerührten Kakao vermengen und dann auch aufs Blech geben. Bei mittlerer Hitze ca. 30 Minuten backen. Dann die helle und die dunkle Sorte je in 2 Streifen schneiden, mit Marmelade abwechselnd zusammensetzen, mit Staubzucker dicht bestreuen und mit einer heißen Stricknadel ein Gitter in den Zucker brennen.

5. September, Mittwoch:

ERDÄPFELGULASCH
SCHOKOLADENSTRUDEL

Erdäpfelgulasch:
1 kg große Erdäpfel
1 große Zwiebel
1 El Edelsüßpaprika
1 Chilischote
2 Paar Debreziner
2 El Margarine
In der Margarine die feingeschnittene Zwiebel anrösten, dann die roh geschälten, würfelig geschnittenen Erdäpfel dazugeben. Gut durchrösten, dann mit Wasser aufgießen (die Erdäpfel sollen knapp bedeckt sein), Salz, Paprika und Chili hineingeben und zugedeckt weichdünsten. Man kann nun 10 Minuten vor Schluß die kleingeschnittenen Debreziner dazugeben oder diese separat erhitzen und pro Portion ein Würstchen geben.

Schokoladenstrudel:
50 dkg Mehl
15 dkg Margarine
15 dkg Zucker
5 dkg geriebene Mandeln
10 dkg geriebene Schokolade
4 Dotter
1/4 l Milch
2 dkg Germ
Die Germ mit etwas Zucker in 1/8 Liter Milch auflösen, dem Mehl beigeben, ebenso die 4 Dotter und die zerlassene Margarine. Alles gut abschlagen und gehen lassen. Dann 1/8 dieses Teiges wegnehmen, die erweichte Schokolade und die Mandeln einmischen (Schokolade und Mandeln werden mit dem Restzucker und 1/8 Liter Milch gut verrührt). Jede Masse separat aufgehen lassen, die weiße Masse ausrollen, mit der schwarzen Masse füllen, einrollen, mit Butter bestreichen. 45 Minuten in nicht zu heißem Rohr backen.

6. September, Donnerstag:

BROKKOLI MIT SCHINKEN
MANDELSTOLLEN MIT CREME

Brokkoli mit Schinken:
80 dkg Brokkoli
15 dkg Schinken
10 dkg Butter
Salz, Pfeffer
Den Brokkoli in kleine Röschen teilen, in Salzwasser weichkochen. Abseihen, auf eine vorgewärmte Platte geben. Die Butter aufschäumen lassen, den nudlig geschnittenen Schinken hineingeben, kurz rösten und über die Brokkoli geben.

Mandelstollen mit Creme:
30 dkg Zucker
30 dkg Mehl
10 dkg geriebene Mandeln
3 Eier
2 El Rum
3 El Öl
5 El Milch
1/2 Backpulver, 1 Vanillin
Erst wird von den Eiklar ein sehr fester Schnee geschlagen; da hinein rührt man sehr vorsichtig alle anderen Zutaten. Gut vermischen, in gut gefetteter und gebröselter Rehrückenform im mittelheißen Rohr ca. 45 Minuten backen. Ausgekühlt wie folgt füllen:
Creme:
20 dkg Butter
10 dkg Zucker
10 dkg erweichte Schokolade
1 Dotter
Die Schokolade mit der Butter schaumig rühren, Zucker und Dotter dazugeben und weiterrühren, bis die Masse flaumig ist.
Einen Teil der Creme-Masse zurückbehalten und den Stollen außen damit verzieren.

7. September, Freitag:

VERLORENE EIER IN KRÄUTERBECHAMEL
WEINTRAUBENSTRUDEL

Verlorene Eier in Kräuterbechamel:
Kräuterbechamel:
10 dkg Butter
5 dkg Mehl
15 dkg Schinken
1/4 l Milch
2 Dotter
2 El Parmesan
Petersilie, Muskat, Zitronenmelisse
Aus der Butter und dem Mehl eine helle Einbrenn machen, die man mit der Milch aufgießt. Man würzt mit Salz, Muskat, feingewiegter Petersilie und Melisse, kocht die Sauce etwas auf, läßt sie dann auskühlen und rührt die 2 Dotter gut unter. Nun fügt man den Parmesan und den feingewiegten Schinken und die verlorenen Eier ganz vorsichtig unter.
Verlorene Eier:
4 ganze Eier läßt man ganz vorsichtig aus der Schale in kochendes Essigwasser gleiten, gut 3 Minuten kochen. Mit dem Lochschöpfer herausnehmen, in kaltes Wasser tauchen und in die Sauce geben.

Weintraubenstrudel:
1,5 kg Weintrauben
1/4 kg Mehl
1/8 l Wasser
Salz
25 dkg Brösel
15 dkg Zucker
15 dkg Butter
2 El Margarine
Aus 1/4 kg Mehl, Salz und 1/8 Liter lauwarmem Wasser einen Strudelteig sehr gut abarbeiten, er muß ganz glatt sein. Eine Stunde unter einem vorgewärmten Reindl rasten lassen.
Die Brösel röstet man in der Margarine, gibt den Zucker dazu und mischt gut durch. Man zieht nun den Strudelteig ganz dünn aus, gibt ihn auf ein bemehltes Tuch, bestreicht den Teig mit zerlassener Butter, streut das Brösel-Zuckergemisch darüber und gibt dann die gut gewaschenen, ent-

beerten Weintrauben darauf. Mit dem Tuch rollt man nun den Strudel ein, bestreicht ihn zwischendurch immer wieder mit Butter und bäckt ihn ca. 25 Minuten bei 200°.

8. September, Samstag:

TRUTHAHNBRUST MIT SPINATFÜLLE
STARNITZEL MIT SCHOKOPUDDING

Truthahnbrust mit Spinatfülle:
1 kg Truthahnbrust
1 Semmel
2 El Semmelbrösel
1 Zwiebel
2 El Öl
1 Ei
50 dkg Spinat
Knoblauch, Salz, etwas Muskat, Pfeffer
1 Schweinsnetz
Die Truthahnbrüste von den Spitzen befreien, diese mit der ausgedrückten Semmel und der Zwiebel faschieren. Den Spinat blanchieren, kleinhacken und mit dem Ei und den Semmelbröseln unter die faschierte Masse geben, würzen.
Die Truthahnbrüste eventuell etwas flachschneiden (sie sollen wie Schnitzel ausschauen), etwas klopfen, mit der Spinatmasse bestreichen, zusammensetzen und in das ausgebreitete Schweinsnetz füllen. Bei guter Mittelhitze im Rohr ca. 90 Minuten braten. In Scheiben geschnitten mit Reis servieren.

Starnitzel mit Schokopudding:
Starnitzel: Siehe 27. Mai.
Vanillepudding nach Packungsangabe kochen und in den noch warmen Pudding 3 Rippen erweichte Schokolade einrühren, gut vermengen und erkaltet in die Starnitzel spritzen. Durch die Beigabe von Schokolade wird der Pudding fester und eignet sich als Fülle daher besser, als wenn man gleich einen Schokoladenpudding kochte.

9. September, Sonntag:

BAUERN-SCHWEINSKOTELETTE
SÜSSE SPIEGELEIER

Bauern-Schweinskotelette:
4 Schweinskotelettes
1 Zwiebel
Knoblauch, Kümmel
10 dkg Selchspeck
10 dkg Karotten
10 dkg Sellerie
10 dkg Schwammerl
4 große Erdäpfel
5 dkg Margarine, 2 El Mehl
Die Schweinskotelettes werden leicht geklopft, an den Rändern eingeschnitten, mit Salz, Kümmel und Knoblauch eingerieben, etwas bemehlt und in der Margarine rasch angebraten. Das Fleisch herausnehmen und im Rückstand den kleingeschnittenen Speck und die ebenso kleingeschnittenen Karotten, Sellerie, Zwiebel und Schwammerln anrösten. Wenn alles gut durchgeröstet ist, das Fleisch wieder hineingeben, aufgießen, die in etwa 2 cm große Würfel geschnittenen Kartoffeln dazugeben und weichdünsten (dauert ca. 50 Minuten).

Süße Spiegeleier:
12 dkg Butter
20 dkg Zucker
25 dkg Mehl
2 Eier
1/2 Backpulver, 1 Vanillin
1/8 l Milch
Zucker, Butter und Dotter schaumig rühren, dann das mit dem Backpulver versiebte Mehl dazugeben und langsam die Milch einrühren. Zuletzt kommt der Schnee von 2 Klar dazu. Die Masse etwa fingerdick auf ein befettetes Blech streichen und bei mäßiger Hitze hellbraun backen. Nach dem Erkalten 8 – 10 cm große Scheiben ausstechen, mit Puddingcreme 2 und 2 zusammensetzen, oben den Rand umspritzen und in die Mitte eine geschälte, halbierte Pfirsichhälfte legen.
Puddingcreme:
Man bereitet mit knapp 1/2 Liter Milch einen Vanillepudding aus dem Packerl und rührt langsam (wenn der Pudding nurmehr lauwarm ist) 10 dkg Butter unter.

10. September, Montag:

LETSCHO MIT REIS
TOPFENREISAUFLAUF

Letscho mit Reis:
80 dkg Rindfleisch
10 dkg durchwachsener Speck
1 El Reis
3 grüne Paprikaschoten
50 dkg Tomaten
1 Zwiebel
Salz, Zucker, Edelsüßpaprika
Den
Speck kleinwürfelig schneiden, die blättrig geschnittene Zwiebel darin anrösten und das gesalzene, ebenfalls würfelig geschnittene Fleisch dazugeben. Aufgießen und 30 Minuten zugedeckt schmoren lassen. In der Zwischenzeit schneidet man die gewaschenen Paprikaschoten nudelig, schält und viertelt die Tomaten und gibt sie mit dem Reis zum Fleisch. Edelsüßpaprika und etwas Zucker beifügen, wenn nötig, noch etwas Wasser aufgießen und noch 25 Minuten im zugedeckten Topf ausdünsten.

Topfenreisauflauf:
1/8 l Reis
3/4 l Milch
6 dkg Butter
6 dkg Zucker
25 dkg Topfen
4 Eier
Saft und Schale einer Zitrone, etwas Salz
Milch, Salz und Zucker zum Kochen bringen, den Reis einfließen lassen und bei geringer Hitze ausdünsten, der Reis soll noch körnig sein. Die Butter mit den Eidottern abtreiben, Topfen, Saft und Schale 1 Zitrone dazugeben. Diese Masse unter den ausgekühlten Reis geben und zuletzt den Schnee von 4 Klar vorsichtig einrühren. Die Masse in eine mit Butter ausgestrichene Auflaufform geben und bei Mittelhitze goldgelb backen. Mit Fruchtsaft oder Früchten garnieren.

11.September,Dienstag:

HÜHNERLEBER MIT REIS
SCHOKOLADENCREME MIT BANANEN

Hühnerleber:
70 dkg Hühnerleber
1 Zwiebel
1 El Mehl
Salz, Pfeffer
1 El Margarine
Die feingeschnittene Zwiebel in der Margarine anrösten, dann die in etwas kleinere Stücke geschnittene Hühnerleber dazugeben. Mit dem Mehl stauben, etwas durchrühren, dann mit wenig Wasser aufgießen und ca. 10 Minuten dünsten. Die Leber soll gerade durch sein; läßt man sie länger in der Pfanne, wird sie hart. Vor dem Servieren salzen und pfeffern.

Schokoladencreme mit Bananen:
1 Päckchen Kaltvanillepudding
3/8 l Milch
2 Bananen
2 Rippen Schokolade
1 El Zucker
2 El Curacao
1/4 l Schlagobers
Den Inhalt des Kaltpuddingpäckchens in die Milch einrühren und mit der Schneerute fest schlagen. Bevor die Masse ganz dick ist, gibt man die erweichte Schokolade dazu und schlägt dann fertig. Die Bananen schälen und in Scheiben schneiden, mit Zucker und Curacao vermischt zugedeckt 10 Minuten stehen lassen. Das Obers steifschlagen, die Hälfte davon unter die Creme ziehen, die andere Hälfte in einen Spritzsack füllen. Die Creme in Gläser füllen, die Bananen daraufgeben und das Obers darüberspritzen. Mit Schokosplittern verzieren.

12. September, Mittwoch:

KALBSBRIES MIT CHAMPIGNONS
RAHMKIPFERL

Kalbsbries mit Champignons:
60 dkg Kalbsbries
20 dkg Champignons
6 dkg Butter
2 El Mehl
Salz, Petersilie, Pfeffer, etwas Zitrone
Das Kalbsbries so lange waschen, bis kein Blut mehr austritt. In kaltem Wasser zusetzen, einmal aufkochen und dann 20 Minuten ziehen lassen. Herausheben, in kaltes Salzwasser einlegen und auskühlen lassen; man kann dies auch schon am Tag vorher machen.
In der Butter die feinblättrig geschnittenen Champignons anrösten, das Bries in dicke Scheiben schneiden, beiderseits bemehlen, ebenfalls in die Butter legen und etwas anbraten. Dann nimmt man es heraus, legt es auf eine vorgewärmte Platte (am besten ins schwach erhitzte Rohr). Jetzt gießt man die Champignons mit wenig Wasser auf, schmeckt mit Pfeffer und Zitrone ab, gibt die Sauce über das Bries und streut feingehackte Petersilie darüber.

Rahmkipferl:
25 dkg Margarine
25 dkg Mehl
1 Ei
1/16 l Sauerrahm
1 Prise Salz, 1 Vanillin, 1/2 Backpulver
Die Margarine mit dem mit dem Backpulver versiebten Mehl abbröseln. Ei, Vanillin, Salz und Rahm versprudeln, dazugeben und einen Teig kneten. 1 Stunde rasten lassen, dann 2 mm dick ausrollen. Vierecke schneiden, mit Marmelade füllen und Kipferl formen, indem man von einem Eck aus den Teig einrollt. Mit Ei bestreichen, ca. 20 Minuten bei mittlerer Hitze backen und noch warm mit Staubzucker bestreuen.

13. September, Donnerstag:

ZWIEBELFLEISCH, KARTOFFELPÜREE
BRÜSSELER SCHNITTEN

Zwiebelfleisch:
50 dkg gekochtes Rindfleisch
15 dkg durchzogenen Selchspeck
50 dkg Zwiebeln
2 El Paradeismark
Salz, Pfeffer
1/4 l Rindsuppe
2 El Mehl
Den Speck kleinwürfelig schneiden, auslassen und das gekochte, in Scheiben geschnittene Rindfleisch darin anrösten. Die Zwiebeln in Ringe schneiden, zum Fleisch geben, mitrösten, mit dem Mehl stauben, das Paradeismark zugeben und mit 1/4 l Rindsuppe aufgießen. Ca. 20 Minuten köcheln lassen.

Brüsseler Schnitten:
15 dkg Butter
15 dkg Zucker
15 dkg geriebene Nüsse
5 dkg Mehl
4 Eier
1 Vanillin, 1 Tl Backpulver
Zitronenglasur:
25 dkg Staubzucker mit 3 – 4 Eßlöffeln Zitronensaft dickflüssig rühren.
Die erweichte Butter schaumig rühren, dann den Zucker und die Dotter dazugeben und weiterrühren, bis die Masse sehr flaumig ist. Das mit dem Backpulver vermengte Mehl und die Nüsse dazugeben, zuletzt den festgeschlagenen Schnee. Die Masse auf ein gut gefettetes und gestaubtes Blech fingerdick aufstreichen und bei mittlerer Hitze ca. 25 Minuten backen. Das Gebäck in zwei Hälften schneiden, mit Himbeermarmelade bestreichen, wieder zusammensetzen und mit Zitronenglasur überziehen. Vorsichtig in Schnitten schneiden.

14. September, Freitag:

ZUCCHINIAUFLAUF
NUSSNUDELN

Zucchiniauflauf:
4 mittelgroße Zucchinis
8 große Tomaten
2 Zwiebeln, etwas Knoblauch
15 dkg Reis
3 El Parmesan
Salz, Pfeffer, Petersilie
2 El Mehl
2 El Öl
Den Reis nach Packungsvorschrift kernweich dünsten. Die Zucchinis in Scheiben schneiden, einsalzen und 15 Minuten stehenlassen. Dann die Scheiben mit Küchenkrepp etwas abtupfen, in Mehl wenden und beiderseits in Öl anbraten. Nun schält man die Tomaten (feste Früchte kann man vorher überbrühen, sie lassen sich dann besser schälen), zerhackt sie mit den Zwiebeln fein, gibt die zerdrückten Knoblauchzehen dazu, dünstet alles kurz in Öl und schmeckt mit Petersilie ab. In eine mit Butter gut ausgestrichene Auflaufform legt man erst eine Schichte Zucchini, darauf etwas Reis, dann die Tomatenmasse. Das wiederholt man, zuletzt sollen oben die Tomaten sein. Die bestreut man mit dem Parmesan und überbäckt bei mittlerer Hitze ca. 40 Minuten.

Nußnudeln:
40 dkg Bandnudeln
15 dkg geriebene Nüsse
10 dkg Zucker
10 dkg Butter
Die Nudeln kocht man in reichlich Salzwasser weich und rührt ab und zu um, damit sie nicht am Boden anlegen. Die Kochdauer beträgt ca. 20 Minuten. Dann seiht man sie ab, spült unter kaltem Wasser und gibt sie in die zerlassene Butter. Gut durchschwenken, damit sie wieder richtig heiß werden. Mit dem Gemisch aus Nüssen und Zucker bestreuen und servieren.

15. September,Samstag:

HASCHEE-PALATSCHINKEN
QUITTENKOMPOTT

Haschee-Palatschinken:
3/8 l Milch
15 dkg Mehl
2 Eier
1 El feingehackte Petersilie, Salz
Palatschinken machen, es sollen 6 – 8 Stück werden. Diese wie folgt füllen:
50 dkg Faschiertes
1 Ei
2 El Semmelbrösel
1 El Butter
Petersilie, Pfeffer, Salz
Parmesan
Das Faschierte salzen und pfeffern, dann in der Butter gut anbraten. Mit 1/4 Liter Suppe aufgießen und auf kleiner Flamme mehr ziehen als kochen lassen. Wenn das Fleisch gut aufgequollen ist, etwas überkühlen, Ei, Semmelbrösel und Petersilie daruntergeben; die Masse soll streichfähig sein. Man verteilt sie nun gleichmäßig auf die Palatschinken, schlägt diese von beiden Seiten zur Mitte ein, schichtet sie in eine gebutterte Auflaufform, beträufelt sie mit zerlassener Butter und gibt den Parmesan darüber. Bei starker Oberhitze goldgelb überbacken.

Quittenkompott:
1 kg Quitten
25 dkg Zucker
Saft einer Zitrone
1,5 l Wasser
Die Quitten werden geschält, in Spalten geschnitten und nun in Wasser etwas überkocht. Den Zucker kocht man mit Wasser und Zitrone ca. 10 Minuten ein, gibt dann die Quittenspalten dazu und dünstet sie weich.

16. September, Sonntag:

GEROLLTER KALBSBRATEN MIT
BLATTSPINAT UND
PETERSILKARTOFFELN
VELDENER KUCHEN

Gerollter Kalbsbraten:

1 kg Kalbfleisch läßt man sich beim Fleischhauer rollen, salzt und pfeffert es und brät es in Butter rundum schön an. Mit Wasser aufgießen und ca. 90 Minuten im mittelheißen Rohr braten, öfters mit dem eigenen Saft übergießen (nur wenn es zu wenig Saft gibt, noch Wasser aufgießen).

1 kg jungen Blattspinat waschen und von Stengeln und Rippen befreien, in leichtem Salzwasser ca. 10 Minuten überkochen, abseihen und in Butter schwenken.

Veldener Kuchen:

15 dkg Zucker
10 dkg Butter
10 dkg Schokolade
20 dkg Kokosett
15 dkg Mehl
3 Eier
2 Tl Backpulver
2 El Milch

Man erweicht die Schokolade, gibt die Butter dazu und rührt schaumig. Dann kommen Dotter und Zucker dazu. Weiterrühren, bis die Masse ganz flaumig ist. Jetzt gibt man abwechselnd mit der Milch das mit dem Backpulver versiebte Mehl dazu. Zuletzt wird das Kokosett daruntergehoben. Man füllt die Masse in eine gut gefettete und bemehlte Rehrückenform und bäckt bei 200° ca. 45 Minuten. Nach dem Erkalten überzieht man den Kuchen dick mit geschlagenem Obers und bestreut dieses mit geschabter Schokolade.

17. September, Montag:

ZUNGENRAGOUT MIT REIS
TOPFENCREME MIT TRAUBEN

Zungenragout:

1 Selchzunge (wenn möglich, nicht zu groß; braucht man aber nicht alles für das Ragout, dann hält man einen Teil zurück, ist kalt sehr gut)
5 kleine Zwiebeln und entsprechend viel Karotten
2 El Paradeismark
2 El Obers
1 Paprikaschote
2 El Margarine
2 El Mehl
etwas Madeira, Salz, Pfeffer, Suppenwürze

In 1 Eßlöffel Margarine die kleingeschnittene Zwiebel und die kleinwürfeligen Karotten anrösten. Mit etwas Wasser aufgießen, Suppenwürze dazugeben und weichdünsten. Von 1 Eßlöffel Margarine und 2 Eßlöffeln Mehl eine dunkle Einbrenn machen, mit dem Karotten-Zwiebel-Sud aufgießen und gut durchrühren. Mit Paradeismark, Obers und Madeira abschmecken, die nudlig geschnittene Paprikaschote dazugeben und gut durchkochen. Nun mit der geschälten (muß immer sofort nach dem Kochen noch heiß geschält werden) und in kleine Würfel geschnittenen Zunge mischen, gut erwärmen.

Topfencreme mit Trauben:

4 dkg Stärkemehl
10 dkg Zucker, Vanillin
1/2 l Milch
1/4 kg Topfen
etwas Zitronensaft
1/2 kg Trauben

Das Stärkemehl mit etwas Milch gut verrühren, den Rest der Milch mit dem Zucker und dem Vanillin aufkochen, das Stärkemehlkoch dazugeben, aufkochen und gut durchschlagen. Wenn die Masse überkühlt ist, den Topfen löffelweise immer dazugeben und weiterrühren. Die Trauben werden gewaschen und entstielt (dunkle Trauben sehen hübscher aus) und abwechselnd mit der Topfenmasse in Gläser geschichtet.

18.September,Dienstag:

MILZFLADEN MIT APFELSCHEIBEN UND BUTTERFISOLEN
ZWETSCHKENKUCHEN

Milzfladen mit Apfelscheiben:
1 Schweinsmilz
2 Eier
3 – 4 El Semmelbrösel
Salz, Pfeffer, Majoran
etwas Wasser
Öl oder Schmalz zum Herausbacken
3 Äpfel
Die Milz schaben, Eier, Semmelbrösel und Gewürze dazugeben und mit etwas Wasser zu einem dicken Brei verrühren. Eine Viertelstunde ziehen lassen. Mit einem Löffel kleine Fladen in heißes Schmalz geben, etwas flachdrücken und beiderseits braun backen.
Die Äpfel schälen und vom Kerngehäuse befreien, in Scheiben schneiden und im Fett ebenfalls braun anbraten. Auf einer vorgewärmten Platte Milzscheiben und Apfelscheiben abwechselnd anrichten und mit Butterfisolen umkränzen.

Zwetschkenkuchen:
12 dkg Margarine
1 Dotter, 1 Ei
16 dkg Zucker
etwas Milch
25 dkg Mehl
1/2 Backpulver
Vanillin und Zitronenschale
1 kg Zwetschken
etwas Zucker und Zimt
Margarine, Ei, Dotter und Zucker gut abtreiben, Zitronenschale, Vanillin und das mit dem Backpulver vermischte Mehl dazugeben. Gut durchrühren und soviel Milch dazugeben, daß der Teig dick streichfähig ist. Den Teig auf ein gut gefettetes und bemehltes Blech geben, sehr dicht mit halbierten Zwetschken belegen, diese zuckern und mit etwas Zimt bestreuen. Bei 200° ca. 30 Minuten backen. In Stücke schneiden und gut anzuckern.

19.September,Mittwoch:

GEBRATENE SCHWEINSRIPPERL MIT KARTOFFELPÜREE
DURSTIGE NONNE

Gebratene Schweinsripperl:
1 kg Schweinsripperl
2 El Margarine
Salz, Pfeffer und Majoran
Die Ripperl mit den Gewürzen gut einreiben und in der heißen Margarine rundum anbraten. Mit wenig Wasser oder Suppe aufgießen und weichdünsten; der Saft soll sehr eingekocht sein.

Durstige Nonne:
14 dkg Zucker
4 Eier
4 El Brösel
14 dkg geriebene Nüsse
1 Kl Backpulver
etwas Rum
Den Zucker mit den Dottern schaumig rühren, die mit dem Rum angefeuchteten Brösel und die Nüsse dazugeben, dann das Backpulver und zuletzt den festgeschlagenen Schnee. Man bäckt in gefetteter und gestaubter Form bei 180° ca. 40 Minuten. Gut auskühlen lassen (kann eventuell auch schon am Tag vorher gemacht werden), dann folgenden Guß darübergeben:
Guß:
1/4 l Rotwein
1/8 l Himbeersaft
etwas gestoßener Zimt, Neugewürz und Nelke
Alles miteinander aufkochen und noch warm über die in Scheiben geschnittene Mehlspeise geben (zieht so besser ein).

20. September, Donnerstag:

SPECKROULADE MIT GEDÜNSTETEN TOMATEN UND KLEINEN KARTOFFELN
ZÜRICHER SCHNITTEN

Speckroulade:
60 dkg vom Rindsschlegel in einem Stück
20 dkg Rauchspeck
1/8 l Wein
1/8 l Rahm
1 El Senf, Salz, Pfeffer

1 El Schmalz
1 Zwiebel
8 Tomaten
Das Rindfleisch dünn ausklopfen, salzen und pfeffern und auf einer Seite mit Senf einstreichen. Die dünn geschnittenen Speckscheiben darauflegen, einrollen und binden. Die feingeschnittene Zwiebel in Fett anrösten, die Roulade hineingeben, rundum anbraten, mit Wein und etwas Wasser aufgießen und weichdünsten. 15 Minuten vor Schluß der Kochzeit die Tomaten mit in die Pfanne legen, salzen und mit Petersilie bestreut mitdünsten. Den Bratensaft mit dem Rahm binden.

Züricher Schnitten:
15 dkg Butter
15 dkg Zucker
10 dkg Mehl
5 dkg geriebene Mandeln
4 Eier
1 Kl Backpulver, 1 Vanillin
Die Butter etwas erweichen und Zucker mit Dottern nach und nach zugeben, schaumig rühren. Das mit dem Backpulver vermischte Mehl und die Mandeln dazugeben und dann den sehr festgeschlagenen Schnee unterziehen. Die Masse gut fingerdick auf ein befettetes Backblech streichen und bei mittlerer Hitze ca. 30 Minuten backen. Den Kuchen in zwei Hälften schneiden, die eine davon mit Marillenmarmelade bestreichen, die zweite daraufsetzen, gut anzuckern und in Schnitten schneiden.

21. September, Freitag:

KOHLSPROSSEN MIT BUTTER
GERMAPFELSTRUDEL

Kohlsprossen mit Butter:
80 dkg Kohlsprossen
15 dkg Butter
Die Kohlsprossen gut putzen und in leichtem Salzwasser weichkochen. Abseihen und in die erwärmte Butter geben. Man kann eventuell auch mit gerösteten Bröseln anrichten.

Germapfelstrudel:
Einfacher Germteig:
50 dkg Mehl
10 dkg Zucker
6 dkg Butter
4 dkg Germ
1 Ei, 1 Dotter
1/4 l Milch
geriebene Zitronenschale
Einen Teil der Milch mit etwas Zucker erwärmen und die Germ hineinbröseln. Mit Mehl bedeckt gehen lassen. In der Zwischenzeit mischt man Zucker, Ei und Dotter in das erwärmte Mehl, gibt die lauwarme Milch dazu, zuletzt das Germdampfl, arbeitet alles gut durch und läßt den Teig zugedeckt mit einem Tuch eine Stunde gut rasten. Dann den Teig auf einem bemehlten Blech zu einem 5 mm dicken Rechteck ausrollen. Darauf kommt nun die Fülle:
1 kg säuerliche Äpfel
10 dkg Zucker
etwas Zimt
10 dkg Semmelbrösel, in etwas Margarine geröstet
5 dkg Buttter
etwas Rum
Zitronensaft
10 dkg Rosinen
Die Äpfel schälen und in kleine Stücke schneiden, in eine Schüssel geben, Zimt und Zucker darüberstreuen und mit Rum und Zitronensaft beträufeln. Diese Mischung soll ungefähr eine Stunde stehen und während dieser Zeit öfters umgerührt werden. So wird der Saft entzogen, aber die Aromastoffe bleiben doch in den Früchten. Abseihen und gut abtropfen lassen.
Auf den Mittelstreifen des Teiges gibt man nun die Brösel, schichtet die Äpfel darüber und dann die Rosinen. Darüber träufelt man nun Butter und schlägt den Teig von beiden Seiten über die Äpfel. Gut zusammendrücken und mit der Naht nach unten auf ein gefettetes Backblech legen. Mit Butter bestreichen und bei mittlerer Hitze ca. 60 Minuten backen.

22.September,Samstag:

JUNGER MAIS MIT BUTTER
SCHOKOLADENOMELETTE

Junger Mais mit Butter:

8 junge, noch milchige Maiskolben
15 dkg Butter
Die Maiskolben schälen und in Salzwasser weichkochen. Die Butter leicht bräunen und beim Anrichten über die Kolben geben.

Schokoladenomelette:

4 Dotter
6 El Zucker
1 El Mehl
1 El geriebene Schokolade
6 Klar
Die Dotter mit Zucker schaumig rühren, den festgeschlagenen Schnee unterziehen und vorsichtig Schokolade und Mehl einmengen. In einer flachen, befetteten und bemehlten Pfanne im Rohr bei Mittelhitze ca. 20 Minuten backen. Mit Marmelade bestreichen, zusammenklappen und anzuckern.

23. September, Sonntag:

JUNGSCHWEINEBRATEN MIT MITGEBRATENEN KARTOFFELN
NUSSTORTE MIT PARISERCREME

Jungschweinebraten:

1 kg Jungschweinskarree mit der Schwarte
Kümmel, Knoblauch, Salz
Das Schweinskarree mit der Schwarte nach unten in eine Pfanne mit Wasser legen und so lange kochen, bis die Schwarte glasig wird. Das Fleisch herausnehmen, die Schwarte mit einem sehr scharfen Messer in 1 cm breite Würfel schneiden, das Fett darf dabei nicht eingeschnitten werden. Das Fleisch nun mit Salz, Kümmel und Knoblauch gut einreiben und mit der Schwarte nach oben wieder ins Rohr geben. Mit dem eigenen Saft nun öfters begießen (wenn notwendig, noch Wasser zugeben) und fertigbraten, ungefähr zwei Stunden bei 220°.
1 kg Kartoffeln werden geschält, in Würfel geschnitten, wenn sie zu groß sind, leicht gesalzen und 30 Minuten vor Bratschluß mit in die Pfanne gelegt. Wenn Fleisch und Kartoffeln gar sind, werden sie auf eine vorgewärmte Platte gelegt. Falls zuviel Fett im Saft ist (dieses schwimmt oben), gießt man es ab, gießt den Bratenrückstand mit etwas Wasser auf, kocht gut durch und gibt ihn über das Fleisch.

Nußtorte mit Parisercreme:

Tortenmasse:
12 dkg Zucker
10 dkg Nüsse
10 dkg Mehl
7 Eier
Zimt, Zitronenschale
Dotter und Zucker schaumig rühren, Nüsse, Mehl, Zimt und geriebene Zitronenschale vorsichtig einmischen und dann den festgeschlagenen Schnee unterziehen. In einer gut gefetteten und bemehlten Tortenform 30 – 40 Minuten bei 180° backen.
Parisercreme:
1/4 l Obers
15 dkg Schokolade
Das Obers zum Kochen bringen, vom Feuer nehmen und die zerkleinerte Schokolade beigeben, ständig rühren. Dann die Masse in eine Porzellanschüssel umleeren, damit sie keinen Metallgeschmack annimmt. Kalt stellen. Nach vollständigem Erkalten mit der Schneerute schaumig rühren. Da wir die Masse als Füllcreme brauchen, rühren wir noch 12 dkg Butter mit 8 dkg Staubzucker schaumig und geben die Parisercreme unter kräftigem Schlagen löffelweise dazu.
Die erkaltete Torte auseinanderschneiden, mit der Creme füllen, Deckel und Seiten mit Creme bestreichen und mit halbierten Nüssen verzieren.

24. September, Montag:

HÜHNERRAGOUT MIT CURRYREIS
BIRNEN MIT MARZIPAN

Hühnerragout:

1 kleines Huhn
10 dkg Karotten
10 dkg Lauch
1 Zwiebel
2 El Mehl
1/2 Tl Kapern
1 Dotter
1/8 l Obers
3 dkg Butter
Petersilie, Salz

Das Huhn kochen, enthäuten, von den Knochen lösen und in Stücke schneiden. Kleingeschnittene Karotten, Zwiebel und Lauch in der Butter andünsten, das Mehl dazugeben und hell anrösten. Dann mit der Hühnersuppe aufgießen und gut durchkochen. Das Fleisch hineingeben, noch ca. 15 Minuten kochen lassen und dann mit versprudeltem Dotter-Obers das Ragout binden. Mit Petersilie abschmecken.

Birnen mit Marzipan:

4 halbweiche Birnen
2 El Zucker
1/2 l Wasser

Die Birnen schälen, halbieren und im Zuckerwasser weichkochen. Die Früchte herausnehmen und abtropfen lassen.

1/8 l Obers
3 dkg Butter
3 dkg Marzipan
4 Stück Würfelzucker
1 Orange

Den Würfelzucker an der gut gewaschenen Orangenschale abreiben und in der Butter karamelisieren lassen. Mit dem Orangensaft ablöschen und gut durchkochen. Den Saft in eine Schüssel geben und die Birnen darauflegen. Das Obers mit dem Marzipan gut vermengen und über die Birnen geben.

25.September,Dienstag:

CEVAPCICI MIT SENF UND BROT
PFIRSICH-CUP

Cevapcici:

60 dkg gemischtes Faschiertes
2 Knollen Knoblauch
Salz, Pfeffer, Muskat
Öl

Den Knoblauch zerdrücken und im Öl anrösten, mit den anderen Gewürzen unter das Fleisch mengen, gut abarbeiten und 5 cm lange, flachgedrückte Würstchen formen. Diese werden nun mit Öl bestrichen und sehr heiß nur kurz gegrillt, sie sollen innen noch rosa und nicht hart sein.

Pfirsich-Cup:

4 große, feste Pfirsiche
4 El Zucker
1 Paket guter Vanillepudding (Pulver)
2 El Kirschwasser
1 El Zitronensaft
5 dkg Zucker, 1 Vanillin
1 Banane

Die geschälten, halbierten Pfirsiche in wenig Zuckerwasser weichdünsten. Die Früchte herausnehmen und den Saft mit Wasser auf 1/2 Liter auffüllen. Darin den Pudding kochen, kaltstellen, etwas Zucker darüberstreuen, damit keine Haut bekommt. Die Pfirsiche kleinschneiden und mit dem Kirschwasser beträufelt 30 Minuten stehen lassen. Die Bananen schälen, in Scheiben schneiden, mit Zitronensaft und Vanillin vermischen und ebenfalls stehen lassen. Nun in Gläsern abwechselnd Pfirsich, Pudding, Bananen und wieder Pudding schichten und mit geschlagenem Obers verzieren.

26.September,Mittwoch:

GRAMMELKNÖDEL MIT KRAUTSALAT
WEINCREMETORTE

Grammelknödel:
60 dkg Kartoffeln
10 dkg Mehl
5 dkg Kartoffelmehl
5 dkg Grieß
2 Dotter
Salz
Grammeln Die Kartoffeln werden in der Schale gekocht, geschält, passiert, noch heiß mit den anderen Zutaten vermengt und zu einem festen Teig geknetet. Aus diesem formt man eine Rolle und schneidet mit einem bemehlten Messer gleichmäßige Stücke - je nach der gewünschten Knödelgröße - ab, drückt sie in der Hand flach und füllt sie mit kleingeschnittenen oder faschierten Grammeln. Man formt nun Knödel, paßt auf, daß nirgends Grammeln herausschauen, legt die Knödel in kochendes Salzwasser ein und kocht sie ca. 15 Minuten. Mit dem Lochschöpfer herausnehmen und mit Krautsalat (siehe 18. Februar) servieren.

Weincremetorte:
15 dkg Zucker
15 dkg Mehl
6 dkg Butter
3 Eier
1/2 Backpulver, 1 Vanillin
Die erweichte Butter mit Zucker und Dottern schaumig rühren, dann den Schnee von 3 Klar und das mit dem Backpulver versiebte Mehl unterziehen. In gestaubter, gefetteter Form ca. 40 Minuten bei 180° backen. Mit Weincreme füllen und bestreichen, mit Traubenbeeren verzieren.
Fülle:
1/8 l Wein
1/8 l Wasser
1 Ei
1/2 Vanillepuddingpulver
5 dkg Butter
8 dkg Zucker
Den Zucker mit dem Wasser aufkochen, den Wein mit dem Puddingpulver und dem Dotter gut verrühren und einkochen. Einige Male aufkochen lassen, vom Feuer nehmen und im kalten Wasserbad weiterrühren. Die Butter in die lauwarme Masse geben und erst, wenn diese ganz erkaltet ist, den festgeschlagenen Schnee unterziehen.

27. September, Donnerstag:

HÜHNERBRÜSTE MIT MANDELN, ANANASSCHEIBEN UND ESSIGZWETSCHKEN AUF REIS
NUDELN IN DER MILCH

Hühnerbrüste mit Mandeln:
8 ausgelöste Hühnerbrüste
10 dkg Butter
10 dkg geschälte, gestiftelte Mandeln
5 dkg Mehl
3 Eier
Salz
Die Hühnerbrüste enthäuten, leicht flachklopfen, salzen, mit Mehl bestäuben und dann in den verschlagenen Eiern wälzen. Beiderseits mit den kleingestiftelten Mandeln bestreuen und in heiße, aber nicht braune Butter einlegen und beiderseits knusprig braten.
Auf Reis servieren und mit Ananasscheiben, in welche man je eine Essigzwetschke legt, garnieren.

Nudeln in der Milch:
1,5 l Milch
10 dkg Zucker
Salz
30 dkg grobe Suppennudeln
Die Milch mit Zucker und Salz aufkochen, die Nudeln hineingeben und weichkochen. Zum Verfeinern kann man vor dem Servieren etwas braune Butter darübergeben.

28. September, Freitag:

KÄSE-KUTTELN, SALZKARTOFFELN
LEICHTER SCHOKOLADENPUDDING

Käse-Kutteln:

80 dkg vom Fleischhauer schon geputzte Kutteln
1 Zwiebel
1 El gehackte Kräuter: Petersilie, Majoran, Bohnenkraut
Salz, Pfeffer
4 El Paradeismark
4 El Reibkäse
10 dkg Butter

Die Kutteln feinnudelig schneiden und in leicht gesalzenem Wasser weichkochen. Mit den Kräutern, Salz und Pfeffer würzen und in eine gut gebutterte Auflaufform geben. Mit dem Käse bestreuen und bei guter Hitze überbacken. Mit Paradeismark übergossen servieren.

Salzkartoffeln:

1 kg große Kartoffeln schälen, vierteln und in Salzwasser, dem man etwas Kümmel beigibt, weichkochen. Etwas kernig lassen, sie zerfallen sonst beim Herausnehmen leicht; das Wasser vorsichtig abgießen.

Leichter Schokoladenpudding:

2 El Marillenmarmelade
12 dkg Zucker
4 Rippen erweichte Schokolade
10 Klar

Die Marillenmarmelade mit dem Zucker und 2 Klar sehr fest schlagen, dann die erweichte Schokolade dazugeben, weiterschlagen. Zuletzt zieht man den sehr festen Schnee von 8 Klar darunter. In eine sehr gut gefettete und gestaubte Puddingform 3/4 voll einfüllen und 30 Minuten im Wasserbad kochen. Stürzen und noch warm mit Himbeersaft servieren.

29. September,Samstag:

LEBERSPIESSE MIT BANANEN,
KARTOFFELPÜREE
TOPFENKÜCHLEIN

Leberspieße:

60 dkg Kalbsleber
4 Bananen
8 dkg Butter
6 dkg Öl
Salz, Pfeffer, Curry

Die Kalbsleber in ca. 5 cm breite Streifen schneiden, die Bananen schälen und in entsprechende Stücke schneiden. Leicht mit Curry einstauben und die Leber pfeffern. Jeweils ein Bananenstück in Leber einrollen, auf Spieße stecken und in heißem Öl rundum so lange braten, bis die Banane leicht schmilzt. Die Spieße herausnehmen, das Öl abgießen und den Bratrückstand mit der Butter verfeinern, etwas aufgießen, verkochen und über die Spieße geben.

Topfenküchlein:

30 dkg Topfen
10 dkg Haferflocken
7 dkg Zucker
1/2 Tasse Milch
1 Prise Salz, Zitronenschale
Butter zum Herausbacken
1 Ei

Den Topfen mit der Milch und den Haferflocken vermischen. Den Zucker mit dem Dotter schaumig rühren und zu der Topfenmischung geben. Dann den Schnee fest schlagen und mit der Zitronenschale und dem Salz unterziehen. Die Butter erhitzen, mit dem Löffel kleine Plätzchen in die Pfanne setzen und langsam auf beiden Seiten goldbraun backen. Mit Kompott oder frischen Früchten servieren.

30. September, Sonntag:

ENGLISCHES ROASTBEEF
SCHOKOTORTE MIT KASTANIEN

Englisches Roastbeef:
1 kg Beiried
4 El Öl
2 dkg Butter
2 El grüner Pfeffer
1 El Senf
1 Gläschen Whisky
Die Beiried von den Sehnen und dem überschüssigen Fett befreien, am Fettrand etwas einschneiden. Kräftig mit Salz und Pfeffer einreiben und an der Unterseite dünn den Senf aufstreichen. Das Öl in der Bratpfanne erhitzen, die Beiried mit der Senfseite nach oben einlegen, im Rohr kräftig anbraten und dann die Hitze stark reduzieren. Ca. 45 Minuten braten, das Fleisch soll innen rosa sein, aber nicht blutig (bei der Stricknadelprobe darf kein Blut mehr austreten). Das Fleisch herausnehmen, Öl abgießen, in den Bratrückstand noch etwas grünen Pfeffer geben, mit der Butter aufschäumen und mit dem Whisky abschmecken. Das Fleisch tranchieren und die Sauce rundum geben.

Schokoladentorte mit Kastanien:
18 dkg Zucker
7 dkg Margarine
7 dkg erweichte Schokolade
20 dkg gekochte, passierte Kastanien (ca. 25 Stück)
7 dkg geriebene Mandeln
6 Eier
Die erweichte Schokolade mit Margarine, Zucker und Dottern abtreiben, die passierten Kastanien und die Mandeln dazugeben und dann den Schnee von 6 Klar darunterziehen. In einer gefetteten, gestaubten Tortenform bei Mittelhitze ca. 50 Minuten backen. Erkaltet durchschneiden und wie folgt füllen:

Fülle:
10 dkg Butter
15 dkg Zucker
10 dkg erweichte Schokolade
2 Eier
1 Kl schwarzer Kaffee
Alles gut miteinander abtreiben, die Torte damit füllen und auch oben und seitlich damit bestreichen. Man kann die Torte mit einigen fertig gekauften glasierten Kastanien verzieren.

1. Oktober, Montag:

FLEISCHEINTOPF MIT GEMÜSE
KAPUZINERSTRUDEL

Fleischeintopf:
35 dkg Schweinefleisch (Schulter)
35 dkg Rindfleisch
15 dkg Reis
15 dkg Zwiebeln
2 Paprikaschoten
1 Stück Melanzani
2 kleine Zucchinis
50 dkg Tomaten
2 Kartoffeln
Sellerieblätter und Petersilie, feingehackt
Knoblauch, Salz, Pfeffer

Eine feuerfeste Schüssel mit Öl und Knoblauch ausstreichen, eine Schichte in Scheiben geschnittene Tomaten hineingeben und darauf das verschiedene kleingeschnittene Gemüse (gesalzen, gepfeffert und mit Knoblauch versetzt) geben. Nun schneidet man das Fleisch und die Kartoffeln in Würfel, salzt und pfeffert ebenfalls und mischt beides darunter. Darüber wird der Reis gestreut und zum Abschluß nochmals eine Schichte Tomatenscheiben. Das Ganze knapp mit Wasser bedecken, die gehackten Kräuter einstreuen und zugedeckt im Rohr bei nicht zu starker Hitze dämpfen, bis das Fleisch weich ist.
Das Essen kommt im Topf auf den Tisch, dazu reicht man Brot.

Kapuzinerstrudel:
40 dkg Mehl
10 dkg Margarine
6 dkg Zucker
2 Dotter
3 El Milch
1 Backpulver

Mehl und Backpulver auf ein Nudelbrett sieben, in der Mitte eine Vertiefung machen. Milch, Zucker und Dotter mit einem Teil des Mehls verrühren, da hinein die Margarine schneiden, mit Mehl bedecken und alles gut zu einem Teig verarbeiten. 30 Minuten kalt rasten lassen. Dann den Teig gut messerrückendick ausrollen und wie folgt füllen:

Fülle:
30 dkg getrocknete, feingeschnittene Zwetschken
5 dkg gehackte Haselnüsse
5 dkg gehackte Schokolade
5 dkg Rosinen
5 dkg Grießzucker

Alles gut vermengen und mit Rum vermischen. Man streicht diese Fülle auf den Teig, rollt ihn gut zusammen und bäckt 50 Minuten bei Mittelhitze. Vor dem Servieren anzuckern.

2. Oktober, Dienstag:

WILDSCHWEINGULASCH MIT SEMMELKNÖDEL
EINFACHE BISKUITOMELETTE

Wildschweingulasch:
80 dkg Wildschweinfleisch
10 dkg Selchspeck
3 dkg Margarine
1 Zwiebel
1 l Buttermilch
1/8 l Rotwein
1/8 l Obers
3 Kl Stärkemehl
etwas Essig
3 Wacholderbeeren, Salz, Pfeffer und Edelsüßpaprika

Das Fleisch würfelig schneiden, in die Buttermilch legen und dazu die 3 zerdrückten Wacholderbeeren und etwas Essig geben. 24 Stunden beizen.
Den kleingeschnittenen Speck in der Margarine anbraten, ebenso die Zwiebel. Dann das abgetropfte Fleisch dazugeben, mit Salz, Pfeffer und Paprika würzen, ca. 1/2 Liter Wasser aufgießen und zugedeckt 70 Minuten dünsten. Danach den Rotwein mit dem Stärkemehl gut verrühren, hineingeben und einige Male aufkochen lassen. Das Obers hineingeben und nicht mehr aufkochen.

Einfache Biskuitomelette:
3 Eier
5 dkg Staubzucker
3 dkg Mehl
1 Vanillin

Die Eiklar steifschlagen, Zucker und Vanillin hineingeben und noch weiterschlagen, bis die Masse ganz fest ist. Dann die Dotter und das Mehl vorsichtig unterziehen. Die Masse in eine gut befettete und gestaubte Omelettenpfanne füllen und bei mittlerer Hitze ca. 15 Minuten backen. Herausnehmen und noch heiß mit Marmelade bestreichen, einmal zusammenklappen und anzuckern.

3. Oktober, Mittwoch:

Krautstrudel
Schokoladencreme mit Kastanienreis

Krautstrudel:

25 dkg Mehl
1/4 l lauwarmes Wasser
Salz

Daraus den Strudelteig gut abarbeiten und unter einem vorgewärmten Reindl 60 Minuten rasten lassen.

Fülle:
1 kg Weißkraut
1 Zwiebel
1 El Zucker
10 dkg Schweineschmalz
Salz, Kümmel
Butter zum Bestreichen des Teigs

Das Kraut von den äußeren Blättern und dem Strunk befreien und feinnudelig schneiden. Im heißen Fett die kleingeschnittene Zwiebel und den Zucker leicht bräunen, das Kraut dazugeben, salzen und den Kümmel beifügen, mit wenig Wasser aufgießen und weichdünsten. Auskühlen lassen.

Den Strudelteig ausziehen, mit Butter bestreichen, das Kraut einfüllen, einrollen, den Teig immer wieder mit Butter bestreichen und im mittelheißen Rohr ca. 40 Minuten backen.

Schokoladencreme mit Kastanienreis:

1 Päckchen Puddingkaltcreme (Schokolade)
3/8 l Milch
1/2 l Kastanien
2 Kl Rum
5 dkg Staubzucker
1/8 l Obers
1 Rippe Schokolade

Das Puddingpulver in die Milch rühren und gut durchschlagen, bis die Masse cremig ist. Die Kastanien kochen, schälen, passieren und mit Rum und Zucker vermischen. In Gläser abwechselnd eine Schichte Pudding und eine Schichte Kastanien füllen, mit dem geschlagenen Obers verzieren und geraspelte Schokolade daraufstreuen.

4. Oktober, Donnerstag:

Gekochte Selchzunge mit Erbsenpüree
Englischer Teekuchen

Gekochte Selchzunge:

1 geselchte Rindszunge (den Rest kann man sehr gut kalt essen) in reichlich Wasser zustellen, 5 Minuten kochen lassen, dann das Wasser abgießen. Die Zunge ist dann weniger scharf. Erneut mit reichlich Wasser zustellen (am besten kocht man die Zunge im Schnellkochtopf, es dauert sonst sehr lange, ca. 3 – 4 Stunden). Mit der Gabel probieren, ob die Zunge weich ist. Herausnehmen und gleich abschälen, erkaltet geht das nur sehr schlecht. In 1 cm dicke Scheiben schneiden und mit wenig Selchsuppe anrichten.

Erbsenpüree:
35 dkg grüne Spalterbsen
2 El Margarine
2 El Mehl
1 Zwiebel

Die Erbsen am Tag vorher mit reichlich Wasser einweichen. Man kann diesem auch noch etwas Natron beigeben. Mit dem Einweichwasser die Erbsen am nächsten Tag weichkochen. Von 1 Eßlöffel Margarine und 2 Eßlöffeln Mehl eine Einbrenn machen, mit etwas Erbsenwasser aufgießen, das restliche Wasser wegschütten und die Erbsen passiert zur Einbrenn geben. Jetzt erst salzen und ein wenig pfeffern.

Die Zwiebel in Streifen schneiden und in der restlichen Margarine rösten, beim Anrichten über das Püree geben.

Englischer Teekuchen:
12 dkg Zucker
12 dkg Margarine
12 dkg Mehl
12 dkg Rosinen
2 ganze Eier
2 El Rum
Die Margarine etwas erwärmen, mit dem Zucker und den ganzen Eiern abtreiben. Dann die mit dem Mehl vermischten Rosinen dazugeben, den Rum und die feingeriebene Orangenschale einrühren. In gut gefetteter und bemehlter Kastenform 50 Minuten bei 180° backen.

5. Oktober, Freitag:

SERBISCHE BOHNENSUPPE
ZWETSCHKENKNÖDEL

Serbische Bohnensuppe:
25 dkg weiße Bohnen (am Tag vorher einweichen)
10 dkg Selchspeck
1 kleine Zwiebel
1 grüne Paprikaschote
1 El Mehl
1 El Tomatenmark
1/8 l Sauerrahm
Salz, Pfeffer, Edelsüßpaprika
Die Bohnen halbweich kochen und in der Zwischenzeit folgendes vorbereiten: Den Speck kleinwürfelig schneiden und auslassen. Darin die feingeschnittene Zwiebel anrösten, Tomatenmark, Salz, Pfeffer und Edelsüßpaprika zugeben, mit den Bohnen samt Kochwasser aufgießen und weichkochen. Vor dem Servieren den versprudelten Rahm beifügen.

Zwetschkenknödel:
50 dkg Erdäpfel
12 dkg Mehl
3 dkg Grieß
2 Eier
10 dkg Butter
10 dkg Semmelbrösel
1 kg Zwetschken
Die Erdäpfel kochen, schälen, passieren, die anderen Zutaten dazugeben und einen Teig kneten. (Die Erdäpfel sollen vor der Teigbereitung kalt sein.) Aus dem Teig eine Rolle formen und etwas rasten lassen. Wenn die Erdäpfel wässrig sind, kann es sein, daß der Teig etwas nachläßt; dann gibt man noch Mehl zu. Nun schneidet man kleine Stücke ab, drückt sie in der Hand flach, gibt eine gewaschene und getrocknete Zwetschke hinein und formt Knödel. Die Ränder gut zusammenpressen, damit sie beim Kochen nicht aufgehen. In kochendes Salzwasser einlegen und ca. 15 Minuten kochen, die Knödel müssen nach 5 Minuten oben schwimmen; tun sie das nicht, mit dem Kochlöffel nachhelfen. Die Semmelbrösel in 5 dkg Butter rösten, die Knödel darin wälzen, anzuckern und mit der restlichen gebräunten Butter übergießen.

6. Oktober, Samstag:

SCHWEINSRÜSSEL MIT KÜRBISKRAUT
MARZIPAN-ZWEIFACHKUCHEN

Schweinsrüssel:
1 Schweinsrüssel
Wurzelwerk
Salz
Ein gut geputzter und gewaschener Schweinsrüssel wird in gesalzenem Wasser mit dem Wurzelwerk weichgekocht und dann aus dem Wasser genommen. In möglichst großen Stücken vom Knochen lösen und in eine Schüssel legen.
Kürbiskraut:
1 mittelgroßer Speisekürbis
1 mittlere Zwiebel
1 El Schmalz
1 El Zucker
1 El Mehl
Salz, Edelsüßpaprika
1/8 l Obers
Den Speisekürbis schälen und grob raspeln. Die Zwiebel im Schmalz anrösten, den Zucker dazugeben und etwas bräunen. Mit dem Mehl stauben, Salz und Edelsüßpaprika dazugeben, mit wenig Wasser bedecken und weichdünsten. Das dauert ca. 15 Minuten (hängt von der Größe des Kürbiskrauts ab), es soll noch kernig sein. Zuletzt das Gericht mit dem Rahm binden.

Marzipan-Zweifachkuchen:
25 dkg Butter
25 dkg Zucker
25 dkg Mehl
4 Eier
1 Backpulver
1 Vanillin
1 El Rum
3 El Kakao
1 El Milch
Die Butter etwas erweichen, schaumig rühren und nach und nach Zucker und Eier zugeben. Weiterrühren, bis die Masse ganz flaumig ist, dann das mit dem Backpulver versiebte Mehl hineingeben und gut verrühren. Den Teig teilen und die eine Hälfte mit dem in der Milch glatt verrührten Kakao schwarz färben. Den hellen und den dunklen Teig in zwei kleinen befetteten und gestaubten Kastenformen bei guter Mittelhitze ca. 50 Minuten backen. Nach dem Erkalten jeden Kuchen der Länge nach in zwei gleichgroße Streifen schneiden, mit Marmelade bestreichen, einen schwarzen und einen weißen Streifen nebeneinanderlegen und die beiden restlichen Streifen versetzt darauflegen. Den Kuchen in messerrückendick ausgerollte Marzipanmasse einhüllen, einige Stunden stehenlassen und dann erst in Schnitten schneiden.
Marzipanmasse:
20 dkg Staubzucker
10 dkg weiße, sehr fein gemahlene Mandeln
1 Eiklar
Staubzucker und Mandeln in einer Schüssel vermischen und mit dem Eiklar zu einer geschmeidigen Masse verkneten.

7. Oktober, Sonntag:

Rehrücken gespickt mit Nudeln und Preiselbeeren
Haselnusstorte

Rehrücken:
1 schöner Rehrücken (gleich vom Fleischer spicken lassen)
10 dkg Butter
1/8 l Rahm
Salz, Pfeffer, 3 zerdrückte Wacholderbeeren
Den Rehrücken von allen Häuten befreien, falls es der Fleischer nicht schon beim Spicken gemacht hat und mit Salz, Pfeffer und den Wacholderbeeren einreiben. Mit der gespickten Seite in heiße Butter legen, anbraten lassen, mit etwas Wasser aufgießen und halbfertig braten. Dann umdrehen, öfters begießen und fertig braten. Den Rehrücken herausnehmen und in den Bratenrückstand den mit 1 Kaffeelöffel Mehl verrührten Rahm geben, gut durchkochen. Den Rehrücken den Knochen entsprechend in Stücke schneiden und aufgestellt (Spickseite oben) auf eine vorgewärmte Platte legen, den Saft darübergeben.

Haselnußtorte:
12 dkg Zucker
10 dkg Mehl
5 dkg Nüsse
5 dkg Kuchenbrösel
7 Eier
Zimt, Zitronenschale
Den halben Zucker mit den Dottern schaumig rühren, dann den Schnee mit dem restlichen Zucker schlagen. In die Dottermasse geben, Zimt und Zitronenschale sowie die feingeriebenen Haselnüsse beigeben; zuletzt die Brösel und das Mehl einmengen. In einer gut gefetteten und gebröselten Form bei 180° ca. 45 Minuten backen.
Füllcreme:
25 dkg Butter
10 dkg feiner Staubzucker
1 Ei
10 dkg geriebene, geröstete Haselnüsse
Die Butter etwas erwärmen und schaumig rühren, die halbe Zuckermenge und den Dotter beigeben, weiterrühren. Dann mit dem Restzucker einen festen Schnee schlagen, unter die Masse ziehen und zuletzt die Haselnüsse hineingeben.

8. Oktober, Montag:

GEMISCHTE PASTETE MIT APFELCHUTNEY
TOPFENSCHNITTEN

Gemischte Pastete:
40 dkg fettes Schweinefleisch
40 dkg Kalbfleisch ohne Sehnen
20 dkg Schweinsleber
30 dkg gekochte Rindszunge
20 dkg Selchspeck
25 dkg Dörrpflaumen
1 mittlerer Apfel
1/8 l Obers
2 Eier
Salz, Pfeffer, Thymian, 1 kleines Lorbeerblatt
1 El Margarine
Das Schweine- und Kalbfleisch sowie die Leber kurz anbraten, dann sehr fein faschieren. Die gekochte Rindszunge und den geschälten Apfel würfelig und die entkernten Dörrpflaumen nudlig schneiden. Dies alles mit den Eiern und Gewürzen in die Farce geben, gut vermischen. Den Speck in Scheiben schneiden, damit eine Kastenform auslegen, die Masse hineingeben, mit Speckscheiben belegen und in einer Pfanne mit Wasser ins Rohr stellen. Die Pastete ca. 75 Minuten pochieren (das Wasser soll nicht kochen), dann aus dem Rohr nehmen und auskühlen lassen. Stürzen, in Scheiben schneiden und mit Apfel-Chutney servieren.

Topfenschnitten:
40 dkg Mehl
10 dkg Zucker
10 dkg Margarine
1 Backpulver, 1 Vanillin
1 Ei
5 El Milch
Aus den Zutaten auf dem Brett einen geschmeidigen Teig machen und 30 Minuten rasten lassen. Den Teig ca. 3 mm dick ausrollen, halbieren und wie folgt füllen:

Fülle:
50 dkg Topfen
10 dkg Zucker
15 dkg gewaschene und getrocknete Weintraubenbeeren
1 Päckchen Vanillepuddingpulver, 1 Vanillin
1/4 l Milch
Den Topfen mit Zucker gut vermischen, das Puddingpulver in der Milch glattrühren und dazugeben, zuletzt die Weinbeeren hineinrühren.
Die zweite Teighälfte nun auf die Fülle legen, mit der Gabel einige Male einstechen, mit einem Kaffeelöffel Milch versprudelten Dotter bestreichen und bei mittlerer Hitze ca. 35 Minuten backen.

9. Oktober, Dienstag:

GÄNSEKLEIN MIT BRÖSELKNÖDELN
GEFÜLLTE BISSEN

Gänseklein:
Hals, Magen, Herz und Flügerl von 2 Gänsen
2 El Butter
3 El Mehl
1 kleine Zwiebel
1 Dotter
Salz, Zitronensaft, Pfeffer
Hals, Magen, Herz und Flügerl in Wurzelwerk weichkochen, von der Haut befreien und in kleine Stücke schneiden. Vom Hals und den Flügerln das Fleisch von den Knochen lösen. Die feingeschnittene Zwiebel in der Butter anrösten, Mehl dazugeben, etwas bräunen. Mit der Suppe aufgießen, so daß eine sämige Sauce entsteht, das Fleisch hineingeben und vor dem Servieren mit dem Dotter legieren.

Gefüllte Bissen:
12 dkg Butter
12 dkg Zucker
40 dkg Mehl
12 dkg Honig
1 Ei
1 El Kakao
1 Backpulver, Zimt und zerstoßene Nelken
Den Honig erwärmen, Butter und Zucker dazugeben, alles zergehen lassen. Das Mehl mit dem Backpulver und den Gewürzen in eine Schüssel geben, die Honig-Butter-Zuckermasse dazurühren, ebenso das mit Wasser und Kakao verquirlte Ei. Man arbeitet den Teig gut ab und gibt ihn dann auf ein bemehltes Brett, läßt ihn etwas rasten. Nun rollt man ihn fingerdick aus; sollte er zu weich sein, etwas Mehl beigeben. Die eine Hälfte des Teigs legt man auf ein befettetes, bemehltes Blech und füllt wie folgt:
Fülle:
12 dkg geriebene Haselnüsse
12 dkg faschierte Rosinen
20 dkg Marmelade
Saft und Schale 1 Zitrone, etwas Rum, 1 Vanillin
Alles gut mischen. Auf den Teig streichen, die zweite Teigplatte darübergeben, einige Male mit der Gabel einstechen und bei mittlerer Hitze ca. 40 Minuten backen. Mit einer Zitronenglasur aus 25 dkg Staubzucker und 4 Eßlöffeln Zitronensaft überziehen und in Würfel schneiden.

10. Oktober, Mittwoch:

Gerollte Schweinsschulter auf Paradeissauerkraut
Orangenschnitten

Gerollte Schweinsschulter:
1 kg Schweinsschulter tief einschneiden, etwas auseinanderklopfen und mit Salz, Knoblauch und Rosmarin einreiben. 1 Zwiebel in Scheiben schneiden, hineinlegen, gut einrollen, binden, außen etwas Kümmel daraufgeben und in 10 dkg geschnittenem Speck braten. Wenn der Braten rundum knusprig ist, mit etwas Wasser aufgießen und weichbraten.

Sauerkraut mit Paradeis:
1/2 kg Sauerkraut
3 El Paradeismark
1 El Paprikamark
1 kleine Zwiebel
5 dkg Butter
1 El Zucker
Die Zwiebel schneiden, mit dem Zucker in der Butter anrösten , dann Paradeis- und Paprikamark zugeben, gut durchrühren und das Sauerkraut dazumischen. Eventuell mit etwas Wasser aufgießen und weichdünsten.

Orangenschnitten:
18 dkg Zucker
18 dkg Mehl
3 Eier
3 El Wasser
1/2 Backpulver
1 Vanillin
Den Zucker mit den Dottern über Dunst schaumig schlagen, nach und nach das Wasser zugeben, bis die Masse ganz dick ist. Dann das mit dem Backpulver vermischte Mehl und den Schnee einrühren. Die Masse zweifingerdick auf ein gut befettetes und bemehltes Backblech streichen und bei mittlerer Hitze 25 Minuten backen. Erkaltet auseinanderschneiden und wie folgt füllen:
12 dkg Butter
2 El Zucker
1 Dotter
Saft und Schale einer Orange
Die Butter etwas erweichen, mit dem Zucker und dem Dotter schaumig rühren, nach und nach Orangensaft und -schale einrühren.
Glasur:
14 dkg Zucker und 2 Eßlöffel Orangensaft sehr gut verrühren, die Orangenschnitten damit überziehen.

11.Oktober,Donnerstag:

Bohnenfleischtopf mit Würstel
Schokoladenkokoskrapfen

Bohnenfleischtopf:

30 dkg weiße Bohnen (am Tag vorher eingeweicht)
50 dkg Rindfleisch ohne Flaxen
2 Paprikaschoten
1 Zwiebel
1 El Schmalz

Die Zwiebel und die Paprikaschoten fein schneiden, im Schmalz anrösten und das würfelig geschnittene, gesalzene Fleisch dazugeben. Die Bohnen halbweich kochen und dann mit den Kochwasser (es darf nicht zuviel Wasser sein) zum Fleisch geben. Mit wenig Rosmarin würzen und fertig dünsten. Nach Belieben kann man beim Anrichten heiße Würstel dazugeben.

Schokoladenkokoskrapfen:

10 dkg Margarine
10 dkg Zucker
15 dkg Mehl
5 dkg Kartoffelmehl
5 dkg Kokosett
3 dkg Kakao
1/2 Backpulver
2 Eier

Die Margarine etwas erweichen und mit Zucker und Dottern schaumig rühren. Den Schnee von 2 Klar dazugeben, Mehl, Kartoffelmehl, Backpulver und Kakao versieben und vorsichtig unterziehen, ebenso das Kokosett. Mit einem Löffel Häufchen auf ein befettetes Blech geben und langsam backen.

12. Oktober, Freitag:

Broccoli im Backteig mit grünem Salat
Zwetschkenfleck

Broccoli im Backteig:

15 dkg Mehl
1/8 l Bier
2 Eier
80 dkg Broccoli
Öl oder Fett zum Herausbacken

Die Broccoli in Salzwasser kernweich kochen. In Röschen zerteilen, durch den versprudelten Eierteig ziehen und im heißen Fett oder Öl herausbacken.

Zwetschkenfleck:

Germteig: Siehe 7. Juli.

Den Teig mit halbierten Zwetschken (Innenseite nach oben) dicht belegen und mit Zimt und Zucker bestreuen. Ausrinnenden Fruchsaft auffangen, mit Tortengelee versetzen und dieses dann über den erkalteten Kuchen gießen.

13. Oktober, Samstag:

WILDPASTETE
TOPFENTASCHEN AUS BLÄTTERTEIG

Wildpastete:

Teig:
35 dkg Mehl
10 dkg Margarine
1 Ei
etwas kaltes Wasser, Salz
Alle Zutaten gut vermengen und eine Stunde rasten lassen.

Fülle:
40 dkg sehnenfreies Wildfleisch
20 dkg fettes Schweinefleisch
10 dkg Speck
10 dkg gekochte, passierte Kastanien
5 dkg Pistazien
Salz, Pfeffer, 3 zerdrückte Wacholderbeeren
1/8 l Obers, 1 El Cognac
1 Hirschfilet
4 Speckscheiben
Öl zum Anbraten

Wild- und Schweinefleisch sehr fein faschieren, die Kastanien dazumischen, den würfelig geschnittenen Speck und die kleingeschnittenen Pistazien dazugeben, würzen und mit Obers und Cognac vermischen.

Den Teig in eine Kastenform legen (Boden und Seiten sind bedeckt und der Teig lappt soweit über, daß man ihn zuletzt über das Fleisch geben kann). Die halbe Farce nun hineingeben, dann das angebratene und in Speck gehüllte Hirschfilet darauflegen, den Rest der Fülle darübergeben und mit dem ausgelappten Teig bedecken. Den Teig einige Male einstechen und mit Ei bestreichen. Ca. 90 Minuten bei mittlerer Hitze backen. Die Pastete in der Form erkalten lassen, dann stürzen und ein in heißes Wasser getauchtes Tuch darübergeben. In Scheiben schneiden und mit Sauce Cumberland anrichten.

Sauce Cumberland:
Feingeriebene Schale einer Orange mit etwas Wein aufgießen und mit passiertem Preiselbeer- und Johannisbeergelee vermengen. Nach Geschmack kann man auch etwas Senf beigeben.

Topfentaschen aus Blätterteig:
Aus einem fertig gekauften Blätterteig sticht man mittelgroße Scheiben aus, bestreicht die Ränder mit Eiklar und füllt wie folgt:
2 Eßlöffel Butter erweichen, mit 3 Eßlöffeln Zucker, 5 Eßlöffeln Topfen, 2 Eßlöffel Rosinen, 1 Ei und Zitronenschale gut mischen. Je 1 Kaffeelöffel Fülle in die Mitte der Scheiben setzen, Teigränder zusammenklappen (es entsteht ein Halbmond) und mit Ei bestreichen. 15 Minuten bei ca. 200° backen.

14. Oktober, Sonntag:

NIERENBRATEN GEFÜLLT, REIS UND SALAT
KASTANIENREIS MIT SCHLAGOBERS

Nierenbraten gefüllt:
80 dkg ausgelöster Nierenbraten
20 dkg feinfaschiertes Kalbfleisch
5 dkg gekochte Zunge oder Schinken
5 dkg Pistazien
1 Kalbsniere
2 El Obers
1 Kl Mehl
8 dkg Butter
Salz
Die Zunge würfelig schneiden, die Pistazien zerhacken, beides mit dem Faschierten und dem Obers vermengen und salzen. Die Wände der Nierenbratenhöhlung streicht man nun mit dieser Fülle ein, legt die geviertelte Niere hinein und bindet den Braten gut zu. In Butter rundum anbraten und bei öfterem Aufgießen fertig braten (ca. 2 Stunden bei 220°).

Kastanienreis mit Schlagobers:
1 kg Kastanien, gekocht und geschält
15 dkg Zucker
Rum nach Geschmack
Die Kastanien passieren und mit dem Zucker vermischen, mit Rum abschmecken. Diese Masse preßt man nun durch eine Kartoffelpresse locker in eine Schüssel und gibt das geschlagene Obers darauf.

15. Oktober, Montag:

SPECKEIER MIT GEDÜNSTETEN ENDIVIEN
NUSSSCHRAUBEN

Speckeier mit Endivien:
1 Häuptel Endivien
4 Eier
8 dünne, durchzogene Speckscheiben
20 dkg Extrawurst in Scheiben
2 El Öl
Die Endivien putzen, waschen und in große Stücke schneiden. In 2 Eßlöffeln Öl anbraten, salzen und pfeffern, mit etwas Suppe aufgießen und zugedeckt etwa 10 Minuten dünsten lassen, warmstellen.
Die Speckscheiben auslassen, die Extrawurstscheiben mitbraten und 4 Eier so wie Spiegeleier darüberschlagen.

Nußschrauben:
Teig:
20 dkg Mehl
20 dkg Butter
20 dkg Topfen
1 Tl Backpulver, 1 Vanillin, Salz
Das Mehl mit der Butter am Brett abbröseln, alles andere dazugeben und zu einem glatten Teig verarbeiten. 1 Stunde rasten lassen. Danach 2 mm dick ausrollen und die eine Hälfte des Teiges mit folgender Fülle bestreichen:
Fülle:
15 dkg Nüsse
10 dkg Zucker
1 El Rum
1 El Milch
Alles verrühren, es soll ein dicker Brei werden; eventuell noch etwas mehr Milch nehmen. Damit die eine Hälfte des Teigs bestreichen. Nun die zweite Hälfte darüberschlagen und 3 cm breite Streifen schneiden. Diese dreht man schraubenförmig, bestreicht sie mit Ei und bäckt sie bei starker Hitze ca. 25 Minuten. Danach kocht man 10 dkg Zucker mit knapp 1/8 l Wasser dicklich ein und bepinselt das noch warme Gebäck damit.

16. Oktober, Dienstag:

ZIGEUNERSCHNITZEL MIT REIS
KASTANIENSCHNITTEN

Zigeunerschnitzel:
4 Schweinsschnitzel je 15 dkg
10 dkg Champignons
10 dkg Schinken
10 dkg Zwiebeln
1 große Paprikaschote
6 dkg Öl, 2 El Mehl
Knoblauch, Salz, Edelsüßpaprika
Die Schnitzel leicht klopfen, die Ränder etwas einschneiden, salzen und auf einer Seite bemehlen. Mit dieser Seite ins heiße Öl legen, gut anbraten, umdrehen und fertigbraten. Aus dem Fett nehmen, auf einer Platte ins warme Rohr stellen. Im Bratrückstand die Champignons, die Zwiebeln, den Schinken und die Paprikaschote (alles kleingeschnitten) anrösten, würzen und mit dem Mehl stauben. Mit Wasser aufgießen, 10 Minuten dünsten lassen und dann über die Schnitzel geben.

Kastanienschnitten:
21 dkg Zucker
28 dkg gekochte, passierte Maroni
2 Rippen erweichte Schokolade
1 El Rum, 3 Eier
1 Vanillin, 1/2 Backpulver
Die Dotter mit Zucker schaumig rühren, dann die Maroni und die Schokolade einrühren. Mit Rum, Vanillin und Backpulver gut vermischen, zuletzt den Schnee dazugeben. Bleistiftstark auf ein befettetes und bemehltes Blech streichen, bei guter Hitze ca. 30 Minuten backen. Vom Blech stürzen und erst am nächsten Tag in 5 x 5 cm große Stücke schneiden. Mit der Maronifülle immer 3 Stück zusammensetzen.
Fülle:
15 dkg Zucker
15 dkg Butter
18 dkg gekochte und passierte Maroni
1/8 l Milch
Die Milch mit den Maroni gut durchkochen und etwas überkühlen. Die Butter etwas erweichen und mit dem Zucker schaumig rühren. Beides zusammenmischen, eventuell mit etwas Rum abschmecken.

17. Oktober, Mittwoch:

ZWIEBELKOTELETTES MIT KARTOFFELN
HASELNUSSSCHNITTEN

Zwiebelkotelettes:
4 Schweinskotelettes
2 El Senf
2 El Öl
Salz, Pfeffer
2 Zwiebeln
4 geschälte Tomaten
2 El Butter
Die Kotelettes leicht klopfen, auf einer Seite salzen, auf der anderen dick mit Senf bestreichen. Mit der Senfseite zuerst ins heiße Öl legen und gut anbraten, dann wenden und knusprig fertigbraten.
Die Zwiebeln und Tomaten kleinschneiden, in der Butter gut durchdünsten, bis eine streichfähige Masse entsteht. Diese gibt man nun auf die Kotelettes.

Haselnußschnitten:
10 dkg Zucker
15 dkg Haselnüsse
15 dkg Mehl
etwas Milch
1/2 Backpulver, 1 Vanillin
2 Eier
Zucker mit Dottern schaumig rühren, dann die Haselnüsse, das mit dem Backpulver vermischte Mehl, etwas Milch und den festgeschlagenen Schnee zugeben. Bleistiftstark auf ein befettetes und bemehltes Blech aufstreichen, bei mittlerer Hitze ca. 30 Minuten backen. Auskühlen lassen und dann in Würfel schneiden. Diese mit folgender Creme füllen:
Fülle:
10 dkg Butter
10 dkg Zucker
15 dkg erweichte Schokolade
2 Dotter
2 Kl starker schwarzer Kaffee
Butter und Schokolade erweichen, mit dem Zucker abrühren, die 2 Dotter dazugeben, flaumig rühren und zuletzt den Kaffee gut untermischen.
Mit dieser Creme die Würfel füllen und überziehen und auf jeden Würfel in die Mitte eine Schokoladen-Kaffeebohne setzen.

18.Oktober,Donnerstag:

SCHINKENSOUFFLÉ
GESCHÄLTES ZWETSCHKENKOMPOTT

Schinkensoufflé
25 dkg Schinken
25 dkg Gemüseallerlei
10 dkg Mehl
10 dkg Margarine
1/2 l Milch
5 Eier
Salz, gehackte Petersilie, Muskat
Das verschiedene Gemüse (z. B. Karotten, Karfiol, Fisolen) kleinschneiden und in leichtem Salzwasser weichkochen.
Die Margarine erwärmen, das Mehl dain leicht bräunen, mit der Milch aufgießen, den feingeschnittenen Schinken, die Eidotter und das Gemüseallerlei hineingeben. Mit Muskat würzen und den festgeschlagenen Schnee vorsichtig unterziehen. Die Masse in eine gebutterte Auflaufform geben und bei mittlerer Hitze ca. 30 Minuten backen.

Zwetschkenkompott:
1 kg große Zwetschken
25 dkg Zucker
1 Stückchen Zimt
1 l Wasser
Das Wasser mit Zucker und Zimt etwa 10 Minuten kochen, dann die Zimtstange herausnehmen. Die Zwetschken überbrühen und die Haut abziehen, halbieren, in das Zuckerwasser legen und 10 Minuten mehr ziehen als kochen lassen.

19. Oktober, Freitag:

UNGARISCHE KRAUTSUPPE
BROMBEERSCHNITTEN

Ungarische Krautsuppe:
1/2 kg Sauerkraut
30 dkg Selchfleisch
10 dkg Selchspeck
1 mittlere Zwiebel
Knoblauch, Paprika, Salz und Tabasco
1/4 l Sauerrahm
Den Selchspeck kleinschneiden, auslassen und Zwiebel und Knoblauch darin rösten,

dann das Sauerkraut hineinlegen, 1/4 l Wasser dazugeben und mit dem Selchfleisch ca. 30 Minuten kochen lassen. Das Fleisch herausnehmen und würfelig schneiden. Das Kraut mit Paprika und Tabasco abschmecken, den Rahm einrühren und das würfelig geschnittene Selchfleisch dazugeben.

Brombeerschnitten:
10 dkg Zucker
12 dkg Mehl
4 Eier
1 Messerspitze Backpulver, 1 Vanillin
1 rotes Tortengelee
1 l Brombeeren
Brombeermarmelade
Dotter und Zucker schaumig rühren, den Schnee fest schlagen und unterziehen, dann vorsichtig das mit dem Backpulver versiebte Mehl dazugeben.
Die Masse 1 cm dick auf ein befettetes und bemehltes Blech streichen und bei guter Mittelhitze 10 – 15 Minuten backen. Am Blech erkalten lassen, mit Brombeermarmelade bestreiche, die Früchte darauflegen und das Gelee nach Vorschrift darübergeben. Wenn es erstarrt ist, den Kuchen in Schnitten schneiden.

20. Oktober, Samstag:

SCHWEINSLUNGENBRATEN IN BLÄTTERTEIG MIT SALAT
HONIGSCHNITTEN

Schweinslungenbraten:
80 dkg Schweinslungenbraten
10 dkg Champignons
10 dkg Faschiertes
1 Zwiebel
Petersilie
1 Dotter, 1 ganzes Ei
3 dkg Öl
3 dkg Butter
1 Päckchen Blätterteig
Die Zwiebel und die Champignons kleinschneiden, in Butter braten, mit gehackter Petersilie bestreuen und mit dem Faschierten, 1 Ei und den Gewürzen gut vermischen.
Den Lungenbraten pfeffern und salzen und im heißen Öl rundum anbraten, kaltstellen. Den Blätterteig in 4 Teile schneiden, den ebenfalls in 4 Teile geschnittenen Braten darauflegen, mit der Farce umhüllen und den Blätterteig gut darüberziehen. Mit dem Zusammenschluß nach unten aufs Blech legen und mit Eidotter bestreichen. Bei starker Hitze anbraten, nach leichter Bräunung Hitze reduzieren und noch ca. 20 Minuten backen.

Honigschnitten:
10 dkg Margarine
15 dkg Mehl
25 dkg Honig
3 Eier
1 Kl Backpulver, 1 Vanillin
20 dkg feingeschnittene Datteln
10 dkg grobgehackte Nüsse
Die Margarine etwas erweichen, mit dem Honig und dem Vanillin abrühren. Nach und nach die ganzen Eier und das mit dem Backpulver versiebte Mehl dazugeben. Zuletzt die Datteln und die Nüsse darunterrühren.
Die Masse 1,5 cm dick auf ein befettetes Blech streichen und bei 200° ca. 30 Minuten backen. Den Kuchen noch heiß mit Zuckerglasur überziehen und dann in Schnitten schneiden. Zuckerglasur:
25 dkg Staubzucker, 2 Eßlöffel Orangensaft und 2 Eßlöffel Rum gut verrühren, bis die Masse dicklich ist.

21. Oktober, Sonntag:

HIRSCHLENDCHEN IN CHAMPIGNONSAUCE MIT TEIGWAREN
GRILLAGETORTE

Hirschlendchen:
70 dkg sehnenfreies Hirschfilet
25 dkg Champignons
3 dkg Mehl
8 dkg Butter
3 El Öl
1/4 l Sauerrahm
1/8 l Obers
1 kleine Zwiebel
Petersilie, Salz, Pfeffer
1 Gläschen Gin
Die Zwiebel in Butter anschwitzen, die blättrig geschnittenen Champignons würzen und dünsten. Sauerrahm, Obers und Mehl versprudeln, unter die Champignons mengen und kurz durchkochen.
Das Hirschfilet in kleine Scheibchen schneiden, salzen und pfeffern und im heißen Öl anrösten, das Fleisch soll innen noch rosig sein. Mit Gin ablöschen und unter die Champignons mengen, eventuell mit Zitronensaft abschmecken.

Grillagetorte:
10 dkg Zucker
14 dkg Mehl
7 dkg Grillage
6 Eier
Die Dotter mit der halben Zuckermenge sehr schaumig rühren und den mit der zweiten Hälfte des Zuckers festgeschlagenen Schnee darunterziehen. Dann die feingeriebene, mit dem Mehl vermischte Grillage untermengen. In gefetteter und gestaubter Form bei 180° ca. 30 Minuten backen.
Grillage:
8 dkg Staubzucker
5 dkg geriebene, geröstete Haselnüsse
Den Staubzucker in einer Pfanne bei kleiner Flamme schmelzen, vom Feuer nehmen und die gerösteten Haselnüsse untermischen. Die Masse auf ein gebuttertes Backblech streichen, gut auskühlen, in Stücke brechen und in der Bröselmaschine reiben.

Buttercreme:
(Wenn mit Grillage gewünscht, muß die obige Masse verdoppelt werden.) 25 dkg Butter
10 dkg Zucker
1 Ei
Die Butter etwas erwärmen und mit 5 dkg Zucker und dem Dotter schaumig rühren, dann die Grillage einrühren und zuletzt den mit dem Restzucker festgeschlagenen Schnee.
Die Torte nach dem Erkalten zweimal durchschneiden, jede Schnittfläche mit Ribiselmarmelade bestreichen und die Buttercreme daraufgeben. Die Torte zusammensetzen, außen auch mit Creme bestreichen und mit der restlichen Grillage bestreuen.

22. Oktober, Montag:

TIROLER GRÖSTEL MIT SALAT
KAFFEEOBERSKRAPFEN

Tiroler Gröstel:
2 gekochte, erkaltete Semmelknödel
1/2 kg gekochte, geschälte Kartoffeln
30 dkg Wurstreste
10 dkg Selchspeck
1 Zwiebel
Den Speck würfelig schneiden, die ebenfalls geschnittene Zwiebel darin anrösten. Die Wurstreste zerkleinern und dazugeben, nun gibt man die blättrig geschnittenen Kartoffeln und Semmelknödel darunter und läßt alles etwas anbraten. Mit einer Schmarrenschaufel wenden, damit rundum alles knusprig wird.

Kaffeeoberskrapfen:
8 dkg Zucker
7 dkg Mehl
4 dkg Kartoffelmehl
5 Eier
1/4 l Schlagobers
1 Kl Löskaffee
Die Dotter mit dem halben Zucker schaumig rühren, den Schnee mit dem Restzucker fest schlagen und unterziehen. Zuletzt das mit dem Kartoffelmehl versiebte Mehl dazumischen. Mit dem Spritzsack (große glatte Tülle) eigroße runde Kuppeln auf ein Backpapier spritzen, mit Mehl leicht bestauben und bei spaltbreit geöffetem Rohr hell backen. Nach dem Erkalten werden die Kuppeln vom Papier genommen, mit einem sehr scharfen Messer geköpft und etwas ausgehöhlt. Die Oberteile werden wie folgt glasiert:
Glasur:
25 dkg Staubzucker und 3 – 4 Eßlöffel starken, schwarzen Kaffee gut verrühren, bis die Masse dicklich ist.
Fülle:
1/4 l Schlagobers
1 Kl Löskaffee
Den Kaffee mit einer geringen Menge des Obers lösen und dann mit dem gesamten Obers fest schlagen.

23. Oktober, Dienstag:

PIROGGEN
TOPFENROLLE MIT FRÜCHTEN

Piroggen:
50 dkg Mehl
8 dkg Margarine
1 Ei, 1 Dotter
1/4 l Milch
4 dkg Germ
etwas Salz
Aus der Germ und einem Teil der Milch ein Dampfel (in die lauwarme Milch die Germ bröseln und mit etwas Mehl abdecken) machen und gehen lassen. In der Zwischenzeit mischt man das nicht zu kalte Mehl mit den anderen Zutaten, gibt dann das Dampfel dazu und schlägt den Teig gut ab. Mit einem Tuch bedeckt zur doppelten Größe gehen lassen.
Fülle:
Gedünstete Champignons
kleingeschnittenes Geselchtes
gedünstetes Kraut
Den Teig auf einem bemehlten Brett ausrollen (ungefähr bleistiftstark), in 8 x 8 cm große Vierecke schneiden. Die Fülle mit einem Löffel in die Mitte geben, Teig darüber gut schließen und mit dem Zusammenschluß aufs befettete, gestaubte Blech legen. Es sollen halbrunde Krapferl entstehen. Diese bestreicht man mit verschlagenem Ei und läßt sie nochmals gehen. Bei mittlerer Hitze dann ca. 20 Minuten backen. Warm essen.

Topfenrolle mit Früchten:
Biskuit:
3 Eier
15 dkg Zucker
15 dkg Mehl
6 El Wasser
Die Eier mit Zucker schaumig rühren, nach und nach das Wasser zugeben und zuletzt das Mehl. Fingerdick auf Backpapier streichen und bei 300° 10 Minuten backen. Einrollen und erkalten lassen.
Fülle:
25 dkg Topfen
10 dkg Staubzucker
2 Eier
2 El Rum
Zitronenschale, Vanillin
Dotter mit Zucker abrühren, den Topfen, Rum, Zitrone und zuletzt den Schnee dazugeben. In die Topfenfülle können beliebige Früchte gegeben werden. Die Roulade aufrollen, füllen und wieder einrollen, anzuckern.

24. Oktober, Mittwoch:

GANSLEBER MIT ÄPFELN
KASTANIENSCHNITTEN

Gansleber mit Äpfeln:

1 Gansleber, ca. 50 dkg
3 El Mehl
8 dkg Butter
2 Zwiebeln
2 Äpfel
Salz, Pfeffer

Die Gansleber enthäuten, in 12 gleichmäßige Scheiben schneiden, in Mehl wenden und in der heißen Butter auf beiden Seiten langsam goldbraun braten. Die Leber aus der Pfanne nehmen und warmstellen. Im Bratrückstand die feingeschnittenen Zwiebeln anrösten, die geschälten, entkernten und kleingeschnittenen Äpfel dazugeben und mitrösten. Mit Suppe aufgießen, die Leber hineinlegen, mit Salz und Pfeffer würzen und 2 Minuten ohne zu kochen darin ziehen lassen.

Kastanienschnitten:

12 dkg Zucker
6 dkg gekochte, geschälte und passierte Maroni
4 dkg geriebene Mandeln
3 dkg zerlassene Butter
2 dkg Mehl
6 Eier

Die halbe Zuckermenge mit den Dottern schaumig rühren. Maroni, Mehl und Mandeln erst vermischen und dann in die Dottermasse geben. Jetzt den mit dem Restzucker festgeschlagenen Schnee und zuletzt die zerlassene Butter dazugeben. Die Masse in eine gefettete und gestaubte Pfanne ca. fingerdick einstreichen und bei mittlerer Hitze ungefähr 30 Minuten backen. Den Kuchen auf eine Alufolie stürzen und auskühlen lassen. Dann der Länge nach auseinanderschneiden, erst dünn mit Ribiselmarmelade bestreichen und dann füllen. Den Kuchen wieder zusammensetzen, oben auch mit Füllcreme bestreichen, in Schnitten schneiden und pro Schnitte mit je einer Schokokastanie (fertig gekauft) verzieren.

Fülle:
25 dkg Butter
12 dkg Zucker
12 dkg passierte Maroni
etwas Maraschino

Die Butter etwas erweichen, abtreiben, mit Zucker und Maroni mischen und mit Maraschino abschmecken.

25.Oktober,Donnerstag:

STEIRISCHES SCHÖPSERNES
SEMMEL-BANANEN-AUFLAUF

Steirisches Schöpsernes:

80 dkg mageres, knochenloses Schöpsernes
30 dkg Wurzelwerk
1 Zwiebel, Knoblauch
2 Gewürznelken, Kümmel, Thymian, 1/2 Lorbeerblatt
12 mittlere Kartoffeln
3 El Mehl
Majoran, Salz

Das Schöpserne in Würfel schneiden, mit kochendem Wasser überbrühen, abseihen und mit frischem Wasser und dem Wurzelwerk samt Gewürzen zusetzen, zugedeckt langsam weichkochen. Die Kartoffeln extra in der Schale kochen, erkaltet schälen und halbieren.

Im Schweineschmalz röstet man die geschnittene Zwiebel an, gibt das Mehl dazu, bräunt es und gießt mit dem passierten Wurzelwerk-Kochsud auf. Die sämige Sauce schmeckt man mit Essig ab, gibt feingebröselten Majoran dazu, legt Fleisch und Kartoffeln ein und kocht noch einmal durch.

Semmel-Bananen-Auflauf:

10 dkg Zucker
5 dkg Butter
3 kleingeschnittene Semmeln
1/4 l kochende Milch
3 kleine Bananen
1 – 2 El Brösel
Eier
Butter und Zucker für die Form

Die Butter etwas erweichen, mit Zucker und Dottern schaumig rühren. Die mit der heißen Milch übergossenen Semmelwürferl und die kleingeschnittenen Bananen dazugeben. Festgeschlagenen Schnee und die Semmelbrösel dazugeben und in eine gut gebutterte und gezuckerte Auflaufform füllen. Mit Bananenstücken garnieren und bei mäßiger Hitze goldgelb backen.

26. Oktober, Freitag:

FASAN IN SAUERKRAUT
PUNSCHKRAPFERL

Fasan in Sauerkraut:
1 Fasan
15 dkg Speck
1 kg Sauerkraut
1/4 l Weißwein
1 Speckschwarte
1 Zwiebel
Den Fasan unter der Haut mit Speckscheiben belegen, die Haut dabei mit den Fingern lösen, damit sie nicht so leicht reißt. Salzen und pfeffern. Das leicht ausgedrückte Sauerkraut gibt man in eine große Kasserolle, gibt die Speckschwarte und 3 Wacholderbeeren dazu und gießt mit Wein und Wasser auf. Das Kraut läßt man zugedeckt ca. 30 Minuten dünsten. Dann legt man den Fasan ein, reibt die Zwiebel ganz fein dazu und kocht etwa 1 Stunde. Dann nimmt man den Fasan heraus, bindet das Kraut mit einem leichten Teigerl (1 Eßlöffel Mehl mit 2 Eßlöffeln Wasser gut verrührt), läßt alles nochmals aufkochen, gibt das Kraut in eine Schüssel und legt den geviertelten Fasan darauf.

Punschkrapferl:
Biskuitmasse:
12 dkg Zucker
15 dkg Mehl
6 Eier
Zitronenschale, Vanillin, Rum
6 Biskotten
2 El Ribiselmarmelade
Den Zucker mit den Eiern über Dunst dick schlagen, dann vom Feuer nehmen und unter weiterem Schlagen löffelweise das Mehl zugeben. Die Masse in eine gefettete und gestaubte Pfanne ca. 3 cm dick einstreichen und bei mittlerer Hitze 30 Minuten backen. Nach dem Erkalten zweimal durchschneiden, das Mittelstück mit Biskotten abbröseln, mit Rum und Marmelade gut vermengen und zwischen die zwei anderen Biskuitteile geben. Über Nacht leicht beschwert stehenlassen. In Würfel schneiden, überziehen wie Punschtorte (siehe 11. März).

27. Oktober, Samstag:

GEFÜLLTER GEBACKENER LEBERKÄSE
MIT KARTOFFELSALAT
PETITS FOURS

Gefüllter Leberkäse:
4 0,5 cm starke Leberkässcheiben
4 etwas stärker geschnittene Schinkenscheiben in Leberkäsgröße
4 etwas stärker geschnittene Emmentalerscheiben in Leberkäsgröße
2 Eier
Mehl und Brösel zum Panieren
Öl zum Herausbacken
Je eine Scheibe Leberkäse von einer Seite mit dem Schinken, von der anderen Seite mit dem Käse belegen, panieren wie Wienerschnitzel (siehe 8. Jänner) und in heißem Öl herausbacken.

Petits fours:
Grundmasse:
14 dkg Zucker
12 dkg Mehl
5 Eier
1 Messerspitze Backpulver, 1 Vanillin
Dotter und Zucker schaumig rühren, den festgeschlagenen Schnee dazugeben und vorsichtig das mit dem Backpulver vermischte Mehl unterziehen. Das Backblech mit Backpapier belegen und die Masse ca. 1 cm dick auftragen, bei guter Mittelhitze ca. 25 Minuten backen. Das Biskuit sofort auf ein gezuckertes Papier stürzen und das Backpapier abziehen. Das Biskuit in 4 Teile schneiden, jeden Teil durchschneiden und verschieden wie folgt füllen:

Schokoladencreme:
1 Päckchen Tortencremepulver
25 dkg Butter
20 dkg Staubzucker
10 dkg erweichte Schokolade
2 El Rum
3/8 l Milch
Das Tortencremepulver in die kalte Milch einrühren, gut durchschlagen und 15 Minuten stehenlassen. Die erweichte Schokolade mit Butter abtreiben, Zucker und Rum dazugeben und die Tortencreme löffelweise unterrühren.

Schokoladenglasur:
10 dkg Schokolade
1/8 l Obers
Die Schokolade in eine kleine Stielpfanne bröckeln, Obers dazugeben und unter ständigem Rühren aufkochen lassen. Etwas überkühlt verwenden.

Kaffeecreme:
Herstellen wie Schokoladencreme, nur nimmt man statt 1/2 l Milch nur 1/4 l Milch und 1/4 l sehr starken schwarzen Kaffee.

Kaffeeglasur:
25 dkg Staubzucker mit 3 – 4 Eßlöffeln starken schwarzen Kaffees gut verrühren, bis die Masse hell ist. Mit einer Kaffee-Schokoladenbohne pro Stück verzieren.

Nußcreme:
15 dkg geriebene Nüsse
10 dkg Zucker
15 dkg Butter
1 El Rum, Zimt
1/4 l Milch
Die Milch mit Zucker und Nüssen aufkochen, etwas Zimt dazugeben, vom Feuer nehmen und die Butter einrühren. Mit Rum abschmecken und erkalten lassen. Dazu:

Eiweißglasur:
25 dkg Staubzucker, 1 Eiklar und etwas Zitronensaft sehr gut verrühren, bis die Masse glasig ist. Pro Stück mit je einer halben Nuß verzieren.

Orangencreme:
Herstellen wie Schokoladencreme, nur anstelle der Milch ausgepreßten Orangensaft verwenden.

Orangenglasur:
25 dkg Staubzucker mit 3 – 4 Eßlöffeln Orangensaft gut verrühren. Zum Verzieren ein Stückchen Arancini nehmen.

28. Oktober, Sonntag:

WILDENTE IN RAHMSAUCE MIT SERVIETTENKNÖDEL
STUDENTENTORTE

Wildente in Rahmsauce:
1 Wildente
10 dkg Selchspeck
1/4 l Sauerrahm
1 El Mehl, Salz, Pfeffer
Beize:
1/4 l Wasser
1/8 l Rotwein
1/8 l Essig
je 1/2 Zwiebel, Karotte, Petersilwurzel und kleine Sellerie
1 Lorbeerblatt, Thymian, 4 Pfefferkörner, 2 Gewürznelken
Wurzelwerk blättrig schneiden, die Gewürze dazugeben, mit Essig, Rotwein und Wasser 15 Minuten kochen. Erkaltet über die Ente geben. Diese soll 6 Tage in der Beize liegen.
In einer passenden Kasserolle die Speckwürfel anbraten. Die aus der Beize genommene Ente salzen und pfeffern und im Speck anbraten. Das Wurzelwerk der Beize und etwas von der Flüssigkeit dazugeben und im Rohr nicht zu dunkel braten. Zwischendurch mit der Beizflüssigkeit aufgießen. Die Ente herausnehmen, in den Rückstand Mehl und Rahm einrühren, aufkochen lassen, passieren und die tranchierte Ente darin nochmals erwärmen.

Studententorte:
Teigzutaten:
30 dkg Mehl
13 dkg Zucker
10 dkg Margarine
5 dkg geriebene Mandeln
5 dkg Rosinen
3 Eier
1 Vanillin, 1/2 Backpulver
1/8 l Milch
Die Margarine etwas erwärmen und mit dem Zucker und den Dottern schaumig rühren. Das Mehl mit dem Backpulver und den Rosinen vermischen und abwechselnd mit der Milch untermischen. Dann

die geriebenen Mandeln und den festgeschlagenen Schnee unterziehen. In einer gefetteten und gestaubten Tortenform bei Mittelhitze ca. 50 Minuten backen. Erkaltet durchschneiden, mit Ribiselmarmelade bestreichen, wieder zusammensetzen und folgenden Belag daraufgeben:
3 dkg Staubzucker, 1 Vanillin und 3 Eßlöffel Wasser gut verrühren und aufkochen. 20 dkg kleinwürfelig geschnittene kandierte Früchte, 3 dkg Walnüsse, 3 dkg Haselnüsse und 3 dkg geschälte Mandeln (alles grob geschnitten) daruntermischen und damit die Torte belegen.

29. Oktober, Montag:

WURSTHÖRNCHEN MIT ROTEM RÜBEN-SALAT (SIEHE "EINKOCHEN")
ORANGENCREME

Wursthörnchen:
50 dkg Hörnchen
25 dkg gemischte geschnittene Wurst
5 dkg Butter
Hörnchen in genügende Salzwasser weichkochen, abseihen und kalt abspülen. In der erwärmten Butter die Wurst anrösten, die Hörnchen dazugeben, alles gut vermischen und erhitzen.

Orangencreme:
1 Päckchen Tortencremepulver
1/4 l Obers
1/4 l gepreßter Orangensaft
10 dkg Zucker
Das Tortencremepulver in den Orangensaft gut einrühren und dann kräftig schlagen, bis eine cremige Masse entsteht. Dann das mit dem Zucker fest geschlagene Obers darunterziehen.

30. Oktober, Dienstag:

HIRSCHGULASCH MIT KARTOFFELKNÖDEL
GRIESSNUDELN MIT KOMPOTT

Hirschgulasch:
70 dkg Hirschschulter
10 dkg Selchspeck
2 Zwiebeln
2 El Öl
Salz, Pfeffer, Majoran, Thymian
1 El Edelsüßpaprika
1 Kl Kaperl
etwas Zitronensaft
2 El Mehl
1/4 l Weißwein
Die Hirschschulter von allen Sehnen befreien, in Würfel schneiden und in etwas Öl rundum anbraten. Den Selchspeck würfelig schneiden, auslassen und darin die feingeschnittene Zwiebel rösten. Die Gewürze und das Fleisch dazugeben, ebenso die kleingeschnittenen Kaperl. Mit Weißwein aufgießen, wenn nötig, noch etwas Wasser zugeben, das Fleisch soll gerade bedeckt sein; weichdünsten. Wenn die Flüssigkeit fast verkocht ist, mit dem Mehl stauben, auf die nötige Konsistenz aufgießen und nochmals gut durchkochen.

Grießnudeln mit Kompott:
20 dkg Bandnudeln
10 dkg Grieß
10 dkg Butter
Die Nudeln in genügend Wasser weichkochen, abseihen und abschrecken. Den Grieß in der halben Butter hellbraun rösten und die Nudeln hineingeben. Unter öfterem Rühren wieder gut erwärmen. Die Restbutter bräunen und beim Servieren über die angezuckerten Nudeln geben. Beliebiges Kompott dazugeben.

31. Oktober, Mittwoch:

Blutwurst mit Kartoffeln und Essiggurkerl
Apfel im Käfig

Blutwurst:
80 dkg – 1 kg Blutwurst
1 El Schmalz
1 kg Kartoffeln
Das Schmalz in eine Stielpfanne geben, erhitzen, die Blutwurst einlegen und bei nicht zu großer Hitze anbräunen. Dann wenden und auch diese Seite knusprig braten, die Wurst soll möglichst nicht aufspringen. Falls sich zuwenig Fett ausbrät, muß man noch Schmalz zugeben. Nach ca. 25 Minuten die Wurst herausnehmen und warmstellen. Im Fettrückstand die gekochten und in Scheiben geschnittenen Kartoffeln rösten. Zur Blutwurst geben und mit Essiggurkerl servieren.

Apfel im Käfig:
10 dkg Butter
8 dkg Zucker
20 dkg Mehl
5 dkg Kartoffelmehl
1 Ei, 1 Dotter
1/2 Backpulver, Vanillin, Zitronenschale
Aus den obigen Zutaten einen Mürbteig machen und 1 Stunde rasten lassen.
12 kleine Äpfel schält man und sticht das Kerngehäuse aus. In die Höhlung gibt man etwas Marmelade und gehackte Nüsse.
Den Teig rollt man messerrückendick aus und radelt ihn in 30 cm lange und 1 cm breite Streifen. Man kreuzt 2 Streifen, legt einen Apfel darauf und kreuzt die Streifen oben wieder, bepinselt sie mit verschlagenem Ei und bäckt bei Mittelhitze ca. 25 Minuten. Vor dem Servieren anzuckern.

Tante Irmi wünscht Guten Appetit!

1. November, Donnerstag:

HIRSCHSCHLÖGEL GEBEIZT MIT KARTOFFELBÄLLCHEN
SKUPANKI

Hirschschlögel gebeizt:
1 Hirschschlögel von den Sehnen befreien, den überstehenden Knochen abschlagen.
Beize:
1/8 l Essig
1/8 l Wein
soviel Wasser, daß das Fleisch bedeckt ist
Pfeffer, Salz, Thymian, Neugewürz, Nelken, Wacholderbeeren, Lorbeerblatt
20 dkg Petersilwurzel
20 dkg Karotten
20 dkg Sellerie
1 Zwiebel
1/8 l Rahm
1 El Mehl
Das Wurzelwerk fein reißen und mit den Gewürzen in der Flüssigkeit aufkochen, überkühlt über das Fleisch gießen und 24 Stunden stehenlassen.
Am nächsten Tag das Fleisch herausnehmen, mit Speck umwickeln, anbraten und mit dem Wurzelwerk und den Gewürzen im Rohr unter öfterem Wenden braten. Bei 250° dauert dies ca. 3 Stunden. Das Fleisch herausnehmen, die Sauce mit 1/8 Liter Sauerrahm, der mit 1 Eßlöffel Mehl vermischt ist, aufgießen, durchkochen und passieren. Das Fleisch in Scheiben schneiden und die Sauce darübergeben.
Kartoffelbällchen:
1 kg Kartoffeln
3 ganze Eier
Salz, Muskat
1 El Mehl
Öl zum Herausbacken
Die Kartoffeln schälen, in Salzwasser kernweich kochen, fein zerstampfen und Salz und Muskat beigeben. Nach und nach die Eier einarbeiten, es soll ein feiner Teig entstehen, dem man zuletzt das Mehl untermischt. Mit einem Eßlöffel sticht man kleine Bällchen aus und bäckt sie in heißem Öl goldgelb.

Skupanki:
50 dkg Kartoffeln
5 dkg Butter
8 dkg Mehl
15 dkg Mohn
5 dkg Zucker
15 dkg Butter für die Pfanne
Die Kartoffeln roh schälen, in Stücke schneiden und kernweich kochen. Das Wasser abgießen, das Mehl über die Kartoffeln streuen und die 5 dkg Butter in Flocken darübergeben, zugedeckt 15 Minuten stehenlassen. Dann alles miteinander sehr gut verstampfen. Auf einem flachen Teller den Mohn mit dem Zucker vermischen, in eine flache Backpfanne die 15 dkg Butter geben und leicht bräunen. Mit einem großen Löffel Nocken aus dem Teig ausstechen, in die Butter einlegen und von alles Seiten anbraten. Herausnehmen und im Zucker-Mohngemisch wenden.

2. November, Freitag:

KLACHLSUPPE
APFELKNÖDEL

Klachlsuppe:
1 kg Schweinshaxe
50 dkg Wurzelwerk
1 El Fett
2 El Mehl
etwas Essig, Salz
Die Schweinshaxen vom Fleischhauer auseinanderhacken lassen und dann mit dem Wurzelwerk in reichlich Wasser weichkochen. Das Fleisch herausnehmen, von den Knochen lösen und kleinschneiden. Aus Fett und Mehl eine helle Einbrenn machen, mit der Suppe aufgießen, das Fleisch hineingeben und mit Essig abschmecken.

Apfelknödel:
4 Äpfel
2 El Wasser
1 Ei
Salz, Zimt
Mehl
10 dkg Semmelbrösel
5 dkg Margarine
10 dkg braune Butter

Die Äpfel schälen, vom Kerngehäuse befreien und in kleine Würfel schneiden. Mit dem in Wasser versprudelten Ei und den Gewürzen vermengen. Soviel Mehl dazugeben, daß ein formbarer Teig entsteht. Kleine Knödel formen, in Salzwasser kochen und in den mit der Margarine gerösteten Bröseln wälzen. Beim Servieren mit brauner Butter übergießen.

3. November, Samstag:

PUTENSCHNITZEL MIT REIS UND SALAT
WIENER TASCHERL

Putenschnitzel

4 schöne Schnitzel
5 dkg Butter
2 El Mehl
1/8 l Rahm
Salz, Pfeffer

Die Schnitzel leicht klopfen, salzen und pfeffern, beiderseits bemehlen und in Butter knusprig anbraten. Mit sehr wenig Wasser aufgießen und fertigdünsten, dauert ca. 15 Minuten.

Wiener Tascherl:

30 dkg Mehl
20 dkg Margarine
10 dkg Zucker
2 Dotter

Alles zu einem glatten Teig verarbeiten und 1 Stunde rasten lassen. Dann messerrückendick ausrollen, in ca. 8 x 10 cm große Rechtecke schneiden, in der Mitte einen Streifen Weichselmarmelade daraufgeben, die Ränder mit Eiklar bestreichen und gut zusammendrücken. Die Tascherl oben mit verschlagenem Ei bestreichen und mit gehackten Haselnüssen bestreuen. Bei mittlerer Hitze 25 Minuten backen.

4. November, Sonntag:

REBHÜHNER GEFÜLLT MIT LINSEN
UNGEBACKENE KASTANIENTORTE

Rebhühner gefüllt:

4 Rebhühner (bratfertig kaufen)
4 große Scheiben Speck
1 Tl Butter
1 Semmel
10 dkg Champignons
10 dkg Hühnerleber
Salz, Pfeffer
1 Ei

Die eingeweichte und wieder ausgedrückte Semmel mit den Champignons und der Hühnerleber fein faschieren, salzen, pfeffern und mit einem Ei binden. Die gewaschenen Rebhühner leicht einsalzen und pfeffern, füllen, in den Speck wickeln und ins Rohr geben. Wenn der Speck ordentlich angebraten ist, mit etwas Wasser aufgießen und fertigbraten, dabei öfters begießen. Die Bratdauer beträgt ca. 30 Minuten. Die Rebhühner aus der Pfanne nehmen, überschüssiges Fett abgießen, 1 Teelöffel Butter im Bratrückstand aufschäumen lassen und mit wenig Wasser aufgießen. Die Rebhühner vom Speck befreien, vierteln, mit dem Bratensaft übergießen und servieren.

Ungebackene Kastanientorte:

70 dkg roh gewogene Kastanien
10 dkg Butter
1 Rippe Schokolade
10 dkg Zucker
Milch zum Kochen
1 El Rum

Die Kastanien schälen und in etwas gezuckerter Milch weichkochen. Dann passieren, mit der Butter, dem Restzucker und dem Rum vermischen. Eine kleinere Tortenform mit Pergamentpapier auslegen, die halbe Masse hineingeben, Weichselmarmelade daraufstreichen und die zweite Hälfte der Kastanienmasse, vermischt mit der erweichten Schokolade, darübergeben. Über Nacht stehenlassen, am nächsten Tag mit Schlagobers garniert servieren.

5. November, Montag:

SEMMELKNÖDEL MIT APFELKREN
BRABANTERSCHNITTEN

Semmelknödel:
Siehe 6. Jänner

Apfelkren:
4 pikante, säuerliche Äpfel
4 El geriebener Kren
Salz, Essig, Zucker
1/8 l Obers
Die Äpfel mit wenig Wasser wie Kompott kochen. Das Wasser weggeben, die Äpfel passieren, den feingerissenen Kren dazugeben, mit Salz, Essig und Zucker abschmecken und zuletzt das geschlagene Obers unterziehen.

Brabanterschnitten:
10 dkg Zucker
8 dkg feingeriebene braune Mandeln
5 dkg Biskuit- oder Biskottenbrösel
5 dkg Mehl
5 Eiklar
Zimt, Zitronenschale
Die Eiklar mit dem Zucker fest schlagen und die anderen Zutaten mit dem Kochlöffel unterziehen. Auf ein gefettetes und gestaubtes Backblech fingerdick auftragen und bei mäßiger Hitze ca. 20 Minuten backen. Nach kurzem Überkühlen in ca. 8 cm breite Streifen schneiden, vom Blech lösen und mit Erdbeermarmelade zusammensetzen.
Glasur:
25 dkg Staubzucker
3 – 4 El starker, schwarzer Kaffee
Gut verrühren, bis die Masse hell und dick ist. Dann den Kuchen damit glasieren und in Stücke schneiden, die man mit gestiftelten Mandeln bestreuen kann.

6. November, Dienstag:

TIROLER NETZLABERL,
KARTOFFELSALAT
ZIMTSCHNECKEN

Tiroler Netzlaberl:
40 dkg Schweinefleisch (Schulter)
1 Schweinsnetz
6 dkg Fett
1 Zwiebel
Salz, Pfeffer, Majoran, Knoblauch, gemahlener Kümmel
80 dkg Kartoffeln
Das feingeschnittene Fleisch und die geschnittene Zwiebel im Fett gut durchrösten, würzen, mit wenig Wasser aufgießen und ausdünsten lassen.
Die Kartoffeln schälen, in Viertel schneiden und in Salzwasser, dem man etwas Kümmel beigibt, kernweich kochen. Das Wasser abgießen und die Kartoffeln zugedeckt noch etwas ziehen lassen.
Die Kartoffeln fein zerstampfen und mit dem gerösteten Fleisch gut vermengen. Das Schweinsnetz durchs Wasser ziehen und in ca. 15 x 15 cm große Stücke schneiden. Je einen großen Löffel der Fülle daraufgeben, gut ins Netz einbinden, etwas flachdrücken und mit der schönen Seite nach oben in eine Pfanne mit heißem Fett geben und im Rohr ca. 30 Minuten überbacken.

Zimtschnecken:
Germteig wie bei Dukatenwuchteln, siehe 16. März.
Fülle:
15 dkg geriebene Nüsse
5 dkg Rosinen
10 dkg Zucker, mit Zimt nach Geschmack vermischt
10 dkg Butter
Den Teig fingerdick ausrollen, falls er zu weich ist, etwas Mehl einarbeiten, mit der zerlassenen Butter bestreichen und das Gemisch von Zimt, Zucker, Rosinen und Butter daraufgeben. Den Teig in 20 cm breite Streifen schneiden, jeden Streifen extra zu einer festen Rolle eindrehen und davon ca. zweifingerbreite Stücke abschneiden. Mit der Schnittfläche auf ein gefettetes Blech legen, die Teigenden unter die Stücke schlagen. Zugedeckt um die Hälfte höher aufgehen lassen. Mit Ei bestreichen und goldbraun backen. Noch heiß mit verdünnter Marillenmarmelade bestreichen und mit der Zuckerglasur überziehen.
Zuckerglasur:
25 dkg Staubzucker, den Saft einer halben Zitrone und etwas Wasser gut verrühren.

7. November, Mittwoch:

Rehragout mit Spätzle und Preiselbeeren
Nougat-Oberschnitten

Rehragout:
80 dkg Rehschulter
8 dkg Fett
1 Zwiebel
1 Prise Zucker
2 El Mehl
1/8 l Rotwein
1 El gemahlenes Wildgewürz
1/8 l Rahm
Salz, Pfeffer
Die ausgelöste Rehschulte in Würfel schneiden, salzen und pfeffern und im Fett rundum anbraten. Dazu gibt man die feingeschnittene Zwiebel und den Zucker, bräunt etwas und gießt mit dem Wein auf. Sollte das Fleisch nicht bedeckt sein, gibt man noch etwas Wasser zu. Nun streut man das Gewürz ein und dünstet weich. Zuletzt kommt der mit dem Mehl gut verrührte Rahm hinein. Man läßt nochmals gut aufkochen und serviert.

Nougat-Oberschnitten:
Biskuitmasse:
6 dkg Zucker
8 dkg Mehl
3 Eier
Den Zucker mit den ganzen Eiern fest schlagen, bis die Masse dicklich ist. Dann das Mehl unterziehen und die halbe Fläche eines gut gefetteten und gestaubten Backblechs mit dem Teig gut fingerdick bestreichen.
Schokomasse:
6 dkg Butter
6 dkg Mehl
6 dkg Zucker
6 dkg Schokolade
2 Eier
Die Schokolade erweichen, die Butter dazugeben und abtreiben. Dann mit Zucker und Eiern weiterrühren, bis die Masse schaumig ist. Nun rührt man das Mehl ein; ist die Masse zu fest, kann man etwas Milch beigeben. Die zweite Hälfte des Backblechs wird nun damit fingerdick bestrichen. Man bäckt bei mittlerer Hitze ca. 25 Minuten.
Nougatfülle:
15 dkg Schokolade
10 dkg Nougatmasse
1/2 l Obers
Die Schokolade erweichen und mit der Nougatmasse gut verrühren. Das Obers schlagen, erst eine kleine Menge mait der Nougatmasse vermengen, dann nach und nach das Obers unterziehen. Auf die Schokoladenmasse die Fülle hoch aufstreichen, den Biskuitboden in Schnitten schneiden und darauflegen. Oben noch etwas mit geschlagenem Obers verzieren und Schokospäne daraufraspeln. In den Kühlschrank stellen und vor dem Servieren nach den vorgegebenen Biskuiteinschnitten ganz durchschneiden.

8. November, Donnerstag:

Katzengschrei mit Kartoffelschmarren
Knittelfeldertorte

Katzengschrei:
25 dkg Schweinsleber
25 dkg Schweinsherz
25 dkg nicht zu fettes Bauchfleisch
1 Zwiebel
1 El Schmalz
Salz, Majoran
1 El Mehl
1/8 l Rahm
Die geschnittene Zwiebel im Schmalz anrösten und das nudelig geschnittene Fleisch darin mitrösten. Dann würzen und mit wenig Wasser aufgießen, weichdünsten und zuletzt den mit dem Mehl verrührten Rahm zugeben, nochmals kurz aufkochen und servieren.

Knittelfeldertorte:
25 dkg Zucker
25 dkg geriebene, geröstete Haselnüsse
6 Eiklar
Saft 1/2 Zitrone
Die Eiklar schlagen, nach und nach den Zucker beigeben und ganz fest schlagen. Haselnüsse und Zitronensaft unterziehen. Auf einem gefetteten und gestaubten Blech mit dem Tortenreif 4 – 5 Ringe (je nach Tortengröße) anzeichnen und die Masse 2 mm dick auftragen. Bei schwacher Hitze (ca. 150°) hellbraun backen und sofort vom Blech nehmen.
Fülle:
12 dkg Zucker
2 dkg Kartoffelmehl
12 dkg Butter
5 Dotter
1/8 l Milch
2 Vanillin
Die Milch mit dem Kartoffelmehl, Zucker und Dottern gut verrühren und über Dunst zu einer dicken Masse schlagen. Auskühlen lassen. Die Butter schaumig rühren und nach und nach die Puddingmasse einrühren. Die Tortenblätter damit füllen. Man macht diese Torte besser am Tag vorher, dann zieht die Creme besser ein.

9. November, Freitag:

MILCHRAHMSUPPE
POWIDELKNÖDEL MIT MOHN

Milchrahmsuppe:
1/2 l Butter- oder Sauermilch
1/2 l Wasser
1/8 l Sauerrahm
4 dkg Mehl
Salz, Kümmel
Das Wasser mit Kümmel und Salz zum Kochen bringen, die Milch mit Mehl absprudeln und eingießen. Gut durchkochen udn vorm dem Anrichten den Rahm einrühren.

Powidelknödel mit Mohn:
50 dkg Kartoffeln
15 dkg Mehl
1 Dotter, 1 ganzes Ei
Salz
30 dkg Powidel
25 dkg geriebener Mohn
10 dkg Zucker
15 dkg Butter
Die Kartoffeln kochen, schälen, etwas auskühlen lassen und fein reiben. Mehl, Dotter, Ei und Salz dazugeben und einen Teig abarbeiten. Eine Rolle formen und Stücke abschneiden, die man dann handtellergroß etwas flachdrückt. Je 1 Kaffeelöffel Powidel daraufgeben und zu Knödeln formen. Diese kocht man ca. 15 Minuten in Salzwasser, nimmt sie dann mit dem Lochschöpfer heraus und wälzt sie im Mohn-Zuckergemisch. Braune Butter darübergeben.

10. November,Samstag:

Wildpastete
Zigeunerstückchen

Wildpastete:

50 dkg beliebiges Wildfleisch
25 dkg Schweinefleisch
10 dkg Schweinsleber
30 dkg grüner Speck
1 Schweinsfilet
2 Eier
1 Zwiebel
1 El Butter
2 El Weinbrand
1/8 l Obers
Salz und 1 Kl gemahlenes Wildgewürz

Das Schweinsfilet salzen und würzen, rundum in Butter anbraten und kaltstellen. Die Hälfte des Specks kleinschneiden, etwas auslassen und darin die kleingeschnittene Zwiebel und das kleingeschnittene Wildfleisch rösten. Nach dem Erkalten zweimal fein faschieren und mit Obers, Weinbrand und Eiern nach und nach vermengen. Die zweite Speckhälfte 2 Minuten in kochendem Wasser überbrühen und würfelig schneiden. 10 dkg Champignons putzen, waschen und würfelig schneiden und Speck und Pilze mit 1 Eßlöffel abgezogenen Pistazien unter die Masse ziehen. In eine mit Pastetenteig (siehe 13. Oktober) ausgelegte Kastenform einlegen (der Teig muß über die Ränder herausstehen), die halbe Farce hineingeben, das Schweinsfilet darauflegen, die Restmasse daraufgeben und mit dem Teig abdecken. Mehrmals einstechen und mit Ei bestreichen. 60 – 90 Minuten bei 200° backen.

Zigeunerstückchen:

30 dkg Mehl
13 dkg Margarine
13 dkg Zucker
10 dkg geriebene Schokolade
6 dkg kleingeschnittenes Zitronat
6 dkg kleingeschnittene Aranzini
1/8 l Milch
1 Ei
1 Backpulver, 1 Vanillin
je 1 Messerspitze Zimt, Muskat und Nelken

Die Butter schaumig rühren, nach und nach Zucker, Ei und Gewürze einrühren und das mit dem Backpulver vermischte Mehl abwechselnd mit der Milch unterrührenb. Die Schokolade, das Zitronat und die Aranzini dazugeben, alles gut vermengen und 1 cm dick auf ein gut gefettetes und bemehltes Blech streichen. Bei guter Mittelhitze ca. 30 Minuten backen.
Glasur:
25 dkg Staubzucker, 3 – 4 Eßlöffel Rum und 1 Kaffeelöffel Himbeersaft gut verrühren und auf den noch heißen Kuchen geben. In Schnitten schneiden.

11. November, Sonntag:

Gänsebraten mit verschiedenen Salaten
Trüffelbombe

Gänsebraten:

1 nicht zu große Gans (hat sonst zuviel Fett), bratfertig gekauft
2 säuerliche Äpfel
Salz, Majoran

Die Gans am Tag vorher gut auswaschen, mit Salz und Majoran einreiben. Am nächsten Tag die Äpfel in den Bauch geben, ganz wenig Wasser in eine genügend große Bratpfanne geben und die Gans hineinlegen. Von beiden Seiten nun gut anbraten, das überschüssige Fett abgießen und mit kWasser aufgießen. Die Gans nun weichbraten, das dauert ca. 3 Stunden, und dabei oft begießen. Zuletzt die Oberhitze einschalten, damit die Haut knusprig wird. Die Gans aus dem Ofen nehmen, tranchieren, die einzelnen Stücke mit der Haut nach oben noch einmal auf einem Rost ins Rohr legen. Das Fett aus der Pfanne abgießen, wenig Wasser hineingeben, gut durchrühren und den Saft gesondert sehr heiß servieren.

Trüffelbombe:
Kuchenboden:
10 dkg Mehl
5 dkg Butter
6 dkg Zucker
1 El Kakao
1 Kl Backpulver, Vanillin
1/16 l Milch
2 Eier
Die Butter erweichen und schaumig rühren, nach und nach Zucker und Dotter dazugeben. Das mit dem Backpulver und dem Kakao versiebte Mehl einrühren und zuletzt den steifgeschlagenen Schnee unterziehen. Die Masse in eine gefettete Springform geben und bei guter Mittelhitze ca. 35 Minuten backen.
Trüffelcreme:
15 dkg Zucker
20 dkg zerlassenes Kokosfett
5 dkg geriebene Nüsse
5 dkg erweichte Schokolade
1 El Kakao
2 El Rum
1 Vanillin
1/16 l Obers
1 Ei
Schokostreußel
Ei, Zucker, Kakao und Rum gut abrühren, die Nüsse, die Schokolade und das Obers daruntermischen. Zuletzt das Kokosfett hineingeben. Alles gut durchrühren, eine Nacht kühl stehen lassen und dann kuppelartig auf den Tortenboden aufstreichen. Mit Schokostreußeln bestreuen.

12. November, Montag:

SCHWEINSHERZ-NUDELN MIT SALAT
WIENER WAFFELN

Schweinsherznudeln:
50 dkg Schweinsherz
6 dkg Margarine
2 El Butter
2 El Brösel
2 Eier
Salz, Pfeffer, Petersilie
eventuell etwas Mehl, wenn der Fleischteig zu weich ist
Das Schweinsherz faschieren. Die Margarine etwas erweichen, mit den Eiern abtreiben und würzen; mit dem Schweinsherz und den Bröseln vermengen, es soll eine dicke Masse entstehen (eventuell etwas Mehl zugeben).
Mit einem Löffel jetzt längliche Nocken (Nudeln) ausstechen, in eine gebutterte Pfanne geben und im Rohr goldbraun backen.

Wiener Waffeln:
25 dkg Mehl
15 dkg Margarine
12 dkg Zucker
8 dkg abgezogene, geriebene Mandeln
1 Ei, 1 Dotter
Vanillin
Die Margarine mit dem Mehl abbröseln, Zucker und Mandeln dazumischen und mit Ei und Dotter zu einem geschmeidigen Teig verarbeiten. 1 Stunde rasten lassen. Den Teig rechteckig ausrollen (ca. 5 mm stark), 7 cm breite Streifen schneiden und diese auf das trockene Backblech legen. Auf jeden zweiten Streifen aus Spritzglasur ein Gitter dressieren und mitbacken. Die Teigstücke mit einer Gabel öfters einstechen. Bei Mittelhitze ca. 20 Minuten backen. Die Streifen vom Blech nehmen, mit heißer Marillenmarmelade bestreichen und zusammensetzen (die Teile mit dem aufgespritzten Gitter immer oben). Die Ränder geradeschneiden und in ca. 5 cm lange Stücke schneiden. Anzuckern.

13.November,Dienstag:

WILDSCHWEINBRATEN MIT ROTKRAUT UND SERVIETTENKNÖDEL
BANANEN MIT SCHOKOLADENCREME

Wildschweinbraten:
1 kg Wildschweinrücken
10 dkg Speck
4 zerdrückte Wacholderbeeren
Salz, Pfeffer
1 El Butter
1/16 l Rotwein
Den Speck in kleine Würfel schneiden und in der Bratpfanne auslassen. Den Wildschweinrücken von den ärgsten Sehnen befreien, mit Salz, Pfeffer und den Wacholderbeeren einreiben und im Speck anbraten. Dann mit Wasser begießen und ca. 3 Stunden braten, öfters begießen und einmal wenden.
Das Fleisch herusnehmen und warmstellen. In den Bratenrückstand die Butter geben, aufschäumen lassen und mit 1/16 Liter Rotwein löschen. Das Fleisch in Scheiben schneiden, die Sauce extra reichen; beides muß sehr heiß sein.

Bananen mit Schokoladencreme:
4 kleinere, feste Bananen
2 El Zucker
2 El Rum
1 Päckchen Puddingpulver (Schokoladengeschmack)
10 dkg erweichte Schokolade
20 dkg Butter
1/2 l Milch
10 dkg Zucker
1 Dotter
Die Bananen schälen, in kleine Scheiben schneiden, in eine Schüssel legen, 3 Eßlöffel Zucker darübergeben und mit Rum beträufeln. Etwas stehen lassen. Inzwischen die Puddingcreme machen:
Puddingpulver nach Vorschrift in die Milch einkochen, abkühlen lassen. Dabei mit Zucker bestreuen, damit keine Haut entsteht. Die erweichte Schokolade mit Butter, Zucker und Dotter abtreiben, löffelweise die lauwarme Puddingmasse hineingeben und die Creme über die Bananen gießen.

14.November,Mittwoch:

KÄSESPÄTZLE MIT SALAT
BLÄTTERTORTE

Käsespätzle:
50 dkg Mehl
3/8 l Wasser
Salz
10 dkg Butter
10 dkg geriebener Emmentaler
Mehl mit Wasser und Salz in einer Schüssel zu einem glatten Teig abschlagen und durch ein Nockerlsieb in kochendes Salzwasser einkochen. 5 Minuten langsam kochen lassen, abseihen, abspülen und in der heißen Butter wieder erwärmen. Den Käse darüberstreuen.

Blättertorte:
12 dkg Butter
8 dkg Zucker
25 dkg Mehl
2 Eier
6 El Milch
1/2 Backpulver, 1 Vanillin
Die Butter etwas erweichen, mit dem Zucker und den Eiern abtreiben, langsam die Milch einrühren und dann das mit dem Backpulver vermischte Mehl zugeben. Den Teig am Brett weiter verarbeiten. Man rollt ihn dann 3 mm dick aus und schneidet 4 Tortenblätter aus, die man auf ein gefettetes Blech legt und bei mittlerer Hitze hellbraun bäckt. Erkalten lassen und wie folgt füllen:
12 dkg Butter
5 dkg Zucker
2 Dotter
1 Vanillin
12 dkg erweichte Schokolade
Die Butter etwas erweichen und mit Zucker und Dottern abtreiben. Die Masse teilen, in die eine Hälfte das Vanillin und in die andere die erweichte Schokolade geben. Die Tortenböden abwechselnd füllen, die Torte mit Creme überziehen und mit der Kontrastcreme Verzierungen spritzen.

15. November, Donnerstag:

LEBERWURST MIT GERÖSTETEN KARTOFFELN
ORANGENTORTE

Leberwurst:
80 dkg Leberwurst
1 El Schmalz
Das Schmalz in der Pfanne zerlassen, die Leberwurst einlegen und langsam bräunen lassen, dabei einmal wenden. Die Leberwurst soll nicht aufspringen, ist sie am Ende der Bratzeit schon sehr gespannt, sticht man mit einer dünnen Nadel einige Löcher hinein. Zuletzt kann man stärker erhitzen, damit die Wurst knusprig wird.

Orangentorte:
25 dkg Mehl
12 dkg Butter
8 dkg Zucker, 1 Ei
Das Mehl mit der Butter abbröseln, Zucker und Ei dazugeben und rasch zu einem Teig verarbeiten. Diesen sofort in zwei Teile teilen und gesondert in zwei gefetteten und gestaubten Tortenböden ca. 20 Minuten bei Mittelhitze backen. Ein Tortenboden wird nach dem Erkalten gleich in gewünschte Tortenstücke geschnitten.
Fülle:
50 dkg Topfen
25 dkg Zucker
1/2 l Obers
Saft von 1 Zitrone und 3 Orangen
1 kleines Glas Cointreau
2 Eier
6 Blatt Gelatine
3 Orangen
Zucker und Dotter schaumig rühren, den Topfen mit Orangen- und Zitronensaft sowie das Glas Cointreau untermischen. Die Gelatine einweichen, ausdrücken und unter die Topfenmasse geben. Dann die 3 Orangen schälen und in kleine Stückchen schneiden, Schnee und Obers schlagen und alles vorsichtig mischen. Ein Tortenboden wird in der Form gelassen und die Ränder werden mit Pergamentpapier ausgelegt. Die Topfenmasse hineinfüllen, den geschnittenen Tortenboden darauflegen und über Nacht kühlstellen. Am nächsten Tag anzuckern.

16. November, Freitag:

HECHT MIT PETERSILKARTOFFELN
KAKAOTORTE

Hecht mit Petersilkartoffeln:
4 Portionen Hechtfilet
2 El Butter
1/4 l Sauerrahm
Salz, Pfeffer, Zitrone
Parmesan
Den entgräteten Hecht mit Zitrone beträufeln und mit Salz und Pfeffer einreiben. In eine gut mit Butter ausgestrichene feuerfeste Schüssel oder Pfanne geben, mit Rahm übergießen, ein Stückchen Zitronenschale beifügen, mit Reibkäse überstreuen und im Rohr 20 Minuten dünsten.

Kakaotorte:
15 dkg Butter
15 dkg Zucker
25 dkg Mehl
2 Eier
1/8 l Milch
1/2 Backpulver
1 Vanillin
5 dkg Kakao
Die Butter etwas erweichen, den Zucker und die ganzen Eier dazugeben und schaumig rühren. Das Mehl mit Backpulver und Kakao vermischen und abwechselnd mit der Milch einrühren. In gefetteter und gestaubter Tortenform bei 180° ca. 50 Minuten backen. Nach dem Erkalten auseinanderschneiden und mit Erdbeermarmelade füllen.
Glasur:
12 dkg Zucker
1 Vanillin
2 El kaltes Wasser
1 Rippe Schokolade
Man vermischt den Zucker mit dem Wasser, kocht beides gut auf und teilt die Menge. Mit der hellen Masse bestreicht man die Torte; unter den Rest rührt man die erweichte Schokolade und trägt diese Glasur mit einem Kaffeelöffel in Schlangenlinien auf die Torte auf.

17. November, Samstag:

SALZBURGERBRATEN MIT GEMISCHTEM SALAT
FEIGENSCHNITTEN

Salzburgerbraten:
1 kg untergriffene Jungschweinsbrust
2 El Mehl
Salz, Kümmel
Fülle:
30 dkg Bratwurstfülle (beim Fleischhauer erhältlich)
10 dkg Schinken
5 dkg Speck
Schinken und Speck kleinwürfelig schneiden und unter die Bratwurstfülle mischen. Die Schweinsbrust innen und außen salzen und mit Kümmel einreiben, füllen und zunähen. In eine Pfanne mit wenig Wasser mit der Schwarte nach unten einlegen. Wenn die Schwarte weich ist, den Braten umdrehen, die Schwarte mit einem scharfen Messer in Würfel schneiden und den Braten bei öfterem Begießen mit eigenem Fett in ca. 2 Stunden bei 220° fertigbraten.s

Feigenschnitten:
20 dkg Mehl
12 dkg Margarine
8 dkg Zucker
1 Dotter
Am Brett alles rasch zu einem glatten Teig verarbeiten und in eine schmale, längliche Backform geben.
Fülle:
20 dkg Feigen
3 große Dörrpflaumen
5 dkg grobgehackte Nüsse
etwas Zitronensaft, Zimt und Muskat
1/16 l Wein
Man schneidet die Feigen und die Dörrpflaumen ganz fein und mischt alles andere darunter. Diese Masse streicht man auf den Teig und bäckt bei guter Hitze ca. 30 Minuten. Dann in Schnitten schneiden.

18. November, Sonntag:

HIRSCHRÜCKEN MIT ORANGEN, KROKETTEN (TIEFGEFROREN)
OTHELLOTORTE

Hirschrücken mit Orangen:
1 kg Hirschrücken, schon vom Fleischhauer gespickt
1/8 l Rotwein
5 dkg Öl
1 El Butter
1 Kl Preiselbeeren
1 Kl gestoßene Wacholderbeeren, Salz, Pfeffer
Saft 1 Orange
Den Hirschrücken mit Öl bestreichen, mit Salz, Pfeffer und den Wacholderbeeren 1 Stunde stehen lassen. In der Bratpfanne Öl erhitzen und den Braten beiderseits anbraten, mit eienr Mischung aus Waser und Rotwein begießen und bei 200° ca. 30 Minuten unter öfterem Begießen mit dem eigenen Saft braten. Das Fleisch herausnehmen, das übrige Fett abgießen, mit Butter aufschäumen und das Mehl hineinstauben. Kurz durchrösten, dann Preiselbeeren und Orangensaft dazugeben und gut durchkochen. Den Saft passieren und sehr heiß extra zum Fleisch geben. Das Fleisch wird in Scheiben geschnitten und mit Orangenscheiben - auf die man einen Tupfer Preiselbeeren gibt - garniert.

Othellotorte:
15 dkg Margarine
15 dkg Zucker
15 dkg Mehl
15 dkg geriebene Schokolade
15 dkg geriebene Mandeln
6 Eier
1/2 Backpulver, 1 Vanillin
Die Margarine mit Schokolade etwas erweichen, den Zucker und die Dotter dazugeben und schaumig rühren. Dann die Mandeln und den fest geschlagenen Schnee unterziehen und zuletzt das mit dem Backpulver vermischte Mehl dazugeben. In einer gefetteten und gestaubten Form 40 – 50 Minuten bei Mittelhitze backen. Die erkaltete Torte zweimal durchschneiden. Obers mit Zucker und Sahnesteif vorschriftsmäßig schlagen, 3 Eßlöffel davon in einen Spritzsack geben. Mit dem übrigen

Obers die Torte füllen und wieder zusammensetzen. Dünn mit passierter Himbeermarmelade bestreichen und mit Schokoladenguß überziehen. Mit Schlagobers und gefrorenen Himbeeren verzieren.

19. November, Montag:

ZWIEBELAUFLAUF
MOHNKUCHEN

Zwiebelauflauf:

50 dkg Zwiebeln
50 dkg Faschiertes
1 Semmel
2 El Semmelbrösel
2 Eier
2 Kl Kaperl
6 Tomaten
1 El Parmesan
Knoblauch, Pfeffer, Majoran, Salz
1/8 l Rahm

Die Zwiebeln schälen, in grobe Ringe schneiden und mit heißem Wasser kurz überbrühen. Das Faschierte würzen und mit der eingeweichten und wieder ausgedrückten Semmel vermengen. Nun eine Auflaufform mit Butter gut ausstreichen. Jetzt kommt erst eine Lage Zwiebeln, dann eine Lage in Scheiben geschnittene Tomaten und eine Lage Fleisch und so fort. Zuletzt werden die Eier mit dem Rahm und dem Parmesan vermischt und darübergegeben. Bei mittlerer Hitze ca. 40 Minuten backen.

Mohnkuchen:

10 dkg Margarine
15 dkg Zucker
15 dkg geriebener Mohn
7 dkg geriebene Mandeln
1 Kl Backpulver
1 Vanillin
6 Eier

Die Margarine etwas erweichen und schaumig rühren, Zucker und Dotter dazugeben und weiterrühren. Die Mandeln und den festgeschlagenen Schnee daruntergeben und dann den mit dem Backpulver vermischten Mohn vorsichtig einmengen. In einer gefetteten und gestaubten Kastenform bei mittlerer Hitze ca. 60 – 70 Minuten backen. Erkaltet durchschneiden, mit Ribiselmarmelade füllen und zusammensetzen. Die Torte außen dünn mit Marmelade bestreichen und mit Zitronenglasur (25 dkg Staubzucker mit 3 – 4 Eßlöffeln Zitronensaft verrührt) überziehen.

20. November, Dienstag:

GEFÜLLTER SCHWEINEBAUCH GEKOCHT, SALZKARTOFFELN
GRIESSPUDDING

Gefüllter Schweinebauch:

60 dkg Schweinebauch
1 geselchte Schweinszunge (würfelig geschnitten)
30 dkg Faschiertes
10 dkg Tiefkühlerbsen
1 Semmel
1 rote Paprikaschote (kleingeschnitten)

Den Schweinebauch so weit einschneiden, daß man ihn gut aufklappen kann, salzen, pfeffer und mit Knoblauch einstreichen. Die sehr gut vermischte fülle hineingeben, den Bauch zunähen, in eine Serviette einbinden und in viel Wasser mit Wurzelwerk hängend ca. 90 Minuten kochen. Die Serviette aufrollen, das Fleisch in Scheiben schneiden und mit Salzkartoffeln anrichten.

Grießpudding:

1/2 l Milch
Zitronenschale
3 El Zucker
1 El Butter
5 El Grieß
4 Eier
1 Prise Salz

Die Milch mit Zitronenschale, Zucker, Butter und Salz zum Kochen bringen. Dann unter ständigem Rühren den Grieß einfließen lassen und 10 Minuten kochen.

Die warme Grießmasse in eine Schüssel geben, die Dotter unterrühren und, wenn die Masse fast ausgekühlt ist, den steifen Schnee unterziehen. In einer vorher mit kaltem Wasser ausgespülten Form erstarren lassen, stürzen und mit Fruchtsaft servieren.

21.November,Mittwoch:

PIKANTES WURSTRAGOUT MIT NUDELN
SCHOKO-ORANGENCREME

Pikantes Wurstragout:
35 dkg Krakauer
2 Zwiebeln
2 Knoblauchzehen
4 El Ketchup
1/8 l Sherry
etwas Chili
2 El Schmalz
Die Zwiebel in Ringe schneiden, die Knoblauchzehen zerdrücken und im heißen Schmalz andünsten, aber nicht bräunen. Ketchup und Sherry dazugeben, die geschälte und in dicke Scheiben gschnittene Krakauer darin 5 Minuten ziehen lassen.
1 Eßlöffel Stärkemehl mit etwas Wasser abrühren, eingießen und aufkochen, wenn nötig, das Ragout mit Salz abschmecken.

Schokoladen-Orangencreme:
5 dkg Maizena
5 dkg Zucker
1/2 l Milch
2 Eier
feingeriebene Schale 1 Orange
2 Rippen erweichte Schokolade
Maizena mit Zucker und Dottern gut versprudeln und in die kochende Milch eingießen. Unter ständigem Rühren ca. 3 Minuten kochen lassen. Die Masse teilen, in die eine Hälfte die erweichte Schokolade und den fest geschlagenen Schnee geben. In die andere Hälfte 1/8 l geschlagenes Obers unterziehen. Den Pudding in zwei Schichten in Gläsern anrichten und mit Orangenspalten verzieren.

22. November, Donnerstag:

GEMISCHTER FLEISCHTOPF
MAULTASCHEN

Gemischter Fleischtopf.
50 dkg Schöpsenschulter
50 dkg Rindswadschinken
25 dkg nicht zu fettes Schweinefleisch
50 dkg Zwiebeln
20 dkg Karotten
20 dkg Petersilienwurzel
20 dkg Sellerie
10 dkg Schweineschmalz
Das Schmalz in einem Topf heiß werden lassen, die in Ringe geschnittenen Zwiebeln hineingeben. Darauf das würfelig geschnittene, gesalzene und gepfefferte Fleisch (das Schöpserne muß vorher überbrüht werden) legen. Zum Abschluß kommt das nudelig geschnittene Wurzelwerk in den Topf. Alles mit leicht gesalzenem Wasser bedecken und weichdünsten.

Maultaschen:
Teig:
25 dkg Mehl
2 Eier
3 El Wasser
Salz
Alles in einer Schüssel zu einem glatten Teig abschlagen.
Fülle:
25 dkg Topfen
5 dkg Butter
5 dkg Zucker
5 dkg Rosinen
2 Eier, 2 Dotter
Zitronenschale, Vanillin
Die Butter etwas erweichen, schaumig rühren und nach und nach Zucker, Eier und Dotter zugeben und weiterrühren. Topfen, Rosinen, Zitronenschale und Vanillin gut unterrühren, etwas stehen lassen. Inzwischen rollt man den Teig auf einer bemehlten Arbeitsfläche gut dünn aus, schneidet ca. 14 cm große Quadrate, gibt jeweils einen Löffel Fülle darauf, bestreicht die Ränder mit Wasser und klappt den Teig zu Dreiecken. Die Ränder gut zusammendrücken und in leichtem Salzwasser 10 Minuten mehr ziehen als kochen lassen. Mit dem Lochschöpfer herausnehmen und eventuell braune Butter darübergeben.

23. November, Freitag:

BOHNENSTRUDEL
WEINTRAUBENSCHNITTEN

Bohnenstrudel:

Strudelteig: Siehe 16. Jänner.
Füllung:
30 dkg weiße Bohnen (am Tag vorher eingeweicht)
15 dkg Grieß
10 dkg Selchspeck
Salz, Pfeffer, Majoran
1 El Schmalz

Die weißen Bohnen weichkochen, abseihen und gut abtropfen lassen.

Den Grieß im Schmalz leicht anrösten, mit etwas Wasser aufgießen und quellen lassen. Den Selchspeck würfelig schneiden und etwas anrösten. Den Strudelteig ausziehen, gerösteten Grieß darauf verteilen, dann die Bohnen würzen, mit den Speckwürfeln vermengen und auf den Grieß streichen. Einrollen, oben mit etwas heißem Schmalz bestreichen und ca. 30 Minuten bei guter Hitze backen.

Weintraubenschnitten:

16 dkg Margarine
16 dkg Zucker
16 dkg Brösel
10 dkg geriebene Haselnüsse
8 Eier
1 El Rum, 1 Messerspitze Zimt, geriebene Zitronenschale
1 kg kernlose Weintrauben

Die Margarine etwas erweichen und mit der halben Zuckermenge schaumig rühren, nach und nach die Dotter zugeben und die Geschmackszutaten einrühren.

Die Eiklar mit dem Restzucker fest schlagen und unterziehen. Die Brösel mit den Haselnüssen mischen und leicht einrühren. Die Masse auf ein befettetes und gestaubtes Blech gut fingerdick auftragen und die gut gewaschenen und wieder getrockneten Weinbeeren dicht darauflegen. Bei Mittelhitze ca. 30 – 40 Minuten backen. Noch heiß mit einem Gemisch aus Zucker und Zimt bestreuen und in Schnitten schneiden.

24. November, Samstag:

PUTENFLÜGEL MIT REIS UND PILZEN
SCHWARZER PFIRSICHKUCHEN

Putenflügel:

2 Putenflügel
5 dkg Selchspeck
1 Tl Butter
Salz, Pfeffer
2 El Sauerrahm

Den Speck kleinschneiden, anbraten und die Butter darin zerlassen, sie darf nicht braun werden. Die Putenflügel von der Haut befreien, salzen und pfeffern und beiderseits anbraten. Mit wenig Wasser aufgießen und weichdünsten, das geht im Schnellkochtopf sehr gut. Wenn das Fleisch weich ist, herausnehmen, vom Knochen lösen, den Saft einkochen und mit dem Rahm andicken. Das Fleisch in die Sauce einlegen, nicht mehr aufkochen, sondern nur ziehen lassen.

Reis:

Entweder bereitet man den Reis so zu, wie auf der Packung angegeben ist, oder man bringt pro Tasse Reis 1 1/2 Tassen Wasser zum Kochen, salzt, gibt eine kleine Zwiebel hinein und läßt den Reis einfließen. Kurz aufkochen und dann bei ganz kleiner Flamme ausdünsten lassen. Auf diese Weise kann das Anbrennen verhindert werden.

Pilze:

25 dkg Herrenpilze oder Champignons
2 El Butter
Salz, Petersilie

Die Pilze feinblättrig schneiden und in die zerlassene Butter geben. Salzen und die feingehackte Petersilie dazugeben, weichdünsten. (Pilze lassen meistens viel Wasser; wenn nicht, muß man etwas aufgießen.)

Den Reis kann man nun in einem Ring servieren und die Pilze hineingeben oder Reishocker machen (Tassen kalt ausspülen, den fertigen Reis hineinpressen und stürzen) und die Pilze rundum garnieren. Das Fleisch extra servieren.

Schwarzer Pfirsichkuchen:
5 Eier
18 dkg Zucker
18 dkg geriebene Haselnüsse
9 dkg erweichte Schokolade
Die Dotter mit Zucker gut abrühren, dann die Haselnüsse, die erweichte Schokolade und zuletzt den Schnee von 5 Klar zugeben. Auf ein gefettetes und gestaubtes Backblech streichen und noch roh mit geschälten, halbierten Pfirsichen belegen. Ca. 25 Minuten bei 200° backen. In Schnitten schneiden.

25. November, Sonntag:

SCHWEINSROULADEN IN CURRYSAUCE MIT REIS
BURGUNDERTORTE

Schweinsrouladen:
4 Schweinsschnitzel
4 El gedünsteter Reis
10 dkg Champignons
3 Oliven
2 Gurkerl
1 Scheibe Dosenananas
1 Dotter
1 Dose Ananasscheiben
Die Schnitzel etwas klopfen, salzen und mit Cayennepfeffer bestreichen. Alles andere kleinschneiden, mit dem Reis und dem Dotter gut vermiscshen, auf die Schnitzel verteilen, aufstreichen, einrollen und binden.
2 El Margarine
1 Dotter
1 El Kartoffelmehl
Currypulver nach Geschmack
Die Rouladen in der heißen Margarine rundum anbraten, mit Suppe (Würfel) aufgießen und weichdünsten. Das Fleisch herausnehmen und den Saft mit dem Dotter und dem in etwas Wasser versprudelten Kartoffelmehl andicken. Die Rouladen auf Reis anrichten und rundum Ananasscheiben legen.

Burgundertorte:
20 dkg Margarine
20 dkg Zucker
13 dkg Mehl
10 dkg geriebene Schokolade
2 Kl Backpulver
5 Eier
1 Päckchen Mandelblätter
Die Margarine etwas erweichen, schaumig rühren und nach und nach Zucker und Dotter zugeben, weiterrühren. Die Schokolade, dann den Schnee und das mit dem Backpulver vermischte Mehl hineingeben. In einer gefetteten, gestaubten Tortenform bei Mittelhitze ca. 50 Minuten backen. Die Torte nach dem Erkalten zweimal durchschneiden und wie folgt füllen: Fülle:
1 Päckchen Vanillepudding
15 dkg Zucker
20 dkg Butter
3/8 l Weißwein
1/8 Liter Wein mit dem Puddingpulver anrühren, den Restwein mit dem Zucker aufkochen. Den Pudding einrühren und kurz kochen lassen. Auskühlen lassen, mit Zucker bestreuen, damit sich keine Haut bildet. Die Butter schaumig rühren und löffelweise die Puddingmasse eirühren. Einen Teil der Creme auf den Rand und die Oberfläche streichen und mit blättrigen Mandeln bestreuen.

26. November, Montag:

PAPRIKAFLEISCHLABERL MIT KARTOFFELSALAT
TEESCHNITTEN

Paprikafleischlaberl:
60 dkg Faschiertes
2 Semmeln
2 Eier
1 kleine feingehackte Zwiebel
1 grüne feingehackte Paprikaschote
1 El Senf
1 El Edelsüßpaprika
3 El Mehl
Öl zum Herausbacken
Die Semmeln einweichen und ausdrücken und mit allen anderen Zutaten einen feinen Fleischteig machen. Längliche Laberl formen, in Paprikamehl wälzen und in heißem

Öl herausbacken.

Teeschnitten:
15 dkg Margarine
15 dkg Zucker
15 dkg geriebene Mandeln
5 dkg Mehl
5 Eier
1/2 Backpulver, 1 Vanillin
Die erweichte Margarine abtreiben, nach und nach Dotter und Zucker einrüühren und abtreiben, bis die Masse flaumig ist. Die Mandeln mit Mehl und Backpulver mischen, dazugeben und zuletzt den steifgeschlagenen Schnee unterziehen. Die Masse fingerdick auf ein gefettetes und bemehltes Blech streichen, ca. 40 Minuten bei Mittelhitze backen. Nach dem Erkalten in zwei längliche Teile schneiden, einen davon mit Ribiselmarmelade bestreichen, den zweiten Teil daraufgeben und glasieren.
Glasur:
25 dkg Staubzucker
3 dkg Kakao
3 dkg zerlassenes Kokosfett
3 El heißes Wasser
Kakao und Staubzucker versieben und mit dem Kokosfett und soviel heißem Wasser, daß eine dickflüssige Masse entsteht, glattrühren.

27.November,Dienstag:

GEFÜLLTE STELZE MIT KRAUTSALAT
STREUSELKUCHEN AUS GERMTEIG

Gefüllte Stelze:
1 schöne hintere Schweinsstelze
25 dkg faschiertes Kalbfleisch
25 dkg faschiertes Rindfleisch
1 Semmel
1 Ei
Salz, Knoblauch, etwas Kümmel, Majoran
Von der Stelze den Knochen auslösen, das Fleisch innen und außen salzen und mit Knoblauch und Kümmel einreiben. Die Semmel in Milch einweichen und wieder ausdrücken, mit dem Faschierten und dem Ei vermengen, Salz und Majoran dazugeben und die Stelze damit füllen. Zubinden und in heißem Fett rundum anbraten, etwas aufgießen und bei 200° in ca. 2 Stunden weichbraten.

Streuselkuchen aus Germteig:
Germteig: Siehe 18. August.
Streusel:
10 dkg Mandeln
10 dkg Zucker
10 dkg Butter
5 dkg Mehl
1 Messerspitze Zimt
Die Mandeln grob hacken und mit den anderen Zutaten verbröseln. Auf den mit Milch bestrichenen Teig geben. Bei mittlerer Hitze ca. 40 Minuten backen. Wenn die Streusel zu wenig Farbe annehmen, in den letzten 5 Minuten Oberhitze einschalten; die Streusel sollen schön gebräunt sein.

28.November,Mittwoch:

FLEISCHNOCKERL MIT KOHL
DÖRROBSTSCHNITTEN

Fleischnockerl:
60 dkg Faschiertes
2 Eier
1 geriebene Zwiebel
Salz, Pfeffer
Alles zu einem Fleischteig verarbeiten, mit einem Eßlöffel Nockerl ausstechen, in eine Pfanne mit heißem Fett geben und im Rohr ausbacken.

Dörrobstschnitten:
15 dkg Zucker
2 Eier
25 dkg Mehl
1 Backpulver
35 dkg verschiedenes Dörrobst
10 dkg grob gehackte Nüsse
1/4 l Milch
1 El Rum
Die Früchte kleinschneiden, mit dem Rum und einem Teil der Milch befeuchten und stehenlassen. Den Zucker mit den Eiern abtreiben und das mit dem Backpulver vermischte Mehl abwechselnd einrühren. Dann die Nüsse und die Früchte gut daruntermischen. In befetteter und gestaubter Kastenform bei mäßiger Hitze 40 – 50 Minuten backen. Erkaltet in Schnitten schneiden. Das Gebäck ist lange haltbar.

29. November, Donnerstag:

SCHINKEN-PAPRIKAROLLEN MIT KARTOFFELPÜREE
NOUGATPUDDING

Schinken-Paprikarollen:
25 dkg Schinken (in 4 cm breite Streifen geschnitten)
3 grüne Paprikaschoten
2 El Öl
15 dkg Scheiblettenkäse
Thymian, Origano, Basilikum
Die Paprikaschoten der Länge nach in schmale Streifen schneiden und in etwas Wasser 10 Minuten mit den Gewürzen dünsten. Paprika herausnehmen, abtropfen, ohne die Gewürze in die Schinkenstreifen einrollen und in eine gefettete Auflaufform legen. Ganz wenig Wasser aufgießen, den Scheiblettenkäse darauflegen und im Rohr ausdünsten, bis der Käse schmilzt.

Nougatpudding:
6 dkg Haselnüsse
7 dkg Zucker
1 Kl Kakao
4 dkg Maizena
1/2 l Milch
1 Dotter
Die Haselnüsse rösten und fein reiben, mit dem Kakao und dem Zucker gut vermischen. Den Dotter mit einem kleinen Teil der Milch und dem Maizena versprudeln und alles zusammen in die kochende Restmilch einrühren. Ca. 3 Minuten kochen lassen, dabei ständig rühren; dann in einer kalt ausgespülten Schüssel erstarren lassen und stürzen. Eventuell mit Schlagobers servieren.

30. November, Freitag:

SCHINKENREIS MIT SALAT
TEUFELSPILLEN

Schinkenreis:
25 dkg Reis
25 dkg Schinken
10 dkg Selchspeck
5 dkg Schmalz
Salz, 1 kleine Zwiebel
Den trockenen Reis im Schmalz rösten, bis er glasig ist, dann mit 1/2 Liter Wasser aufgießen. Die Zwiebel hineingeben und salzen, auf kleiner Flamme ausdünsten lassen.
Den Selchspeck kleinschneiden und auslassen, den Schinken kleinwürfelig schneiden und im Speck rösten. Dann mit dem Reis vermengen.

Teufelspillen:
3/10 l Milch
22 dkg Mehl
1 El Zucker
5 dkg Margarine
4 ganze Eier
Salz
20 dkg geriebene Schokolade zum Wälzen
Kokosfett zum Herausbacken
Die Margarine mit Salz und Milch aufkochen. Dann die Flamme kleindrehen und das Mehl einrinnen lassen, abarbeiten, bis sich der Teig vom Kochlöffel löst. Wenn die Masse ausgekühlt ist, die 4 Eier und den Zucker nach und nach einrühren; der Teig soll schön glatt sein.
Mit einem Kaffeelöffel sticht man kleine Pillen aus, gibt sie ins sehr heiße Fett und schüttelt die Pfanne, bis die Pillen etwas aufspringen. Herausnehmen, auf Fließpapier abtropfen lassen und noch warm in der geriebenen Schokolade wälzen.

1. Dezember, Samstag:

RAHMSCHNITZEL MIT MAKKARONI
MOZARTSCHNITTEN

Rahmschnitzel:
4 schöne Kalbsschnitzel, pro Stück 15 – 20 dkg
5 dkg Butter
1/8 l versprudelter Rahm
Salz, Pfeffer
2 El Mehl
Die Kalbsschnitzel leicht von außen nach innen klopfen, die Ränder leicht einschneiden, salzen, pfeffern und auf beiden Seiten bemehlen. Die Butter erhitzen, aber nicht bräunen, die Schnitzel einlegen und beiderseits rasch knusprig braten. Das Fleisch herausnehmen, den Bratenrückstand gut verrühren und mit dem Rahm aufgießen. Kurz verkochen und über die inzwischen warmgestellten Schnitzel geben.

Mozartschnitten:
15 dkg Schokolade
15 dkg Margarine
15 dkg Zucker
10 dkg Mehl
5 dkg Maizena
4 Eier
2 Kl Backpulver
2 Kl Löskaffee
Die Schokolade erweichen und mit der Margarine erst abrühren, dann mit dem Zucker und den Eiern flaumig rühren. Backpulver, Maizena und Mehl vermischen und dazugeben; zuletzt den in ganz wenig Wasser gelösten Kaffee einrühren. Den Teig fingerdick auf ein Backblech streichen, das man vorher fettet und staubt und vei 200° ca. 30 Minuten backen.
Fülle:
6 dkg Maizena
7 dkg Zucker
1 Vanillin
1/2 l Milch
15 dkg Butter
Maizena, Zucker und Vanillin in wenig Milch verrühren und in die restliche kochende Milch eingießen. 3 Minuten kochen lassen und abkühlen. Dei Butter abtreiben und löffelweise den lauwarmen Pudding zugeben. Den Kuchen in 3 längliche Teile schneiden, zweimal füllen, wieder zusammensetzen und wie folgt glasieren:
Glasur:
15 dkg Staubzucker mit dem in 2 Eßlöffeln Wasser abgerührten Kakao gut verrühren und dann 2 dkg zerlassenes Kokosfett dazugeben.

2. Dezember, Sonntag:

REHSCHLÖGEL IN ROTWEIN MIT SEMMELKNÖDELN
ISCHLERTORTE

Rehschlögel in Rotwein:
1 gespickter Rehschlögel
30 dkg Wurzelwerk
2 geräucherte Speckschwarten
2 Kl Kartoffelmehl
1/8 l Rotwein
Beize:
1/2 l Wasser
1/4 l herber Rotwein
1/8 l Weinessig
1 El scharfer Senf
1 Gewürznelke, 2 gestoßene Wacholderbeeren
1 geschnittenes Lorbeerblatt
1 mittlere geschnittene Zwiebel

Alles aufkochen lassen, nach dem Auskühlen über den Rehschlögel gießen und 24 Stunden stehenlassen. Das Fleisch dann aus der Beize nehmen und in Fett anbraten, alle Seiten sollen knusprig sein. Geräucherte Speckschwarten und das kleingeschnittene Wurzelwerk dazugeben, mit der Beizflüssigkeit etwas aufgießen und braten. Die Bratdauer beträgt ca. 80 Minuten; während dieser Zeit öfters begießen. Dann das Fleisch herausnehmen, das Kartoffelmehl mit dem Rotwein vermischen und in den Saft geben. Alles passieren und sehr heiß zu dem tranchierten Braten geben.

Ischlertorte:
10 dkg Zucker
20 dkg Margarine
30 dkg Mehl
1 El Milch
1 El Essig
2 Dotter
Am Brett einen glatten Teig abarbeiten, ca. 8 mm dick ausrollen und 3 Tortenscheiben ausschneiden. Auf Pergamentpapier im nicht zu heißen Rohr hellbraun backen.
Fülle:
15 dkg erweichte Schokolade
4 dkg Butter
3 El Zucker
2 El Kartoffelmehl
1 Seidel Milch
2 Dotter
Die Schokolade in einem Schneekessel im Dunst erwärmen, Butter, Zucker, Dotter und die halbe Milch beigeben. Halbdick aufschlagen, dann mit der Restmilch mischen und das Kartoffelmehl hineinschlagen, bis die Creme dick ist. Ausgekühlt die Torte damit füllen und überziehen. Eventuell mit geschälten Mandeln verzieren.

3. Dezember, Montag:

BURENWURST MIT KRAUTRÜBEN
ZWETSCHKENBEIGNETS

Krautrüben:
50 dkg Krautrüben
10 dkg Speck
1 El Mehl
1 Zwiebel
1 Tl Zucker
1 Tl Kümmel
Salz, Pfeffer, etwas Essig
1/8 l Rahm
Die Krautrüben dünn schälen und grob raspeln. In wenig Salzwasser mit etwas Kümmel weichkochen. Den Speck kleinschneiden, etwas auslassen, die feingeschnittene Zwiebel dazugeben und rösten. Das Mehl dazugeben, noch etwas rösten lassen, dann mit der Rübenbrühe aufgießen und aufkochen. Die Rüben hineingeben, mit Essig, Zucker und Pfeffer abschmecken und zuletzt den Rahm einrühren.
4 Burenwürste gut erhitzen und dazu servieren.

Zwetschkenbeignets:
30 dkg entkernte Dörrpflaumen
3 El Rum
1/4 l Milch
8 dkg Mehl
2 Eier
Ceres zum Herausbacken
Die Dörrpflaumen in Rum einweichen, nach 1 Stunde herausnehmen und abtropfen lassen. In einen Teig aus Milch, Mehl und Eiern tauchen und in heißem Ceres herausbacken. Noch warm in Zucker wälzen.

4. Dezember, Dienstag:

GEDÜNSTETE LEBER IN ZWIEBEL UND PAPRIKA MIT REIS
GEBACKENE SCHOKOLADENSEMMELN

Gedünstete Leber:
60 dkg Schweinsleber
2 mittlere Zwiebeln
1 Paprikaschote
1 El Margarine
1 Tl Edelsüßpaprika
1 Tl Mehl
Die geschnittenen Zwiebeln und die Paprika in der Margarine andünsten. Die kleingeschnittene Leber hineingeben, gut durchrösten, mit dem Mehl stauben, mit wenig Wasser aufgießen und abschmecken. Eventuell einen Spritzer Essig zufügen.

Gebackene Schokoladensemmeln:
4 Semmeln
1/4 l Milch
2 Dotter
etwas Salz
20 dkg geriebene Schokolade
Ceres zum Herausbacken
Die Semmeln entrinden und in Viertel teilen. Die Dotter mit Milch und Salz versprudeln und die Semmeln darin kurz einweichen. Leicht ausdrücken und im heißen Fett herausbacken. Sofort in der geriebenen Schokolade wälzen.

5. Dezember, Mittwoch:

KAŚNUDELN
KLETZENBROT

Kasnudeln:
Teig:
50 dkg Mehl
1 El Öl
1 Ei
Salz, Wasser
15 dkg Selchspeck
Aus diesen Zutaten einen glatten, eher weichen Nudelteig arbeiten und mit einem Reindl zugedeckt rasten lassen.
Fülle:
80 dkg Topfen
15 dkg Knödelbrot
5 dkg Butter
1 Ei
1/8 l Rahm
Schnittlauch, Minze, Kerbel und Petersilie
Das Knödelbrot mit versprudeltem Ei und Rahm anweichen. Die Kräuter fein hacken und in der Butter anlaufen lassen. Damit das Knödelbrot übergießen. Dann den Topfen dazugeben und alles gut vermischen.
Den Nudelteig messerrückendick auswalken, in einer Linie in kleinen Abständen jeweils 1 Löffel der Fülle auftragen, dann einen Teigstreifen darüberlegen. Um die Fülle herum den Teig gut zusammendrücken und mit einem Glas Halbmonde ausstechen. Die Ränder nochmals gut zusammendrücken und in leicht gesalzenem Wasser die "Nudeln" kochen. Sobald sie oben schwimmen, mit einem Lochschöpfer herausnehmen, abtropfen lassen und mit heißem, würfelig geschnittenem Speck übergossen servieren.

Kletzenbrot:
12 dkg Datteln
12 dkg Mandeln
12 dkg Korinthen
12 dkg Nüsse
12 dkg Haselnüsse
50 dkg Kletzen
50 dkg Feigen
50 dkg Dörrzwetschken
3 dkg Zitronat
5 dkg Pistazien
2 Kl Zimt
1/2 Kl gestoßene Nelken
50 dkg Zucker
1/4 l Slivowitz
5 dkg Pignoli
Orangen- und Zitronenschale
Alles sehr fein schneiden, über Nacht mit dem Slivowitz stehen lassen. In der Frühe 1 kg Brotteig vom Bäcker daruntermengen, gut gehen lassen und in beliebig großen Wecken backen. Nach der halben Backzeit - sie hängt von der Größe der Wecken ab - mit Wasser bestreichen. Nicht zu rasch, höchstens bei 180°, backen.

6. Dezember, Donnerstag:

KRONFLEISCH MIT KREN UND BROT
BUTTERMANDELBÖGEN

Kronfleisch:
70 dkg Kronfleisch (beim Fleischhauer bestellen, besteht aus Netz-, Kopf- und Halsfleisch vom Schwein, dem man 1 Stück Rindersuppenfleisch beigibt)
1 Zwiebel
1 El Schmalz
1 El Mehl
Majoran, Thymian, Salz, Pfeffer
1/8 l Rahm
Die geschnittene Zwiebel im Schmalz anrösten, das ebenfalls kleingeschnittene Kronfleisch dazugeben und gut durchrösten. Mehl mitrösten, die Gewürze hineingeben und mit wenig Wasser weichdünsten. Zuletzt den Rahm einrühren.

Buttermandelbögen:
16 dkg Butter
16 dkg Zucker
28 dkg Mehl
2 Dotter
1/2 Backpulver, 1 Vanillin, Zitronenschale
2 Eiklar zum Bestreichen
10 dkg grob gehackte Mandeln und 5 dkg grober Kristallzucker zum Bestreuen
Die Butter mit dem Mehl am Brett gut abbröseln, Zucker, Dotter, Backpulver und Zitronenschale dazugeben. Den Teig rasch gut abarbeiten, messerrückendick ausrollen und in Rechtecke von etwa 4 x 8 cm schneiden. Mit Eiklar, Mandeln und Zucker bestreuen, bei mittlerer Hitze hellgelb backen und noch warm über ein Nudelholz biegen.
Zum Bestreuen können auch Nüsse oder Haselnüsse verwendet werden.

7. Dezember, Freitag:

GEBACKENE SELLERIE MIT MAYONNAISE-SALAT
TOPFENGOLATSCHEN

Gebackene Sellerie:
3 große Sellerieknollen gut putzen und waschen, weichkochen. Auskühlen lassen, abschälen, in ca. 3 mm dicke Scheiben schneiden, diese in den folgenden Teig tauchen und in heißem öl herausbacken.
Teig: 1/4 Liter Bier, 15 dkg Mehl und 2 Eier gut versprudeln.

Topfengolatschen:
30 dkg Mehl
15 dkg Margarine
10 dkg Zucker
2 Dotter
1/8 l Milch
1/2 Backpulver
Das Mehl mit dem Backpulver versieben und mit der Margarine abbröseln. Zucker, Dotter und Milch dazugeben und alles zu einem glatten Teig verarbeiten. Diese rollt man 2 mm dick aus und radelt ihn in Quadrate von 8 x 8 cm Größe. In die Mitte jeden Quadrats setzt man einen Löffel von der nachstehenden Fülle, klappt die 4 Ecken zur Mitte und hält sie dort mit einem Zahnstocher zusammen. Dann bestreicht man die Golatschen mit Ei und bäckt sie bei mittlerer Hitze hellbraun.
Fülle:
8 dkg Butter
12 dkg Zucker
2 Eier
35 dkg Topfen
5 dkg Rosinen
1 Vanillin, Zitronenschale
Die Butter etwas erweichen und mit Zucker und Eiern abtreiben, dann alles andere gut daruntermischen.

8. Dezember, Samstag:

GEDÜNSTETES KAISERFLEISCH MIT SEMMELKNÖDELN
ZITRONENWAFFELN

Gedünstetes Kaiserfleisch:
1 kg Kaiserfleisch (nicht zu fett)
10 dkg Schmalz
2 Zwiebeln
2 Karotten
2 große Kartoffeln
Salz, Pfeffer, 2 El Mehl
Das Kaiserfleisch setzt man mit kaltem Wasser zu, kocht es einmal auf und gießt das Wasser ab. Dann stellt man es wieder mit kaltem Wasser zu und kocht es 30 Minuten. Die geschnittene Zwiebel röstet man im Fett hellbraun, gibt das Mehl dazu, röstet nochmals und gießt dann mit der Selchsuppe zu einer sämigen Sauce auf. Nun schneidet man die Kartoffeln in große und die Karotten in kleine Würfel und gibt sie mit dem in Scheiben geschnittenen Fleisch in die Sauce. Pfeffern - mit Salz vorsichtig sein, hängt davon ab, wie stark geselcht das Fleisch ist. Zugedeckt weichdünsten.

Zitronenwaffeln:
20 dkg Mehl
5 El Öl
3 Eier
1/8 l Rahm
3 El Zucker, Vanillin
Muskat, etwas Salz

Saft 1/2 Zitrone
Man versprudelt alle Zutaten sehr gut (der Teig soll dickflüssig sein), bestreicht ein Waffeleisen mit Öl, läßt es gut heiß werden und bäckt die Waffeln hintereinander goldgelb aus. Anzuckern.

9. Dezember, Sonntag:

KALBSNIERENROLLER MIT REIS
SCHOKOLADEN-BISKOTTENSPEISE

Kalbsnierenroller:
4 dünne Kalbsschnitzel
8 dünne Scheiben Selchspeck
2 El Senf, 2 Tl Zucker
1 schöne Kalbsniere
4 El Calvados
2 kleine Äpfel
1 El Kartoffelmehl
1/8 l Rahm
10 dkg Butter
Die Kalbsschnitzel dünn ausklopfen, eine Seite mit einem Gemisch aus Senf und Zucker bestreichen und je 2 Speckscheiben darauflegen. Die Kalbsniere der Länge nach so durchschneiden, daß 4 Stücke entstehen, pfeffern und in Butter rasch anbraten, mit 4 Eßlöffeln Calvados begießen und salzen. Die Äpfel schälen und in Scheiben schneiden; in etwas Butter goldgelb braten und auf den Speck legen. Darauf die Niere geben, mit Thymian würzen, einrollen und binden. In Butter rundum anbraten und mit wenig Wasser in ca. 20 Minuten fertigdünsten. Die Roller herausnehmen und den Saft mit dem in Rahm versprudelten Kartoffelmehl binden. Mit Salz und Thymian abschmecken und die Roller nochmals in der Sauce erhitzen.

Schokoladen-Biskottenspeise:
12 dkg Butter
12 dkg Schokolade
12 dkg Zucker
12 dkg geriebene Mandeln
ca. 20 Biskotten
etwas Milch
1/4 l Schlagobers
4 Dotter
Die Schokolade erweichen, die Butter dazurühren und etwas abtreiben. Jetzt die Dotter mit dem Zucker dazugeben und flaumig rühren, zuletzt die geriebenen Mandeln und die Hälfte des geschlagenen Obers darunterziehen.
Die Biskotten kurz durch Milch ziehen und schichtweise mit der Creme in eine Glasschüssel geben. Die letzte Schicht ist Creme und wird mit dem Restschlagobers verziert.

10. Dezember, Montag:

KNOBLAUCHSUPPE
SÜSSE TOPFENNUDELN

Knoblauchsuppe:
5 Knoblauchzehen
1 mittlere Zwiebel
5 dkg Schmalz
1 El Mehl
Salz, Pfeffer
Die Knoblauchzehen zerdrücken und die Zwiebel feinschneiden. Beides im Fett anrösten, mit dem Mehl etwas weiterrösten, dann mit gut 1 Liter Wasser aufgießen, salzen und pfeffern und gut durchkochen. Mit gerösteten Schwarzbrotschnitten reichen.

Süße Topfennudeln:
50 dkg Topfen
5 dkg Butter
5 dkg Zucker
3 El Mehl
3 Eier
Butter für die Pfanne
Butter, Zucker und Dotter flaumig rühren, dann den Topfen dazugeben und den festen Schnee und das Mehl einrühren. Etwas stehenlassen, dann in eine Pfanne mit zerlassener Butter große Nocken einlegen und im Rohr backen. Überzuckert servieren.

11. Dezember, Dienstag:

UNGARISCHES KALBSPÖRKÖLT
ZITRONEN-HASELNUSSKUCHEN

Ungarisches Kalbspörkölt:
1 kg Kalbsschulter
25 dkg Selchspeck
50 dkg Zwiebeln
50 dkg Paradeiser
1 Kl Rosenpaprika
Den Selchspeck in kleine Würfel schneiden und darin die geschnittenen Zwiebeln hell anlaufen lassen. Jetzt das in größere Würfel geschnittene Fleisch salzen und hineingeben, Rosenpaprika beifügen und die geschälten, in Scheiben geschnittenen Tomaten darauflegen und zugedeckt ohne Wasserzusatz langsam weichdünsten (ca. 1 Stunde).

Zitronen-Haselnußkuchen:
15 dkg Margarine
15 dkg Zucker
25 dkg Mehl
5 dkg Haselnüsse
3 Eier
1/2 Backpulver, 1 Vanillin, etwas Milch
Die Margarine etwas erweichen und mit Zucker und Dotter flaumig rühren. Dann die geriebenen Haselnüsse und das mit dem Backpulver vermischte Mehl abwechselnd mit der Milch dazugeben. Zuletzt zieht man den festgeschlagenen Schnee unter. In einer gefetteten, gestaubten Wandelform bei Mittelhitze ca. 40 Minuten backen. Nach dem Erkalten mit Zitronenguß überziehen und mit in Zuckerwasser aufgekochten, entkernten Likörweichseln verzieren.
Glasur: 25 dkg Staubzucker mit 4 Eßlöffeln Zitronensaft glasig rühren.

12.Dezember,Mittwoch:

CHAMPIGNON-SPIEGELEIER MIT ROTEM RÜBENSALAT
ORANGENROULADE

Champignon-Spiegeleier:
35 dkg Champignons
1 Zwiebel
1 El gehackte Petersilie
2 El Butter
Salz, Pfeffer
4 Eier
Die kleingeschnittene Zwiebel in 2 Eßlöffeln Butter anlaufen lassen, die sehr kleingeschnittenen Champignons darübergeben und im eigenen Saft ca. 10 Minuten dünsten. Salzen und pfeffern und die gehackte Petersilie beigeben; jetzt den Rest der Butter darin zerlassen und die 4 Eier daraufschlagen, ebenfalls salzen und pfeffern.

Orangenroulade:
4 Eier
7 dkg Zucker
8 dkg Mehl
1 Vanillin, 1 Messerspitze Backpulver
Den Schnee fest schlagen, nach und nach den Zucker einschlagen, die Dotter einrühren und das mit dem Backpulver vermischte Mehl vorsichtig unterziehen. Auf Backpapier fingerdick aufstreichen und bei 180° ca. 15 Minuten backen. Das Papier abziehen und den Kuchen sofort einrollen.
Creme:
1 dkg heiße Butter mit 1 dkg Mehl aufschäumen lassen, 4 Eßlöffel Milch aufgießen und den Saft von 1 Orange dazugeben. Dick einkochen und auskühlen lassen.
10 dkg Butter
10 dkg Zucker
1 Dotter
feingeriebene Schale 1/2 Orange
3 dkg Mandelblätter
Die Butter etwas erweichen, mit Zucker und Dotter gut abtreiben, die Orangenschale und die inzwischen ausgekühlte Puddingmasse löffelweise zugeben. Die Roulade aufrollen, mit 2/3 dieser Creme füllen, einrollen, außen mit dem Cremerest bestreichen und mit Mandelblättern bestreuen.

13. Dezember, Donnerstag:

Gedünstete frische Rindszunge mit Püree
Mandelkuchen

Gedünstete Rindszunge:
1 frische Rindszunge
10 dkg Schmalz
1 Zwiebel
10 dkg Wurzelwerk
Zwiebel und Wurzelwerk kleinschneiden und im Schmalz gut durchrösten. Die Rindszunge vom Schlund befreien, gut waschen, mit Salz und Pfeffer einreiben, auf das Wurzelwerk legen und mit Wasser bedeckt zugedeckt ca. 3 – 4 Stunden dünsten lassen. Zwischendurch eventuell noch etwas Wasser aufgießen.

Mandelkuchen:
25 dkg Margarine
20 dkg Zucker
15 dkg geriebene Mandeln
25 dkg Mehl
15 dkg würfelig geschnittene Schokolade
4 Eier
2 El Rum
1 Backpulver, 1 Vanillin
Die Butter etwas erweichen und mit dem Zucker schaumig rühren. Nach und nach die ganzen Eier dazugeben, den Rum und das mit dem Backpulver vermischte Mehl einrühren. Zuletzt die Mandeln und die Schokolade daruntermischen. Den Teig in eine gut gefettete und bemehlte Kastenform geben und bei mittlerer Hitze ca. 60 Minuten backen.
Nach dem Erkalten dünn mit erwärmter Marillenmarmelade bestreichen und mit Kakaoglasur überziehen.
Glasur:
25 dkg Staubzucker
3 dkg Kakao
3 dkg Kokosfett
3 El heißes Wasser
Den Staubzucker mit dem Kakao versieben und mit dem zerlassenen Kokosfett und dem heißen Wasser gut verrühren.

14. Dezember, Freitag:

Kartoffelpüree-Suppe mit Zupfnockerln
Rahm-Semmelstrudel mit Kanarimilch

Kartoffelpüree-Suppe:
1 El Butter
1 El Mehl
30 dkg Kartoffeln
Salz, Majoran
In der Butter das Mehl hell bräunen, mit Wasser aufgießen und die geschälten, würfelig geschnittenen Kartoffeln hineingeben. Mit Salz und Majoran weichkochen, pürieren und eventuell zur Verbesserung noch 1 Stück Butter zugeben. Von den Strudelteigresten kleine Nockerln hineinzupfen und ca. 5 Minuten kochen lassen.

Rahm-Semmelstrudel:
4 Semmeln
4 LEier
14 dkg Butter
10 dkg Zucker
1/4 l Rahm
Die Semmeln entrinden, im Rahm einweichen und alles zusammen passieren. Die Dotter mit Butter und Zucker abtreiben, die Semmelmasse, den festen Schnee und etwas abgeriebene Zitronenschale beigeben.
Den Strudelteig ausziehen, mit der Masse bestreichen, einrollen und oben mit Butter bepinseln. Bei guter Hitze ca. 40 Minuten backen.
Dazu reicht man Kanarimilch:
1/8 Liter Milch mit 3 Dottern und 1 Teelöffel Maizena gut verrühren. 1/4 Liter Milch mit 8 dkg Zucker zum Kochen bringen, die Dottermilch unter ständigem Schlagen unterrühren und weiterschlagen, bis die Masse dick wird.

15. Dezember, Samstag:

VERLORENE EIER IN KÄSESAUCE AUF SPINAT
ZITRONENSULZ

Verlorene Eier auf Spinat:
80 dkg junger Spinat
2 El Butter
Salz, Knoblauch
4 Eier
2 Ecken Sahnekäse, 60 % Fett
1/2 Tasse Milch
1 Ei
Salz
Den jungen Spinat putzen, von Stengeln und starken Rippen befreien und 10 Minuten in leicht gesalzenem Wasser kochen. Abseihen, in eine gebutterte Auflaufform geben und Knoblauch und eventuell Pfeffer zugeben.
Die Eier vorsichtig in kochendes Essigwasser einfließen lassen. (Sie müssen ganz bleiben.) Man läßt sie so lange ziehen, bis das Eiweiß fest geworden ist. Nun nimmt man sie mit dem Lochschöpfer heraus und legt sie auf den Spinat. Darüber kommt die Käsesauce:
Sahnekäse mit Milch und Ei gut versprudeln und salzen. Über den Spinat und die Eier geben und im heißen Rohr kurz überbacken.

Zitronensulz:
2 Würfel Zucker
2 Zitronen
1/8 l Weißwein
1/4 l Wasser
4 Blatt Gelatine
14 dkg Zucker
1/4 l Obers
Mit dem Würfelzucker wird eine ungespritzte, gut gewaschene Zitrone abgerieben. Dann den Zucker im Weißwein auflösen. Wasser und Zucker aufkochen, die eingeweichte und ausgedrückte Gelatine hineingeben und mit dem Zitronensaft gut vermischen. Kurz vor dem Auskühlen das halbe geschlagene Obers darunterziehen. Die Sulz in Gläser füllen und mit dem Restobers verzieren.

16. Dezember, Sonntag:

SPANFERKEL MIT KRAUT- UND KARTOFFELSALAT
FRIDOLINTORTE

Spanferkel:
Das Spanferkel wird schön geputzt und gewaschen, die Ohren und der Schwanz mit Papier eingebunden und gepfeffert und gesalzen. In die Pfanne gibt man etwas Schmalz, das Spanferkel wird hineingelegt und angebraten. Öfters mit Bier und dann mit dem eigenen Saft begießen; es soll nicht zuviel Saft geben, sonst dünstet das Ferkel mehr, als daß es brät.
Eine Viertelstunde vor Ende der Bratzeit Ohren und Schwanz auswickeln und die Oberhitze einschalten, damit alles schön braun wird. In Ganzen auf einer großen Platte servieren und erst bei Tisch tranchieren.

Fridolintorte:
10 dkg Butter
30 dkg Zucker
25 dkg Mehl
15 dkg geriebene Nüsse
3 Eier
1/8 l Milch
1 Backpulver, Zimt, Muskat
Die Butter etwas erweichen und mit dem Zucker und den Eiern schaumig rühren. Das mit dem Backpulver vermischte Mehl mit der Milch abwechselnd in die Masse hineinrühren und zuletzt die Nüsse und die Gewürze hineingeben. Den Teig in eine gut gefettete und gebröselte Tortenform geben und bei Mittelhitze ca. 45 Minuten backen.
Nach dem Erkalten die Torte mit Erdbeermarmelade bestreichen, den Rand und die Oberfläche ca. 3 cm breit mit Mandelstifteln bestreuen. In die Mitte einen größeren Klecks Marmelade geben.

17. Dezember, Montag:

MAJORANFLEISCH MIT KARTOFFELN
STREUSELSCHNITTEN

Majoranfleisch:

1 kg saftiges Rindfleisch (ausgelöstes Hinteres)
10 dkg Schweineschmalz
2 mittlere Zwiebeln
1 El Essig
1 Kl Majoran, Salz, Pfeffer
2 El Mehl
1/4 l Sauerrahm

Die Zwiebeln nudlig schneiden und im Schmalz anlaufen lassen. Das kleinwürflig geschnittene Fleisch salzen und pfeffern und zu den Zwiebeln geben. Etwas mitrösten, dann den Majoran, den Essig und ganz wenig Wasser zugeben und weichdünsten. Wenn das Fleisch weich ist, gießt man den mit dem Mehl versprudelten Rahm dazu und läßt alles nochmals aufkochen.

Streuselschnitten:

10 dkg Butter
10 dkg Zucker
25 dkg Mehl
2 Eier
1/4 l Milch
1/2 Backpulver
1 kg Äpfel
5 dkg Butter
5 dkg Zucker
Zimt

Die Butter etwas erweichen und mit Zucker und Eiern abtreiben. Das mit dem Backpulver vermischte Mehl abwechselnd mit der Milch zugeben. Eine Pfanne gut befetten und stauben, den Teig gut fingerdick hineingeben. Etwas überbacken, bis der Kuchen eine leichte Kruste hat, dann die in Butter gedünsteten Äpfel darübergeben. Mit Zimt und Zucker bestreuen und die Streusel darüberstreuen. Bei Oberhitze fertigbacken.

Streusel:

10 dkg Butter mit 10 dkg Zucker, 15 dkg Mehl und etwas Zimt abbröseln.

18. Dezember, Dienstag:

SCHICHTKRAUT MIT SALZKARTOFFELN
SCHOKOLADENSCHNITTEN MIT GEBRANNTEN MANDELN

Schichtkraut:

1 kg mageres Bauchfleisch
70 dkg mildes Sauerkraut
10 dkg Selchspeck
5 dkg Schweineschmalz
2 Paar Debreziner
1/4 l Sauerrahm
2 El Mehl
1 Zwiebel

Die Zwiebel fein schneiden und im Schmalz leicht anrösten. Dann das Bauchfleisch hineinlegen und von allen Seiten anbraten. Den würfelig geschnittenen Speck und die in kleine Scheiben geschnittenen Debreziner dazugeben und alles gut durchrösten. In eine mit Schmalz ausgestrichene Auflaufform legt man zuerst die Hälfte des Sauerkrauts, legt Fleisch, Wurst und Speck darauf und deckt mit dem restlichen Kraut zu. Man gießt bis zur Hälfte mit Wasser auf und gibt den mit dem Mehl versprudelten Rahm dazu, deckt die Form gut zu und dünstet das Gerich in ca. 90 Minuten weich.

Schokoladenschnitten mit gebrannten Mandeln:

10 dkg Margarine
10 dkg Schokolade
14 dkg Zucker
14 dkg geröstete, geriebene Mandeln
4 Eier

Die Schokolade erweichen und mit der Margarine abtreiben. Zucker und Dotter dazugeben und schaumig rühren, dann den festen Schnee und die Mandeln dazugeben. Auf ein gefettetes und gestaubtes Backblech streichen und langsam backen. Nach dem Erkalten in zwei Hälften schneiden. Eine Hälfte mit Marmelade bestreichen und die zweite Hälfte darauflegen, mit Schokoladenglasur überziehen und Schlagobers dazugeben.

Schokoladenglasur:

25 dkg Schokolade im Wasserbad zergehen lassen und 10 dkg Kokosfett hineingeben. Wenn alles zergangen ist, vom Feuer nehmen und kaltrühren.

19. Dezember, Mittwoch:

SCHINKENAUFLAUF MIT SALAT
WÄSCHERMÄDEL

Schinkenauflauf:
30 dkg Schinken oder feines Selchfleisch
10 dkg Butter
10 dkg Mehl
1/2 l Milch
5 Eier
Salz, Muskat
Aus Butter und Mehl wird eine helle Einbrenn gemacht, mit Milch aufgegossen und kurz verkocht. Nach dem Erkalten rührt man den faschierten Schinken, die 4 Eidotter, Salz und Muskat und zuletzt den festgeschlagenen Schnee ein. Die Masse wird in eine gut gefettete und mit Bröseln ausgestreute Puddingform geben, so daß die Form zu 3/4 gefüllt ist. Im Wasserbad 1 Stunde kochen.

Wäschermädel:
24 halbierte, geschälte Marillen (Kompott)
12 dkg Marzipan
1 El Rum
1 El Zucker
Die Marillen gut abtropfen lassen und 1 Stückchen mit Rum und Zucker mariniertes Marzipan in die Kernmulde geben. Alles in Backteig tauchen und in heißem Ceres herausbacken. Anzuckern.
Backteig:
1/4 Liter Milch mit 2 Eiern und 14 dkg Mehl gut versprudeln.

20. Dezember, Donnerstag:

KOHL IN DER FORM
SANDTORTE

Kohl in der Form:
2 kleine grüne, feste Kohlköpfe
3 gekochte Kartoffeln
2 El Brösel
1 El Mehl
1 El Parmesan
1 Tl Kaperl
1 Tl Essiggurken
Petersilie, Salz, Pfeffer
1/4 l Buttermilch
Die Kohlköpfe putzen, vierteln und waschen. Die Strünke herausschneiden und den Kohl in Salzwasser kernweich kochen. Herausnehmen und abtropfen lassen, mit Käse und Brösel gut einstreuen und in einer Pfanne dicht nebeneinander einschichten. Darüber gibt man die Gurkerl, Kaperl und Petersilie und begießt mit der mit dem Mehl versprudelten Buttermilch. Im heißen Rohr ca. 40 Minuten backen.

Sandtorte:
14 dkg Butter
14 dkg Zucker
14 dkg Kartoffelmehl
2 ganze Eier, 2 Dotter
1/2 Backpulver, 1 Vanillin, Zitronensaft
Schnee von 2 Klar
Die Butter etwas erweichen, mit Zucker und Dottern abtreiben und nach und nach die 2 ganzen Eier dazugeben. Mit Zitronensaft und Vanillin schaumig rühren. Dann den festen Schnee und das mit dem Backpulver vermischte Mehl dazugeben. Die Masse in eine gut gefettete und bemehlte Form geben und bei mäßiger Hitze langsam backen. Wenn erkaltet, dick mit Staubzucker, dem man Vanillin beimischt, bestreuen.

21. Dezember, Freitag:

FISCH IN DER FORM MIT BUTTERKARTOFFELN
ZITRONENSCHNITTEN

Fisch in der Form:
1 kg Fischfilet
1 El Butter
2 El Mehl
1/8 l Rahm
1/8 l Weißwein
15 dkg Champignons
1 Tl Kaperl
Salz, Pfeffer
2 El Parmesan
1 El Semmelbrösel
Butterflöckchen
Den Fisch kurz in gesalzenem Wasser überkochen und abtropfen lassen. Von der Butter und dem Mehl eine helle Einbrenn machen, mit Rahm und Weißwein (eventuell auch etwas Fischsud) aufgießen; die Sauce soll dicklich sein. Mit Salz und Pfeffer abschmecken und die sehr fein geschnittenen Champignons hineingeben. Den Fisch in eine gut gebutterte Auflaufform legen, die Sauce darübergeben und mit Parmesan und Bröseln bestreuen. Butterflöckchen daraufgeben und goldgelb backen.

Zitronenschnitten:
12 dkg Margarine
12 dkg Zucker
12 dkg geriebene Mandeln
12 dkg Mehl
4 Eier
1/2 Backpulver, 1 Vanillin, Saft und Schale 1 Zitrone
Die Margarine erweichen, mit Zucker und Dottern abtreiben, die geriebenen Mandeln und den Schnee dazugeben und zuletzt vorsichtig das mit dem Backpulver vermischte Mehl unterziehen. In einer gut gefetteten und bemehlten Wandlform bei mittlerer Hitze ca. 40 Minuten backen. Mit Ribiselmarmelade füllen und mit Zitronenglasur überziehen.
Glasur:
30 dkg Staubzucker mit 5 Eßlöffeln Zitronensaft gut verrühren. 2 Eßlöffel davon zurückbehalten, mit der anderen Masse die Torte überziehen. Zu den 2 restlichen Eßlöffeln noch 1 Eßlöffel Staubzucker rühren, damit die Masse weißer wird und von der Glasur absticht. Damit die Schnitten mit dem Spritzsack verzieren.

22. Dezember, Samstag:

PORREEFLEISCH MIT KARTOFFELN
BANANENTORTELETTES

Porreefleisch:
1 kg Schöpsenschulter
10 dkg Schmalz
2 Zwiebeln
2 Paprikaschoten
4 Tomaten
50 dkg Porree
Knoblauch, Salz, Pfeffer
Die Zwiebeln im Schmalz anrösten, dann das würfelig geschnittene Fleisch mitrösten. Nach 10 Minuten die entkernten, feinnudelig geschnittenen Paprikaschoten, die geschälten Tomaten und den in Ringe geschnittenen Porree dazugeben. Den zerdrückten Knoblauch ebenfalls hineingeben. Zugedeckt 30 Minuten im eigenen Saft bei kleiner Flamme dünsten, dann salzen und pfeffern, mit etwas Wasser aufgießen und weichdünsten.

Bananentortelettes:
10 dkg Margarine
10 dkg Zucker
10 dkg erweichte Schokolade
4 dkg geriebene Mandeln
8 dkg Mehl
5 Eier
3 Bananen
1/4 l Schlagobers
Die Margarine etwas erweichen und mit der Schokolade, dem Zucker und den Dottern abtreiben. Mandeln, Schnee und Mehl in angegebener Reihenfolge einmischen. Fingerdick auf ein gut gefettetes und bemehltes Blech streichen und 10 Minuten bei mäßiger Hitze backen. Dann noch warm mit einem Glas Scheiben ausstechen, gezuckertes Schlagobers daraufgeben und mit Bananenscheiben belegen.

23. Dezember, Sonntag:

RINDSLUNGENBRATEN IN RAHM MIT NUDELN
MANDELTORTE

Rindslungenbraten in Rahm:
1 kg Lungenbraten
1/2 l Rahm
1 El Butter
Salz, Pfeffer
Den Lungenbraten in 1 cm dicke Stücke schneiden, salzen und pfeffern. Beiderseits in Butter kurz anbraten, dann mit Rahm übergießen und weichdünsten.

Mandeltorte:
12 dkg Zucker
15 dkg geriebene Mandeln
1 Rippe Schokolade
6 Eier
etwas feingeriebene Orangenschale und 1 gestoßene Gewürznelke
Den Zucker mit den Dottern abtreiben, die erweichte Schokolade dazurühren, die Gewürze, den Schnee und die Mandeln unterziehen. In einen gefetteten und gebröselten Tortenform bei mittlerer Hitze 45 Minuten backen, ausgekühlt mit folgender Glasur überziehen:
25 dkg Staubzucker, 1 Eßlöffel Rum und 2 Eßlöffel heißes Wasser gut verrühren.

24. Dezember, Heiliger Abend:

FISCHBEUSCHELSUPPE MIT GERÖSTETEN SEMMELSCHNITTEN
GEBACKENER KARPFEN MIT SELLERIE- UND MAYONNAISESALAT
WEIHNACHTSBÄCKEREI: SIEHE ANHANG

Fischbeuschelsuppe:
2 Karpfenbeuschel
Reste von dem zu backenden Karpfen, Kopf und Schwanz
1 Karpfenrogner
1 kleine Zwiebel
1 Karotte
1 Petersilienwurzel
1/2 Lorbeerblatt
3 El Butter
3 El Mehl (falls man keinen Rogner bekommen hat, nimmt man 1 El Mehl und 2 El Grieß)
1/16 l Wein
1 Stückchen Zitronenschale, Salz, Pfeffer
Wurzelwerk und Zwiebel feinschneiden und mit dem Fisch kochen. In den Sud auch das Lorbeerblatt, die Zitrone, Salz und Pfeffer geben. Wenn der Fisch weich ist (nach ca. 15 Minuten), herausnehmen, entgräten und in kleine Stücke schneiden. Aus Butter und Mehl (Grieß) eine helle Einbrenn machen, mit dem abgeseihten Sud aufgießen, den Fisch hineingeben und mit dem Wein abschmecken. Die Semmelschnitten in Butter rösten und zur Suppe servieren, nicht hineingeben, sie weichen zu schnell auf.

Gebackener Karpfen:
Den Karpfen gleich in der Fischhandlung in Stücke schneiden lassen und wie Wienerschnitzel, siehe 8. Jänner, weiterbehandeln.
Mayonnaisesalat: Siehe 13. Jänner.
Selleriesalat:
2 Knollen Sellerie schön putzen und waschen, weichkochen. Abschälen, in Scheiben schneiden und entweder auch mit Mayonnaise anmachen oder mit Essig und Öl wei normalen Kartoffelsalat.

25. Dezember, 1. Weihnachtsfeiertag:

EINGEMACHTE GEFLÜGELSUPPE
TRUTHAHN MIT KASTANIEN GEFÜLLT, ROTKRAUT, KARTOFFELSALAT
NUSS-MANDELTORTE

Eingemachte Geflügelsuppe:
Das Junge vom Truthahn und den Hals mit Wurzelwerk weichkochen, abseihen, das Fleisch vom Knochen lösen und kleinschneiden.
Aus 2 Eßlöffeln Butter und 3 Eßlöffeln Mehl eine helle Einbrenn amchen, mit der Suppe aufgießen, das Fleisch hineingeben und nochmals kurz aufkochen. Mit sehr fein gehackter Petersilie bestreuen.

Truthahn:
1 Truthahn, nicht schwerer als 3 kg
15 Maroni (kauft man am besten beim Maronibrater)
2 säuerliche Äpfel
Salz, Pfeffer
3 El Butter
Den Truthahn geputzt und ausgenommen kaufen, damit man am Feiertag nicht zuviel Arbeit hat. Den Vogel waschen, mit Salz und wenig Pfeffer einreiben. In einer genügend großen Bratpfanne die Butter erwärmen und den mit den geschälten Maroni und Äpfeln gefüllten Truthahn erst auf einer Brustseite anbraten, dann auf der anderen. Zuerst etwas Wasser aufgießen, weiters immer mit dem sich bildenden eigenen Saft begießen. Nach ca. einer halben Stunde den Truthahn auf den Rücken drehen und in 3 – 4 Stunden weichbraten. Wenn der gewünschte Weichheitsgrad erreicht ist, das Fleisch herausnehmen und tranchieren. Erst die Keulen abschneiden und halbieren und dann die Brust vorsichtig vom Brustbein lösen und in gefällige schräge Streifen schneiden. Auf einer hitzebeständigen Platte nochmals bei Oberhitze ins Rohr stellen. Inzwischen das überschüssige Fett aus der Pfanne abgießen, mit etwas klarer Geflügelsuppe aufgießen und gut durchrühren. Gesondert zum Braten servieren.
Rotkraut: Siehe 5. Februar.
Kartoffelsalat: Siehe 4. Jänner.

Nuß-Mandeltorte:
21 dkg Zucker
14 dkg Nüsse
6 dkg Mandeln
6 Eier
15 dkg Zucker mit 4 Dottern und 2 ganzen Eiern schaumig rühren. 4 Klar mit dem Restzucker fest schlagen und dazugeben, zuletzt Nüsse und Mandeln vermischen und vorsichtig unterrühren. Bei mäßiger Hitze (ca. 180°) 60 Minuten backen. Das Rohr dabei nicht öffnen!
Schokoladenüberguß:
10 dkg Schokolade
1/8 l Obers
Die Schokolade in ein Stielpfännchen bröckeln, das Obers dazugeben und unter ständigem Rühren aufkochen lassen. Etwas überkühlt verwenden. Den Kuchen mit geschälten Mandeln verzieren.

26. Dezember, 2. Weihnachtsfeiertag:

JAKOBSMUSCHELN ÜBERBACKEN MIT STANGENWEISSBROT
SCHOKOLADENCREMESCHNITTEN

Jakobsmuscheln:
1 kg tiefgefrorene Jakobsmuscheln
20 dkg Champignons
20 dkg gekochter Schinken
10 dkg Gouda
2 Becher Crème fraiche
10 dkg Butter
Petersilie, Salz, Pfeffer, etwas Zucker
Die Muscheln auftauen und in etwas Salzwasser ca. 20 Minuten kochen. Mittlerweile die Pilze waschen und feinblättrig schneiden und in Butter etwas andünsten. Den Schinken in schmale Streifen schneiden, die Petersilie feinhacken und alles zu den abgeseihten Muscheln geben. Das Gericht mit Salz, Pfeffer und etwas Zucker abschmecken und je nach gewünschten Portionen (gerechnet ist diese Menge für 4 Personen) in feuerfeste Förmchen geben. Den Käse reiben und mit Crème fraiche vermischen. Mit Salz und Pfeffer abschmecken und in die Formen geben. Im Rohr bei mittlerer Hitze ca. 15 Minuten überbacken.

Schokoladencremeschnitten:
14 dkg Zucker
14 dkg Schokolade
4 Dotter
die Brösel von einem mürben Kipferl
Die Schokolade erweichen und mit Zucker und Dottern abtreiben, den fest geschlagenen Schnee und die Brösel dazugeben. Auf gut gefettetem und gebröseltem Blech bei mittlerer Hitze ca. 15 Minuten backen. Auskühlen lassen, der Länge nach in 2 Teile schneiden und mit folgender Creme füllen:
Creme:
5 Dotter
10 dkg Zucker
1/8 l starker, schwarzer Kaffee
1 Messerspitze Maizena
Alles über Dunst zu einer dicklichen Creme schlagen. 25 dkg Butter schaumig rühren und die erkaltete Creme löffelweise einrühren.
Den Kuchen mit der Creme füllen und in Schnitten schneiden.

27. Dezember, Donnerstag:

Serbisches Reisfleisch mit Endiviensalat
Apfelkompott

Serbisches Reisfleisch:
1 kg Schweinsschulter
10 dkg Schweineschmalz
1 El Edelsüßpaprika
2 Zwiebeln
2 Paprikaschoten
4 Tomaten
25 dkg Reis
Die Zwiebeln schneiden und im Schmalz anrösten, das grobwürfelig geschnittene, gesalzene Fleisch und knapp vor dem Aufgießen auch den Paprika dazugeben. Nun kommen die nudlig geschnittenen Paprikaschoten und die in Scheiben geschnittenen, geschälten Tomaten dazu. Wenn das Fleisch halbweich gedünstet ist, den Reis hineingeben. Noch 1/4 Liter Wasser dazugeben und auf kleiner Flamme fertig dünsten.

Apfelkompott:
1 kg süßsaure Äpfel
15 dkg Zucker
1 l Wasser
Saft und Schale 1 Zitrone
Die Äpfel schälen und in Spalten schneiden. Den Zucker mit Wasser und dem Saft 1 Zitrone aufkochen, die Äpfel und 1 Stückchen Zitronenschale hineingeben. Ca. 10 – 15 Minuten kochen lassen, die Zitronenschale herausnehmen und das Kompott auskühlen lassen.

28. Dezember, Freitag:

Bohnengulasch
Schokoladenpalatschinken

Bohnengulasch:
1 Dose weiße Bohnen (1 kg)
2 Zwiebeln
10 dkg Schmalz
1 El Edelsüßpaprika
2 Paar Debreziner
1/8 l Rahm
Die Zwiebeln schneiden und im Fett gut rösten. Den Paprika und sofort die Bohnen aus der Dose mit dem Saft hineingeben. Wenn sie zu wenig Flüssigkeit haben, etwas Wasser zugeben. Die Debreziner in kleine Scheiben schneiden und alles zusammen 10 Minuten gut kochen lassen. Zum Schluß den Rahm dazugeben.

Schokoladenpalatschinken:
1/4 l Milch
1/8 l Mehl
2 Eier
Margarine zum Herausbacken
Alles gut versprudeln, Palatschinken herausbacken und mit beliebig viel geriebener Schokolade füllen. Einrollen und auf die Palatschinken nochmals geriebene Schokolade, mit etwas Zucker vermischt, streuen.

29. Dezember, Samstag:

GESELCHTE STELZE MIT SAUERKRAUT
BISKUITFRÜCHTECREME

Geselchte Stelze:
2 kleinere Schweinsstelzen
1 kg Sauerkraut
10 dkg Selchspeck
1 Zwiebel
1 Apfel
1 El Mehl
Kümmel, Pfeffer, Knoblauch
Man bettet die 2 Stelzen in das Sauerkraut ein, gibt Kümmel, zerdrückten Knoblauch und, wenn nötig, etwas Salz dazu (das hängt davon ab, wie stark geselcht die Stelzen sind, lieber Vorsicht!), bedeckt alles mit wenig Wasser und läßt die Stelzen weichdünsten. Nun schneidet man den Speck kleinwürfelig, gibt die feinblättrig geschnittene Zwiebel dazu, röstet gut durch und brennt das Kraut damit ab. Dann reibt man noch einen kleinen Apfel hinein, staubt mit dem Mehl und läßt das Ganze noch 15 Minuten kochen.

Biskuitfrüchtecreme:
12 dkg Zucker
2 Dotter, 1 ganzes Ei
1 Vanillezucker
6 Blatt Gelatine
1/2 l Milch
1/2 l geschlagenes Obers
Dotter und Ei mit 1/8 Liter Milch glatt verrühren, die übrige Milch mit dem Zucker und dem Vanillezucker aufkochen und unter ständigem Rühren die Dottermilch einkochen. Etwas ziehen lassen, dann die vorher eingeweichte und wieder ausgedrückte Gelatine zugeben. Die Crememasse durch ein Sieb seihen, im kalten Wasserbad bei öfterem Umrühren erstarren lassen. Vor dem Stocken der Creme das geschlagene Obers unterziehen.
20 Biskotten
Kompottfrüchte nach Wahl
Die Biskotten in kleine Stücke schneiden, die Kompottfrüchte abtropfen lassen und alles mit der Creme vermengen. Mit etwas Cognac abschmecken und in eine Schüssel füllen, kaltstellen.

30. Dezember, Sonntag:

GEBACKENE LUNGENBRATENSCHNITZEL
MIT ESSIGGEMÜSE
ANANASKRANZ

Gebackene Lungenbratenschnitzel:
1 kg Lungenbraten gleich in Schnitzel schneiden lassen, leicht klopfen, die Ränder einschneiden und wie Wienerschnitzel (siehe 8. Jänner) behandeln.

Ananaskranz:
10 dkg Zucker
15 dkg Mehl
4 Eier
1/2 Kl Backpulver
1 Vanillin
Den Zucker mit den Dottern schaumig rühren, den Schnee und das mit dem Backpulver vermischte Mehl zugeben. Den Teig in eine gut gefettete und gestaubte Ringform geben und bei Mittelhitze ca. 30 Minuten backen. Ausgekühlt durchschneiden und mit folgender Creme füllen und überziehen:
Creme:
1 Päckchen Puddingpulver
3/8 l Fruchtsaft
5 dkg Zucker
20 dkg Butter
1 Dose Ananasscheiben
2 dkg Mandelblättchen
etwas schwarze Johannisbeermarmelade
Das Puddingpulver in einem Teil des Fruchtsafts anrühren, in den Rest des Saftes, der mit Zucker aufgekocht worude, einkochen und kurz aufwallen lassen. Kaltstellen und mit Zucker bestreuen, damit keine Haut entsteht.
Die Butter schaumig rühren, die Puddingmasse nach und nach einrühren und die Ananasstücke dazugeben.
Der Kranz wird mit Ananasscheiben und Mandelblättchen verziert, die Marmelade kommt in die Mitte der Scheiben.

31. Dezember, Silvester:

MITTAGS EVENTUELL WÜRSTEL MIT SENF UND BROT.
ABENDS: KALTES BUFETT

Kaltes Bufett:
Schwammerl
Gefüllte Tomaten
Thunfischsalat
Eiersalat
Geflügelsalat
Nudelsalat
Sardinenaufstrich
Schweinsschwanzerl, gekocht, mit Kren (um Mitternacht)

Schwammerl:
Harte Eier werden an der dicken Seite geradegeschnitten, damit sie besser stehen. Man setzt ihnen Köpfe von geköpften Tomaten auf und spritzt mit einer Mayonnaise Tupfen darauf (Fliegenpilze). Die Schwammerl setzt man auf eine Platte mit kleingeschnittenem, mit Salz und Zitronensaft etwas schmackhaft gemachtem Pummerlsalat.

Gefüllte Tomaten:
Die vorher geköpften Tomaten aushöhlen. 20 dkg sehr fein geschnittene Champignons werden in Butter etwas überdünstet und mit 2 verschlagenen Eiern übergossen. Alles gut durchrühren, überkühlt in die Tomaten füllen und mit Petersilie bestreuen.

Thunfischsalat:
Von 2 Dosen Thunfisch in Öl das Öl abgießen. Das Thunfischfleisch möglichst blättrig lassen und mit folgender Mayonnaise (die für alle Salate verwendet werden kann) und etwas Tomatenketchup vermengen.

Joghurtmayonnaise (ist nicht so sättigend wie die Ölmayonnaise):
2 Becher Joghurt
4 Eigelb
Knoblauch, Zitronensaft, Salz, Pfeffer
Die Dotter schlagen, würzen und nach und nach Joghurt und Zitronensaft beigeben. Man kann diese Mayonnaise mit verschiedenen Kräutern verwenden.

Nudelsalat:
25 dkg Spaghetti in 2 cm lange Stücke brechen und in Salzwasser weichkochen. Abseihen und abspülen. 20 dkg Krakauer nudelig schneiden, 20 dkg Emmentaler und 2 grüne Paprikaschoten ebenfalls nudelig schneiden, der Mayonnaise beimengen und alles gut vermischen.

Eiersalat:
Hartgekochte Eier und Gurkerl in Streifen schneiden, die Kaperln feingewiegt dazgeben und mit der Mayonnaise, der man etwas Senf beigibt, gut vermengen.

Geflügelsalat:
30 dkg gebratenes Huhn kleinschneiden, 10 dkg frische, rohe Sellerie und einen kleinen Apfel fein reißen, mit der Mayonnaise vermischen und eventuell noch etwas pfeffern. Auf halbierten Kompottbirnen anrichten.

Sardinenaufstrich:
12 dkg Butter
1 Eckerl Paprikakäse
1 Doppelrahmkäse
1 kleine Zwiebel
1 Dose Nurisardinen
1 Dose Sardinen ohne Haut und Gräten
3 – 4 Gurkerl
1 – 2 Tl Kaperl
1 hartes Ei
Salz, Pfeffer, Zitronensaft und etwas Öl zum Anmachen
Butter, Paprika- und Rahmkäse gut abrühren, Zwiebel, Gurkerl, Ei, Sardinen und Kaperl faschieren, alles gut zusammenrühren und abschmecken.

Weihnachtsbäckerei

Anis-Hohlhippen:
20 dkg Staubzucker
10 dkg Mehl
4 ganze Eier
1 Kl feingeschnittener Anis
Den Zucker mit den ganzen Eiern gut abrühren, Anis und Mehl dazugeben. Auf ein Blech mit Backpapier in großen Abständen etwa 1/2 Eßlöffel Masse rinnen lassen, etwas stehen lassen, damit die Plätzchen auseinanderrinnen, dann bei ca. 200° 8 Minuten backen. Der Rand soll leicht hellbraun sein. Sofort mit dem Messer abheben und mit der Hand kleine Röllchen formen.

Branntweinkranzerl:
20 dkg Margarine
25 dkg Zucker
20 dkg braun geriebene Mandeln
25 dkg Mehl
2 Dotter
Zitronenschale, Zimt, Nelken, 1 Prise Salz, 1 El Arrak
Die Margarine mit Mehl abbröseln, alles andere dazugeben und einen glatten Teig abarbeiten. Messerrückendick ausstechen, Kranzerl ausstechen und auf ein mit Backpapier belegtes Blech legen. Mit folgender Masse bestreichen:
2 Dotter und 2 Eßlöffel Branntwein gut verrühren, auf die Kranzerl streichen und anschließend mit Hagelzucker bestreuen.

Brasilianer:
17 dkg Margarine
8 dkg Staubzucker
8 dkg geriebene Nüsse
25 dkg Mehl
1 Ei
Aus den Zutaten rasch einen Teig kneten, messerrückendick ausrollen und mit dem Teigradel kleine Quadrate schneiden. Ca. 10 Minuten bei 200° backen. Etwas auskühlen lassen, dann je 2 Stück mit Ribiselmarmelade zusammensetzen und in Staubzucker wälzen.

Butterkekse Irland:
40 dkg Mehl
20 dkg Butter (unbedingt)
25 dkg brauner Rohzucker
Den Teig an einem kühlen Ort kneten, über Nacht in den Kühlschrank geben und am nächsten Tag 2 Rollen von 3 – 4 cm Durchmesser machen. In dünne Scheiben schneiden und auf Backpapier bei 180° 8 – 10 Minuten backen.

Butterbrote:
12 dkg Margarine
14 dkg braun geriebene Mandeln
21 dkg Mehl
5 dkg Zucker
2 Dotter
Erst die Margarine mit dem Mehl abbröseln, dann rasch mit den anderen Zutaten zu einem Teig verarbeiten. 2 mm dick ausrollen, Halbkreise ausstechen und im mittelheißen Rohr vorbacken, bis der Teig eine Kruste hat. Dann wie folgt bestreichen und anschließend noch 5 Minuten ins Rohr:
2 Dotter mit so viel Staubzucker verrühren, bis die Masse ganz dick ist.

Florentiner:
1/4 l Obers
5 dkg Butter
20 dkg Zucker
20 dkg geschälte und stiftelig geschnittene Mandeln
20 dkg kleingeschnittenes Zitronat
5 dkg Mehl
Obers, Butter und Zucker zusammen kochen und etwas überkühlen lassen, dann Mandeln, Zitronat und Mehl dazugeben. Ein Blech gut einfetten und bemehlen. Aus dem Teig kleine Häufchen in großen Abständen daraufsetzen und 20 – 30 Minuten bei 150° backen. Sofort vom Blech nehmen; nach dem Auskühlen die Unterseite mit Schokoladenglasur bestreichen.

Grazer Zwieback:
35 – 40 dkg Mehl
10 dkg Zucker
8 dkg Margarine
2 dkg Germ
2 Dotter
etwas gestoßener Anis
Den Teig fest abarbeiten (er darf nicht zu weich sein), 3 Rollen von ca. 5 cm Durchmesser formen und auf die doppelte Höhe gehen lassen. Bei mäßiger Hitze backen, das Gebäck soll hell bleiben. Am nächsten Tag dünne Scheiben schneiden und diese nochmals kurz ins Rohr geben. Wenn sie knusprig sind, herausnehmen und noch warm in Staubzucker wälzen.

Husarenkrapferl:
21 dkg Mehl
14 dkg Margarine
7 dkg Zucker
2 Dotter
Auf dem Brett die Zutaten zu einem glatten Teig verarbeiten und Würste von ca. 2 cm Dicke formen. Kleine Stückchen von knapp 1 cm Größe abschneiden, daraus kleine Kugerln formen und in der Mitte mit dem Finger tief eindrücken. Auf einem ungefetteten Blech bei 200° ca. 10 Minuten hellbraun backen. In die Vertiefung kommt nach dem Erkalten Marillenmarmelade.

Hausfreunderl:
10 dkg Zucker
10 dkg Mehl
30 dkg Früchte
2 ganze Eier
Den Zucker mit den Eiern sehr schaumig rühren. Die gemischten kandierten Früchte, Nüsse und Rosinen kleinschneiden, mit dem Mehl vermischen und mit der Zucker-Eiermasse mischen. In langen Würsten mit dem Eßlöffel (5 cm breit, 1 cm hoch) auf ein mit Backpapier belegtes Blech geben, backen. Noch warm die Würste etwas schräg in gut 1/2 cm starke Scheibchen schneiden.

Haselnußkugerl:
8 dkg Butter (unbedingt)
10 dkg erweichte Schokolade
10 dkg Zucker
10 dkg geriebene Haselnüsse
Die erweichte Schokolade mit der Butter etwas abrühren, dann den Zucker und die Haselnüsse rasch unterarbeiten. 1 Stunde kühl rasten lassen. Dann kleine Kugerln formen, auf Backpapier in größerer Entfernung aufsetzen, mit Eiklar bestreichen und in die Mitte eine kleine Haselnuß hineindrücken. Bei mäßiger Hitze (etwa 140°) langsam backen, die Plätzchen rinnen sonst auseinander.

Einfache Kekse:
75 dkg Mehl
25 dkg Zucker
12 dkg Margarine
4 ganze Eier
1 Backpulver, 1 Vanillin, Zitronenschale
Auf dem Brett alles gut zu einem Teig verarbeiten, messerrückendick ausrollen und verschiedene Formen ausstechen oder ausradeln. Auf Backpapier auflegen und bei 200° hell backen. Darauf achten, daß der Teig gleichmäßig ausgerollt ist, sonst werden die Kekse ungleich.

Käsekekse:
40 dkg Mehl
20 dkg Butter (unbedingt)
40 dkg Emmentaler (selbst reiben!)
Am Brett aus den Zutaten eine Teig arbeiten, messerrückendick aurollen und verschiedene Formen radeln. Mit verschlagenem Ei bestreichen und mit Kümmel und etwas Salz bestreuen.

Klosterkipferl:
21 dkg Mehl
14 dkg geriebene Mandeln
16 dkg Margarine
10 dkg geriebene Schokolade
5 dkg Zucker
2 Dotter
Die Zutaten am Brett zu einem Teig verarbeiten, wie bei Husarenkrapferl Würste formen, kleine Stücke abschneiden und daraus Kipferl formen. Vorsichtig bei etwa 170° backen, vom Blech nehmen und, wenn etwas überkühlt, mit Schokoglasur überziehen und mit gehackten Pistazien bestreuen.

Lebkuchen zum Ausstechen:
25 dkg Honig
25 dkg Zucker
12 dkg Margarine
50 dkg Mehl
5 dkg geriebene Mandeln
2 Eier
je ca. 1 Messerspitze gestoßener Zimt, Anis und Nelken
Auf einem Brett erst Mehl mit Margarine abarbeiten, dann mit den anderen Zutaten eine glatten Teig bereiten. 2 mm dick ausrollen, verschiedene Formen ausstechen und auf Backpapier bei 200° hellbraun backen. Vom Blech nehmen, auf eine gerade Unterlage legen (sonst verbiegt sich der Lebkuchen) und, wenn ausgekühlt, mit folgender Masse mittels Spritzsack verzieren:
Glasur:
15 dkg Staubzucker mit 1 Eiklar und dem Saft 1/2 Zitrone gut verrühren, bis die Masse dicklich ist.

Lebkuchen zum Schneiden:
6 ganze Eier mit 4 Eßlöffeln Wasser schaumig schlagen, mit 50 dkg Rohzucker weiterschlagen. 2 Teelöffel Zimt, 2 Teelöffel gemahlene Nelken und 2 Teelöffel Lebkuchengewürz in 3 Eßlöffeln Rum auflösen und dazugebe. 2 Teelöffel Pottasche in etwas Wasser lösen und auch dazugeben. 10 dkg erwärmten Honig zu der Masse geben und nun mit 25 dkg gehackten Mandeln, 12 dkg gehackter Schokolade und 10 dkg gehackten Aranzini, vermischt mit 50 dkg Mehl, vermengen. Die Masse auf ein gut gefettetes, gestaubtes Blech gut 1 cm hoch aufstreichen und bei 200° ca. 20 Minuten backen. Nach dem Erkalten mit Schokoladenglasur überziehen und mit gehackten Mandeln bestreuen.

Linzerbäckerei:
28 dkg Mehl
21 dkg Margarine
11 dkg Zucker
11 dkg geriebene Mandeln
1 Dotter
Saft 1/2 Zitrone, Zimt
An Brett die Zutaten zu einem Teig verarbeiten, messerrückendick ausrollen nd mit einem Linzerstecher eine gleiche Menge Scheiben ohne und mit Loch ausstechen. Auf einem ungefetteten Blech backen und nach dem Erkalten eine ganze Scheibe mit einer Lochscheibe mit Ribiselmarmelade zusammengeben.

Makronensterne:
30 dkg Mehl
20 dkg Butter (unbedingt)
10 dkg Zucker
1 Dotter
1 El Rahm
Am Brett alles gut verarbeiten, den Teig messerrückendick ausrollen und kleine Sterne ausstechen. Darauf folgende Masse spritzen (die Sterne sollen nicht ganz bedeckt sein):
2 Klar Schnee mit 22 dkg Zucker schlagen, 10 dkg Nüsse, 2 dkg Mehl, Zimt und Zitronenschale daruntermischen und bei ca. 150° backen, bis die Sterne hellbraun sind.

Mandelwürfel:
12 dkg Margarine
12 dkg Zucker
12 dkg erweichte Schokolade
12 dkg geriebene Mandeln
12 dkg Mehl
2 ganze Eier
Nelken, abgeriebene Zitronenschale, Zimt
Die erweichte Schokolade mit Margarine, Zucker und den 2 Eiern gut abtreiben. Dann die Gewürze, die Mandeln und das Mehl dazugeben. Gut 1 cm dick auf ein gefettetes und bemehltes Blech streichen. So mit geschälten Mandeln belegen, daß man nach dem Auskühlen auf jedem Würfel (ca. 2,5 x 2,5 cm) eine Mandel hat.

Mohrenkugerl:
10 dkg geriebene Nüsse
10 dkg Zucker
1 Ei, 1 Dotter
2 – 3 El Rum
Alles in einer Schüssel zusammenrühren, die Masse ca. 2 Stunden übertrocknen lassen. Dann kleine Kugerln formen, die man auf ein Brett mit Alufolie legt. Über Nacht etwas trocknen lassen, man kann die Kugerln dann am nächsten Tag leichter in Schokoglasur tunken und in grobem Kristallzucker wälzen.

Mozartkrapferl:
15 dkg Margarine
10 dkg Zucker
10 dkg Nüsse
25 dkg Mehl
2 Dotter
Die Zutaten am Brett rasch zu einem Teig verarbeiten. Messerrückendick ausrollen, Quadrate von ca. 2,5 x 2,5 cm radeln und diese hell backen. Nach dem Erkalten immer 2 und 2 mit folgender Creme zusammensetzen und anzuckern:
Creme:
10 dkg geriebene Nüsse mit 10 dkg Butter, 2 Eßlöffeln Staubzucker und etwas Rum verrühren.

Nußbusserl:
1 Eiklar
7 dkg geriebene Nüsse
5 dkg Zucker
etwas Rum
Eischnee schlagen, den Zucker gegen Ende mitschlagen. Die Nüsse und den Rum dazugeben und auf Backpapier kleine Häufchen setzen. Mit je 1/2 Nuß verzieren und bei ca. 140° hell backen.

Nußecken:
15 dkg Mehl
7 dkg Butter
7 dkg Zucker
1 Ei
1/2 Backpulver
1 Vanillin
Am Brett alles zu einem Teig verarbeiten und eine Fleck von 32 x 34 cm ausrollen. Mit 2 Eßlöffeln Marillenmarmelade bestreichen und folgenden Belag daraufgeben:
10 dkg zerlassene Butter mit 1 Vanillin, 7 dkg Zucker, 2 Eßlöffeln Wasser und 10 dkg grob gehackten Nüssen mischen. Den Kuchen in kleine Dreiecke schneiden und auf Backpapier bei Mittelhitze hellbraun backen. Nach dem Erkalten die Ecken in Schokoladenglasur tauchen.

Pariserstangerl:
2 Eiklar mit 28 dkg Zucker verrühren. 28 dkg geriebene Nüsse und etwas Zimt dazugeben. Auf ein Blech mit Backpapier ca. 5 mm dick aufstreichen, dann eine Glasur aus 1 Eiklar, 10 dkg Staubzucker und Zitronensaft daraufstreichen. Jetzt in Stangerl schneiden und dann langsam backen.

Pignolikipferl:
3 Klar Schnee
28 dkg Zucker
18 dkg Nüsse
8 dkg Biskottenbrösel
Den Schnee anschlagen, dann mit dem Zuckerr fest schlagen. Nüsse und Brösel dazugeben, mit nassen Händen nicht zu kleine Kipferl formen, mit Eiklar bestreichen und in Pignoli wälzen. Bei 180° ca. 15 Minuten backen.

Schwarze Busserl:
14 dkg Zucker
12 dkg Margarine
1 Ei
1 Rippe erweichte Schokolade
14 dkg Mehl
14 dkg geriebene Mandeln
Zucker, Margarine, Ei und erweichte Schokolade miteinander abtreiben. Dann die übrigen Zutaten dazugeben und aus der Masse Kugerl formen, auf Backpapier setzen, mit Eiklar bestreichen und mit je 1/2 geschälten Mandel verzieren. Bei 200° 15 Minuten backen.

Schoko-Flakes:
25 dkg Ceres
25 dkg Kakao
25 dkg Staubzucker
1 gehäufter El Kaffeepulver
1 Vanillin
1 Paket Cornflakes
Ceres schmelzen, alle Zutaten, die Cornflakes zuletzt, hineingeben und kleine Häufchen auf Alufolie setzen. Erkalten lassen.

Schokoladenwurst:
21 dkg geriebene Nüsse
21 dkg erweichte Schokolade
12 dkg Zucker
1 Ei
etwas Rum
4 dkg kleingeschnittenes Zitronat
4 dkg kleingeschnittene weiße Mandeln
Die Nüsse mit Schokolade, Zucker, Ei und Rum etwas abrühren und dann Zitronat und Mandeln unterarbeiten. Eine Wurst formen, auf einem mit Staubzucker bestreuten Brett 2 Tage trocknen lassen und dann in kleine Scheiben schneiden.

Vanillekipferl:
30 dkg Mehl
20 dkg Margarine
10 dkg geriebene Nüsse
5 dkg Staubzucker
Alles rasch zu einem Teig verarbeiten (er bröselt sonst). Wie bei den Klosterkipferl erst eine Wurst formen, dann kleine Stückchen abschneiden, Kipferl formen, auf das unbefettete Blech legen und bei 200° ca. 10 Minuten backen. Die Kipferl dürfen nicht braun werden. Vorsichtig vom Blech nehmen und in mit Vanillin gemischtem Staubzucker wälzen. Dabei aufpassen, die Kipferl brechen leicht!

Weichselkugerl:
14 dkg erweichte Schokolade
14 dkg geriebene Nüsse
14 dkg Staubzucker
1 Eiklar, Saft 1/2 Zitrone, etwas Rum
In einer Schüssel alle Zutaten gut vermngen. Über Schnapsweichseln Kugerln formen und in geriebenen Nüssen wälzen.

Windbäckerei:
3 Eiklar fest schlagen, 9 dkg Kristallzucker einschlagen und dann 12 dkg gesiebten Staubzucker einrühren. Bei 120° 60 – 70 Minuten auf Backpapier backen, noch warm vorsichtig lösen.

Zimtkarten:
23 dkg Mehl
15 dkg Butter (unbedingt)
11 dkg Zucker
2 Dotter
2 El Rahm
Nelken, Zimt, Zitronenschale
Alle Zutaten am Brett rasch zu einem glatten Teig verarbeite, messerrückendick ausrollen und Rechtecke von ca. 5 x 3 cm ausradeln. Mit Eiklar bestreichen und mit 1/2 geschälten Mandel verzieren. Bei 200° ca. 10 Minuten backen.

Konservierung

Säfte:

Apfelsaft zum sofortigen Gebrauch:
5 kg Äpfel
1 kg Zucker
7 l Wasser
5 dkg Zitronen- oder Weinsteinsäure
Äpfel vom Kerngehäuse befreien, aber mit der Schale schnitzeln. Mit dem Wasser und der Weinsteinsäure 4 – 5 Tage stehen lassen. Einen Teil des Saftes mit dem Zucker aufkochen und alles gut vermischen. Der Saft schmeckt am besten vom 2. Tag an.

Rhabarbersaft:
4 kg Rhabarber
30 dkg Zucker
Den
Rhabarber gut waschen, nicht schälen, in kleine Stücke schneiden und mit dem Zucker in den Entsafter geben. Vom Entsafter sofort in Flaschen füllen, den Saft etwas überfließen lassen und mit Gummikappen verschließen. Mindestens über den ganzen Sommer haltbar.

Ribisel- oder Himbeersaft auf die gleiche Art:
2,5 kg Früchte
1,5 kg Zucker
1,5 l Wasser
5 dkg Fruchtsäure
Die Früchte etwas zerdrücken und mit Wasser und Zitronensaft über Nacht stehen lassen. Dann durch ein Tuch seihen, nicht pressen, mit dem Zucker vermengen und so lange rühren, bis der Saft ziemlich klar ist. Dann 1 Päckchen Einsiedehilfe mit etwas Rum vermischen und dem Saft beigeben. Gut durchrühren und in Flaschen geben, verschrauben. Zum Trinken muß der Saft verdünnt werden. Er ist lange haltbar.

Weine:

Hagebuttenwein:
1,5 kg Hagebutten
1,5 kg Zucker
3,5 l Wasser
In einem großen Glasballon die Hagebutten mit 3 Litern Wasser vermengen. Den Zucker mit dem Restwasser aufkochen und noch lauwarm darübergeben. 2 dkg Weinhefe dazugeben, damit keine falsche Gärung entsteht. Das Gärglas aufsetzen und ca. 4 Monate an einem nicht zu kalten Ort (ca. 16°) stehenlassen. Danach sollte der Wein vergoren, d. h. klar sein und man kann ihn mit einem Schlauch in Flaschen abziehen. Vorsicht, daß man keinen Bodensatz mitbekommt!

Ribiselwein: (Egal, ob man rote oder weiße Ribisel verwendet!)
Die Ribisel werden zerquetscht und abgepreßt. Auf 1 Liter Saft nimmt man 1,5 kg Zucker und löst den mit 3/4 Liter Wasser aauf. Man mischt den Saft mit der Zuckerlösung, gibt ebenfalls etwa 1 dkg Weinhefe dazu, setzt das Gärglas auf und läßt den Wein bei 12 – –15° ausgären. Ist er klar, stellt man den ganzen Ballon in den Keller, läßt ihn dort bis März stehen und zieht den Wein dann erst in Flaschen ab. Stachelbeerwein wird genauso gemacht.

Liköre:

Weichsel-, Himbeer und Schwarzer Johannisbeerlikör:
Diese Früchte werden nur mit Weingeist angesetzt, d. h. jeweils in ein größeres Glas die Früchte und ungefähr 2 Finger hoch darüber den Weingeist. Die Gläser in die Sonne stellen und erst im Oktober fertigmachen. Den Weingeist abgießen, bei Weichseln und Himbeeren pro Liter Fruchtweingeist 1,25 Liter Wasser, mit 3/4 kg Zucker aufgekocht, vermischen, in Flaschen füllen und vor dem Verbrauch etwa 14 Tage stehen lassen.
Bei den schwarzen Johannisbeeren nimmt man etwas weniger Zucker (ca. 60 dkg pro Liter).
Die angesetzten Früchte müssen gut verschlossen werden.

Hollerlikör:
2 Liter reife Beeren mit 1,5 Litern Wasser 30 Minuten kochen, dann abseihen und nicht ausdrücken. Den Saft mit 1 kg Zucker und 1 Vanillestange unter öfterem Rühren langsam 30 Minuten kochen. Nach vollständigem Erkalten 1/2 Liter Weingeist und 1/2 Liter Rum dazugeben. Alles gut vermischen und in Flaschen füllen.

Heidelbeerlikör:
2 Liter Beeren zerdrücken, in einem Steinguttopf in den Keller stellen, dort 6 Tage lassen, aber öfters umrühren. Dann durch ein Tuch seihen und nicht ausdrücken. 75 dkg Zucker mit 1/2 Liter Wasser, 1 kleinen Stück Zimtrinde und 2 Gewürznelken aufkochen, den Saft dazugeben und noch 30 Minuten langsam kochen lassen. Nach dem Erkalten mit 1/2 Liter Weingeist gut vermischen und in Flaschen füllen.

Orangenlikör:
Die ganz dünn geschälte Schale von 2 Orangen (Weißes darf nicht dabei sein, es ist bitter) fädelt man auf einen Faden. In ein hohes Rexglas gibt man bis zur Hälfte Weingeist, hängt die Schalen so hinein, daß sie den Weingeist nicht berühren und verschließt das Glas gut. Nach ca. 4 Wochen sind die Schalen runzlig geworden und der Weingeist hat eine schöne gelbe Farbe angenommen. Man vermischt ihn pro Liter mit 1,7 Litern Wasser, die mit 1 kg Zucker aufgekocht wurden, wenn dies abgekühlt ist. In Flaschen füllen; der Likör ist schon nach 14 Tagen trinkbar.

Nußlikör:
20 grüne, noch milchige Nüsse 24 Stunden in Wasser einweichen. Dann kleinschneiden und in eine Flasche geben. Dazu: 1 Liter Weingeist oder Korn, 5 dkg Zucker, 1 Kaffeelöffel Anis, etwas Kalmus, Ingwer, Zimtrinde, Orangen- und Zitronenschale ohne Weißes und 15 Wacholderbeeren. 2 – 3 Monate stehenlassen, dann abseihen. Mann kann den Likör nach Geschmack mit etwas Zuckerlösung verdünnen, er ist pur aber die bessere Medizin.

Eierkognak:
6 Dotter mit 40 dkg Staubzucker und 2 Vanillin gut abrühren. 3/4 Liter abgekochte und ausgekühlte Milch abwechselnd mit 1/4 Liter Weingeist und 1/16 Liter Kognak vermischen. In Flaschen füllen und in den nächsten Tagen öfters durchschütteln.

Kaffee-Likör:
50 dkg Zucker mit 1/4 Liter Wasser kochen, 1/8 Liter sehr starken, schwarzen Kaffee und 1/4 Liter Weingeist dazgeben. Alles gut vermischen und in Flaschen füllen. Vor Gebrauch etwas stehenlassen.

Kümmel-Likör:
1/2 Liter Weingeist setzt man mit 2 Eßlöffeln Kümmel an und läßt die Mischung 8 – 10 Tage stehen, dann abseihen. 1/4 Liter Wasser mit 1/4 kg Zucker kochen und noch heiß alles zusammenmischen. Gleich in Flaschen füllen.

Bierlikör:
1 Flasche dunkles Bier mit 20 dkg Zucker und 1 Vanillin aufkochen. Nach dem vollständigen Erkalten 1/8 Liter Weingeist dazugeben und gut vermischen.

Obst

Kirschenkompott:
Feste, dunkle Kirschen nehmen.
1 Liter Wasser mit 25 dkg Zuckerr und 1 Stückchen Zimtstange aufkochen, die entstielten, gewaschenen Kirschen kurz hineingeben. Nicht mehr kochen, sonst platzen sie. Jetzt kommen eventuell vorhandene Würmer an die Oberfläche, und man kann sie abschöpfen. Die Kirschen in reine, heiß ausgespülte Rexgläser geben, fast bis oben anfüllen und den Zuckersaft ohne Zimtstange darübergießen. Nach Rexangabe im Dunst kochen.

Kirschenfleisch:
Die Kirschen entkernen und die Stiele entfernen, dann halbieren. 10 Minuten aufkochen, dann mit Quittin fertigmachen. Heiß in Gläser füllen und sofort verbinden.
Weichselfleisch: wie Kirschenfleisch zubereiten.

Weichselkompott in Rum:
Schöne dunkle Weichseln vom Stiel befreien und waschen. 1 kg Zucker in 1 Liter Wasser kochen, die Weichseln in 80 %-igen Rum kurz eintauchen, in Gläser schichten, die heiße Zuckerlösung darübergeben und die Gläser verschrauben.

Marillen:
Marmelade:
Die Früchte waschen, halbieren, vom Kern befreien und mit wenig Wasser so weich kochen, daß man sie leicht passieren kann. Das passierte Mark mit Quittin nach Angabe einkochen, heiß in Gläser füllen und sofort verbinden.
Jam:
Die Marillen waschen, entkernen, und in Viertel teilen, mit wenig Wasser zu einem Mus verkochen, in welchem noch Fruchtstücke vorhanden sind und weiters mit Quittin verarbeiten.
Marillenkompott:
Halbfeste, große Marillen schälen, halbieren und in gut gewaschene, heiß ausgespülte Rexgläser schuppenartig schichten. Zucker mit Wasser aufkochen, die Menge richtet sich nach der Fruchtmenge. Pro Liter Wasser 25 dkg Zucker und einige innere Marillenkerne aufkochen. Die Kerne herausnehmen und die Zuckerlösung über die Früchte gießen. Im Rextopf nach Angabe kochen.
Pfirsichkompott: wie Marillenkompott zubereiten.

Birnenkompott:
Mittelgroße, noch feste Birnen schälen, halbieren und die Kerngehäuse entfernen. Zuckerwasser wie üblich (1 : 25) kochen, 2 Gewürznelken hineingeben und dann die Birnenhälften 10 Minuten mitkochen. Jetzt erst in Gläser schichten, Zuckerlösung ohne Nelken darübergeben und im Rextopf kochen.

Ananaserdbeeren:
(Walderdbeeren eignen sich nicht zum Einkochen, sie werden bitter.) Erdbeermarmelade mit Quittin nach Packungsangabe kochen, heiß in Gläser füllen und mit doppeltem Zellophan verbinden. Nicht in Schraubgläser füllen, die Marmelade muß etwas nachtrocknen können, sonst läuft sie leicht an.

Ananaserdbeermark:
(für Cremes oder Fruchtjoghurt)
Die Erdbeeren gut waschen, pürieren und in rechteckigen Schalen (kann man besser schichten) einfrieren. Aus den Schalen nehmen und in Zellophan einschweißen.

Ananaserdbeeren für Knödel:
Besonders schöne, noch etwas härtere mittelgroße Erdbeeren aussuchen, waschen, gut abtropfen lassen und auf einem flachen Behälter einzeln auflegen. Einfrieren; wenn die Früchte hart sind, füllt man sie in Zellophansäckchen (immer gleich in der voraussichtlichen Verbrauchsmenge) und schweißt die Beutel zu.

Ribisel:
(Rote und weiße Ribisel behandelt man gleich; die weißen sind pikanter.) Die Beeren mit wenig Wasser aufkochen, passieren. Gelee mit Quittin kochen, aber nur 80 dkg Zucker statt 1 kg nehmen. Die Ribisel gelingen auch sehr gut ohne Quittin,

sie müssen dann aber viel länger gekocht werden und verlieren an Geschmack und Menge.

Ribisel wie Preiselbeeren:
Ribisel waschen und abrebeln, pro kg Frucht 80 dkg Zucker und 1/8 Liter Rotwein nehmen. Alles so lange kochen, bis die Ribisel halbweich sind. Dann noch heiß in Schraubgläser füllen. (Das Rezept gilt nur für rote Ribisel!)

Ribisel eingefroren für Obstsalat und Kuchen:
Die Ribisel abrebeln, waschen und abtropfen lassen. Auf einen flachen Behälter einzeln auflegen und einfrieren, dann in Säckchen einschweißen.
Schwarze Johannisbeeren: Für Marmelade werden die Früchte nicht passiert, weil diese mit ganzen Früchten besser schmeckt.

Stachelbeergelee:
Die Früchte in wenig Wasser aufkochen, passieren und wie Ribisel mit Quittin, aber nur mit 80 dkg Zucker pro kg Frucht, weiterverarbeiten.

Stachelbeeren eingefroren für Obstsalat oder Kuchen:
Stachelbeeren putzen, waschen und von den Stengeln befreien. Abtropfen lassen, einzeln einfrieren und dann in Säckchen einschweißen.

Ringlotten-Kompott:
Hier hängt es von der Fruchtsorte ab, ob man sie ganz oder halbiert verarbeitet. Die großen, runden Kerngeher werden ganz kurz überbrüht, dann kann man die Haut leicht abziehen, und halbiert in Gläser geschichtet. Die kleinen runden Sorten sticht man mit einer Stricknadel öfters an, damit die Haut nicht zu sehr springt. Beide Sorte sollten zur Verarbeitung fest sein. Man gibt sie in Rexgläser und übergießt mit der üblichen Zuckerlösung. Im Rextopf kochen.

Zwetschken:
Zwetschken werden als Kompott am besten im Ganzen wie runde Ringlotten verarbeitet.

Zwetschkenröster:
Die Zwetschken gut waschen, die Stiele entfernen und die Früchte entkernen. Mit wenig Wasser die halbierten Zwetschken 15 Minuten kochen, dann pro kg Frucht 20 dkg Zucker untermischen. Zimtstangen mitkochen. Wenn die Früchte halb zerfallen sind, den Zimt herausnehmen. Das Obst in Rexgläser füllen und im Dunst kochen.

Essigzwetschken:
3 kg Zwetschken (gut waschen und Stiele entfernen)
1/2 l Wasser
1/2 l Weinessig
1,5 kg Zucker
Nelken und Zimtrinde
Das Wasser mit Essig, Zucker und den Gewürzen aufkochen. Die Zwetschken damit übergießen und 24 Stunden stehen lassen. Dasselbe nochmals machen und am 3. Tag die Zwetschken mit der Zuckerlösung aufkochen und ohne Gewürze in Schraubgläser füllen.

Powidl:
6 kg Zwetschken
1 kg Zucker
1/4 l Weinessig
Die Zwetschken gut waschen und entkernen, den Zucker und den Weinessig daruntermischen und über Nacht stehen lassen. Dann 6 – 8 Stunden langsam kochen und nicht umrühren. In beliebige Behälter füllen. Powidl ist überall haltbar.

Holler mit Zwetschken:
Den Holler abrebeln und waschen, pro kg Holler 250 g halbierte Zwetschken dazugeben. Auf 1 kg Früchte 15 dkg Zucker dazumischen und kochen, bis die Zwetschken alleine nicht mehr gut sichtbar sind. In flachen Schalen (Eisschalen) einfrieren; wenn die Masse hart ist, herausnehmen und in Sackerln verschweißen.

Quittengelee:
Die Quitten vom "Pelz" befreien und gut waschen. In Spalten schneiden, bedeckt mit wenig Wasser weichkochen. Alles durch ein grobes Tuch seihen und den Saft mit Quittin nach Angabe einkochen.

Orangenmarmelade:
1 kg Orangen dünn schälen (das Weiße darf nicht dabeisein), die Hälfte der Schalen kleinschneiden und in eine Schüssel geben. Das kleingeschnittene Fruchtfleisch dazugeben und mit 1 kg Zucker vermischen. Mit Wasser bedecken und über Nacht stehen lassen. Dann bis zur Gelierprobe einkochen und in Gläser füllen. Zur Gelierprobe nimmt man 1 Eßlöffel Masse heraus und läßt sie erkalten; sie muß nach dem Erkalten geliert sein.

Gemüse

Spinat:
Passiert: Den Spinat gut waschen und die Stengel wegschneiden. Die Blätter blanchieren, dann im Mixer pürieren. In flachen Schalen einfrieren, dann in Sackerl geben und verschweißen.
Blattspinat: Von jungem Spinat die Stengel und die starken Rippen entfernen. Die Blätter blanchieren und mit etwas Spinatwasser in Sackerln einfrieren, flachdrücken.

Erbsen:
Die Erbsenschoten enthülsen, waschen und blanchieren, in flachen Schalen einfrieren und dann in Sackerl geben.

Erbsen mit Kochsalat:
Man nimmt die halbe Menge Kochsalat und die halbe Menge Erbsen. Beides wird gewasche; der Kochsalat wird kleingeschnitten und mit den Erbsen blanchiert. Mit etwas Kochwasser in Schalen einfrieren, dann in Sackerl geben.

Karotten-Baby:
Karotten putzen und waschen. In 2 cm lange Stücke schneiden, blanchieren und mit Kochwasser in Sackerl geben und einfrieren.

Fisolen, ganz:
Junge Fisolen putzen und waschen, im Ganzen blanchieren und mit Kochwasser in Sackerln einfrieren.

Fisolen, geschnitten, für Salat und Gemüse:
Die Fisolen putzen und waschen und in gewünschte Stücke schneiden. In Salzwasser weichkochen und mit der Kochflüssigkeit einfrieren. (Kann wieder in Schalen gemacht und dann in Sackerl umgefüllt werden.)

Paradeismark:
Paradeiser waschen, zerteilen und in ungesalzenem Wasser weichkochen. Man gibt dem Wasser, je nach Geschmack, entweder einen Bund grüne Petersilie oder geviertelte, entkernte Paprika zu. Dann passiert man die Masse (Petersilie dabei herausnehmen), den Paprika mitpassieren. Ziemlich stark einkochen lassen und in flachen Schalen einfrieren, dann in Sackerl geben.

Letscho:
Paprika nudelig schneiden und in kleingeschnittenem Speck andünsten. Dann gewaschene und geschnittene Paradeiser dazugeben und weichdünsten. Man braucht eine große Menge Frucht, da sie beim Dünsten sehr zusammengeht. In Schalen einfrieren.

Gemüsesuppe:
Man nimmt alles, was im Garten vorhanden ist: Kohlrabi, Karotten, Erbsen, grüne Petersilie und grüne Sellerie. Gemüse kleinschneiden, blanchieren und mit dem Kochwasser einfrieren.

Rote Rüben:
Die Roten Rüben sehr gut putzen und mit der Bürste waschen, da man das Kochwasser mitverwendet. Die Rüben weichkochen, schälen und blättrig schneiden. In größere Schraubgläser füllen, schön in Lagen, damit viel hineingeht und wie folgt übergießen: Wasser mit Essig, Kümmel, Salz und etwas Zucker so wie für Salat abschmecken, aufkochen und heiß darübergeben. Die Rüben mit geschälten Krenscheiben bedecken und die Gläser gut verschließen.

Gurken sauer:
Im Garten noch übriggebliebene, schön grüne Gurken mit der Schale gut waschen, auseinanderschneiden, die Kerne und alles Weiche herausnehmen und die Gurken mit der Schale in mundgerechte Stücke schneiden. Etwas einsalzen (nicht zu viel), dann schichtweise mit Senfkörner, Lorbeerblättern, Dillsamen und Charlotten in Schraubgläser füllen. Essig mit Wasser und etwas Zucker abschmecken und heiß über die Gurken geben.

Sellerie für Salat:
Die Sellerieknollen gut putzen und in reichlich Wasser weichkochen. Dann schälen und blättrig schneiden und so in Sackerln einfrieren. Beim Gebrauch die Sellerie zum Auftauen gleich in die Salatmarinade legen.

Suppengrün:
50 dkg Karotten
50 dkg Petersilie
50 dkg Sellerie
25 dkg Kohlrabi
25 dkg Zwiebeln
25 dkg Paradeiser
das Grüne von Petersilie und Sellerie
Alles in der Küchenmaschine fein zerkleinern und gut durchmischen. Ungefähr 2 cm dick auf eine Tasse, die im Kühlfach Platz hat, streichen. In Abständen von ungefähr 5 cm kreuz und quer einritzen, damit man nach dem Einfrieren Würfel brechen kann; diese kann man besser in Sackerl schichten.

Tante Irmi wünscht Guten Appetit!

Alphabetisches Register

G

Einige in Österreich übliche Ausdrücke und ihre deutschen Entsprechungen

Beiried *Roastbeef*
Beuschel *Lunge, auch Herz*
Biskotten *Löffelbiskuit*
Brösel *Paniermehl*
Burenwurst *Rauchendchen*
Dalken *in Fett gebackener Teig*
Einbrenn *Mehlschwitze*
Einmach *Mehlschwitze*
Erdapfel *Kartoffel*
Extrawurst *Fleischwurst*
Faschiertes *Gehacktes*
Fisolen *grüne Bohnen*
Fleckerl *Nudelteigstücke (quadratisch)*
Fleck *Hefeteigkuchen*
Fridatten *Pfannkuchenstreifen*
Geselchtes *geräuchertes Fleisch (Kassler)*
Golatschen *Taschen*
Grammeln *Grieben*
Haluska *Nocken, Klöße*
Herrenpilze *Steinpilze*
heurig *diesjährig*
Holler *Holunder*
Karfiol *Blumenkohl*
Kipfelkoch *Scheiterhaufen, Semmelauflauf*
Kipfel *Hörnchen*
Kipfler *kipfelförmige Kartoffelsorte*
Kletzen *getrocknete Früchte*
Koch *Brei*
Kohlsprossen *Rosenkohl*
Kraut *Kohl*
Kren *Meerrettich*
Kronfleisch *grobfaseriges, trockenes Siedefleisch*
Kuttelkraut *Thymian*
Kutteln *Eingeweide, Kaldaunen*
Laberl *Frikadelle*
Lungenbraten *Lendenbraten*
Marille *Aprikose*
Nockerl *Klößchen*
Obers *Sahne*
Ochsenschlepp *Ochsenschwanz*
Palatschinken *Pfannkuchen*
Panadelsuppe *Brot- und Semmelbreisuppe*
Paradeiser *Tomate*
Pflanzerl *Frikadelle*
Pofesen *gebackene Weißbrotschnitten*
Powidl *Pflaumenmus*
Pörkölt *Gulasch*
Rahm *Sahne*
Ribisel *Johannisbeere*
Ringlotte *Reneklode (Reine Claude)*
Rote Rüben *Rote Beete*
Rotkraut *Rotkohl*
Schlagobers *Schlagsahne*
Schlögl *Keule (z.B. Rehkeule)*
Schwammerl *Pilz*
Schöps *Hammel*
Semmel *Brötchen*
Skupanki *gerissene Nocken*
Starnitzel *Waffeltüte*
Stelze *Eisbein, Schweinshaxe*
Surfleisch *Pökelfleisch*
Topfen *Quark*
Weichsel *Sauerkirsche*
Zwetschke *Pflaume*